仁爱与严苛的统一

拜占庭《法律选编》研究

The Unity of Benevolence and Severity
A Study on the Byzantine Law *Ecloga*

李继荣 著

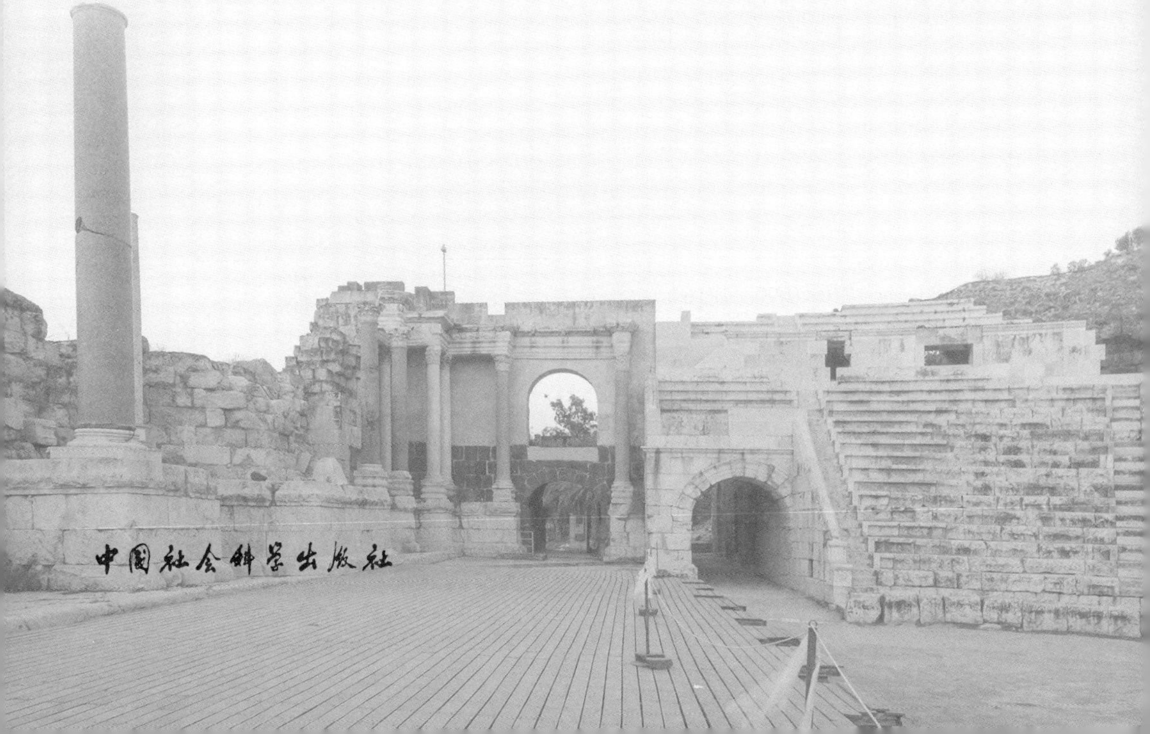

图书在版编目（CIP）数据

仁爱与严苛的统一：拜占庭《法律选编》研究 / 李继荣著. -- 北京：中国社会科学出版社，2024.11.
ISBN 978-7-5227-3944-1

Ⅰ. D909.1

中国国家版本馆CIP数据核字第2024ZR2692号

出 版 人	赵剑英
责任编辑	耿晓明
责任校对	王佳玉
责任印制	李寡寡
出　　版	中国社会科学出版社
社　　址	北京鼓楼西大街甲158号
邮　　编	100720
网　　址	http://www.csspw.cn
发 行 部	010-84083685
门 市 部	010-84029450
经　　销	新华书店及其他书店
印　　刷	北京君升印刷有限公司
装　　订	廊坊市广阳区广增装订厂
版　　次	2024年11月第1版
印　　次	2024年11月第1次印刷
开　　本	710×1000　1/16
印　　张	25.25
字　　数	455千字
定　　价	118.00元

凡购买中国社会科学出版社图书，如有质量问题请与本社营销中心联系调换
电话：010-84083683
版权所有　侵权必究

国家社科基金后期资助项目
出 版 说 明

  后期资助项目是国家社科基金设立的一类重要项目，旨在鼓励广大社科研究者潜心治学，支持基础研究多出优秀成果。它是经过严格评审，从接近完成的科研成果中遴选立项的。为扩大后期资助项目的影响，更好地推动学术发展，促进成果转化，全国哲学社会科学工作办公室按照"统一设计、统一标识、统一版式、形成系列"的总体要求，组织出版国家社科基金后期资助项目成果。

全国哲学社会科学工作办公室

目 录

导　言 …………………………………………………………… (1)

绪　论 …………………………………………………………… (14)

第一章　缘起：基督教思想融入与立法原则的变迁 …………… (35)
 第一节　"仁爱"与"严苛"理念的辩证统一 ……………… (35)
 第二节　早期拜占庭法律基督教化的路径与逻辑 ………… (43)
 第三节　早期拜占庭立法变革与社会变迁的互动
     ——以《查士丁尼二世"赠礼"敕令》碑文的考察
     为中心 …………………………………………… (55)
 小结 ………………………………………………………… (66)

第二章　载体：《法律选编》版本信息考证 ………………… (68)
 第一节　颁布年代 ………………………………………… (68)
 第二节　文献来源 ………………………………………… (81)
 第三节　传世文本 ………………………………………… (104)
 第四节　结构体例 ………………………………………… (108)
 小结 ………………………………………………………… (122)

第三章　彰显：《法律选编》内容原则阐释 ………………… (125)
 第一节　爱苛相辅：婚姻家庭中对妇孺的关照与限制 …… (125)
 第二节　仁威并举：民刑处罚中对罪人的轻判与重刑 …… (140)
 第三节　赏罚分明：司法审判中对案件的公平与谨慎 …… (153)

第四节　官民相顾：王权至上中对民众的照拂与联合 ……（160）
　　第五节　时也运也：《法律选编》颁布的背景与时代性 ……（168）
　　小结 ……………………………………………………………（181）

第四章　成因：《法律选编》成书与时代环境的互动 ………（183）
　　第一节　文化东渐与思想重塑 …………………………………（183）
　　第二节　政局动乱与帝国安全 …………………………………（189）
　　第三节　军区改革与小农家庭 …………………………………（194）
　　第四节　宗教确立与价值尺度 …………………………………（199）
　　第五节　"破坏圣像"与《法律选编》 …………………………（207）
　　小结 ……………………………………………………………（219）

第五章　延续：《法律选编》与拜占庭立法的关系 ……………（223）
　　第一节　接续前世之法
　　　　　　——《民法大全》 …………………………………（223）
　　第二节　传续当世之法
　　　　　　——《决议》《农业法》《罗得海商法》《士兵法》
　　　　　　《摩西律法》与《摘编附录》 …………………………（229）
　　第三节　影响后世之法
　　　　　　——《法学手册》与《法学导论》 ……………………（263）
　　小结 ……………………………………………………………（272）

第六章　评介：《法律选编》的历史地位与影响 ………………（276）
　　第一节　稳定拜占庭帝国局势的"良剂" ……………………（276）
　　第二节　伊琳娜成功称帝的法理依据 …………………………（289）
　　第三节　东欧新兴族群立法的参借 ……………………………（295）
　　第四节　伊苏里亚王朝立法原则的古今互鉴 …………………（306）
　　小结 ……………………………………………………………（308）

结　语 ……………………………………………………………（310）

附录一　《法律选编》译文 ……………………………………（316）
　　一　《法律选编》 ………………………………………………（316）
　　二　《决议》 ……………………………………………………（345）

三 《士兵法》 …………………………………………（346）
四 《摘编附录》 ………………………………………（352）
五 《罗得海商法》 ……………………………………（365）
六 《农业法》 …………………………………………（373）

附录二 王朝谱系及皇帝中英文译名对照表（324—1453） ………（381）

参考文献 ……………………………………………………（387）

后　记 ………………………………………………………（395）

导　　言
——一部法典、一段历史

在人类文明史中，法律作为约束人们日常行为和调节社会关系的准则，属上层建筑范畴，其制定不仅要受经济基础的决定，还会因价值观念、思想原则、社会条件等变迁影响而展现出时代性。正如马克思所言："法律应该是以社会为基础；法律应该是社会共同的、由一定物质生产方式所产生的利益和需要的表现。"[①] 因此，法律可以看作社会现实的一面镜子，能够反映出其所处时代的社会政治和经济生活状况。本书所关注的《法律选编》反映出了8世纪拜占庭帝国的政治、经济、社会、宗教等诸方面的情况，为研究这一时期的社会经济制度和社会阶层关系提供了真实而直接的史料。

一　从罗马法到拜占庭法

罗马法和拜占庭法以各自所依托的罗马帝国和拜占庭帝国而存在。君士坦丁堡古称拜占庭（Byzantium），公元476年西罗马"灭亡"后，延存的东罗马皇帝依旧自称"罗马皇帝"，臣民亦自称"罗马人"。只是近代以德国的沃尔夫为代表的学者在研究文献过程中，发现中世纪希腊文献与古典希腊文献存在明显差异，为了方便归类研究，他们将以中世纪希腊语文献为核心的东罗马文明称为"拜占庭文明"，旨在表明其与罗马古典文明的不同。因此，罗马法、拜占庭法、罗马文明和拜占庭文明仅是一种学术概念[②]。

罗马法向拜占庭法的演进过程与古罗马文明自身历史和社会的变迁密切相关。罗马文明自古便有立法的传统，而国家形态的演变也导致法律渊源的不断变化。王政时期的罗马采用习惯法，伴随着罗马共和的建立，平

[①] 《马克思恩格斯全集》第6卷，人民出版社1961年版，第291—292页。
[②] 陈志强：《拜占庭帝国史》，商务印书馆2016年版，第1页。

民与贵族斗争开启,习惯法逐渐被成文法替代,以城邦市民法为代表的第一部罗马成文法《十二铜表法》问世。李维称其为"一切公法和私法的渊源",认为"城邦宪制再次发生变化,就像从前治权从王手中转移到执政官手中一样,现在一切权力从执政官手中转移到十人委员会手中"①。法与城邦通过互相干预、混合和发展趋于制度上的统一,此后执政官法令、元老院决议和平民决议成为早期罗马立法的重要来源,这是符合其时罗马缘起于城邦国家与共和体制这一特质的。

伴随着罗马的对外征服,域内的民族成分日益复杂,政治制度不断演变,以罗马公民间关系规范为主题的市民法局限日显,万民法遂逐渐诞生。万民法的调整范畴最初仅限于罗马司法管辖范围内的罗马公民与异邦人之间的关系以及异邦人间的关系,后来逐渐成为调整各国公民之间关系的法律,被称为"各民族共同遵守"之法,这一法律体系不仅与市民法形成互补,还进一步丰富了罗马法的内容,促使罗马法的来源更为多样。

但为了缓解征服战争所带来的"民族矛盾",罗马人不断将罗马公民权授予被征服地区的民众,这一举措逐渐消弭了市民法与万民法之间的界限,至212年罗马皇帝卡拉卡拉颁布敕令,授予罗马帝国所有自由人以公民权,万民法与市民法合二为一。随着罗马共和向帝制的转变,奥古斯都以"元首制"外衣,实行独揽大权之策,皇帝的敕令亦成为法律的重要来源之一,导致共和时期的各种决议失去了旧时的重要性。但1—3世纪罗马的"共和"因素依旧很浓厚,特别是法学家的著述及其对法律的解释具有与皇帝的敕令同等的效力,即便戴克里先的改革已经致使罗马法律成为皇帝最高意志的体现,但他仍然强调皇帝的权力源于人民②。

3世纪危机之后,帝国的形势发生了根本性变化:一是罗马的共和因素在战乱中被日渐击碎,军人皇帝的权力在战乱中得以提升;二是基督教影响在乱世中迅速传播,成为帝国的重要力量;三是奴隶制危机引发了帝国经济和社会的萧条。因此,罗马皇帝面对这一局势,在顺承奴隶制古法之时,亦按时代之需进行了趋于"拜占庭式"的律法改造。

一方面,罗马皇帝借助基督教教义中"在上有权柄的,人人当顺从他"③的理念神化王权,为皇帝立法的神圣化铺垫造势;另一方面,皇帝任命大

---

① [意]朱塞佩·格罗索:《罗马法史》,黄风译,中国政法大学出版社2009年版,第58—59页。
② 徐家玲:《拜占庭文明》,人民出版社2017年版,第407页。
③ 中国基督教三自爱国运动委员会:《圣经·新约》,南京爱德印刷有限公司2013年版,第180页。

臣，广泛搜集法律条文，编修皇帝法典（如438年的《狄奥多西法典》），减弱因法律条文的相互冲突而造成的混乱，用严苛统一的皇帝谕令维护奴隶制度和皇帝统治，成为罗马法在4世纪之后演变的基本原则，可以说帝国法典的编修是罗马皇帝维护帝国统治的手段，更是帝国内部稳定复苏的需求，而将这种趋势引向顶峰的是查士丁尼大帝。查士丁尼颁布的《法典》《法学阶梯》《法学汇纂》和《新律》成为后世立法的标杆。

查士丁尼大帝的治国理想是"一部法典、一个教会和一个帝国"。但他似乎对律法在帝国治理中的作用更为青睐，认为"皇帝的威严光荣不但依靠武器，还需以法律来巩固，以此无论在战时或平时，总能将国家治理得很好"[①]。可见，他更倾向于通过律法的完全统一，实现维护帝国长久之目的。根据来源不同，查士丁尼的四部分立法不尽相同：《法典》是对皇帝敕令的汇编；《法学阶梯》是针对法学院学生编修的法学教材；《法学汇纂》是对法学家著述的摘编；《新律》是针对《法典》颁布后出现的新问题发布的敕令。此文献被后世整理集结，是为《查士丁尼民法大全》，其达成了查士丁尼"一部律法"的构想，学界普遍认为该立法是对罗马奴隶制律法的一次总结。

与之前的法典相比，查士丁尼的律法彰显出了新特征。在思想上，《法典》第一卷便涉及基督徒法令，《法学阶梯》的序言中也以"我主耶稣基督的名义"[②] 开篇，凸显了对基督教思想的融入；在语言上，除了前三部律法用拉丁文颁布外，《新律》全部用希腊语颁布，希腊语的作用日渐重要；在内容上，涉及婚姻、家庭、社会和奴隶等方面，开始注重维护家庭中的和谐、严禁主人苛待奴隶和注重法律的调和作用等。这说明查士丁尼已把握住了时代的脉搏，在对罗马古法进行整理汇编时，顺应帝国社会基督教化、希腊化和皇权加强的趋势，在法律中进行了适当的调整。从这个意义上看，查士丁尼的立法既是对古代罗马法的总结，也是对拜占庭法的"孕育"之路的开启。

虽然"孕育"的规模还不大且内容还不多，多数情况下，对基督教名头的"借用"也仅是加强王权的"噱头"，基督教对立法的影响还只是停留在形式上，但查士丁尼的立法中所体现出的主动或被动改革，已把罗马立法送到了拜占庭立法的"门口"，经历了7—8世纪的进一步发展，伊苏里亚王朝《法律选编》的诞生则标志着拜占庭法的正式诞生。虽然《法律

---

① J. B. Moyle, *Institutes of Justinian*, The Clarendon Press, 1913, p.1.

② J. B. Moyle, *Institutes of Justinian*, p.1.

选编》宣称其主要来源是《民法大全》，但仅保留了古典立法传统这一躯壳，其实质已经被拜占庭学者所认为的决定拜占庭发展的三要素——"罗马的政治观念、希腊的文化和基督教的信仰"①——所取代。因此，作为拜占庭帝国史上第一部希腊语的官方基督教化的法典，开启了拜占庭帝国立法的新篇章，对后世产生了深远影响。

二 查士丁尼之后的立法

在世界历史上，查士丁尼大帝之所以闻名于世，除了因其以强大的军事征服开创了罗马史上繁荣昌盛的"查士丁尼时代"外，更因其建立的前无古人、后无来者的伟大立法功绩。首先，他前无古人地系统编纂了奥古斯都到自己统治时期的各种形式的皇帝立法，分别于529年和534年，颁布了《法典》的首版和修订版；其次，他将诸法学家的作品用同样的方式进行搜集和凝练，于533年钦定为《法学汇纂》；再次，与《法学汇纂》大约同时颁布的还有兼具立法改革导论和学生法学教材性质的《法学阶梯》；最后，"法典"颁布后出台的敕令称为《新律》。

这些法律将数个世纪以来罗马的立法与政治话语转变为了查士丁尼的个人声音与意愿，成为罗马力量、特质与文明的精髓。作为查士丁尼的"净化工具"，还体现在之后皇帝用新律和敕令的形式继续尝试着对帝国的改造。查士丁尼的这些立法被后世称为《民法大全》，同《圣经》和《古兰经》一道被称为古代最有影响力的文本或文献。无论是因何现实需求促发了查士丁尼的改革，都无疑使罗马法烙上了查士丁尼的名字，这些法律文献亦成为后来拜占庭立法的根基和来源。在查士丁尼之后，罗马法整体上都是围绕查士丁尼的立法而设定、翻译和修订。正如恩格斯对查士丁尼立法的评价，它"是纯粹私有制占统治的社会的生产条件和冲突的十分经典的法律表现，以致一切后来的法律都不能对它做任何实质性的修改"②，充分彰显了查士丁尼立法的历史功绩。

虽然查士丁尼的立法是对罗马古法的系统总结，但也带有明显的问题，可能查士丁尼搜集了其统治前的所有罗马法，但留给后人的是三部各自独立的法律作品——《法典》《法学汇纂》《法学阶梯》和100多条从未被官方编纂的新律。庞大而复杂的作品导致查士丁尼的立法很难被使用

---

① G. Ostrogorsky, *History of the Byzantine State*, trans. by J. Hussey, Rutgers University Press, 1956, p. 25.

② 《马克思恩格斯全集》第21卷，人民出版社1965年版，第454页。

和查阅，加之6—8世纪拜占庭帝国处于内忧外患的打击中，西部地区或丢失或衰落，帝国的核心区域位于深度希腊化的东部，帝国多数臣民只懂希腊语，懂得拉丁语的人越来越少，用拉丁语编修的前三部立法，对拜占庭帝国臣民而言无疑是"天书"。查士丁尼的立法逐渐失去了其实用意义。

对查士丁尼立法阅读和理解上的困难，促发6世纪出现了一批"翻译先驱"。他们用希腊语对查士丁尼的立法进行评注、翻译和释义，使条文含义更容易理解。用于辅助教授法学学生，随着时间的流逝，这些用希腊语书写的简短明了的主题性文本便成了帝国鲜活的法律。在特殊背景下产生的希腊语译注本，不仅成为查士丁尼之后司法审判中的主要依据，也成为伊苏里亚王朝《法律选编》的基础和来源之一。虽然后世皇帝还在颁布新律，但逐渐减少，至希拉克略皇帝时期最终停滞。

查士丁尼之后，帝国内外环境急剧恶化，外部有波斯人与阿拉伯人的不断侵扰，内部则因财政与军事危机造成政局不稳，加之天灾不断，加剧了帝国的危机。但这并非意味着罗马法就此消逝和被人遗忘，法庭依旧存在，案件还在审理。与晚期古代先辈不同的是，在内外环境急剧恶化的情况下，皇帝并未在立法上有大规模改革，而是在运用查士丁尼立法的"希腊文"译本的基础上，顺应时代的变迁，深入融合了基督教的原则。

与之前帝王将基督教作为由上而下加强王权的工具不同，6—8世纪帝国的动荡促使基督教的"博爱"理念在臣民中间获得了自下而上快速传播的机会。帝国的基督教化已从原来的表面逐渐深入内核，深深影响了帝国百姓。教会法日渐渗到世俗生活中，教会事务也日益成为国家政治事务的组成部分，在一些政策的制定上，教会人士也成为重要人员。如，622年希拉克略出征波斯之时，将皇子委托给君士坦丁堡教宗塞尔吉奥斯，请他监管朝政。而691年在查士丁尼二世时期召开的特鲁兰会议上颁布的《102条教规》论及圣职人员的婚姻、圣职担任的条件、教会有关圣体圣事之分歧等，这进一步表现出帝国教会法日益成为"国法"的趋势。

因此，查士丁尼立法时代之后，拜占庭帝国陷入混乱之中，立法主要是个别皇帝的为数不多的敕令和希腊语的查士丁尼立法摘选以及教会法规，这些法律不仅成为查士丁尼之后司法的重要依据和来源，也成为伊苏里亚王朝重要立法《法律选编》的基石。

三 "黑暗时代"与《法律选编》

纵观整个人类历史，很多文明均出现过所谓的"黑暗时代"，如古希腊的荷马时代和中世纪的欧洲。学界所谓的"黑暗时代"主要指某一历史时期，或因战乱，或因天灾，导致当时社会生产力的倒退，表现为政治、经济、文化等诸方面的衰落，导致当今学者很难对当时的历史状况进行构建、复原或了解。或许是因为查士丁尼的立法太过"完美"，抑或者是因为查士丁尼之后的社会动荡不断，之后的立法很难再被凸显并迅速传播，进而导致很多学者对之后的立法乃至历史"视而不见"，于是部分学者亦将7—9世纪的拜占庭帝国称为"黑暗时代"。

英国学者戈曼认为拜占庭帝国（641—780）是其争取生存的特殊时期，这个时期充满了军事上的失利、政局上的动荡、经济上的萧条和教育上的荒废，这个时期留给后世史家的记载很少，史料匮乏，使得学者无法全面评价领袖人物、无法看清全局面貌。因此，这些岁月可以称为拜占庭历史上的"黑暗时代"[1]。无独有偶，我国学者周枏也认为查士丁尼以后，帝国战争频繁，经济衰退，交通阻塞，商品经济停滞，甚至倒退；思想学术活动也受到这种倒退的影响停滞不前；教会法和神学的发展，削弱了世俗法的效力。加之查士丁尼不允许人们对他编订的法典进行注释和评论，从而在他死后就不再有法学家来推动罗马法的发展了[2]，暗含着查士丁尼之后的拜占庭进入了"黑暗时代"。

虽然国内外学界对"黑暗时代"的时间跨度也有争议，如有学者因其原始史料匮乏将其界定在7—8世纪，也有学者根据社会动荡将其下限定在"破坏圣像运动"结束之后，还有学者将其合二为一定在6—9世纪。但无论哪种方式，都将伊苏里亚王朝划定在了"黑暗时代"，追其根源在于多数学者认为破坏圣像运动造成了社会的严重动荡，加之这一时期存世的文献极少，故将这一时期命名为"破坏圣像运动时期"，这一时期的社会发展处于"黑暗"状态。

整体而言，当565年查士丁尼陪伴着他的帝国走完自己最辉煌的历程，帝国也确实如同查士丁尼的衰老一样走向了衰落，查士丁尼在位时期大兴土木且好战，他去世后帝国陷入了财政危机，地震、瘟疫等天灾频繁发生，导致帝国人口急剧减少和兵源日益匮乏，这两种危机又促发帝国边疆危机，最终形成了以人口和财政减少为核心的恶性循环。希拉克略王朝时期的皇帝也因忙于迎战波斯人和阿拉伯人，导致帝国的局势不容乐观，而675—717年的"20年混乱期"，也致使皇帝的立法几乎停滞，将之称为"黑暗时代"也无可非议，但伊苏里亚王朝真的属于"黑暗时代"吗？

---

[1] Cyril Mango, *The Oxford History of Byzantium*, Oxford University Press, 2002, p. 129.
[2] 周枏：《罗马法原论》上册，商务印书馆2014年版，第11—12页。

学界对伊苏里亚王朝为"黑暗时代"的逻辑有二：一是该时期存世的资料匮乏，无法对这一时期的全貌进行认知；二是"破坏圣像运动"导致了社会的动乱，也是造成史料匮乏的根源。因宗教争论导致很多官方文献被那些想要其成为"黑暗时代"的人焚毁，留下的只有偶像崇拜者的"一言堂"文献，这些文献本身就存在观点上的"好恶"，仅依靠一方的文献将这一时期定为"黑暗时代"本身就存在不公。

　　对"破坏圣像运动"造成社会的动荡一说也存在问题。对破坏圣像运动"严酷性"的记载多以教会史家赛奥法涅斯的《编年史》和尼基弗鲁斯的《简史》为依据，但这些教会史家的史料只是"一面之词"，不足以还原这场运动的本真。实际上笔者曾经就此问题展开过讨论，认为学界普遍认为的利奥三世发起的所谓的"破坏圣像运动"并未达到"破坏"的程度，仅要求人们不要进行"偶像崇拜"，恢复"十字架"信仰，目的是防止当时大量的江湖术士以"偶像崇拜"为由骗取钱财，甚至伤人性命。即便是君士坦丁五世更为激进的宗教政策，但也只是因宗教势力的强大，导致大量人口进入修道院，规避赋税和徭役，皇帝希望借此对减少或限制基督教修行人士的规模，维护帝国的发展与稳定①。因此，他们认为，所谓的"破坏圣像运动"并非要造成社会的混乱，而是出于维护社会稳定的初衷。

　　虽然个别学者也从历史、文学、艺术、军事等方面"黑暗时代"的说法提出过质疑②，但长期以来受"黑暗时代"思想的影响，这种"零散"的声音并未引起学界的重视，学者们依旧依赖教会史家的史料，将伊苏里亚王朝等同于"破坏圣像运动时期"。但是这一时期的史料并非仅有教会文献，本书所探讨的《法律选编》便是世俗文献之一，属较为全面客观反映史实的官方法律文献。但学者们似乎对这部律法并不那么关注，或者刻意回避，例如在第九届拜占庭春季学术研讨会提交的论文中，学者们围绕"破坏圣像运动"，从政治、经济、神学和教育等诸多方面进行了探讨，唯独没有提及法律。③ 即便是研究伊苏里亚王朝比较权威的专著《破坏圣像

---

① 李继荣：《"破坏圣像运动"考辨》，《理论月刊》2016 年第 11 期。
② 国外学者有：S. S. Farouk, "Reassessing Views regarding the 'Dark Age' of Byzantium (650 – 850)", *Byzantion*, 2006（76），pp. 115 – 152. R. -J. Lilie, "Wie dunkel sind die 'dunklen Jahrhunderte'?", *Jahrbuch der Österreichischen Byzantinistik*, 1993（43），pp. 37 – 43. 国内学者有：李继荣：《〈法律选编〉反映拜占庭社会生活》，《中国社会科学报》2018 年 2 月 12 日；庞国庆：《时代之光：拜占廷〈法律选编〉中的公正理念》，《南开学报》（哲学社会科学版）2019 年第 2 期。
③ A. Bryer and J. Herrin, Iconoclasm: Papers Given at the Ninth Spring Symposium of Byzantine Studies, University of Birmingham, March 1975.

运动时期的拜占庭历史》，也未有专门的章节对伊苏里亚王朝历史的法典进行专门系统的分析①。

鉴于此，或许《法律选编》将成为还原这段所谓"黑暗时代"历史的客观史料。原因有二：

一为《法律选编》几乎可以算作所谓的"破坏圣像运动"的发起者留存于世的唯一官方法律文献。利奥三世和君士坦丁五世进行的禁止偶像崇拜的政策激发了很多教会人士的不满，故在恢复圣像崇拜后，上至皇帝下到修士发起了将利奥三世与君士坦丁五世颁布的法令及其他文字记录进行焚毁的运动，宗教的偏执情绪已经严重影响到教会史家对历史人物的客观理性评价，赛奥法涅斯和尼基弗鲁斯的作品中充满了这种情绪。而《法律选编》作为利奥三世和君士坦丁五世颁布的法典，是对这场"辩论"中，论点材料的有效补充，有助于接近史实。

二为《法律选编》属于"偶然存世"，但并非教会人士不想将这部法典焚毁。古代立法的颁布，只记皇帝名讳，而无几世之说，如利奥三世和君士坦丁五世，是后人为了区分皇帝而附加的，马其顿王朝时期，恰有利奥（六世）和君士坦丁（七世）的共治，故其一直被误认为是马其顿王朝的立法而躲过了被焚毁的厄运。正因如此，表明这部法律没有经过他人的篡改，保留了其颁布时的原则与思想。

《法律选编》是由伊苏里亚王朝皇帝利奥三世与君士坦丁五世于740年共同颁布，共18章，以民法为主，刑法辅之，注重家庭婚姻法，涉及婚姻、继承、遗嘱、监护、借贷、抵押和刑罚等诸多方面。虽然在规模上无法与查士丁尼的《民法大全》相比，但是其简洁、明确和逻辑自洽的立法体系，改变了之前查士丁尼立法的"繁杂"状况，转用希腊语颁布、完成与基督教思想的深度融合，使其成为拜占庭第一部基督教化的希腊语官方法典，完成了罗马法向拜占庭法的最终转变。

从立法思想与理念来看，这部法典深受希腊哲学、犹太人律法和基督教博爱思想的影响，深化了自查士丁尼以来法律趋向"人道"的原则，用"仁爱"与"严苛"统一的理念贯穿整部法典，彰显了伊苏里亚王朝皇帝利奥三世和君士坦丁五世的立法理念。在婚姻家庭中，《法律选编》一方面十分注重对家庭成员关系的平衡构建，保护妇孺等弱势群体的权益，提升妻子在家庭中的话语权、继承权和监管权，保障未成年子女应该获得的

---

① L. Brubaker and J. Haldon, *Byzantium in the Iconoclast Era c. 680 – 850: A History*, Cambridge University Press, 2011.

权益，彰显法律"仁爱"的一面，但也对各成员的义务进行了严格规定，夫妻要尽到抚养子女的义务，不得随意抛弃子女，子女要孝敬自己的父母，否则将会面临丧失继承权的惩处。可见，《法律选编》是希望构建互爱和谐的家庭关系。

在社会关系的构建中，《法律选编》更为注重社会的公平，维护平民大众利益，尽量消除因贫富或地位的差距而造成的司法不公，在惩处上，尽最大限度取消了贵族的特权，讲求法律惩处面前的相对"一视同仁"，严格限制借贷中奴役平民的状况，即便是救赎他人也要明确赎金，被赎者可以以劳偿金，但赎金偿还完毕后，必须还其自由。在加强王权的同时，表现出帝王对平民的依赖与关照，以此构建"平民大众时代"的意愿，以期达到整个社会的井然有序。

在帝国的治理与管理上，《法律选编》"仁爱"与"严苛"的理念主要体现在司法中要讲求"公正、正义"，如引用大量《旧约·圣经》中关于上帝、帝王与信众之间关于"正义"与"公正"的契约模式，要求法官在执法的过程不能因贪图财富、地位或便利而有失公允，而要像所罗门那样以智慧进行公正审判，不能因任何理由而偏袒任何一方，也不能报复任何一方，公允和公正成为《法律选编》"仁爱"与"严苛"理念统一的契合点，目的是要建立起一个"公正"的帝国政府。

在处刑方面，《法律选编》一方面严格限制死刑，多以鞭打、剜鼻、断手等肉刑取代，减少了酷刑，体现出其"仁爱"的理念；但对于危害国家安全、帝国社会稳定和小农家庭稳定的犯罪，如叛国罪和性犯罪等，《法律选编》还是给予其"严苛"的惩处和限制。在"仁爱"基础上的"严苛"，体现出了《法律选编》在量刑上的仁严有尺与轻重有度的特点。

另外《法律选编》在战利品分配、租赁、抵押和证人等方面体现出明确责权关系的同时，亦彰显了"人道"与"仁爱"精神。因此，从《法律选编》的原则与内容可见，这部法典所勾画的伊苏里亚王朝的社会状况是，是以"仁爱"与"严苛"的理念，施以休养生息之策，肃清帝国的混乱之态，以达到恢复与繁荣帝国盛世之状，而这种状态与所谓的"黑暗时代"似乎并不"相符"。

当然，可能一些细心的学者在对《法律选编》进行研读后会认为，这部法典并非"完整"立法，几乎没有涉及关系帝国生存的农业和商业方面的规定，以此来对"黑暗时代"的说法予以肯定论证。但从《法律选编》的稿本看，其经常辅之以《士兵法》《农业法》《罗得海商法》《女婿士兵决议》①和《摩西律法》留存于世。可见,《法律选编》的颁布者在实用性的原则指导下,在将这些"民间"修法进行"仁爱"与"严苛"理念的修订之后,赋予其"官方"立法的效力,确保了帝国司法的有法可依、执法必严和公正司法的理念,非但不能说明这是一个"黑暗时代",还从另外一个角度证明伊苏里亚王朝时期是一个风清气正的社会。

这一社会状况也可以从历史的角度得以印证。在经历了6—7世纪的天灾人祸与社会动荡,帝国人口锐减所导致的经济、政治、军事和边疆的危机,因帝国"军区制"改革和戍边移民政策的有效推行,得到有效缓解,小农阶层的不断壮大,在稳固边疆的同时也增加了帝国的财政税收,加之基督教"博爱"思想的影响,帝国臣民的混乱情绪也逐渐得以平复。至717年伊苏里亚王朝建立,社会已经趋于稳定,利奥三世也趁此机会继续推行"休养生息"之策,用"仁爱"与"严苛"之律法维护军区制建设以来形成的"小农家庭",保护社会中日益崛起的平民和促进帝国整体司法秩序的公平正义。

在《法律选编》及其附录中所展现的"仁爱"与"严苛"的统一理念影响下,伊苏里亚王朝确实走向了恢复与发展的道路,帝国的人口锐减、军队不足和收入拮据的窘况都有了显著的改善。马其顿王朝能够实现拜占庭帝国的复兴,伊苏里亚王朝立法中贯彻的"仁爱"与"严苛"的司法理念起到了重要作用。这也许对学界重新认识伊苏里亚王朝是否为学界普遍认同的"黑暗时代"的说法,提供了一个新的视角。更为重要的是希望因这部法典而引起学界对拜占庭法律的重视,它并非学者眼中的落后的、无价值的立法,相反拜占庭帝国的立法不仅拥有自身的特点,也是沟通查士丁尼《民法大全》与文艺复兴之间,罗马法传播、演变和留存的重要"枢纽"与"纽带"②。

四 研究内容

鉴于《法律选编》的立法原则与思想在拜占庭史上所占据的重要地位和学界尚未对这部法典充分关注的现实,本文以《法律选编》为研究对象,在对原始文献进行解读的基础上,以仁爱与严苛统一理念为主线,追溯这一理念的缘起,探讨文本的立法来源与文本流传,分析结构内容对

---

① "女婿士兵"为应征入伍的上门女婿,后文简称《决议》。
② 关于对拜占庭法律研究重要性阐释的文章可参看王小波《面向未来研究拜占庭法律史》,《中国社会科学报》2018年12月18日。

"仁爱"与"严苛"理念的彰显，厘清该法典贯彻"仁爱"与"严苛"统一理念的原因，对比其与其他法典在这一理念上继承发展关系，进而探讨该法典"仁爱"与"严苛"统一理念对拜占庭及外族王国立法的影响和该法典在整个拜占庭史上的历史地位。

第一章主要论述了《法律选编》中"仁爱"与"严苛"统一理念的缘起。拜占庭立法中"仁爱"与"严苛"理念的介入与基督教思想的融入有直接关系，《圣经·旧约》注重律法的外在约束性和《圣经·新约》注重道德的内在自律性，构成了《法律选编》中讲求"仁爱"与"严苛"理念的两大来源，而4—7世纪拜占庭帝国的基督教化，为基督教的这两种思想融入法律提供了机会与可能，具体而言其路径为两条，一条是君权神授理论与皇权强化趋势的契合；二条是政局动荡与缓解社会矛盾的需求。其次，在社会变迁的背景下，早期拜占庭立法原则也发生了变革，以《查士丁尼二世"赠礼"敕令》为例，可以发现和印证早期拜占庭立法经历了立法的基督教化、王权的集权化和文化的希腊化等趋势。

第二章主要论述了《法律选编》的版本信息问题。首先，关于该法典的颁布时间，学界历来争议较大，笔者探讨了诸家的争论，并结合历史背景，认为740（741）年是最为合理的颁布年份；其次，笔者通过对早期立法资料的整理，梳理出了该法典颁布过程中可能参考到的法律文书，认为主要包括官方立法、民间法和教会法，特别是查士丁尼《民法大全》的希腊文"译本"。再次，关于该法典传世文本情况，笔者从多个方面也进行了考证和总结；最后，在《法律选编》的结构体例方面，笔者对该法典的结构与序言、编纂体系和主要内容进行了阐释，认为与查士丁尼的立法相比，《法律选编》更为简明、系统和更具逻辑性，在立法原则上讲求公正与公平，追求司法的效率，具有明显的进步意义。

第三章以"仁爱"与"严苛"统一理念为核心详细解析了《法律选编》的文本内容。主要通过序言和内容阐释该法典所体现的仁爱与严苛统一理念：在婚姻家庭法中，对妇孺的保护以及对家庭成员责任与义务关系的明确，表明这是一部"爱苛相辅"的律法；在民事与刑事处罚中，对民事案件的化解为主和对刑事犯罪的严格惩处，表明这部法典的"仁严并举"的特征；在司法审判过程中，要求法官对案件审理的谨慎和对执法过程的公正，展现出这部法典的"赏罚严明"的内涵；在强化王权在司法中的绝对权威中，希望加强对平民的照拂与保护，显现出这部法典"权民相顾"的惩处方式；最后，则从历史的角度，分析了这部法典颁布的历史背景与其自身所具有的时代特点。

第四章以"成因：《法律选编》成书与时代环境的互动"为题，阐释了该法典将"仁爱"与"严苛"这两种"矛盾"理念合二为一的原因。首先，3世纪危机后，帝国中心的东移，促使罗马帝国原本的拉丁文化逐渐被东罗马帝国的希腊文化所取代，加之犹太文化和希腊文化的双重影响，致使拜占庭帝国不得不用东方的文化重新塑造罗马的立法传统；其次，6—8世纪是拜占庭帝国的动荡时期，天灾人祸不断，地震、瘟疫的肆虐与战争祸乱的频发，导致拜占庭人口急剧下降，社会动荡不堪。该法典的仁爱主要是为了确保人口的繁衍，而严苛更多的是为了促进家庭和谐与国家安定；再次，在面对内忧外患背景下，军区制改革促使帝国小农阶层和小农家庭的大量出现，为了维护这些小农家庭的稳定，增强抵抗风险的能力，需要法律做出"仁爱"与"严苛"立法思想的调整；再次，基督教经历数百年的发展后，至8世纪已经成为拜占庭人的精神食粮，而其"博爱怜悯"的原则也自然会影响帝国的立法精神；总之，"仁爱"与"严苛"的统一都是源自帝国局势的变化，其"仁爱"原则的提出并非皇帝的善心之举，"严苛"的思想也并非皇帝的邪恶之心，其背后折射出的是因战乱、瘟疫等天灾人祸造成的人口下降，促使皇帝不得不以休养生息之策，来缓解帝国的危机之态，当然在《法律选编》与"破坏圣像运动"构建的截然不同的社会状况方面，认为《法律选编》"仁爱"与"严苛"的理念才是伊苏里亚王朝的特征，"破坏圣像运动"下的"黑暗时代"的观点，需要重新审视。

第五章主要论述了《法律选编》与其他法典的关系。作为罗马—拜占庭法律史上的一部重要法典，它起到了承上启下的历史作用。首先，该法典在理念上继承了《民法大全》的立法原则，进一步深化了《民法大全》中所提倡的"人道"原则，除了借用《民法大全》中很多术语，并结合实际情况对诸多条款进行了修订，如提高妇女地位，简化释放奴隶的条件等，还进一步发展了《民法大全》的内容；其次，《法律选编》与其附录立法——《农业法》《士兵法》《罗得海商法》《决议》及《摩西律法》互为补充，后几部法典经过"仁爱"与"严苛"理念的修订后，成为《法律选编》的重要组成部分，贯彻着与《法律选编》同样的理念与原则。最后，该法典与马其顿王朝的立法《法学手册》和《导言》也具有继承关系，后两部法典中继承了《法律选编》的很多内容，包括"仁爱"与"严苛"统一的立法理念。

第六章主要探讨了《法律选编》"仁爱"与"严苛"理念的历史地位及其影响。作为帝国局势稳定后的第一部官方法典，其在百余年的实施过程中，调节了帝国各阶层间的矛盾，促进了帝国人口的增长和经济的繁荣，维护了帝国各部门行业的有序发展，是一副保持帝国稳健发展的良药，为马其顿王朝黄金时代的到来奠定了法律方面的基础；同时作为一部关注家庭婚姻稳定，注重妇女社会地位的一部法典，无论从家庭地位、继承原则，还是监护权利方面，它都给予妇女以极大的便利，为伊苏里亚王朝末伊琳娜称帝提供了法律方面的支持，对后世产生了深远影响；最后，虽然该法典在马其顿王朝建立后，被下令废止，但是一些核心元素确保留在马其顿王朝的立法改革中，且随着帝国东正教的外传，而被带入东正教文化圈的一些东欧国家，特别是保加利亚和罗斯公国，其各自立法《审判法》和《罗斯法典》都受到了《法律选编》及其"仁爱"与"严苛"统一理念的影响，乃至近代希腊的立法中，还能找到《法律选编》及其立法观念的影子。

绪　　论

《法律选编》（*Ecloga*），旧译《埃克洛伽》，是拜占庭帝国皇帝利奥三世（Leo Ⅲ，717—741 年在位）与君士坦丁五世（Constantine Ⅴ，741—775 年在位）于 740（741）年联合颁布的一部小型法典。该法典的重要性在于，它是在经历了 6—8 世纪的求生图存之后，罗马—拜占庭帝国史上出现的第一部希腊文官方法典，其以民法为主，刑法为辅，主要调整帝国内部民事关系。虽然它缺乏相关农法、商法方面的内容并非一部综合性法典，但其与附录组成的法律文本不失为研究 8 世纪帝国社会生活和历史变迁的重要官方法律文献。

一　基本概念和研究问题

（一）基本概念

本书研究的对象是拜占庭《法律选编》（及其附录），故而有一些基本概念需要厘清和界定，分别为罗马法、拜占庭法、罗马帝国、拜占庭帝国。

法是人类社会发展到一定阶段的产物，是人类从原始社会向阶级社会过渡，出现家庭、私有制和国家的过程中逐步产生和发展起来的，其后依次经过奴隶制法、封建制法、资本主义法和社会主义法等各个发展形态。本质上，法不仅受经济因素的根本制约，也受政治、宗教、文化等社会因素的影响。因此，法又是对历史各阶段政治、经济、文化、宗教等方面的集中反映。罗马法是罗马奴隶制经济状态下，随着古罗马社会阶级和国家的出现而逐渐形成的一种用以调整各种社会关系社会规范，其包括整个罗马奴隶制社会历史时期，"既包括自公元前 8 世纪罗马国家产生至公元 476 年西罗帝国灭亡这个时期的法律，又包括查士丁尼时期东罗马帝国的法律"①。

拜占庭法是指拜占庭帝国存续期间颁发的法律，即自324年君士坦丁堡建都至1453年都城陷落于拜占庭帝国统治范围内产生的法律。拜占庭法既包括晚期罗马帝国的奴隶制法，如《狄奥多西法典》和查士丁尼《民法大全》，亦包括拜占庭帝国中后期的所有法典，《法律选编》《帝国法典》和《法学六书》等均属此列。诸此法典均在皇帝们的主持下，由专门的法学委员会进行编纂，旨在平衡各阶层间的相互利益，维护整个社会的秩序和稳定，促进经济和文化事业的发展。从这一角度看，拜占庭法是由拜占庭社会经济基础决定并为其服务的，是拜占庭帝国各种社会关系的综合反映。

论及此处，困扰学人者多为如何看待罗马法和拜占庭法有相互重叠之处。这一问题的出现实则是历史阶段划分的分歧及学者们所倚重的重点不同所致。罗马法和拜占庭法分别是以罗马国家和拜占庭帝国存在为基础和前提，抛开两大实体谈法律并无实际意义。但是学界关于前者灭亡与后者兴起的时间争论，引发了罗马帝国史与拜占庭帝国史研究的诸多混乱，进而导致对罗马法与拜占庭法两个概念界定的困难。学界对于拜占庭帝国开端时间的界定主要集中在三个时间点，分别为4世纪初、395年和476年。

持4世纪初观点的学者，又分为两种观点：一种观点认为，应以324年君士坦丁大帝选定君士坦丁堡为新都之时为拜占庭帝国的开端，因为这一年君士坦丁结束了"四帝共治"的分裂局面，以基督教为帝国的精神支柱重新将帝国统一起来；另一种观点则认为应以330年迁都这一重要历史事件定为拜占庭帝国的开端；持395年观点的学者，认为395年狄奥多西一世去世，帝国由其两个儿子分治东西两个部分，自此罗马帝国一分为二，此后再未真正统一过，故这一年应该是拜占庭帝国的开端。持476年观点的学者则认为，476年皇帝罗慕路斯被蛮族将领罢黜，便意味着西罗马帝国灭亡，拜占庭帝国开始②。

根据马克思历史唯物主义观点，真正的世界历史发生在地理大发现之后，之前的世界历史仅是各民族和各地区依照各自模式独立发展的过程中，因交往和冲突而相互影响、融合和促进，"恰如江河之流归于大海一样，是一个不断发展、演变、交汇的过程，没有中断，也没有什么永远不

---

① 何勤华：《外国法制史》，法律出版社2006年版，第1、60页。
② 徐家玲：《拜占庭历史的分期和早期拜占庭》，《东北师大学报》（哲学社会科学版）1999年第6期。

可逾越的屏障"①。因此，本质上研究历史并不应该人为地将历史进行板块或时段分割，而是从纵横两个维度研究人类历史从孤立、分裂到统一、整体的发展演变规律。但是为了便于对这一复杂演变规律的认知和总结，学者们已经习惯于采取划分历史时期的方法。可见历史分期主要是对前人的分期方法加以研究、探讨，并找出使之得出不同结论的主要理由并加以综合分析，从中找出某些真正规律性的东西，才是现阶段对待传统"历史分期"方法的正确态度。

因此，历史地看，罗马帝国这一名称存续于整个拜占庭时期，帝国治下臣民依旧自称为"罗马人"，称皇帝为"罗马人的皇帝"，直到"帝国的末日，拜占庭皇帝和他的臣民还不肯放弃'罗马'这一名存实亡的称号"②。及至德意志神圣罗马皇帝、俄罗斯和保加利亚的沙皇以及享有"法兰西皇帝"之称的拿破仑等依然将称霸欧洲和承继罗马作为自己的最高理想。但事实是，自3世纪危机后，伴随着奴隶制经济的逐渐瓦解，昔日的罗马帝国也逐渐走向衰落，在查士丁尼大帝统一东西帝国的尝试彻底失败后，真正的罗马帝国实然已经"寿终正寝"，而"罗马世界"亦名存实亡。但"罗马世界"的残留、影响与转变却持续了很长时间，直至8世纪才完成蜕变。因此很多西方学者将君士坦丁大帝之后至8世纪的漫长历史称为"后古典时代（*Late Antiquity*）"，亦有中国学者将其译成"后古代时期"或"古代晚期"③。

所谓的拜占庭帝国并非历史称谓，其时称谓依旧是"罗马帝国"。只是到了近代，因德国学者沃尔夫（Hieronymus Wolf）在整理和校勘希腊语手稿时，发现中世纪希腊文献与古典文献有重要区别，而为了将其进行更好的归类研究，沃尔夫将中古希腊语文献均冠以"拜占庭"④字样，之后这一区分逐渐为学界接受，于是与之相关的帝国被称为"拜占庭帝国"，

---

① 徐家玲：《拜占庭历史的分期和早期拜占庭》，《东北师大学报》（哲学社会科学版）1999年第6期。
② 徐家玲：《拜占庭文明》，第17页。
③ 所谓的"后古典时代"或"晚期古代"说，是20世纪末21世纪初，西方多数古典学家持有的一种观点，主要是针对爱德华·吉本的"罗马帝国衰亡论"，提出的"罗马帝国转型论"，代表性的学者为布朗，他在《古代晚期世界：150—750年》中阐释了罗马帝国并未衰亡，而是进入了长达六个世纪的过渡与转型时期，强调这一历史时期在文化上与古典时代的联系（参见：P. Brown, *The World of Late Antiquity: A. D. 150 - 750*, Harcourt College Pub, 1971）。
④ "拜占庭"一词最早是指位于博斯普鲁斯海峡的古城拜占庭。该城于公元前7世纪前半期由希腊拓殖者所建，名称源自其首领（Byzas），君士坦丁大帝将其定为首都后，易名君士坦丁堡，奥斯曼土耳其人占领后，又易名伊斯坦布尔。陈志强：《拜占庭帝国史》，第2页。

与之相关的历史被称为"拜占庭史",与之相关的民众被称为"拜占庭人",与之相关的学问被称为"拜占庭学"。

拜占庭帝国是在衰落中的罗马帝国这一母体中孕育的,故其历史开端可能要更早一些。不过拜占庭学界普遍认可的时间节点是在324年或330年,因为正是在这一时期,君士坦丁大帝通过重新统一罗马世界,进一步深化戴克里先改革,承认基督教合法、迁都于帝国东部等举措,"完成了将古典的以多神崇拜为其精神支柱的罗马奴隶制帝国改造为以新兴的基督教为其精神支柱的以小生产者和自由租佃农为主体的早期拜占庭帝国"①。虽然关于在君士坦丁大帝时期拜占庭帝国是否已经确立了封建制度的争论还在继续,但至少可以认为,自君士坦丁后,罗马世界的封建因素开始稳步发展并逐步取代古典时期残酷而落后的奴隶制生产方式,故而一些拜占庭学者将这一时期确定为早期拜占庭时期。

综上所述,无论"晚期罗马帝国",或"早期拜占庭帝国",抑或"后古典时代",实质是学者们对同一历史现象和历史阶段的不同表述方式。此争议的根源在"变",核心内容是长久复杂的"衰落与孕育""继承与发展""整合与突变"。从这一点上看,这一时期颁布的一些法典,在历史分期中有重叠也就不足为奇,既可以称为罗马法,也可以称为拜占庭法,特别是《民法大全》,它既是拉丁文化在罗马帝国存续的最典型代表作,体现了罗马奴隶制法的最高水平,也是开启了希腊化法典的新境界,奠定了中世纪拜占庭立法的方向。本书研究的对象《法律选编》在序言开篇便讲道"其选自查士丁尼大帝的《法学阶梯》《学说汇纂》《法典》和《新律》",提升了"仁爱"②情怀,足以说明其承上启下的过渡作用。但与以往不同的是,这部法典已经剥离了罗马法的外壳,蜕变为真正意义上的拜占庭法,开启了拜占庭帝国立法的新篇章。

(二) 研究问题

法律作为一种社会现象,属于上层建筑的范畴,受一定社会经济条件的制约,是某阶段各种社会关系发展的必然结果,反过来又会对当时的社会关系发生特定的作用。因此对存在于一定社会环境中的法律的研究,在一定程度上可以勾勒出该社会的历史发展轨迹,揭示出其历史发展特点。

如果说4—8世纪因为历史分期的争论,导致罗马法与拜占庭法之间界

---

① 徐家玲:《拜占庭历史的分期和早期拜占庭》,《东北师大学报》(哲学社会科学版) 1999年第6期。
② 《法律选编》序言中将其称为"φιλανθρωπότερον",为"爱"(φιλ-)与"人"(-ανθρωπος)的合成词,强调对人本身的"仁爱"之意。

限不明确，那么本书研究的《法律选编》可明确称为真正意义上的第一部拜占庭法，其无论在帝国法律史，还是史学史上都具有重要研究价值。

众所周知，查士丁尼时代结束后，帝国陷入内忧外患之中，斯拉夫人、阿瓦尔人、波斯人和阿拉伯人接踵而至，直逼君士坦丁堡城下。据载626年，希拉克略（Heraclius，610—641年在位）皇帝为了解除外敌对君士坦丁堡的威胁，"征集一切可利用的珍品，甚至包括教会圣器"①，用于补充战争资金，足见帝国的困难之状。正因如此，7世纪是史料极为匮乏的时期，"被合理地称为拜占庭历史的黑暗时期"②。至717年利奥三世登基建立伊苏里亚王朝，虽帝国局势趋于稳定，史料状况要稍好于7世纪，但是由于"破坏圣像运动"的进行，很多世俗史料，特别是皇帝们的著述被后世圣像的支持者们几乎破坏殆尽，而留存的几部教会史家的著述，又因宗教情感因素，在史实的记述方面有所偏颇，史料留存情况并不容乐观。

《法律选编》的留世全属偶然，"它很可能是因为被错误地归功于利奥六世和'紫衣家族的'君士坦丁而被留存"③。正是历史的这一偶合，为7—9世纪这一比较模糊动荡的时代带来了一丝光明，作为当时的唯一一部官方法律，与其他几部半官半私的汇编之法（《农业法》《士兵法》和《罗得海商法》）及教会史家的编年史（赛奥法涅斯的《编年史》和尼基福鲁斯的《编年史》）等一同构成了研究这一历史时期的重要文献资料。

从笔者掌握的文献来看，国内对《法律选编》的研究还非常薄弱，尚无专著问世。但学界关于拜占庭史的研究为本书进一步探讨这一问题奠定了基础。徐家玲教授所著的《早期拜占庭和查士丁尼时代研究》④虽未直接涉及《法律选编》，但为笔者了解查士丁尼统治时期的立法、社会变化及新法典颁布提供了大量的历史背景知识；她的另一部著作《拜占庭文明》⑤对《法律选编》进行的简要介绍和分析，对笔者深入研究该课题具有很大的启发意义。陈志强教授在其所著的《拜占廷学研究》⑥和《拜占

---

① Angeliki E. Laiou and Cecile Morrisson, *The Byzantine Economy*, Cambridge University Press, 2007, p. 24.
② G. Ostrogorsky, *History of the Byzantine State*, p. 79.
③ John Bury, *A History of the Later Roman Empire from Arcadius to Irene*, 395 A. D. to 800 A. D., Macmillan and Co., 1889, p. 430.
④ 徐家玲：《早期拜占庭和查士丁尼时代研究》，东北师范大学出版社版1998年版。
⑤ 徐家玲：《拜占庭文明》，人民出版社2017年版。
⑥ 陈志强：《拜占廷学研究》，人民出版社2001年版。

庭帝国史》①也各自从专题和通史的角度,为本书的写作提供了大量背景文献。王小波教授的专著《〈罗得海商法〉研究》,对《罗得海商法》与《法律选编》的关系进行了探讨,简要分析了《法律选编》的国内外影响②,对本书研究亦极具参考价值。

与国内相比,国外对该法典的研究状况要略好。英国著名史家约翰·伯利在其《晚期罗马帝国史》第二卷③中对《法律选编》进行了概述,并对其序言进行了翻译。著名意大利法学家朱塞佩·格罗索教授在其《罗马法史》④中,虽然重点论述了查士丁尼之前的罗马法,但也对拜占庭的一些法律有所提及,其在"拜占庭文献"一节中便提及了《法律选编》。赫西主编的《剑桥中世纪史》⑤和乔治的《罗马法的历史性和制度性背景》⑥及几乎所有的涉及拜占庭史的著述都会提及这部法典⑦。

但是上述著述的局限性在于,论及《法律选编》时犹如蜻蜓点水,并未深入探讨。在浩瀚的拜占庭研究成果中,笔者只收集到四部专题研究著述:第一部是英国学者弗莱士菲尔德的《罗马法手册:〈法律选编〉》⑧,该书对《法律选编》进行了整理、翻译,是最早的一部英文译本;第二部是法国学者斯普尔贝尔出版的法文译本著作《伊苏里亚王朝利奥与君士坦丁的〈法律选编〉》⑨;第三部是德国学者路德维希·伯格曼的《利奥三世与君士坦丁五世皇帝的〈法律选编〉》⑩,该文本是目前比较权威的德文译本;第四部是美国学者汉弗莱斯的《伊苏里亚时期的法律:〈法律选编〉及其附录》是目前涉及《法律选编》的最新英文译本⑪。在论文方面,笔

---

① 陈志强:《拜占庭帝国史》,商务印书馆2017年版。
② 王小波:《〈罗得海商法〉研究》,中国政法大学出版社2011年版。
③ John Bury, *A History of the Later Roman Empire from Arcadius to Irene*, 395 A. D. to 800 A. D., 1889.
④ 〔意〕朱塞佩·格罗索:《罗马法史》,黄风译,中国政法大学出版社1909年版。
⑤ J. M. Hussey, *The Cambridge Medieval History: The Byzantine Empire*, Vol. 4, part 2, Cambridge University Press, 1967.
⑥ George Mousourakis, *The Historical and Institutional Context of Roman Law*, Ashgate Publishing Company, 2003.
⑦ 如瓦西列夫的《拜占庭帝国史》和奥斯托特洛格尔斯基的《拜占庭国家史》等。
⑧ Edwin Hanson Freshfield, *A Manual of Roman Law the Ecloga Published by the Emperors Leo III and Constantine V of Isauria at Constantinople A. D. 726*, Cambridge University Press, 1926.
⑨ C. A. Spulber, *L'Eclogue des Isauriens : Ecloga Leouis et Constantini*, Librairie Mühldorf, 1929.
⑩ Ludwig Burgmann, *Ecloga das Gesetzbuch Leons III und Konstantinos V*, Lowenklau-Gesellschaft, 1983.
⑪ Mike Humphreys, *The Laws of the Isaurian Era: The Ecloga and its Appendices*, Liverpool University Press, 2017.

者除了收集到一篇希腊学者斯比鲁斯·特里阿诺斯的《法律选编及其附录》①一文外，尚未发现有关于《法律选编》的渊源、形成、文本、影响和地位等方面进行综合性研究的专题论文。

综上，《法律选编》作为研究中世纪拜占庭的一部重要法律文献，在国内外学界尚未获得应有重视，国外学者虽多有涉及，但仅是作为历史文献进行概述，专题研究者很少，其研究基础还相对较弱；国内关于该法典的系统、全面和专题研究尚未开启，这是一个亟待开拓的领域。基于此，笔者不揣浅陋，立志耕耘于此，希望有所收获。

二 国内外研究现状综述

（一）国外文献研究综述

国外学界对拜占庭《法律选编》的整理和研究起步相对较早，发端于约16世纪，至今已有500余年的历史。但是在19世纪末之前，多为校勘，之后才逐渐转向法典本身的研究。为了便于读者对该法典的研究史有更为清晰的把握，笔者将搜集到的材料进行了归纳总结。

1. 直接类著述

（1）19世纪末至20世纪30年代的初步研究阶段

希腊著名拜占庭学者帕帕里戈布罗是较早对该法典进行研究的学者，他在《希腊的历史与文明》②一书中讲到给予该法典以极高的评价，认为当《法律选编》修编者的进步原则为最先进国家的民法所接受时，这一刻我们不得不佩服一千多年前的贤人，他们已经为现在才实现的教义典礼而斗争。可见帕氏是一位极端希腊爱国主义者，因充满对希腊文化的热爱之情，使其评价过程中，对该法典有过分"拔高"之嫌疑。

俄国拜占庭学者瓦西列夫斯基在其《圣像破坏者的立法》③一文中对该法典的颁布时间进行了探讨，认为该法典颁布于726年，并获得很多学者的支持，如英国学者弗莱士菲尔德、德国学者吉尼斯④、法国学者斯普尔贝尔、南斯拉夫学者奥斯特洛格尔斯基⑤等均持此观点，但也有一些学

---

① Σπύρος Ν. Τρωιάωος, Η εκλογή και η appendix της, Οι Πηγές του Βυζαντίου Δικαιου, 2011（03），pp. 160 – 179.
② M. C. Paparrigopoulo, *Histoire de la civilization hellenique*, Librairie Hachette et Cie, 1878.
③ V. G. Vasilievsky, Legislation of the Iconoclasts, *Journal of the Ministry of Public Instruction*, 1878（199），pp. 279 – 280.
④ D. Ginnis, Das promulgationsjahr der Isaurischen Ecloge, *Byzantinishe Zeitschrift*, 1924（24），pp. 356 – 357.
⑤ G. Ostrogorsky, Die Chronologie des Theophanes im 7. Und 8. Jahrhundert, *Byzantinisch-Neugriechische*, Jahrbucher, 1930（07），p. 6.

者对此有异议,如伯利认为应为739年①,而乌斯本斯基则直接否定了此法颁布于利奥三世与君士坦丁五世时期的说法②。

约翰·伯利在其《晚期罗马帝国史》③中不仅将《法律选编》的序言译成英文,还关注到伊苏里亚王朝在提高"仁爱"原则方面进行的法律改革,认为古罗马法学家的观点已经被完全废弃且罗马法的精神已经转到基督教王国的宗教环境中,《法律选编》是第一部基督教法律手册。

(2) 20世纪30年代至今深入研究阶段

述及深入研究,首先必提及俄裔美籍学者瓦西列夫的《拜占庭帝国史》④。作者除了对《法律选编》的颁布背景、时间争论、主要内容及对其他民族的影响进行了详述外,还以比较客观冷静的态度对帕氏激进的爱国主义情怀进行了批判,瓦氏认为,现代世界应该承认《法律选编》在希腊—罗马史或拜占庭法律史上开启新纪元中所起的重要作用,但我们也几乎不能将其认定为一个极为别出心裁的革新,这是一种希腊爱国主义的评论。

任西曼在其《拜占庭文明》⑤一书中则对该法典中关于妇女、儿童地位的提高,基督教原则对死刑的限制,基督徒婚姻及离婚次数的限制等,进行了较为全面的阐述,成为研究该法典的重要参考书目之一。

南斯拉夫学者奥斯特洛格尔斯基在其《拜占庭国家史》⑥中指出,《法律选编》与《民法大全》确实存在很大区别,这种区别一方面体现在教会法的影响,另一方面体现在东方习惯法的影响,它表明拜占庭的法律和立法观念自查士丁尼时代以来经历的变化,这种变化部分是由于基督教的伦理道德深入人心,部分是由于在东方影响下伦理道德的粗俗化。此论述中,虽粗俗化的论断似乎略显偏激,但该法典受东西方律法的影响却是不争的事实。

---

① John Bury, *A History of the Later Roman Empire from Arcadius to Irene*, 395 A. D. to 800 A. D., 1889.
② C. N. Uspensky, *Outlines of the History of Byzantium* Vol. 1, Moscow, 1917.
③ John Bury, *A History of the Later Roman Empire from Arcadius to Irene*, 395 A. D. to 800 A. D., Macmillan and Co., 1889.
④ A. A. Vasiliev, *History of the Byzantine Empire 324 – 1453*, The University of Wisconsin Press, 1952.
⑤ Steven Runciman, *Byzantine Civilization*, Edward Arnold and co., 1933.
⑥ G. Ostrogorsky, *History of the Byzantine State*, trans. by J. Hussey, Rutgers University Press, 1956.

英国学者拜尼斯的《拜占庭：东罗马文明概论》① 一书则指出，尽管"仁爱"是罗马诸君主对其臣民的传统责任，然这部新法典意味着其与罗马法的精神相背离，特别是在个人道德与家庭生活范畴，尝试着引入基督教的原则。可见拜尼斯也注意到了《法律选编》与罗马法的一些区别。

英国学者布雷维特·奥尔顿在编著的《剑桥中世纪简史》② 中认为，该法典颁布于 740 年，是一部被简化、被基督教化的民法典，在现代人看来，其以肉刑代替死刑的新规似乎野蛮残忍，但对当时的拜占庭人来说更显"人道"。

赫西主编的《剑桥中世纪史》中，由格罗宁根大学罗马法教授施赫特玛撰写的拜占庭法一章，通过对该法典所有条文的研究，认为法典中关于租赁的条款很短，至于劳工租约更是没有谈及，故该法典不可能解决一个大商业城市的法律关系，其更多考虑的是行省的需求。③ 在关于破坏圣像与帝国统治一章中，加利福尼亚大学教授阿纳斯托斯也对该法典进行了相关论述④，只是两者关于其颁布时间持有不同，前者认为颁布于 741 年，后者赞同 726 年。

英国学者欧伯伦斯基在其《拜占庭世界》⑤ 中认为，虽然《法律选编》在马其顿王朝时期被令行禁止，但在东欧其他民族中却繁衍昌盛直至 14 世纪。书中作者从族群交往的角度，分析了该法典对斯拉夫社会、俄罗斯民族及其他周边东欧民族的影响及其传播途径，为本书研究《法律选编》与周边异族立法的关系提供了借鉴。

德国学者博尔格曼在其《皇帝利奥三世与君士坦丁五世的立法：法律选编》⑥ 一书中也对该法典的稿本、抄本及校本进行了梳理，并附有德文译本，是目前研究《法律选编》极为重要的德文译本。

---

① Norman H. Baynes, *Byzantium: An Introduction to East Roman Civilization*, The Clarendon Press, 1948.
② C. W. Previte-Orton, *The Shorter Cambridge Medieval History*, Vol. 1, Cambridge University Press, 1952.
③ J. M. Hussey, *The Cambridge Medieval History*, Vol. 4, part 2, Cambridge University Press, 1967.
④ J. M. Hussey, *the Cambridge Medieval History*, Vol. 4, part 1, Cambridge University Press, 1967.
⑤ Dimitri Obolensky, *The Byzantine Commonwealth: Eastern Europe, 500 – 1453*, Praeger Publishers, 1971.
⑥ Ludwig Burgmann, *Ecloga das Gesetzbuch Leons Ⅲ und Konstantinos Ⅴ*, Löwenklau-Gesellschaft, 1983.

英国学者哈尔顿在《7世纪的拜占庭：文化的变革》① 一书中从文化变革的角度对《法律选编》进行了阐述，作者认为这部法律本质上是查士丁尼民法大全的缩减版，目的是要为管理者提供一本可供参考的实用性指南，但也必须承认实质性的改变也被引到法典中，而这些改变很明显深受教会法的影响。

美国学者沃伦·特里高德在其《拜占庭国家社会史》② 中则从社会史的角度认为，610—780年是拜占庭社会"萎缩"的一个时期，由于长期受军事危机的压力，整个帝国的管理规模也在减小，而此改变最有力的证据就是利奥三世的《法律选编》，因为它比查士丁尼浩繁而详尽的《法典》更简短粗略，其产生是为了适应当时社会管理的需求。

新西兰学者乔治·穆苏拉科斯在其《罗马法的历史性和制度性背景》中③对罗马—拜占庭法的发展史做了较为详细的梳理，几乎涉及帝国所有的法典，比如《狄奥多西法典》《民法大全》《法律选编》《帝国法典》④ 和《法学六卷》⑤ 等，文献梳理对我们了解罗马—拜占庭法的演变及特点大有裨益。

英国学者乔纳森·史拉德主编的《剑桥拜占庭帝国史》⑥，虽未对该法典做系统论述，但以文献方式散见于部分章节中，如作伪证要割舌的处罚，神职人员的称呼，法典的颁布时间，士兵财产的分配等均有论述，亦是本书的核心参考文献。另外，这一时期关于该法典颁布时间的争论一直未达成一致，依旧集中在726年、739年和741年几种说法。如美国学者特里高德支持726年，英国学者任西曼认为是739年，法国学者格鲁梅尔

---

① J. F. Haldon, *Byzantium in the seventh century*, Cambridge University Press, 1990.
② Warren Treadgold, *A History of the Byzantine State and Society*, Stanford University Press, 1997.
③ George Mousourakis, *The Historical and Institutional Context of Roman Law*, Τά Βαοἰλικά Ashgate Publishing Company, 2003.
④ 《帝国法典》是拜占庭马其顿王朝皇帝利奥六世颁布的一部法典，希腊文 Basilika，意为"帝国的，皇家的"。这部法典在大量引用《民法大全》中的内容，将其希腊化的同时，在编排体系则采用了《法律选编》的方式，更为注重实际应用的方便，也是中世纪拜占庭的一部重要法典。
⑤ 《法学六书》是拜占庭帝国晚期的一部重要法令集，由著名法学家君士坦丁·哈美诺普鲁斯（Constantine Harmenopulus）编纂完成，因分6卷而被称为"六书"。该法典分为民法和刑法，以《法律手册》为基础，《法律选编》《法令新编》等为补充，成为学界研究晚期拜占庭帝国的重要文献之一。
⑥ Jonathan Shepard, *The Cambridge History of Byzantine Empire*, Cambridge University Press, 2008.

则认为应为741年等,窘于篇幅,不做赘述。

2. 间接类文献(含译著)

间接文献主指未直接针对《法律选编》,但为了解《法律选编》颁布的历史背景、社会状况、法律变革等提供了大量史料和信息的文献。笔者将其划分为原始文献和现代著述两大部分。

(1) 原始文献

历史类 拜占庭教会史家赛奥法涅斯的《编年史》① 成书于约810—814年,以时间为序,记述了自戴克里先(284)至利奥五世(813)在位期间的历史。该著作是按照逐年记事的方式编排,表中年代始于上帝创世,并列有基督降生以后的年代以及拜占庭皇帝、波斯君主、阿拉伯哈里发、罗马主教、君士坦丁堡大教长在位的年代。虽然在时间推算方面存在失误,但因其构成了拜占庭后世史学编纂的基础,对研究7—8世纪历史极为重要。

拜占庭教会史尼基福鲁斯的《简史》②。由君士坦丁堡大教长尼基福鲁斯完成,记述了602—769年的历史。虽然这部史料不如赛奥法涅斯的记载详尽,但因其更为客观的记述方式,也成为研究7—8世纪拜占庭帝国历史事件及社会生活极为珍贵的历史文献,为研究《法律选编》提供了丰富的社会背景。

亚美尼亚主教塞维奥斯的《希拉克略史》③ 主要涉及希拉克略及其对手克罗埃乌斯,直至穆亚威亚(Muawija)升任哈里发(661)的历史。

保存于萨洛尼卡圣狄米特里教堂的著作《神迹》④ 是研究这一时期斯拉夫人大举进攻萨洛尼卡的历史的重要文献,分三部分:第一部分由萨洛尼卡主教约翰完成于7世纪20年代;第二部分则由7世纪80年代的佚名著者完成;第三部分为后世所加。这部著作对研究《法律选编》"异族化"提供了大量背景性知识。

宗教类 《第五六次基督教大公会议文件》⑤ 是希拉克略王朝最后一

---

① Theophanis, *Chronographia*, ed. by Carolvs De Boor, Vol. 1 (Textvm Graecvm Continens), Georg Olms Verlagsbuchhandlung, 1963. C. Mango and R. Scott (ed.), *The Chronicle of Theophanes Confessor: Byzantine and Near Eastern History AD 284 - 813*, Clarendon Press, 1997.

② L. Orosz, *The London Manuscript of Nikephoros 'Brevirium'*, Budapest, 1948.

③ Sebeos, *Histoire d' Heraclius par l' eveque Sebeos*, trans. by F. Macler, Paris, 1904.

④ P. Lemerle, "La composition et la chronologie des deux premiers livres des Miracula S. Demetrii", *BZ* 46 (1953), pp. 349 - 361.

⑤ Philip Schaff and Henry Wace, *The Nicene and Post-Nicene Fathers of the Christian Church Vol. 14*, *The Seven Ecumenical Councils*, Sage Sofeware, 1996.

位皇帝查士丁尼二世在位时召集并颁布的教会法律文件，共102条，不仅对前几次基督教大公会议的相关规定进行了重申，还对教会人士的行为举止、教徒们的婚姻、节日斋戒等问题做出了新的规定。该文件基本奠定了东正教教会法的基础，对世俗法也有很大影响，是研究《法律选编》与教会法关系的重要依据。

法律类 为了使研究更具有权威性，笔者搜集到了查士丁尼《民法大全》——《法典》①《学说汇纂》②《法学阶梯》③ 和《新律》④ 的拉丁—希腊—英文的对照本。这部法律汇编是罗马奴隶制法的最高代表，为笔者开展罗马—拜占庭法律的演变及比较研究提供了基本的文献来源。

伊苏里亚王朝的三部私修官颁的法律汇编包括：《农业法》《士兵法》和《罗得海商法》。这三部法律汇编经常作为《法律选编》的附录存世，《农业法》主要调整农民、土地所有者、地方管理者和帝国最高权力机构之间的法律关系，有利于我们弄清罗马—拜占庭法演变的经济根源。《士兵法》则是关于拜占庭帝国军队管理的具体守则，大多摘录自《查士丁尼法典》，对士兵违法违纪行为做了十分严格的规定，是这一时期帝国内忧外患情况下，军队对帝国生存重要性的直接反应。《罗得海商法》则是处理海上贸易事务的重要法律原则，产生于地中海贸易日益频繁的大背景下，也是帝国为恢复商贸和增加税收的产物。作为《法律选编》的附录存世的还有几部官修法律汇编，分别是《决议》《摘编附录》和《摩西律法》⑤，这些法律汇编与《法律选编》共同构成了一部综合性法典。

拥有拜占庭帝国"黄金时代"之称的马其顿王朝与《法律选编》相关的立法主要有《法学手册》《法学导论》和《帝国法典》。《法学手册》和《法学导论》均为40卷，是为适应帝国内部法律事务变化而修订和颁行的重要简明法律典籍，亦为《帝国法典》的颁行奠定了基础。《帝国法典》则是一部对查士丁尼《民法大全》进行希腊语改编的立法，早在瓦西里一世时便以"净化"帝国法律的愿望打算颁布新典，但直至利奥六世时期才

---

① Bruce W. Frier (ed.), *The Codex of Justinian A New Annotated Translation*, *with Parallel Latin and Greek Text*, Cambridge University Press, 2016.
② Alan Watson, *The Digest of Justinian Vols 4*, University of Pennsylvania Press, 1998.
③ J. B. Moyle, *Institutes of Justinian*, At The Clarendon Press, 1913.
④ David J. D. Miller and Peter Sarris, *The Novels of Justinian A Complete Annotated English Translation*, Cambridge University Press, 2018.
⑤ M. Humphreys, *The Laws of the Isaurian Era The Ecloga and Its Appendices*, Liverpool University Press, 2017.

得以实现。通过对这些法典的比较研究,有利于厘清《法律选编》对后世立法的影响。

除此之外,还有这一时期的一些法令,也是研究这一时期历史的重要参考,限于篇幅,不做展开叙述。

(2)现代论著

历史类 拜占庭史的研究中,凡涉及伊苏里亚王朝,基本都会提及《法律选编》,如瓦西列夫的《拜占庭帝国史》、奥斯特洛格尔斯基的《拜占庭国家史》、任西曼的《拜占庭文明》等,在前文已有论及,此处不再赘述。

法律类 英国法学家布克兰德的《罗马奴隶法》①,从奴隶的概念和特征入手,对奥古斯都至查士丁尼时期的奴隶地位、奴役及释放等内容进行了专门的梳理和讨论,不仅为本书中的奴隶释放问题提供了概念和理论方面的支撑,也为罗马—拜占庭法律中关于奴隶释放问题的发展演变及比较研究提供了参考。拉伊乌主编的《拜占庭9到12世纪的法律与社会》② 收集了有关这一时期的研究文献,经由文献分析了9—12世纪之间的法律秩序、法与社会、法律的意义、法制公平与财政、法律文本的修辞等问题。

哈特曼和彭宁通主编的《1500之前的拜占庭和东部教会法史》③ 是研究东部教会立法的一部力作,其不仅对基督教大公会议的情况进行了介绍,还对一些重要的教会立法进行了梳理。另有英国学者瓦格沙尔的《希腊化东部的法律与法制:拜占庭教会法传统(381—883)》④。两部著作对本书中教会法与《法律选编》的关系研究提供了参考。

另,英国法学家巴里·尼古拉斯的《罗马法概论》⑤、朱罗维茨的《罗马法研究历史导论》⑥ 以及奥尔加的《罗马法简史》⑦ 等,虽其与《法律选编》未有直接联系,但为笔者获得相关法学理论知识大有帮助。

---

① W. W. Buckland, *The Roman Law of Slavery*, Cambridge University Press, 1908.
② Angeliki E. Laiou and Dieter Simon (ed.), *Law and Society in Byzantium: Ninth-Twelfth Centuries*, Harvard University Press, 1994.
③ W. Hartmann and K. Pennington (ed.), *The History of Byzantine and Eastern Canon Law to 1500*, Catholic University of America Press, 2012.
④ David Wagschal, *Law and Legality in the GreekEast: The Byzantine Canonical Tradition, 381 - 883*, Oxford University Press, 2015.
⑤ 〔英〕巴里·尼古拉斯:《罗马法概论》,黄风译,法律出版社2004年版。
⑥ H. F. Jolowicz, *Historical Introduction to the Study of Roman Law*, Cambridge University Press, 1965.
⑦ Olga Tellegen-Couperus, *A Short History of Roman Law*, 1993.

宗教类 东正教是拜占庭社会的重要组成部分，法律作为拜占庭帝国社会和政治生活中重要规范标准，必然会受到宗教的影响。英国学者胡赛在《拜占庭帝国的东正教会》① 中以东正教的发展演变为线，详细介绍了帝国东正教教会和教义的发展以及教会和政权机构之间的关系，较多内容涉及教会对拜占庭帝国立法和司法的影响。英国学者维托的《拜占庭东正教的形成》② 一书，也从教会的维度，将社会与宗教合二为一，对拜占庭社会史进行研究，特别提及了教会人员在帝国行政与司法机构中任职的现象。

社会史类 这类著述主要关注拜占庭人生活的各个方面。英国学者曼戈的《拜占庭：新罗马帝国》③ 一书突破了以往将政治、经济及宗教等作为主要研究对象的惯例，而将大量考古成果运用到对拜占庭人的生产活动和风俗人情的展示上来。类似的著作还有俄裔学者瑞斯的《拜占庭的日常生活》④，这部著作还提及了拜占庭的一些立法，对日常生活史的研究有助于我们从深层次挖掘法律对社会的影响。

经济类 对于拜占庭帝国经济转变的理解有利于我们对其法律变革的把握。关于这方面的研究主要有英国学者莱奥与莫里逊主编的《拜占庭经济》⑤。该著作从帝国的自然资源和人力资源入手，论述了自晚期古代至帝国灭亡的经济发展史。亨迪主编的《拜占庭的经济、财政管理和钱币》⑥ 是一部多位史家的论文集，其以专题方式对拜占庭史上的经济、财政管理和钱币进行了论述。

交往类 巴克尔的《中世纪的东西方关系》⑦ 以东西方交往为切入点，着重论述了东西方在交往过程中对彼此产生的影响，谈及了拜占庭法对东西方世界产生影响的问题。梅因多尔夫的《拜占庭与罗斯的崛起》⑧ 一书则从文明交往史的角度，阐述了拜占庭文明对古罗斯的影响，指出拜占庭主要通过征战和基督教传播等途径对古罗斯的重要影响。

军事类 帝国外部环境的变化对拜占庭法律的演变也具有重要影响。

---

① J. M. Hussey, *The Orthodox Church in the Byzantine Empire*, Oxford University Press, 1986.
② M. Whitow, *The Making of Orthodox Byzantium*, 600－1025, Macmillan, 1996.
③ C. Mango, *Byzantium: The Empire of the New Rome*, Scribner, 1980.
④ Tamara Talbot Rice, *Everyday life in Byzantium*, Dorset Press, 1967.
⑤ A. E. Laiou and C. Morrisson, *The Byzantine Economy*, Cambridge University Press, 2007.
⑥ Michael F. Hendy, *The Economy, Fiscal Administration and Coinage of Byzantium*, Variorum Reprints, 1989.
⑦ D. Baker, *Relations between East and West in Middle Ages*, Edinburgh University Press, 1973.
⑧ J. Meyendorff, *Byzantine and the Rise of Russia*, Cambridge University Press, 1981.

哈尔顿的《拜占庭世界的战争、国家和社会》① 以拜占庭地域的变迁对国家权力和社会变迁的影响入手，探讨了三者之间密不可分的关系，涉及《狄奥多西法典》和《法律选编》等文献，对本书关于军事力量、地域大小对法律制度影响的研究大有裨益。

（二）国内文献研究综述

相较于国外对该法典的研究，国内研究略显薄弱，但学界学者的研究对笔者颇有启发。在此，笔者将搜集到的与本书研究有益的材料分为译著类、专著类和论文类三大类，举凡如下：

1. 译著类

早在20世纪50年代，国内学界便对《法律选编》有所关注，由东北师范大学世界古代及中世纪史教研室编写的《世界中世纪史史料选辑》摘录了中国人民大学对该法典序言的译稿，其时冠以《埃克洛伽》的音译名称，此为目前找到的国内涉及该法典的最早材料②。王钺的《罗斯法典译注》③和《往年纪事译注》④及朱寰等的《往年纪事》⑤是国内学者对古罗斯原始文献的翻译，为笔者开展拜占庭法律对其他地区影响研究提供了便利。

此外，《民法大全》的系列翻译也对本书有很大帮助，主要有徐国栋教授译的《法学阶梯》⑥ 和罗智敏译的《学说汇纂（第一卷）：正义与法·人的身份与物的划分·执政官》⑦ 等，还有我国学者对意大利学者桑德罗·斯奇巴尼主编的一些原始文献的选译，如《民法大全选译：物与物权》⑧ 等，限于篇幅，此处不赘细述，笔者已悉数列于参考文献中。

前南斯拉夫学者奥斯特洛格尔斯基的《拜占廷帝国》⑨，法国学者卡普

---

① J. Haldon, *State, Army, and Society in Byzantium, Approaches to Military, Social, and Administrative History, 6th – 12th Centuries*, Ashgate Pub Co. 1995.
② 世界古代及中世纪史教研室编：《世界中世纪史史料选辑》，东北师范大学函授教育处（出版者）、吉林省长春新生企业公司1957年版，第34页。
③ 王钺：《罗斯法典译注》，兰州大学出版社1987年版。
④ 王钺：《往年纪事译注》，甘肃民族出版社1994年版。
⑤ 〔俄〕拉夫连季编：《往年纪事》，朱寰、胡敦伟译，商务印书馆2011年版。
⑥ 〔古罗马〕优士丁尼：《法学阶梯》，徐国栋译，中国政法大学出版社2005年版。
⑦ 〔古罗马〕优士丁尼：《学说汇纂（第一卷）：正义与法·人的身份与物的划分·执政官》，罗智敏译，中国政法大学出版社2008年版。
⑧ 〔意〕桑德罗·斯奇巴尼选编：《民法大全选译：物与物权》，范怀俊译，中国政法大学出版社1999年版。
⑨ 〔南〕乔治·奥斯特洛格尔斯基：《拜占廷帝国》，陈志强译，青海人民出版社2006年版。

兰的《拜占廷：东罗马帝国的辉煌岁月》①，苏联学者列夫臣柯的《拜占廷》②和英国史家爱德华·吉本的《罗马帝国衰亡史》等著作已有中文译本，这些文献是研究拜占庭历史的必备文献。

法律类译著则有漆竹生译的《当代主要法律体系》③，张雁深译的《论法的精神》④和张乃根译的《论经济与社会中的法律》⑤，这些译著为本书提供了概念及方法论方面的指导。经济史方面的译著，如王春法主译的《剑桥欧洲经济史（第一卷）：中世纪的农业生活》⑥，钟和等译的《剑桥欧洲经济史（第二卷）：中世纪的贸易和工业》⑦和耿淡如译的《中世纪经济社会史》⑧，对笔者从经济的角度来考察法律、社会的变迁有所裨益。另，还有一些社会史和宗教史类的著作，但鉴于篇幅有限，此不做赘述。

2. 专著类

我国的拜占庭学研究起步较晚，自20世纪50年代至改革开放前多为译著。改革开放后，拜占庭学研究在我国逐渐展开，1982年葛定华先生出版了《拜占庭帝国》⑨一书，虽然该著述叙述简略，类似通俗读物，但开启了我国拜占庭学者独立著述的先河。此后随着我国经济的发展和学界对拜占庭学的日益重视，20世纪末21世纪初涌现出一批质量较高的专著，徐家玲教授的《早期拜占庭和查士丁尼时代研究》⑩和《拜占庭文明》⑪，陈志强教授的《拜占廷学研究》⑫和《拜占庭帝国史》⑬及厉以宁教授的

---

① 〔法〕卡普兰：《拜占廷：东罗马帝国的光辉岁月》，郑克鲁译，上海书店出版社2004年版。
② 〔苏〕列夫臣柯：《拜占廷》，葆煦译，生活·读书·新知三联出版社1959年版。
③ 〔法〕勒内·达维德：《当代主要法律体系》，漆竹生译，上海译文出版社1984年版。
④ 〔法〕孟德斯鸠：《论法的精神》，张雁深译，商务印书馆2009年版。
⑤ 〔德〕马克斯·韦伯：《论经济与社会中的法律》，张乃根译，中国大百科全书出版社1998年版。
⑥ 〔英〕M. M. 波斯坦主编：《剑桥欧洲经济史（第一卷）：中世纪的农业生活》，郎丽华主译，经济科学出版社2002年版。
⑦ 〔英〕M. M. 波斯坦主编：《剑桥欧洲经济史（第二卷）：中世纪的贸易和工业》，王春法等译，经济科学出版社2004年版。
⑧ 〔美〕汤普逊：《中世纪经济社会史》，耿淡如译，商务印书馆1961年版。
⑨ 葛定华：《拜占庭帝国》，商务印书馆1982年版。
⑩ 徐家玲：《早期拜占庭和查士丁尼时代研究》，东北师范大学出版社1998年版。
⑪ 徐家玲：《拜占庭文明》，人民出版社2017年版。
⑫ 陈志强：《拜占廷学研究》，人民出版社2001年版。
⑬ 陈志强：《拜占庭帝国史》，商务印书馆2017年版。

《罗马—拜占庭经济史》(下册)① 是其中的代表性成果。

徐家玲教授的《早期拜占庭和查士丁尼时代研究》可以称得上是国内第一部拜占庭学研究的学术专著。该著作中以4—6世纪为线，着重对拜占庭的历史上限、3世纪奴隶危机、古代向拜占庭中世纪过渡的特点、查士丁尼及其时代的评价等方面进行了全面论述，为笔者厘清4—6世纪拜占庭法律的演变及其演变原因提供了时代背景借鉴。《拜占庭文明》则是徐家玲教授的一部综合性论述拜占庭文明的专著，该著作以历史为线对拜占庭各阶段宗教、法制、文化、经济及教育等进行了全面的论述，特别是在"中世纪的希腊化法典"一节，对几部重要法典进行了介绍，并对《法律选编》的颁布时间、结构内容等进行了论述，认为"《法律选编》开始了晚期罗马帝国法制史上的一个新篇章，是合乎8—9世纪社会变化状况的一部实用、客观的法律"②。

陈志强教授的《拜占廷学研究》是一部专题类性质的专著，分为政治、经济、宗教和文化几个专题进行论述，虽然对法律的论述较少，只涉及了《农业法》，但为笔者开展《农业法》与《法律选编》的关系研究具有较高参考价值。《拜占庭帝国史》则是国内另外一部全面论述拜占庭帝国史的学术专著。著作中的第二、第三和第四章论及了自查士丁尼至伊苏里亚王朝结束的历史，为本书研究提供了丰富的背景知识；第九章关于拜占庭社会生活的论述，则为笔者从社会史的角度研究《法律选编》提供了借鉴。另，著述中还介绍了《法律选编》的颁布背景、条款内容等知识，尽管窘于篇幅并未深入细致分析，但为笔者进一步研究打下了基础。

厉以宁教授的《罗马—拜占庭经济史》(下册)是国内第一部研究拜占庭经济的专著。该著作以历史为线，分析了拜占庭各个历史时期的经济形态及其演变，进而分析了其在拜占庭政治、文化等方面产生的影响。特别是第七章关于拜占庭经济制度的演变有利于笔者把握经济因素的变化对法制变革的影响。我国学者的一些法律著述也会论及拜占庭法，如何勤华主编的《外国法制史》和周枏的《罗马法原论》等著作，亦对本书的深入研究有很大帮助。

3. 论文类

进入21世纪后，中国拜占庭学研究在前辈学者教导下，年青一代的拜占庭学者逐渐成长起来，并撰写出了一批质量较高的论文：

---

① 厉以宁：《罗马—拜占庭经济史》下册，商务印书馆2006年版。
② 徐家玲：《拜占庭文明》，人民出版社2017年版。

(1) 硕士学位论文

与本书有直接关联的硕士学位论文主要有 2 篇，一是王翘的《6 世纪末到 8 世纪拜占廷帝国法律发展状况浅析》，认为"这一时期的官方立法更规范、更严密，官方的法律体系日趋完善，在专业化方面取得了较大的进展，对东欧法律体系的形成有重要影响"①，其中涉及《法律选编》相关内容的解析对笔者启发很大；二是张媛的《拜占庭法初探》，通过对《法律选编》颁布背景、继承、婚姻等方面的探讨，亦"认为破坏圣像时期的《法律选编》开始了晚期罗马帝国法制史上的一个新篇章，是合乎 8—9 世纪社会变化状况的一部实用、客观的法典"②。

(2) 博士学位论文

博士学位论文主要有以下几种：王小波的博士学位论文《〈罗得海商法〉研究》③，尹忠海的博士学位论文《权贵与土地——马其顿王朝社会解析》④ 及毛欣欣的博士学位论文《君士坦丁堡城市管理研究》⑤。

王小波博士在其论文在重点研究《罗得海商法》的同时，还对《法律选编》和《农业法》等几部法典的性质、特点、内容及与海商法的关系进行了探讨。在论及《罗得海商法》为何经常以《法律选编》的附录出现时，作者认为，《法律选编》是官方立法，附于其后有助于扩大《罗得海商法》的影响力。尹忠海博士的论文则侧重于从社会史的角度，以马其顿王朝兴衰史为线，考察了当时皇权与权贵关系、权贵内部关系及土地问题，进而对马其顿王朝的兴衰原因做了深入探讨，其论文有利于笔者更为准确地把握马其顿王朝的权力结构与社会变迁。毛欣欣的论文则以《市政官法》为核心材料，围绕君士坦丁堡城市建设、管办工厂管理、私人工商业管理和城市公共服务管理几个方面，展现了一个生动鲜活的城市管理机制，对本书具有一定启发。

(3) 期刊论文

直接相关论文 王小波的《中期拜占庭重要法典及其历史影响》⑥ 一文对《法律选编》和《士兵法》等几部重要法典及其历史影响进行了详细

---

① 王翘：《6 世纪末到 8 世纪拜占廷帝国法律发展状况浅析》，硕士学位论文，东北师范大学，2004 年。
② 张媛：《拜占庭法初探》，硕士学位论文，东北师范大学，2007 年。
③ 王小波：《〈罗得海商法〉研究》，博士学位论文，东北师范大学，2010 年。
④ 尹忠海：《权贵与土地——马其顿王朝社会解析》，博士学位论文，东北师范大学，2010 年。
⑤ 毛欣欣：《君士坦丁堡城市管理研究》，博士学位论文，东北师范大学，2012 年。
⑥ 王小波：《中期拜占庭重要法典及其历史影响》，《前沿》2008 年第 8 期。

考察和梳理。作者认为《法律选编》的出现，反映了拜占庭帝国统治者顺应时代潮流而变的思想，这些措施明智地缓和了帝国内部已经激化了的阶级矛盾，加速了拜占庭帝国的封建化进程。而其《拜占庭影响古罗斯法律形成的途径探析》①一文则从文明交往的角度，认为通过征战贸易、基督教传播等途径，拜占庭的法律——如《法律选编》《法学手册》等——传入罗斯社会，并与其社会情况相结合，进行了发展和改进，成为世界法律文明的一个重要组成部分。

间接相关论文 徐家玲的《拜占庭的历史分期和早期拜占庭》、陈志强的《拜占廷〈农业法〉研究》、沈坚的《希腊化和拜占庭帝国》等近百篇左右。特别要提及的是数篇原始文献译注论文：王小波的《〈罗得海商法〉译注》②，王翘、李强的《拜占庭〈农业法〉译注》③，毛欣欣、李强的《拜占庭〈市政官法〉译注》④，李强、徐家玲的《拜占庭〈士兵法〉译注》⑤。这些译注以原始希腊语为基础，结合诸多校本和译本译出，为本书进行比较研究提供了更为可靠的译文。

上述各类国内外文献，或与本书紧密相关，可直接引用，或间接相关，虽未直接引用，但为笔者搭建宏观理论框架，形成微观思路等方面均有很大启发。因此，这些文献均对本书起到了参考作用，鉴于篇幅所限，不可能将浩瀚的国内外研究著述和论文期刊详述殆尽，以上只是就笔者所见和所用的文献资料，择其重要者概论之，其他论著笔者已悉数列于文献参考之中，此处不再赘述。

三 研究意义、方法和思路

（一）研究意义

1. 学术意义

首先，从历史的角度看，受6—8世纪的战乱及8—9世纪"破坏圣像运动"的影响，伊苏里亚王朝存世文献较少，而《法律文献》的偶然存世，无疑对我们了解这一时期的社会生活，构建拜占庭历史具有重要的历史参考价值。

其次，从法律的角度看，《法律选编》是中世纪拜占庭希腊帝国的第

---

① 王小波：《拜占庭影响古罗斯法律形成的途径探析》，《前沿》2008年第9期。
② 王小波：《〈罗得海商法〉译注》，《古代文明》2010年第3期。
③ 王翘、李强：《拜占庭〈农业法〉译注》，《古代文明》2011年第4期。
④ 毛欣欣、李强：《拜占庭〈市政官法〉译注》，《古代文明》2012年第3期。
⑤ 李强、徐家玲：《拜占庭〈士兵法〉译注》，《古代文明》2013年第2期。

一部法典，上承《民法大全》，下启拜占庭其他几部重要法典，在罗马—拜占庭法律史上具有"衔接"的作用。故对其研究有助于厘清罗马—拜占庭法律的传承与变革、继承与创新的关系。

再次，从社会的角度看，《法律选编》是规范帝国百姓日常生活的重要依据，18章中，除了第17章是关于刑法内容外，其余全部是关于私法内容。因此，对法律条文的研究及与其他法典的比较，有助于我们了解这一时期人们的社会生活（包括家庭生活、邻里关系等）及社会的重要变迁。

最后，从文明交往的角度，该法典虽然在帝国使用至马其顿王朝，但其影响却波及保加利亚及斯拉夫人。如保加利亚西蒙大帝时的《审判法》及斯拉夫人的《罗斯法典》等就深受《法律选编》的影响。因此，对该法典的研究也有利于对其他文明的研究和考察。

2. 应用意义

首先，"以史为鉴，可以知兴替"。《法律选编》虽然是8世纪的一部古法典，但通过对其相关条文及与其他法典的比较研究，其因时而变的治法理念、家和国安的立法原则和仁苛统一的处罚措施，对后世乃至现代的立法都影响颇深，这些立法原则与理念，在一定程度上，对当今社会律法的改革也可提供历史借鉴。

其次，《法律选编》语言凝练、法理深刻、内容丰富、编纂技术发达，通过对其内容和体系的研究，有利于推动我们法律学科的建设和发展，通过对其进行整理、分析、归纳和研究，赋予其全新的时代内涵，可为今人吸收和利用。

最后，有比较才会有发现，有比较才会认识更深刻。《法律选编》作为8世纪的一部法典，我们可以将其与我国古代同时期的法典进行对比研究，分析其异同，不仅有利于我们对拜占庭古法的认识，更有利于对中国古代法治体系的研究，可为比较研究奠定基础。

（二）研究思路

本书试图从文献学的角度入手，以《法律选编》的原始文本为依据，进行翻译和解读，在此基础上，结合当时历史背景，分析其出现的历史必然性；同时，笔者还将通过对比其与前后法律条文的不同，考察其与罗马—拜占庭法的关系，以勾勒出其独特性和创新性，分析其对在帝国法制史上的重要地位和对帝国局势稳定的重要作用。另外，笔者还将通过与其他国家法典的对比，考察其对周边地区的影响。

总体而言，全文包括绪言、正文和结语三部分。绪言部分主要讨论研究问题、研究现状及文献综述。正文部分为六章：第一章主要结合历史背景，讨论了伊苏里亚王朝立法中"仁爱"与"严苛"统一观念的缘起，涉及基督教融入拜占庭法的过程及立法原则与理念的变迁等；第二章主要以《法律选编》为主体，考证了其版本信息，包括颁布时间、文献来源、传世文本和结构体例等；第三章则围绕《法律选编》的内容进行阐释，总结出其具有爱苛相辅、仁威并举、赏罚公正和官民相顾的原则；第四章则从文化的重塑、政局的动荡、制度的改革和宗教的发展等方面分析了《法律选编》"仁爱"与"严苛"统一理念与原则形成的原因；第五章则从继承与发展的角度探讨了《法律选编》对《民法大全》的继承，对《决议》《农业法》《罗得海商法》《士兵法》《摩西律法》与《摘编附录》的传续和对马其顿王朝立法的影响；第六章主要在基于前几章论述的基础上，对《法律选编》进行了整体评述。

（三）研究方法

本书研究坚持以马克思唯物史观为研究前提，并积极引介一些其他科学研究方法：

文献研究法。本书研究的特色在于以原始文献为基础，通过对原始文献的分析、解读，使本书更具厚重感和可信度。

历史比较法。通过该法典文献与之前及之后法律文献的对比研究，寻觅其独特之处，为探索其背后社会的变革找到法律方面的依据。

多学科交叉法。本书研究将积极运用社会学、法学等研究成果和方法，探讨其颁布的历史必然性。

第一章 缘起：基督教思想融入与立法原则的变迁

"仁爱"与"严苛"相一理念是《法律选编》的核心要义，然这一理念的形成绝非朝夕之事，而是经历了长期的历史积淀与融合。4—8世纪帝国内外局势的变化和基督教的发展，不仅为罗马—拜占庭法融入基督教因素提供了条件，也为帝国立法原则的变迁准备了良好的社会环境，在需求—契合双重因素的互动下，犹太人的律法思想和基督教的博爱理念逐渐成为拜占庭法中重要因素，最终在《法律选编》中融合为"仁爱"与"严苛"的核心原则。

第一节 "仁爱"与"严苛"理念的辩证统一

基督教思想与教义主要源自其经典《圣经》，信徒认为《圣经》是在上帝的默示下对"上帝启示"的记录，后经教众汇编成册，以上帝圣言指导信众的宗教信仰与日常生活的标准书，而被称为"经"，因该宗教经典包含《旧约》和《新约》两部分，又被称为《新旧约全书》。"约"者，上帝与人订立的"盟约"之意，主要指摩西为代表的以色列人在逃出埃及后与上帝签订的《西奈盟约》，此约原为犹太教的经典，后因作为犹太教一支的基督教兴起后，继承了犹太教这份丰厚遗产，故将耶稣降生以前的《希伯来圣经》奉为经典，易名《圣经·旧约》，以区别于耶稣作为上帝与人之间的中保，以自己的血为赎罪祭，代表人类与上帝另立的新盟约——《圣经·新约》。新旧两约共育一书，但基督教起源、经典和教义本身构成的复杂性，导致其在核心思想与理念方面差异较大：前者注重律法性，后者讲求道德性。

一 《旧约》的律法性与严苛公正

在整个基督教世界，《旧约》的卷目有两个版本来源，分别是《希伯来圣经》和《七十子译本》，前者原是犹太教的经典，亦是《圣经·旧约》的正典，39 卷，约 929 章①。天主教的《圣经·旧约》因参照《七十子译本》增补 7 卷，合为 46 卷包括了自公元前 11 世纪至公元前 2 世纪的律法典籍，先后形成"律法书""历史书""先知书"和"圣录"四大类。律法书为纲，以"摩西十诫"为目，《摩西五经》为基，用 600 余条款，构成耶和华与犹太人之间建立起来的契约规范，成为犹太人生活和信仰的依据。"摩西五经"包含《创世记》《出埃及记》《利未记》《民数记》和《申命记》，是对"摩西十诫"惩处措施的具体化规定，体现出犹太人对律法过于严苛的重视。

黑格尔认为"犹太人的神是最高的分离，排斥了一切自由的联合，只允许统治或奴役"②，故而犹太人认定"神为他们的主和命令者"③。如"摩西十诫"无一不采取命令式，"除了我以外，你不可有别的神；不可杀人。不可奸淫；不可偷盗；不可作假见证陷害人"④，这便意味着"命令者与一个抗拒命令者之间的对立"。故其所构成的神人关系为典型的主仆关系，亦即服从和被服从的关系，在这种关系中神人之间表现出的是主客体之间的对立，精神特点是"以严格的对立态度对待任何事物"，或者"表现为受制于比他强有力者的镣锁形式"⑤。严苛成了维系这一"对立"关系的重要纽带和举措，《摩西五经》之中亦尽显这一特质：

> 你们若不听从我，不遵行我的诫命，厌弃我的律例，厌恶我的典章，不遵行我一切的诫命，背弃我的约，我必命定惊惶，叫眼目干瘪、精神消耗的痨病、热病辖制你们。你们也要白白地撒种，因为仇敌要吃你们所种的。我要向你们变脸，你们就要败在仇敌面前。恨恶你们的必辖管你们。无人追赶，你们却要逃跑。你们因这些事若还不听从我，我就要为你们的罪加七倍惩罚你们。我必断绝你们因势力而

---

① 徐家玲编：《世界宗教史纲》，高等教育出版社 2007 年版，第 159 页。
② 〔德〕黑格尔：《早期黑格尔神学著作》，朱贺麟译，商务印书馆 1988 年版，第 435 页。
③ 〔德〕黑格尔：《早期黑格尔神学著作》，第 350 页。
④ 中国基督教三自爱国运动委员会：《圣经·旧约》，南京爱德印刷有限公司 2013 年版，第 72 页。本书所引全部出于该版本，以下略注。
⑤ 〔德〕黑格尔：《早期黑格尔神学著作》，第 281、284、311 页。

有的骄傲，又要使覆你们的天如铁，载你们的地如铜。你们要白白地劳力，因为你们的地不出土产，其上的树木也不结果子①。

而对于危害他人性命或伤害他人的行为，更是彰显了犹太律法的严苛：

> 打人以致打死的，必要把他治死；人若任意用诡计杀了他的邻舍，就是逃到我的坛那里，也当捉去把他治死；拐带人口，或是把人卖了，或是留在他手下，必要把他治死。咒骂父母的，必要把他治死。若有别害，就要以命偿命，以眼还眼，以牙还牙，以手还手，以脚还脚，以烙还烙，以伤还伤，以打还打②。

因此，《旧约》的律法性讲求的是"崇拜一个客体，亦即束缚在一个异己的主上面"，是"对异己物的崇拜和受异己物的奴役"③，神与人之间的契约主要靠严格遵守上帝所定律法来实现的，上帝具有报复性品格和不可侵犯的权威，通过外在的规范来唤起犹太人的敬畏与崇拜，进而达到遵守其律法的效果。

需要注意的是，虽然《旧约》律法经常表现出一种神人之间的"不对等"关系，但并非意味着上帝之法就是"暴虐的"，相反这种看似"不对等"的惩处主要针对人类违背或不敬上帝之约的情况而给予的严厉惩处。作为上帝与以色列人之间订立的"契约"，神人之间拥有"权利与义务"关系，犹太律法主旨在威慑犹太人的行为举止，将上帝塑造为高高在上的威严法官形象，而非"暴君"的形象。正如《旧约》载道，"耶和华在他面前宣告说：'耶和华，耶和华，是有怜悯、有恩典的神，不轻易发怒，并有丰盛的慈爱和诚实。为千万人存留慈爱，赦免罪孽、过犯和罪恶，万不以有罪的为无罪，必追讨他的罪，自父及子，直到三四代'"④。可见，对于听从上帝之约的犹太人，上帝是怜悯、恩典、诚实与慈爱之神，按照"契约"的规定，要在审判中表现出公正威严的态度。因此，"严苛"在《圣经·旧约》中还表现为"公正"裁决的理念。只有严格遵守"公正"原则，才能够促进犹太人内部的和谐，维护社会的正义稳定，进而达到让遵守上帝之约的犹太人走向繁荣昌盛。

---

① 《圣经·旧约》，第120页。
② 《圣经·旧约》，第73页。
③ 〔德〕黑格尔：《早期黑格尔神学著作》，第303、452页。
④ 《圣经·旧约》，第86页。

在上帝的律法中，严格的公正理念正成为其实现对犹太子民的"约"的具体表现：

> 不可随伙布散谣言，不可与恶人连手妄作见证。不可随众行恶，不可在争讼的事上随众偏行，作见证屈枉正直；也不可在争讼的事上偏护穷人。若遇见你仇敌的牛或驴失迷了路，总要牵回来交给他。若看见恨你人的驴压卧在重驮之下，不可走开，务要和驴主一同抬开重驮。不可在穷人争讼的事上屈枉正直。当远离虚假的事。不可杀无辜和有义的人，因我必不以恶人为义。不可受贿赂，因为贿赂能叫明眼人变瞎了，又能颠倒义人的话。不可欺压寄居的，因为你们在埃及地作过寄居的，知道寄居的心①。

不作伪证屈枉正直，不以恶人为义杀害无辜，不贿赂他人颠倒是非，不借己之势欺压寄居等规定，所展现的是《旧约》律法重"义"、重"直"和重"正"的精神内涵。

当然，《旧约》中的严苛公正理念也并非一种"绝对"，其在追求严苛公正的律法思想中，以严苛为先，还兼顾公平，主要表现在对妇孺弱小的道德保护，如《出埃及记》中载道：

> 不可苦待寡妇和孤儿。
> 若是苦待他们一点，他们向我一哀求，我总要听他们的哀声并要发烈怒，用刀杀你们，使你们的妻子为寡妇，儿女为孤儿。
> 我民中有贫穷人与你同住，你若借钱给他，不可如放债的向他取利②。

善待孤儿寡母和无偿帮助穷人成为《旧约》减小社会强弱差距和贫富不公的一种手段，使得律法在获得有效震慑之时，以较为温和的手段实现整个社会的相对公正与公平，是对"严苛"理念的一种延伸与实践。

因此，《旧约》律法严苛性看似"残酷"，但总体原则是要通过借上帝的权威、公正、严苛和温和之则，以期达到维护社会秩序的目的，实现社会的繁荣稳定。

---

① 《圣经·旧约》，第75页。
② 《圣经·旧约》，第74页。

这一理念原则与早期拜占庭帝国的社会背景有一定的契合：一方面，自君士坦丁大帝324年选新都和330年迁都新罗马（君士坦丁堡）便拉开了早期拜占庭帝国的序幕，以加强王权为宗旨的专制主义中央集权官僚体系在不断完善与发展，而《圣经·旧约》中的上帝至上与威严的思想有助于帝王以其为工具，用"君权神授"的方式实现不断集权的目的；另一方面，虽然早期拜占庭帝国走向了王权集权的道路，但是东西方文化日渐差异、内部争权逐渐激化、外族的不断入侵及自然灾害的接续发生，导致帝国社会日益紊乱，而《旧约》中注重严格公正与秩序理念，借助严苛的律法维护或保持社会的秩序，有助于帝王加强自身权力的同时，维持社会的稳定，促进帝国向着更秩序化的方向发展。故而5—8世纪王权不断强化与社会日益紊乱，需要《旧约》律法中的上帝至上与严苛规范用以皇帝集权与恢复秩序，这也成为基督教严苛理念自上而下融入帝国社会的理论基础和逻辑路径。

二 《新约》的道德性与仁爱广博

虽然律法严苛有助于秩序的建立，但是其冰冷与死板的特点不足以解决以感情因素为纽带建立起来的人与人之间所有社会关系问题。人类有感情、社会有温度，在文明社会中，律法触及不到之处，还需要伦理道德的约束，亦即道德教化。基督教经典《圣经》的后半部分为《圣经·新约》，原文为希腊文，是基督教自己创建的经典。区别于耶稣降生以前的《旧约》，《新约》主要指耶稣降生以后写成的《圣经》各卷，内容原出自耶稣门徒和门徒弟子的口述，1世纪下半叶教众开始收集编辑这些材料，2世纪末已具雏形，到了5世纪初形成今日《新约》文本。397年，第三次迦太基宗教会议确定了《新约》的内容与目次，共27卷。按照内容主要包括"福音书""历史书""使徒书信"和"先知书"四大类。

与《旧约》讲求律法的严苛与公正不同，作为基督教的又一核心内容，《新约》强调运用道德内在信仰的形式改造《旧约》律法外在约束的方式：

> 那本来不追求义的外邦人反得了义，就是因信而得的义，但以色列人追求律法的义，反得不着律法的义。这是什么缘故呢？是因为他们不凭着信心求，只凭着行为求，他们正跌在那绊脚石上。就如经上所记："我在锡安放一块绊脚的石头，跌人的磐石；信靠他的人必不

至于羞愧"①。

可见在基督徒看来，犹太《旧约》中的律法理念并未使以色列人获得其所追求的义，成为义人的关键也并非遵循外在的律法约束，而要靠自己诚心诚意的内在道德信仰，亦如《罗马书》中所言"人称义是因着信，不在乎遵行律法"②。因为只有诚心的信，才会获得上帝的关照，进而才有可能因被救赎而成为义人。"因信称义"成了《新约》的指导思想。

信是《新约》中告诫信徒获得义的一种方式，但是如何体现出"信"，基督教主要通过"爱"为桥梁和媒介，构建起了信与义之间的逻辑关系：信是前提，爱是表现，义是结果。只有信，才会得到上帝与他人之爱，上帝与他人之爱才能让人获义，成为义人才可能信上帝……如是往复，构成上升式循环。为了能让这一循环逻辑得以持续，《新约》在"因信称义"思想的指导下，十分注重宣扬爱的精神与理念，正如黑格尔在对基督教精神和犹太教精神进行理念的比较后言道，如果说犹太教是一种"恨的宗教"，那么基督教是对犹太教的一种超越或扬弃，是一种"爱的宗教"，其超越于犹太教的地方，就在于它用爱的原则代替了恨的原则，或者说用和解的精神代替了斗争的精神③。

以爱为核心理念的《新约》，将爱的含义分为三种，第一种为神本身就是爱。第二种为全心全意爱上帝。第三种为爱邻人如自己。这三种爱分别对应神对人、人对神和人对人的关系，构成了"三位一体式"的本真之爱。

《新约》中"神本就是爱"主要表明上帝与人之间不再像《旧约》中那样，是一种"主仆"，而是一种"父子"的关系。上帝不再像一位高高在上的严苛律法者，而犹如一个充满慈爱与怜悯之心的父亲，打破了《旧约》中上帝与人之间主体与客体的对立，建立了两者之间的完全统一，标志着"爱的完成"，因为"爱的本质并不是对一种异己东西的统治"，"爱既不统治，也不被统治，只有在爱里人才是同客体合二为一的"④，可见神与人的关系在爱的背景下超越了主客二分的对立，形成了统一状态。

神人之间的父子关系集中体现在圣父与圣子身上，根据《圣经》记

---

① 《圣经·新约》，第177页。
② 《圣经·新约》，第171页。
③ 萧诗美：《论黑格尔辩证法的基督教神学起源》，《湖北大学学报》（哲学社会科学版）2019年第3期。
④ 〔德〕黑格尔：《早期黑格尔神学著作》，第351、343、439页。

载,上帝因爱人类而将其子以替人类赎罪的方式被钉在十字架上,如《马太福音书》载,"他们既将他钉在十字架上,就拈阄分他的衣服,又坐在那里看守他。在他头以上安一个牌子,写着他的罪状说:这是犹太人的王:耶稣"①。黑格尔将此解释为"神就是爱……基督就体现神的爱,这种爱的对象一方面是神本身……另一方面是待拯救的人类"②。这里不仅体现出神人之间的关系合一,更展现出耶稣作为神的化身对人的仁爱之心,上帝已经成为"仁者"的代表,在《新约》中有很多直接或间接的描述:

> 神就是光,在他毫无黑暗!这是我们从主所听见、又报给你们的信息……我们若认自己的罪,神是信实的,是公义的,必要赦免我们的罪,洗净我们一切的不义……你看父赐给我们是何等的慈爱,使我们得称为神的儿女!我们也真是他的儿女。世人所以不认识我们,是因未曾认识他③。

可见《新约》将上帝的仁爱之心以光明、公义与慈爱的形象表现了出来。

但上帝与人之间的关系并非单向的,而是双向的,因上帝爱人,把爱无差别地给了所有人,为了人类赎罪,牺牲了自己的儿子耶稣,人也应该像上帝爱自己一样爱上帝,于是在《新约》中,表现出不仅人要全心全意爱神的诫命,还要将此爱放于第一位,《新约》借一个律师向耶稣询问之际,表达了这一核心思想:

> 主,律法上的诫命,哪一条是最大的呢?耶稣对他说:"你要尽心、尽性、尽意,爱主你的神。这是诫命中的第一,且是最大的④。"

可见与《旧约》遵守神的启示不同,《新约》将爱上帝作为是否真正信仰的重要标志之一,把"爱的观念"提到了一个前所未有的高度。黑格尔对此的解释是"对神的爱——通过绝对忘我,人和神契合为一体""向

---

① 《圣经·新约》,第37页。
② 〔德〕黑格尔:《美学》第2卷,朱光潜译,商务印书馆1979年版,第302页。
③ 《圣经·新约》,第268—269页。
④ 《圣经·新约》,第28—29页。

神舍弃了自己，以便在神身上重新找到自己而感到喜悦，这就是爱的本质"①。在这里"忘我"的爱，是对上帝之爱的回应，更是"超越式"的爱，是"人神合一"的爱的境界。

人对神的爱也非笼统，而是有具体表现和实现形式。这种实现形式是遵守上帝的"道"，希腊文为"λογός"，本义为"话"，即人爱上帝的表现为听从上帝之言，《约翰书Ⅰ》中写道：

> 我们若遵守他的诫命，就晓得是认识他。人若说"我认识他"，却不遵守他的诫命，便是说谎话的，真理也不在他心里了。凡遵守主道的，爱神的心在他里面实在是完全的，从此我们知道我们是住在主里面。人若说他住在主里面，就该自己照主所行的去行。亲爱的弟兄啊，我写给你们的，不是一条新命令，乃是你们从起初所受的旧命令，这旧命令就是你们所听见的道②。

虽在《旧约》中亦要求人遵守上帝的诫命，但与《旧约》不同的是，《新约》以内心的真实遵守为根本，不是表现在言语上的"谎称"，而是以真正的"爱心"遵守主道，更强调由内而外地信仰上帝。虽然该"道"并非《新约》创造的新令，而是《旧约》诫命的重申，但是在表现人对上帝之爱的实现方式上，超越了《旧约》的严苛，以更为柔和和爱怜的方式要求人们以遵守主道的方式，爱所信仰的上帝。

因为神与人和人与神之间要互爱，实现神人与人神的合一状态，《新约》还确立了人与人之间也要"互爱"的原则。《约翰福音》中上帝给予人类的诫命为"我赐给你们一条新命令，乃是叫你们彼此相爱；我怎样爱你们，你们也要怎样相爱。你们若有彼此相爱的心，众人因此就认出你们是我的门徒了"③。该诫命不仅强调了人与人之间要像上帝爱人类一样彼此相爱，更是以是否"彼此相爱"作为区分基督徒与其他信徒的重要标志，明确了基督教《新约》中爱人或"仁爱"的精神内核。

《新约》中人与人相爱的重要模式是"要爱人如己"。因为上帝将爱无差别地给了所有人，人也应该以此方式爱他人，这种爱并非意味着要爱他跟爱己一样，而是爱他像他是你一样，将爱的对象合二为一，要换位地去

---

① 〔德〕黑格尔：《美学》第3卷，第86、244页。
② 《圣经·新约》，第268页。
③ 《圣经·新约》，第123页。

爱,"你们愿意人怎样待你们,你们也要怎样待人"①。正如黑格尔所言,"爱在别人那里找到了自己本身,或者也可以说,在别人那里忘掉了自己本身,使自己跳出自己本身,俨如生活在他人之中、活动在他人之内,他人就是自己并与他人同其感受"②。因此,基督教《新约》十分注重众信徒之间皆兄弟和兄弟朋友的相互关爱与支持,"我们因为爱弟兄,就晓得是已经出生入死了。没有爱心的,仍住在死中。凡恨他弟兄的,就是杀人的;你们晓得凡杀人的,没有永生存在他里面。主为我们舍命,我们从此就知道何为爱,我们也当为弟兄舍命"③。

《新约》的爱人如己,不仅体现在对兄弟的关爱,还体现在超越民族与仇敌的爱护上。保罗说:"因他使我们和睦,将两下合而为一,拆毁了中间隔断的墙;而且以自己的身体废掉冤仇,就是那记在律法上的规条,为要将两下借着自己造成一个新人,如此便成就了和睦","爱仇敌,也要善待他们","要慈悲,像你们的父慈悲一样"④。这段经文来表现出的是,《新约》耶稣基督用无私之爱拆毁了犹太人与外邦人之间的仇恨和隔膜,使他们彼此和睦,合而为一,将《旧约》中的严苛改造成为一种"泛爱主义"之"仁爱",对西方文明产生了巨大影响。

因产生的时代背景与地域环境等因素的影响,基督教经典《圣经》中的《新约》与《旧约》在思想上表现出明显的差异性,主要表现在,《旧约》更凸显出犹太教律法的公正严苛性,《新约》则更强调基督徒道德的广博仁爱性,《圣经》本身这种兼有"仁爱"与"严苛"的矛盾统一体,在自身的发展、演变和传播的过程中,对西方文化与文明产生了重要影响,特别是在其与罗马文明冲突融合的过程中,"仁爱"与"严苛"这两种看似矛盾的"理念"逐渐与罗马的法律文化达成了一种契合,逐渐融入了罗马—拜占庭的立法中。

第二节 早期拜占庭法律基督教化的路径与逻辑

《法律选编》基督教经典中包含有"仁爱"与"严苛"的理念,看似矛盾,实则是外法内德的统一,这种思想在与罗马—拜占庭王权加强的过

---

① 《圣经·新约》,第29、73—74页。
② [德] 黑格尔:《早期黑格尔神学著作》,第20页。
③ 《圣经·新约》,第270页。
④ 《圣经·新约》,第216、74页。

程中找到了契合点，最终嵌入了罗马—拜占庭法律之中。基督教自1世纪诞生，在经历了1—4世纪初的艰难发展，至311年伽勒里乌斯宽容敕令颁布和313年"米兰敕令"颁布，成为罗马帝国的合法宗教，加速了帝国法律基督教化的进程，立法方面表现为异教思想的减弱和基督教原则的持续融入，至740年《法律选编》的颁布，标志着帝国真正意义上的第一部官修基督教法典的诞生，从法律文献的融入路径分析，早期拜占庭法律基督教化的生成逻辑与"古代晚期"帝国的社会环境有很大关系。帝王神化皇权的迫切需求与基督教君权神授思想紧密契合，社会动荡的现实对基督教信仰抚慰人心作用的需求，促成了皇帝借此立法方式稳固地位和繁荣帝国的目的。

一 君权神授理论与皇权强化趋势的契合

在古代世界，任何一个国家政权的稳固都与其所依仗的制约民众的宗教系统密不可分，罗马—拜占庭帝国皇权的强化亦是在与基督教信仰的博弈、认可与利用过程中逐渐形成的。共和时期，虽然罗马宗教与希腊的多神教体系有诸多共同之处，但它毕竟产生于罗马历史与文化的基因之中，其神名、神性与神的功能等诸多方面亦拥有自己的特性，"宗教的风貌仍与希腊宗教大相径庭"①。它源起于罗马家庭—氏族守护神崇拜，融合了意大利本土的诸种自然神的崇拜，加上一些人们想象中的抽象概念（如和平之神、希望之神、勇武之神）形成一个神族系统，并以实物（牲畜、家禽或其他）② 献祭方式展示人们对神的敬仰。但是随着罗马由共和向帝制的转变，利用宗教意识加强和神化皇权逐渐成为帝王不断获得权力和巩固统治的有效手段，并通过思想或道德的灌输方式"温和"渗入，利用道德和伦理掌控和管理帝国社会的方方面面。

早在公元前27年，屋大维创立元首制时，帝国就逐步开启了皇权神化和君主崇拜的历程。但因帝制创建初期，传统元老贵族势力依旧较大，故皇帝只能借着"元首制"的共和外衣，隐秘地利用宗教加强帝制。故而屋大维为了使自己的称呼在避开"独裁者"身份的同时，还能彰显其至高

---

① 〔俄〕托卡列夫：《世界各民族历史上的宗教》，魏庆征译，中国社会科学出版社1988年版，第473页。
② 瓦西列夫在论及背教者朱利安恢复罗马传统宗教的举措时，特别提到他亲自操刀参与宰杀牲畜，于是一首曾用来讽刺哲人皇帝马可·奥勒留的小诗又开始流传，曰："小白牛向马可恺撒问候！如果你取胜，那将是我们的末日。"参见〔美〕A. A. 瓦西列夫《拜占庭帝国史》，徐家玲译，商务印书馆版2009年版，第117页。

无上的神圣性,一方面,他赋予自己一个带有宗教色彩的新名字"奥古斯都"(Augustus),该词源自古罗马的一个古老职业"占卜者"(Augurium),意为"神圣";另一方面他还兼领罗马宗教中的"大祭司长"(Pontifex Maximus)的头衔,意在表明其与神明之间的密切联系。屋大维通过带有宗教色彩的称号和头衔神化王权的手段被后世皇帝继承,如马克皇帝开始自称为全体臣民的"君主和神"(dominus et deus),戴克里先皇帝则自诩为"大神朱庇特的助手和代理人"①,罗马皇帝日益成为帝国宗教信仰和道德价值方面的最高权威,任何可能威胁其权威者都可能遭受皇帝的残酷镇压。

虽然屋大维建立起来的以罗马诸神为核心的神化皇权的体系被之后的皇帝所继承,但帝国境内基督教的发展却开始对其造成新的冲击。公元1世纪,基督教发源于罗马帝国统治下的巴勒斯坦地区,因其早期的活动受外界压力,各地区社团之间也没有建立起经常性的联系,加之多以隐秘的方式在犹太会堂中进行活动,故被认为是犹太教的分支,在帝国享有合法权利,但是"当人们对耶稣基督的认识趋于统一时,便形成了一个特殊的、统一的团体,安条克主教伊格纳修斯称这个团体为普世教会"②,其组织形式日益完善,传播范围与日俱增,与帝国传统多神崇拜的宗教(基督教化时代被称为"异教")的矛盾和斗争也日益激烈,特别是基督教的"天国"概念,总使作为"异教"的最高代表者的皇帝们怀有自己的统治会被颠覆的忧虑。于是,剪除可能会引起帝国混乱和王位不稳的基督教,成为"异教"统治者的根本职责。

因此,自公元64年尼禄皇帝借罗马城大火,以"纵火罪"对基督徒进行捕杀,到303年,戴克里先皇帝连发数道敕令对基督徒进行最后一次大规模判罪,帝国掀起了对基督教断断续续200余年的迫害运动。但历史地看,皇帝对基督教的积极迫害,并非因其认为基督教十恶不赦,而是基督教的快速发展引起的皇帝自我危机意识和内心不安所致,正如塔西佗所言:"他把那些自己承认是基督徒的人都逮捕起来,继而根据他们的揭发,又有大量的人判了罪,这与其说是因为他们放火,不如说是由于他们对人类的憎恨。"③ 在皇帝看来,基督教是一个离经叛道、有违祖训的秘密团体,对帝国稳定和皇权巩固有百害而无一利,这应是帝王对其进行迫害的

---

① 徐家玲:《拜占庭文明》,第329—330页。
② 〔美〕G. F. 穆尔:《基督教简史》,郭舜平等译,商务印书馆1981年版,第50页。
③ 〔古罗马〕塔西佗:《编年史》下册,王以铸、崔妙因译,商务印书馆1981年版,第541页。

主要原因。

但是1—4世纪帝国的基督教迫害政策,不但没有消灭这一团体,相反却使其获得巨大发展。加之一些基督教"护教者"在理论上和实践上孜孜不倦地向帝国民众宣传基督教的基本理念和基本信条,消除了一些人对基督教的误解,皇帝也开始改变了对基督教的态度。起初只是个别皇帝对基督教相关政策的临时性改变,以犹西比乌斯所记载的图拉真与两个基督教农民的故事最具戏剧色彩,"当皇帝得知他所审问的这两个被视为帝国危险分子的人只拥有2.5英亩土地(约合15中国亩),而他们所追求的'将来的国度',并不是在地上,而是在来世的天上时,轻蔑地嘲笑了这兄弟二人,并把它们释放了,然后皇帝下令停止迫害基督徒"[①]。4世纪后,基督教的不断发展最终使帝国皇帝也逐渐落实在整体政策的考量上,代表性的文件是311年伽勒里乌斯皇帝颁布的《宽容敕令》:

> 朕等认为应将最及时的宽容亦给予他们,以便于他们可以再次成为基督徒,且组织集会——只要他们不做违法乱纪之事……对于朕的宽容,他们要在上帝面前为朕之健康,吾邦之安全,亦为他们自己之健康祈福,以使吾国四面八方安宁无忧,他们亦能安居乐业[②]。

起初对基督徒的迫害是帝国统治者担心基督教的发展将会有害于帝国统治,现在承认其合法性则是皇帝发现其于自身统治无害。加之,其时伽勒里乌斯皇帝本人已感染疫病数月,原先崇尚的异教神明并没能使其摆脱病魔的"纠缠",故其以为是自己得罪了基督徒的上神,遂改变态度,希望自己对基督教的承认能换来基督教上帝之宽恕与庇护,助其恢复健康,护佑帝国安宁。但是他态度的改变终究晚了些许,未及该法令实施,便与世长辞,帝国复又陷入混乱。但313年君士坦丁与李锡尼乌斯颁布"米兰敕令"重新确认了"伽氏敕令"中的原则,使基督教正式在帝国境内获得合法地位。

当然,就在皇帝对基督教从坚决镇压到逐渐认可最后完全接受的全过程中,基督教也在不断调适着自己的理论精要,期望能与帝国的皇权达成一致,以获得帝王的支持。事实上,早在耶稣赴难后,基督教徒为了迎合

[①] 徐家玲、李继荣:《"米兰敕令"新探》,《贵州社会科学》2015年第1期。
[②] 李继荣、徐家玲:《"伽勒里乌斯宽容敕令"文本考——兼论"伽氏敕令"的历史地位》,《中南大学学报》(社会科学版)2016年第5期。

罗马皇帝，就已经开始试图与罗马皇权合作，保罗的著名论断"那在上有权柄的、人人应当顺从他，因为没有权柄不是由于神的。凡掌权的都是神所命的，所以抗拒掌权的，就是抗拒神的命，抗拒的必自取刑罚"①，已经明确地向基督教众说明皇权受之于上帝的理念，坦言了基督教是支持"君权神授"的原则的，这也就成为皇权与教权合作的根基。

于是，皇帝需要新的宗教理论使皇权合法化，基督教则需要皇权对自身进行保护，在这一"需要—契合"的相互支撑下，君士坦丁重新恢复帝国大统之后，决定承认基督教的合法地位，并积极以上帝代理人的身份，打着"维护神的和平"之旗号，敦促人们遵守上帝的诫命，并在干预和主宰教会事务方面亲力亲为，积极主动地依靠基督教实现君权的神化。从此，教权与皇权的依存与斗争贯穿整个拜占庭帝国，325年君士坦丁主持召开了第一次基督教全体主教公会议，亲自参与"正统基督教义"的制订，晚年接受基督教洗礼，并促使他的诸子成为基督徒。当然，皇帝积极干预宗教事务，完全是从帝国社会稳定出发的，从他的一段话可见端倪："如果上帝的人民——我指的是我那些上帝的仆人弟兄们——因他们当中邪恶和损害性的争吵而分裂成如此状况，我的思绪如何能够平静下来呢？你们要知道，这给我带来多大的苦恼啊。"②

狄奥多西王朝的皇帝不仅将基督教作为一种工具，更是将其逐渐上升和渗透到制度层面，用基督教塑造帝国的形象与思想，来达到稳固帝国的目的。当狄奥多西一世于379年应西帝格拉先（375—383年在位）之命掌控东方帝国的帝权之后，明确表示放弃罗马皇帝之"最高祭司"的头衔，表明其放弃罗马传统宗教，决心从罗马诸神的侍奉者转为基督教上帝之"仆从"的意向。381年，狄奥多西主持了君士坦丁堡主教公会议，重申了《尼西亚信经》中的原则，392年更是下令禁止在任何场合向罗马古代神祇献祭，异教神庙一律关闭，使基督教成了帝国的国教；而狄奥多西二世则进一步面对帝国日益基督教化的现状，在立法方面开始涉及有关基督教政策的法令，其于438年颁布的16卷的《狄奥多西法典》中，专设一卷用于收录关于基督教的法令，开启了皇帝立法与基督教内涵的相互结合③。

而真正利用基督教使皇权上升到一个新的高度的是查士丁尼大帝。

---

① 《圣经·新约》，第180页。
② 〔古罗马〕尤西比乌斯：《君士坦丁传》，林中泽译，商务印书馆2018年版，第255页。
③ C. Pharr (ed.), *The Theodosian Code and Novels, and the Sirmondian Constitutions*, Princeton University Press, 1952.

476年，罗马西部地区被蛮族取而代之，给罗马帝国带来了灾难性的影响，此后罗马—拜占庭帝国的历史便进到一种"恢复往昔"与"面对现实"的矛盾循环之中，也给拜占庭帝国逐渐脱离古典罗马的特质奠定了基础。查士丁尼继位后，以"一个帝国、一部法典和一个教会"的战略目标，通过多次"收复"战争、编纂新型法典和镇压尼卡起义，不仅打击了帝国内外的诸多敌人，而且形成了以查士丁尼为核心，狄奥多拉、特里波尼安、贝利撒留等大批支持者的专制主义中央集权统治集团，特别在镇压了"尼卡起义"后，皇帝终于取得了对贵族的绝对控制，"他始终是一个独立的君主，任何人都不能与他的权力相抗衡"[1]，皇帝的权力进一步提升，标志着查士丁尼与古典主义传统的决裂。

除了在军事上取得成功，查士丁尼还希望借法律和信仰维护社会的稳定。他认为，"皇帝的威严光荣既需要兵器，也需要法律"，"皇帝既是虔诚法律的伸张者，也是征服敌人的胜利者"[2]，因此基督教成为皇帝加强自我权力的有力手段，一方面，面对异教、异端势力仍然在挑战基督教绝对权威的现状，查士丁尼皇帝于529年下令关闭了宣传和讲授古希腊哲学（异教思想）的异教徒庇护所——雅典学园；另一方面，在奉行"政教协调"的原则前提下，他更加明确了"教会应该成为政府机构手中的有力武器，应尽一切努力使教会服从自己"[3]的主张，亲自主持召开了第五次全基督教主教公会议，"强行软禁了拒绝在'三章案'辩论会文件上签字的罗马教宗维基里乌斯"[4]，这些事实表明查士丁尼皇帝笃信绝对的权威，强调在秩序良好的国家中，皇权是至高无上的，教权要依附于皇权，皇帝可以用宗教的灵魂来塑造帝国的躯体，使其合二为一，于是才会有《法学阶梯》的开篇："以我主耶稣基督之名"[5]来强调君王之立法与治国是上帝所赋予的，体现出皇帝自身权力威严与神圣，这也是对基督教经典中"君权神授"理论的进一步发展。

但查士丁尼在位时的大规模战争导致国库空虚，并在他去世后的外族压境致使帝国衰微，其将地中海变成帝国"内湖"的宏图大志也付诸东流。6—8世纪，拜占庭帝国陷入内忧外患、群雄争霸、灾疫不断的混乱。

---

[1] A. A Vasiliev, *Justin the First: An introduction to the Epoch of Justinian I*, Harvard University Press, 1950, pp. 102 – 103.

[2] J. B. Moyle, *Institutes of Justinian*, p. 1.

[3] A. A. Vasiliev, *History of the Byzantine Empire 324 – 1453*, p. 148.

[4] A. A. Vasiliev, *History of the Byzantine Empire 324 – 1453*, pp. 150 – 153.

[5] J. B. Moyle, *Institutes of Justinian*, p. 1.

人们在困境面前的精神崩溃，不仅加剧了基督教所宣称之"上帝愤怒"和"人生而有罪，要尽一生实行救赎"的教义精神在拜占庭帝国的传播，也进一步推动了君权神圣观念的形成。但与查士丁尼不同的是，虽然希拉克略王朝的皇帝在其新律中也借用基督的名义，但其更主要的方式是通过将君主形象与《圣经》中君王形象进行比拟的方式来达到神化皇权的目的。如希拉克略皇帝完全击败了波斯人后，为表其功绩，宫廷诗人乔治在其《六日》的作品中，将希拉克略6年间对波斯的征战比喻为《旧约·创世纪》中的创世六日，他在《十字架的复还》的诗篇中，一改以往将希拉克略比为古典英雄的手法，而是将其描绘为基督教的君主，主要凸显其630年夺回圣十字架，使其回归到耶路撒冷的功绩①。这种形象展现出皇帝的威严、军事的战绩和对基督教的虔诚。

可见，法律的基督教化是在帝国基督教"君权神授"思想演变过程中，与君权强化之理念达成了一种契合与需求，这既是王权强化的一种表现，更是强化王权的一个结果。

二 政局动荡不稳与缓解社会矛盾的需求

20世纪70年代，随着美国学者彼得·布朗教授《古代晚期世界：150—750年》出版，"古代晚期"的概念就此诞生。这一概念主要运用罗马帝国"转型理论"对统治学界长达200余年的"衰亡理论"发起的挑战，认为2—7世纪罗马帝国的历史进程并非走向衰亡，而是进入了从古典世界向中世纪过渡阶段，"衰亡是指帝国西部省份的政治结构，而作为古代晚期文化核心所在的东地中海世界和近东地区却没有受到影响，甚至以君士坦丁堡为中心存活下来的地区仍是当时世界上的最伟大文明之一"②。"古代晚期"为学界从文化传承的角度研究罗马—拜占庭的历史发展提供了一个很好的视角，体现出了帝国在"裂变—整合"和"危机—应对"的循环往复中，度过了帝国漫长的转型与变革时期，而促发其转变的核心动力便是3—8世纪的社会动荡。

3—8世纪社会动荡的第一个表现便是内外战争频繁发生。自2世纪末，罗马帝国对外征服步伐放缓，内外矛盾日益凸显，故而吉本认为帝国的麻烦"是从180年马克·奥勒留皇帝的驾崩开始的，该皇帝的逝世标志着一段和

---

① M. T. G. Humphreys, *Law, Power and Imperial Ideology in the Iconoclast Era c. 680 – 850*, Oxford University, 2015, p. 32.

② Peter Brown, *The World of Late Antiquity*, AD 150 – 750, Thames and Hudson, 1971, p. 19.

平时代、繁荣和良好的政府管理时期的结束"①,是所谓的"3 世纪危机"爆发的节点。具体表现为这一时期内战全面爆发,王位频繁更替,据斯塔夫里阿诺斯的统计,罗马"从 235 年至 284 年这一段时间里,有过近 24 个皇帝,可只有一个是自然死亡"②,其余都因战争和宫廷内争而暴亡。

君士坦丁大帝在帝位之争中以绝对的优势获得了胜利,通过内外改革建立了一套中央集权的统治体系,稳定了局势,此后的皇帝也沿用并不断完善这一体系,但是由于长期以来帝国内部战争的影响,人口锐减,城市遭到破坏,整体实力受到极大的折损,帝国周围的外族趁此给帝国施加压力,东边的波斯人,北边的日耳曼人均对帝国疆域虎视眈眈,如朱利安皇帝统治时期,因对外战争屡遭败绩,不得不"将美索不达米亚的一小块边境地区割让给了波斯",而"伊利里亚的一些边境地区也先后短暂陷于哥特人和匈奴人的掌控之中"③,378 年,哥特人进军君士坦丁堡,双方会战于亚得里亚堡,结果"皇帝瓦伦斯在战斗中被杀,罗马军队彻底战败"④。

476 年,蛮族首领奥多亚克罢黜了西部罗马皇帝罗慕路斯·奥古斯都,罗马帝国西半部地区皇统结束,此即历史上经常强调的"西罗马帝国的灭亡"的标志,也是罗马周边"蛮族"对罗马帝国长期蚕食的最后一个阶段,"被蛮族征服"进入了一个重要节点,一个世纪之后伦巴第人进入意大利,才标志着蛮族对罗马帝国西部入侵行动的最后完成。即使如此,东罗马皇帝(拜占庭)试图收复"失地"的"光复"之梦不仅没有因此而破灭,反而使 50 年后登极的拜占庭皇帝更强烈地感受到恢复君士坦丁大帝之辉煌的迫切性。于是,527 年登上皇位的查士丁尼皇帝,便积极投身于实现"一个帝国、一部法典和一个教会"的战略目标,对北非、意大利和西班牙实行了长达 30 余年的"光复"战争,并在他逝世之际,完成了再度使地中海变成罗马帝国之"内湖"的伟业。但是大规模战争,也致使帝国耗损巨大,先是希拉克略王朝的皇帝在 7 世纪上半期的对波斯战争中失利,丢失了耶路撒冷的"真十字架"⑤;而后虽战胜了波斯人,志得意满地夺回了"真十字架",却又很快在阿拉伯半岛新兴的阿拉伯人征服战争

① W. Treadgold, *A Concise History of Byzantium*, New York and Basingstoke, 2001, p. 6.
② 〔美〕斯塔夫里阿诺斯:《全球通史·1500 年以前的世界》,吴象婴、梁赤民等译,北京大学出版社 2012 年版,第 130 页。
③ W. Treadgold, *A Concise History of Byzantium*, p. 37.
④ A. A. Vasiliev, *History of the Byzantine Empire 324 – 1453*, p. 87.
⑤ Theophanes, *Chronicle*: *Byzantine and Near Eastern History AD 284 – 813*, trans. by Cyril Mango and Roger Scott, Clarendon Press, 1997, p. 431.

中一败涂地，致使7世纪末的帝国面临多方面危机而难以自救。

除了战乱，瘟疫、地震等自然灾害的集中暴发，也成为"古代晚期"社会动荡和帝国衰落的重要因素。早在"3世纪危机"前后，罗马帝国就先后暴发了"安东尼瘟疫"和"西普里安瘟疫"，虽然关于对这两场瘟疫的具体伤亡情况已无法查证，但从史料零星记载及皇帝伽勒里乌斯死于后一场瘟疫的事实来看，其必定对帝国人口造成了巨大影响。之后的"查士丁尼瘟疫"当属3—8世纪地中海世界记载最详、影响最大的一次瘟疫了。据普罗科比记载，这场瘟疫在"起初死亡的人数较低"，但之后死亡的人数不断攀升，再后来甚至上升到日均死亡5000人，甚至有时会达到万人及以上，"在掩埋尸体时，开始还可以参加亲人的葬礼，后来死者太多，导致全城处于混乱状态，很多家庭整户死亡，一些身份尊贵的人竟也因为瘟疫当中无劳动力可用而在死后多日无法入葬。很多尸体被随意地扔进塔楼，等尸体堆满后再封顶，全城弥漫着一种恶臭"①。这场瘟疫在帝国肆虐四月有余，其中三个月为死亡高峰期，仅君士坦丁堡按平均每日5000人，共90日计算，死亡人数就至少高达45万，帝国首都一时间成了人间地狱。之后瘟疫还周期性、多城市暴发，如史家阿加西阿斯记载了558年瘟疫第二次暴发的情况，"那一年初春，瘟疫第二次来袭，肆虐帝国首都，夺取大批居民的性命，并从一个地方蔓延到另一个地方"②。

与瘟疫相伴的还有地震的破坏，据唐尼统计，"自324年至1453年，拜占庭帝国1100余年的历史中，君士坦丁堡及其周围的大小地震共55次，仅6—8世纪就有15次"③，525—740年，大约每18年就有一次大地震，如526年帝国第三大城市安条克的地震的破坏性就是极大的，"所有房屋与教堂都被震塌，城中的精美物品都被摧毁"④，"那些没有来得及逃离房屋的都成了一具具尸体"⑤，"死亡人数约有25万"⑥。而之后557年

---

① Procopius, *History of the Wars*（Ⅰ）. trans. by H. B. Dewing, The Macmillan Co., 1964, pp. 465 – 469.
② Agathias, *The Histories in Corpus Fontium Historiae Byzantinae*, trans. by J. D. Frendo, Walter de Gruyter, 1975, p. 231.
③ G. Downey, "Earthquake at Constantinople and Vicinity AD 324 – 1453", *Speculum*, 1955（4）, pp. 597 – 598.
④ Theophanes, *Chronicle: Byzantine and Near Eastern History AD 284 – 813*, trans. by Cyril Mango and Roger Scott, Clarendon Press, 1997, p. 264.
⑤ John, *The Chronicle of John, Bishop of Nikiu*（Vol. 90）, trans. by R. H. Charles, Williams and Norgate, 1916, p. 137.
⑥ John Malas, *Chronicle*（Vol. 18）, Sydney University Press, 2006, p. 92.

君士坦丁堡的地震中,"不仅毁坏了城中两列城墙——君士坦丁城墙和狄奥多西城墙,还摧毁了大量的教堂,特别是赫布多蒙教堂(Hebdomon)教堂——即圣撒母耳教堂(St. samuel)和周围的一些教堂……该地震带来的毁灭无一地可以幸免"①。

可见,战争、瘟疫和地震等因素所造成的社会动荡已经成为帝国"古代晚期"的帝国社会常态。因而就连查士丁尼大帝的辉煌统治时期,也被吉本批评道:"战争、瘟疫和饥荒三重灾同时降临在查士丁尼臣民的头上,人口数量的减少成了他统治时期的一个极大败笔"②,其不仅直接导致帝国人口锐减、经济衰微和政局动荡,更重要的是对帝国百姓的精神世界造成了极大的冲击。在战争、瘟疫和地震中,百姓直面的是死亡的威胁、流离的生活和不断的苦难,看着周围之人大批去世,城市境况日益破败,饥荒生活逐渐临近,百姓内心的恐慌、精神上的无助,在当时的史家记载中得到生动描述,例如在551年的亚历山大大地震后,阿加西阿斯记载道,"所有居民,特别是年老之人都被眼前的境况惊到了……大家聚集街头,纷纷陷到因这场突如其来的事件所引发的极度恐慌中"③,而在559年君士坦丁堡的大灾之后,"人们突然闯进商铺和面包铺进行哄抢,仅3个小时,城中的面包就被抢光",还"谣传查士丁尼已经去世,民众陷入恐慌,官员信以为真,整个城市一度陷入极度混乱"④。

面对生命的无助,一些民众也试图向帝国的古典诸神求助或者试图在希腊哲学理念中寻找应对之术。但是当灾难来临时,诸神的代言人、异教的祭司,却无法对灾难发生的缘由做出任何解释,更有甚之,许多祭司与宦官、富人竟然利用自己的优越地位迅速逃离疾疫流行之地,置陷于日益恐慌的平民百姓于不顾;而希腊哲学所强调的非个人过程和自然规律,也无法解释死亡突然不加选择地降临到老人孩子、富人穷人、好人坏人身上的原因。古代世界的神明在民众迷茫、恐惧与面临生死边缘逐渐失去了其往日受尊崇的地位。基督教的"博爱"与"互助"精神,今生与来世的图景以及行医布道的慈善救助活动,却为帝国百姓将精神上的疑惑指明了

---

① Theophanes, *Chronicle*: *Byzantine and Near Eastern History AD 284 - 813*, trans. by Cyril Mango and Roger Scott, Clarendon Press, 1997, p.339.
② 〔英〕爱德华·吉本:《罗马帝国衰亡史》,黄宜思、黄雨石译,商务印书馆1997年版,第230页。
③ Agathias, *The Histories in Corpus Fontium Historiae Byzantinae*, trans. by J. D. Frendo, Walter de Gruyter, 1975, p.48.
④ 武鹏、刘榕榕:《六世纪东地中海的地震灾害造成的精神影响》,《西南大学学报》(社会科学版)2014年第6期。

方向。

　　对于自然灾害和社会激荡，基督教提出自己的解释。瘟疫等灾害的发生，均是因为罗马人做了错事、行了恶举所应得到的报应，例如在安东尼瘟疫暴发时，教会史家奥罗西乌斯，认为这是对马克皇帝在高卢对基督徒进行迫害的惩罚，而对于这种惩罚，只要民众能努力"赎罪"便可以化解。所以，《圣经》中明确表明"义人必因信而生"，要求人要"爱邻舍如同爱自己，你这样行，就必得永生"①，这里其不仅将生死的原因做出了基督教神学的"合理"解释，为死后的人描绘了"来生"的图景，更为现世的人指明了要相互扶持、相互帮助的出路。因此，在这种教义的指引下，基督教会在实践中将自己打造为关爱弱者的庇护所，6世纪后其慈善行为更加普遍，收容所、医院、孤儿院、救济所等专门的慈善机构开始建立，而民众对于基督教的依赖和信任亦越发强烈，据文献记载，533年君士坦丁堡发生大地震后，"所有城中百姓都聚集到君士坦丁广场进行祈祷"②，"安条克地震后数日的基督升天节，幸存的民众也聚集到教堂前，在教士的带领下，进行祈祷，以求上帝的拯救和获得心灵的安慰"③。

　　因此，自311年的"伽勒里乌斯宽容敕令"④使基督教获得合法地位，392年获得国教地位后，4—8世纪，作为皇帝稳定民心、抵御外敌的助力，民众抚慰心灵、医治创伤的药剂，基督教信仰的地位在皇帝的支持和民众的追捧下一路扶摇而上。

　　可见，在经历了基督教的快速融入及长期动荡混乱的时期后，公平、正义与博爱无疑必然会成为帝国臣民安定内心，追求未来的重要精神药剂，在此公正与博爱是融为一体的，在当时的境况下，前者是后者的基础，若无前者，后者也只能是虚无不实的概念。

　　总之，在"古代晚期"社会急剧变化、百姓思想极度混乱的时期，基督教在与诸多异教信仰相互争论和斗争中，完成了自我理论与当时社会背

---

① 《圣经·新约》，第168、82页。
② 武鹏、刘榕榕：《六世纪东地中海的地震灾害造成的精神影响》，《西南大学学报》（社会科学版）2014年第6期。
③ John, *The Chronicle of John, Bishop of Nikiu* (Vol. 90), trans. by R. H. Charles, Williams and Norgate, 1916, p. 137.
④ 传统观点认为，"米兰敕令"的颁布标志着基督教合法化的开始，近年有些学者则认为早在"伽勒里乌斯宽容敕令"中就已经认可了基督教的合法地位，"米兰敕令"只是将其重申。参见李继荣、徐家玲《"伽勒里乌斯宽容敕令"文本考——兼论"伽氏敕令"的历史地位》，《中南大学学报》（社会科学版）2016年第5期；徐家玲、李继荣《"米兰敕令"新探》，《贵州社会科学》2014年第1期。

景及民众心理需求的紧密结合，具有抚慰恐慌中百姓的功能，"广泛出现的社会恐慌会改变人们正常的生活，导致人们对现存政治和国家看法的改变，进而导致社会价值观念和伦理道德标准的改变，使人们更加笃信'上帝'"①，《法律选编》基督教化，正是利奥三世皇帝应社会之需，用"上帝"之信仰来抚平社会动荡的一种手段和表现，当然这也是3—8世纪社会动荡影响下的结果。

三　上下合力的融入路径

行文至此，基本上完成了对早期拜占庭立法基督教化的生成逻辑的考察与分析，对这一现象的出现有了一个比较清晰的认识：从上有王权加强的需要，自下有民众慰藉的需求，上下二元的相互助力，促成了早期拜占庭法律基督教化的形成路径逻辑生成。

首先，早期拜占庭法律基督教化的形成，与基督教所含有的"君权神授"的思想契合了3—8世纪皇权强化的趋势有很大关系。自公元前27年屋大维称"奥古斯都"，罗马的帝国建制日益明显，加强王权和构建一套完整的专制主义中央集权官僚统治体系成为帝国历史发展的趋势，其间利用宗教神化王权也成为各代皇帝的惯用手段。在帝国早期古典文化盛行的背景下，屋大维担任"大祭司"之职将自己塑造为诸神的代言人和宗教事务的最高权威，便开启了这一进程，之后历史上的多次基督教迫害，实质上是基督教的快速发展引起的皇帝对个人权威丧失的担心所致。但是随着帝国模式渐成和基督教的日益完善，皇帝发现多神崇拜已经无法满足帝国统一思想的需求，而讲求"一神"和"君权神授"的基督教却对王权加强和统一思想大有裨益，于是从311年的"伽勒里乌斯宽容敕令"颁布后，皇权与教权紧密扶持与配合构成了3—8世纪拜占庭政治思想史的主要内容。

其次，"古代晚期"因瘟疫、地震及战乱所引发的社会动荡，需要立法的基督教化来抚平社会和民众遭受的创伤。"古代晚期"的帝国经历了3世纪危机、蛮族入侵、大瘟疫和大地震等诸多天灾人祸，导致帝国人口急剧下降、疆域面积不断缩小，特别是灾难中，面对死亡的威胁和生活的困苦，传统的古典宗教信仰无法对突如其来的死亡做出合理的解释，帝国民众陷入极度恐惧和信仰危机中，但是基督教在其发展过程中，逐渐构建起了一套完整的理论体系，讲求互助与博爱、公平与正

---

① 陈志强：《"查士丁尼瘟疫"影响初探》，《世界历史》2008年第2期。

义、今世与来世,赋予死亡以生命的意义。因此,大灾大难面前,基督教是一套诞生于困苦、疾病和暴死的乱世的思想和情感体系,其完整理论阐释及实践上的善举——哪怕是仅是最基本的护理,都可能极大地减少死亡率——都会使民众在相互依存间获得慰藉,给了恐慌中的民众在其他信仰中无法获得的希望,其对受到重创之后的民众具有抚平创伤、维护稳定的功效。

正是在"君权神授"理论的支持下和"安定民心"现实的需求下,早期拜占庭法律一步步将基督教的思想与原则融入了法典之中,其以基督教化的形式,担起了完成对帝王权力加强和抚平民众心理创伤的使命。

第三节　早期拜占庭立法变革与社会变迁的互动
——以《查士丁尼二世"赠礼"敕令》碑文的考察为中心

《法律选编》展现出的"新特性"是立法变革与社会变迁长期互动的结果,这种互动早在查士丁尼二世的"赠礼"敕令中便显端倪。查士丁尼以"一个帝国、一部法典和一个宗教"的目标实现了对帝国疆域、立法和宗教的最后一次"统一",但大兴土木和大规模战争埋下了6—8世纪帝国陷入内外困局隐患的"种子":内乱不断、外敌侵犯、挣扎图存,基督教却借此机遇乘势而上。在经历了1—3世纪的曲折发展后,基督教不仅成为早期拜占庭帝国的合法宗教乃至国教,还开启对帝国思想进行改造的过程,并深深地影响和改变了罗马—拜占庭的立法原则。查士丁尼二世"赠礼"法令[①]便是具有代表性的一则。

"查帝敕令"是拜占庭皇帝查士丁尼二世(Justinian Ⅱ,685—695,705—711年在位)于688年巴尔干战事凯旋后,为谢神佑之恩,对塞萨洛尼基(Thessalonica)圣狄米特里(St Demetrius)教会予以馈赠的敕令。该敕令主要记载了688年查士丁尼二世皇帝御驾亲征击退敌人后,进入塞萨洛尼基城,并将城中一处盐库赠予圣狄米特里教堂这一历史事件。敕令刻于一块长约4米、宽约1.2米,厚约3厘米的精美大理石上,发现于城中的一座清真寺(土耳其人占领之前曾是圣狄米特里教会所在地,碑文发现之时塞萨洛尼基依旧处于土耳其人的统治之下),其行文自左向右,字体

[①] 原法令并无标题,此处为笔者据法令内容所加,后文简称"查帝法令"。

匀称，共16行，碑刻译文如下①：

> 罗马世界之君主、被上帝加冕者、和平的缔造者，弗拉维·查士丁尼［皇帝］，特准许将吾上帝守卫之城的盐库（店）赠予神圣、荣耀的殉道者狄米特里。以上帝、上主耶稣·基督及为我们带来和平的恩主、虔诚信仰我主耶稣·基督的［皇帝］弗拉维·查士丁尼的名义。礼物将被赠予神圣、荣耀、伟大的殉道者狄米特里的神圣教堂，该教堂中盛放着其［圣骨］。对于上帝的圣教堂给予的支持，我们首要的想法是希望通过各种办法将它们赠予他们，以表示对其慰藉之意，并（希望）其能继续持有先见之明。我们相信已经为我们加冕的上帝，总是对我们虔诚的尊敬甚感满意，并给予我们极多的胜利。故而，在为我们加冕的上帝的给予［战斗的］帮助后，我们已经到达这座塞萨洛尼基的城市中。在对来自他的及我们的敌人发动的诸多战争中，我们已然获得伟大殉道者圣狄米特里的有益援助。对于其对我们给予的援助，我们认为以这些礼物作为报偿向其表示感谢之情是合情合理的。我们对其神圣的教堂进行献赠。在该教堂中，其圣骨被置于此，很明显在他们到达城外时，他给予他们令人满意的友好援助。故位于塞萨洛尼基城中，邻近教堂的整个盐店（库）的所有权自此将重新归于其所有。由于该［教堂］是其崇拜地，故自9月的第二个财税年始至接下来持续的每一年该教堂都有该盐店（库）的所有权，担当该盐店（库）的［主人与东家］。且该盐店（库）产生的所有收益均归教堂，用以照明及上主所爱的教士的日常津贴，用以所有神职人员服役的报偿，［另外也用以］上述提及教堂的修复。换而言之，受人敬仰的教堂不能做出以下□□□□□□□：
>
> 上主所爱的教士不能以任何方式将盐店的［收益］给予或［打算］［给予］任何军事个人，因为基于我们的安定，我们已将其给予［教会］，正如前所述，我们将此整个盐店都赠予它（教会），用以［照明、教士日常开销］以及教会其他事宜花费，以期一直备受崇敬

---

① 译文系根据瓦氏本为底本，参考其他文本译出。译文中采用的校勘符号，"［ ］"中的内容为校勘者的拟补，符号"□"意为碑刻中的阙文，"（ ）"中的文字则是译者为方便读者的理解进行的增补。注释除狄米扎斯、帕帕格尔吉奥斯、瓦西列夫的相关研究外，其余为汉译者所加。术语注释方面，主要参照了《希—英词典》《牛津拜占庭词典》及《牛津拉丁语词典》。若文中校注有不妥之处，还敬请方家指正，译文的详细注解参见拙文《〈查士丁尼二世"赠礼"法令〉译注》，《古代文明》2016年第4期。

第一章　缘起：基督教思想融入与立法原则的变迁　57

的伟大殉道者狄米特里与为我们加冕的上主能一同为我虔诚［帝国］有助益□□□□□，且在此呈现的仅为我们的虔诚礼物。

从这则篇幅不长的敕令，但可以看出它是研究7世纪末至8世纪初拜占庭帝国外交政策、宗教态度、管理模式和社会变化等方面极为珍贵的第一手文献，可以窥探《法律选编》形成的历史"基因"，具有如下历史贡献：

一　史料的重要印证与补充

我国著名学者王国维先生在史学方面的巨大成就莫过于"二重证据法"的提出。1925年其在讲授《古史新证》时于第一章"总论"中讲道：

> 上古之事，传说与史实混而不分。史实之中，固不免有所缘饰，与传说无异。而传说之中，亦往往有史实为之素地。二者不易区别，此世界各国之所同也，在中国古代已注意此事……孟子于古事之可存疑者，则曰："于传有之"；于不足信者，曰："好事者为之"……疑古之过，乃并尧舜禹之人物而亦疑之。其于怀疑之态度及批评之精神，不无可取，然惜于古史材料未尝为充分之处理也。吾辈生于今日幸于纸上之材料外，更得地下之新材料。由此种材料，我辈固得据以补正纸上之材料，亦得证明古书之某部分全为实录，即百家不雅驯之言，亦不无表示一面之事实。此"二重证据法"，惟在今日始得为之。虽古书之未得证明者，不能加以否定；而其已得证明者，不能不加以肯定，可断言也。①

该方法将中国乾嘉学派的考据法与西方实证主义科学考据法相结合，强调运用地下考古材料与传世文献材料相互印证比较考据古史真相，还原古史原貌，已成为一种科学的学术考据理论，这一理论恰好适合于该石碑铭文研究。

就拜占庭帝国而言，自查士丁尼大帝之后，帝国便陷入了战火连绵、局势动荡的时期，国库日亏，对外防御力量也极度衰弱，北方蛮族及东方的波斯人构成极大威胁，故"6世纪末至7世纪初，拜占庭面临的首要问

---

① 王国维：《古史新证——王国维最后的讲义》，清华大学出版社1994年版，第1—3页。

题是生存问题"①。在这一特殊的历史时期,"与查士丁尼时代史料极为丰富相反,7世纪是史料极为匮乏的阶段"②,致使现在学界对这一时期研究所能倚重的文献材料主要赛奥法涅斯的《编年史》和尼基福鲁斯的《简史》。但教会史家的这两部著作具有很大的局限性,不仅是因为他们对于7世纪的一些历史事件叙述过于简略,更重要的是,教会史家一言之堂和宗教情感的偏向,也使诸多学者对其记述的可信度持有较多质疑,如关于查士丁尼二世亲征这一事件,赛奥法涅斯仅提到"688年皇帝查士丁尼二世远征斯拉夫人与保加尔人,其间他击退了保加尔人的拦截,一路进军远及塞萨洛尼基城,并在战争中俘获了大量斯拉夫人"③,其可信度无法通过其他史料得以印证。为此,6—8世纪的拜占庭学研究,既是学界较为薄弱的一个环节,也是争论较多的一个阶段。

查士丁尼二世"赠礼"法令恰好弥补了史料无法相互印证的难题。据碑文内容来看,查士丁尼皇帝亲自颁布的律令,首先为古史重建提供了重要、可靠的地下印证材料。一方面,考古(据)学者从碑文本身语义、语气、内容等方面进行考证,认定该碑文为查士丁尼二世所颁布;另一方面,他们还结合赛奥法涅斯《编年史》中的关于查士丁尼二世688年御驾亲征巴尔干半岛的相关记载进行了比对。通过这一方式,不仅证实了学者对铭文本身年代断定的合理性,反之铭文本身又进一步提升了两位教会史家对该历史事件记载的可靠性。

除此之外,它也为构建古史提供了重要补充。教会史家只是提及查士丁尼二世带领军队远征斯拉夫人与保加尔人,曾兵临塞萨洛尼基城,但对于到达城中的所行之事却无从考证。而该法令中关于皇帝向塞萨洛尼基的圣狄米特里教堂赠礼的原因,盐店收益的使用范围的规定,本身就表明了当时的帝国局势、皇帝对宗教的态度、帝国盐业的管理等,不仅为我们提供了大量关于皇帝进城之后活动的信息,也为我们补充了更多关于7世纪末帝国内外局势与策略的情况,为我们还原与丰富这一段历史时期的原貌提供了第一手珍贵资料。

二 边疆危机局势的侧面反映

查士丁尼大帝的大规模战争,在为罗马帝国带来了光辉的同时,也极

---

① 徐家玲:《拜占庭文明》,第66页。
② 〔南斯拉夫〕乔治·奥斯特洛格尔斯基:《拜占廷帝国》,第75页。
③ C. Mango and R. Scott (ed.), *The Chronicle of Theophanes Confessor: Byzantine and Near Eastern History AD 284–813*, Clarendon Press, 1997, p. 508.

大地损伤了帝国的根基,帝国对外防御力量的削弱。帝国北部的蛮族趁势大量内迁巴尔干半岛,其中影响比较大的蛮族是斯拉夫人和保加尔人,可以说他们的内迁直接影响了帝国未来的特征及发展趋势。

"斯拉夫人首次以'斯拉文人'(Sclavenes)的名字出现在普罗柯比的著作中。"① 此时的斯拉夫人已经慢慢向帝国境内迁移,但是由于查士丁尼大帝的铁腕政策及其继承者们的有效打击,甚至"6 世纪末,只有个别斯拉夫人部落开始定居巴尔干半岛",但是随着莫里斯皇帝在多瑙河战役中惨败,"7 世纪初,斯拉夫人开始大规模占领巴尔干半岛"②,且这一局势一发不可收拾,623 年,斯拉夫人甚至利用其组建的船队,"劫掠克里特及其他岛屿,航行至赫勒斯滂及马尔马拉海,劫获拜占庭供给船只"③。8 世纪,巴尔干半岛已经成为斯拉夫人的聚居区,利奥三世时期,一位来自西方前往圣地朝拜的教徒拜访了伯罗奔尼撒的摩尼巴西亚(Monembasia)城,称该城位于"斯拉夫人"(Slawinia)的土地上④。

同时,保加尔人也趁帝国衰微之际,蚕食帝国领土。"保加尔人原是突厥人的一支,与匈奴人有较近的血统,原居于多瑙河东北,曾臣服于匈奴人。"⑤ 7 世纪初,曾与拜占庭联盟抵制来自东方的阿瓦尔人,受拜占庭文明的影响,这个游牧族群发展迅速,并向多瑙河南部拜占庭境内迁徙。鉴于此,"679 年,皇帝君士坦丁四世,曾派兵讨伐保加尔人,但最终以失败告终。战后皇帝与保加尔人签订合约,除了向保加尔人纳贡外,也承认保加尔人对新占领帝国土地的占领"⑥,"从此,拜占庭皇帝被迫承认的这个新王国,成为帝国最危险的敌人"⑦。

本书所提及的"查帝法令"碑文颁布于 688 年 9 月,正值斯拉夫人与保加尔人对巴尔干半岛虎视眈眈和大举进攻的时期,半岛上作为帝国的政治、经济、文化、宗教中心之一的塞萨洛尼基是蛮族们的必争之地。法令铭文中虽然并未明确提及斯拉夫人和保加尔人的名号,但是从皇帝御驾亲

---

① A. A. Vasiliev, *History of the Byzantine Empire 324 – 1453*, p. 140.
② 〔南斯拉夫〕乔治·奥斯特洛格尔斯基:《拜占廷帝国》,第 78 页。
③ A. A. Vasiliev, *History of the Byzantine Empire 324 – 1453*, p. 7.
④ A. A. Vasiliev, *History of the Byzantine Empire 324 – 1453*, p. 240.
⑤ 刘爱兰:《民族大迁徙对中西文化发展的影响》,《中央民族大学学报》(哲学社会科学版)2005 年第 5 期。
⑥ Theophanes, *Chronicle*: *Byzantine and Near Eastern History AD 284 – 813*, trans. by Cyril Mango and Roger Scott, Clarendon Press, 1997, p. 498.
⑦ A. A. Vasiliev, *History of the Byzantine Empire 324 – 1453*, p. 219.

征、铭文中关于"对他的及我们的诸敌人的诸战争""取得诸多战争的胜利"①的描述可以得出如下结论：一方面，外族对巴尔干半岛的入侵已经达到严重影响帝国边疆安全的程度，帝国局势岌岌可危；另一方面，危及帝国的敌人并非一种，而是很多外族，结合史实，此处应该是指斯拉夫人与保加尔人对塞萨洛尼基城的多次失败的大规模进攻；而且，虽然巴尔干半岛已经有大量的斯拉夫人和保加尔人定居，但是战争还是对其取得诸多胜利，很多像塞萨洛尼基这样的大城市并未遭到蛮族的蹂躏和破坏，而这也为8世纪初拜占庭文化的复兴、伊苏里亚王朝的建立和《法律选编》的颁布奠定了基础。

由此可见，在查士丁尼大帝时期，帝国虽有蛮族侵入，但是当时的状况帝国还能应付，如538年，查士丁尼大帝就派将领君士坦丁阻击保加尔人对色雷斯的进攻，据载"他们将其包围，屠杀了大量保加尔军队，获得了其全部战利品，赢得绝对性的胜利，甚至还杀死其两位国王"；539年，面对保加尔人的大量侵入，帝国军队再次将其彻底打败，"战俘被押往君士坦丁堡，关置于竞技场，色雷斯地区获得长久和平……而后查士丁尼大帝将战俘运往亚美尼亚和拉兹卡"②。但是查士丁尼二世的帝国已经处于周边蛮族的严重围困之中，史料与碑文中关于皇帝的御驾亲征，直到塞萨洛尼基城中及取得"诸多战争的胜利"等描述，正好从侧面反映出帝国当时边疆局势告急的真实状况。

三　皇帝的宗教策略

基督教自311年"伽勒里乌斯宽容敕令"③及313年"米兰敕令"④颁布实施取得合法地位，直至529年查士丁尼关闭雅典学园，禁止异教崇拜，基督教依附皇权，一路扶摇而上，逐渐融入帝国日常生活中，成为帝国的精神支柱。可以说基督教至少自取得合法地位始，便与皇权形成一对相互依存，又相互斗争的矛盾体。基督教想在皇权的保护下发展壮大，而皇权也希望借助基督教稳固自己的权威，如君士坦丁大帝为了获得基督教支持，下令承认基督教的合法性，促进了基督教的发展，而其因给予基督

---

① 李继荣：《查士丁尼二世"赠礼"法令译注》，《古代文明》2016年第4期。
② Theophanes, *Chronicle: Byzantine and Near Eastern History AD 284–813*, trans. by Cyril Mango and Roger Scott, Clarendon Press, 1997, pp. 317, 318.
③ 据最新考证，"米兰敕令"并非真正意义上的敕令，而是一则敕答，名为"尼科米底敕答"，具体参见李继荣、徐家玲《伽勒里乌斯宽容敕令文本考》，第170—174页。
④ 徐家玲、李继荣：《"米兰敕令"新探》，《贵州社会科学》2015年第1期。

教合法地位，被基督教奉为"第十三使徒"，皇权被教令赋予神圣性。但是随着教会势力的不断壮大，教权也试图对皇权进行干涉与控制，双方的冲突也时有发生，如"芝诺皇帝的《合一通谕》更造成了东西方教会内部的第一次大分裂（484—519）"①。

皇权与教权这对矛盾体在依存与斗争中贯穿整个拜占庭帝国历史。但总体而言，呈现出教权依附于皇权的趋势日益明显，"在希腊语教会地区，皇帝对教会的控制仍然占主导地位"②。皇帝多将教会纳入其统治体系，通过控制、利用宗教来神化皇权，强调"君权神授"，从而为其统治蒙上神秘色彩。早在耶稣基督赴难后，便已经开始："那在上有权柄的，人人当顺从他，因为没有权柄不是由于神。凡掌权的都是神所命的，所以抗拒掌权的，就是抗拒神的命，抗拒的必自取刑罚"③。这段记载虽是早期基督教为迎合罗马皇帝，希望获得庇护的一种说法，却也为罗马皇帝的"君权神授"提供了理论根据。

在这种理论的支撑下，各代皇帝以维持"神的和平"，督促人们对众神的尊敬和服从神的诫命为己任，积极干预和主宰基督教会事务，逐渐走上了神化皇权之路。"君士坦丁大帝于325年亲自主持了尼西亚会议，以军队的压力强令所有与会主教接受《尼西亚信经》和有关教会的法规。"381年，狄奥多西皇帝主持了君士坦丁堡主教大公会议，重申了《尼西亚信经》的原则，彻底清除了阿利乌斯派信众在帝国生存和发展的条件。

真正利用基督教将皇权推向一个新的高度的是查士丁尼大帝。查士丁尼大帝虽然坚持"政教协调"的原则，但是对于不利于其帝国稳定与统一的行为，他则会以强制手段进行干涉。为了协调教会内部的争论，553年，查士丁尼大帝主持召开了"三章案"辩论会，"当时罗马教宗维基里乌斯拒绝在会议决议文件上签字，皇帝便将其软禁，强迫其签字，受尽屈辱的教宗签字后不久便黯然去世"④。可见，所谓的"政教协调"的原则只有在教权不侵犯皇权利益的前提下才能成立。

查士丁尼大帝时代之后，伴随着外族的入侵和帝国大片领土的丧失，但正如《剑桥欧洲经济史》中所言，"直到阿拉伯征服使其领土进一步缩

---

① 徐家玲：《拜占庭文明》，第336页。
② 徐家玲：《拜占庭文明》，第337页。
③ 《圣经·新约》，第180页。
④ A. A. Vasiliev, *History of the Byzantine Empire 324 – 1453*, p. 153.

小，才使集权得以完成，且得到了进一步的加强"①。查士丁尼二世统治时期，从本书的碑文法令来看，皇权对教权控制利用似乎更进一步。如查士丁尼大帝《法学阶梯》的开篇也就是"以我们的主耶稣基督的名义"，用以强调法令本身的威严与神圣；而本碑文开篇则是"罗马世界之君主、被上帝加冕者、和平的缔造者，弗拉维·查士丁尼皇帝，特准许将吾上帝守卫之城的盐库赠予神圣、荣耀的殉道者狄米特里"②，更强调皇帝个人的"君权神授"与"至高无上"。皇帝对教会的"赠礼"，不论出于虔诚信仰还是政治目的，都表明此时基督教已经开始真正融入整个帝国的个人生活与精神领域。皇帝以向教会捐赠、把上帝肖像铸在硬币上等方式笼络教会，大大促进了教会的发展，但同时也埋下了教会因过分膨胀而威胁皇权，引发伊苏里亚王朝皇帝发起"破坏圣像运动"③的种子。

四　帝国食盐管理的典型案例

"美国学者汤普逊在其《中世纪经济社会史》中称拜占庭帝国为'垄断的天堂，特权的天堂，家长式的天堂'。"④ 这说明拜占庭的经济生活受到国家的严密控制⑤。一方面，帝国政府加强对人的控制，通过行会将各个阶层的人牢固地束缚在各自身份岗位之上，并以相关机构对其进行严密监督；另一方面，对一些特殊行业进行官方控制，不允许私营。在这种模式下，帝国财政收入稳定，保障了官僚机构的正常运转和各阶级稳固的等级秩序，在一定程度上有利于帝国的繁荣。

但是由于文献材料的匮乏，学界关于国家控制的程度、垄断行业的范围仍有争论。如汤普逊认为"帝国自戴克里先至君士坦丁和查士丁尼的立法，都达到这样一个结果：把所有的社会活动集中于政府手里，为了实现这个目的，建立了各种机构，一旦实现后，则以不可更动的组织来保持这种形式"⑥，可见汤普逊更为强调国家控制的严格性与有效性。《剑桥欧洲

---

① 〔英〕M. M. 波斯坦主编：《剑桥欧洲经济史》第 2 卷，王春法译，经济科学出版社 2004 年版，第 113 页。
② 李继荣：《查士丁尼二世"赠礼"法令译注》，《古代文明》2016 年第 4 期。
③ 笔者曾撰文就"破坏圣像运动"前期的性质与后期的性质进行了考辨与分析，认为利奥三世时期发起的所谓"破坏圣像运动"并非破坏，而是禁止，至君士坦丁五世统治时期才具有了破坏的性质。具体参见拙文《"破坏圣像运动"误区考辨》，《理论月刊》2016 年第 11 期。
④ 〔美〕爱德华、麦克诺尔、伯恩斯等：《世界文明史》第 1 卷，赵丰译，商务印书馆 1990 年版，第 427 页。
⑤ 徐家玲：《拜占庭文明》，第 246 页。
⑥ 〔美〕汤普逊：《中世纪经济社会史》上册，耿淡如译，商务印书馆 1984 年版，第 198 页。

经济史》中则认为"戴克里先法典规定子承父业，这条规定在整个拜占庭的历史上一直都有，但从来没有证据表明它曾被真正实施过"，"即便是利奥六世汇编的控制君士坦丁堡行会的规则《官员书》，表明的可能也只是国事理想的一面而非现实生活"①。至于垄断行业的范围，汤普逊认为在5世纪与6世纪主要包括"矿场、采石、盐井、造币厂以及制造武器、军事装备和士兵服装的各工厂"②。而希腊学者安德烈则认为"矿产、采石、盐井，并非真的属于国家，而属于君王的权利"③。

本碑文中的赠礼正好是关于颇具争论的"食盐"。关于食盐，在西方历史上，自古代时期，特别是"亚历山大东征之后，就被各个王国当作其经济结构中的一种极其重要的因素，生产与销售均由国家垄断"。托勒密王国、塞琉古王国及马其顿王国均为此情况，并延续于整个罗马帝国时期。其基本状况是政府控价、获允的私商出售，但是也有一些特权机构，"如寺院、军队及官府，在托勒密时期，这些特权机构可以以低于市场价格从政府手中购得大量食盐"④，至于罗马帝国时期的食盐运营情况，由于文献的欠缺，我们知之甚少。但是从这篇法令碑文来看，查士丁尼二世时期，食盐业确实处于帝国或王权的控制之下，其所有权属于帝国或皇帝个人，但皇帝可以，将其所有权、使用权和收益权赠予第三方。可见，帝国对某些国控行业的控制并非绝对，其管理体制也具有某些灵活性和变动性。

另外，从碑文中关于"上主所爱的教士不能以任何方式将盐店的收益给予或打算给予任何军事个人"⑤ 的规定也值得深入研究。如前所述，在托勒密、马其顿等王国，军队也属于享有低价购买食盐特权的机构，甚至根据有限的文献，"可能罗马时期军队也享有同样的特权"⑥。但是碑文中"不得将其收益给予任何军事个人的规定"，说明至少在查士丁尼二世时期，军队的此项特权可能已被废止。关于查士丁尼二世为何要有这样的规定，是否要限制军事将领的权力及势力，还有待新文献的补

---

① 〔英〕M. M. 波斯坦主编：《剑桥欧洲经济史（第二卷）：中世纪的贸易和工业》，第114页。
② 〔美〕汤普逊：《中世纪经济社会史》上册，第211—212页。
③ A. Andreades, Byzance, "Paradis du Monopole et du Privilege", *Byzantion*, 1934（9）, pp. 176 – 177.
④ 李继荣：《铭文史料之新贡献——从〈查士丁尼二世"赠礼"法令〉碑文谈起》，《理论月刊》2017年第12期。
⑤ 李继荣：《查士丁尼二世"赠礼"法令译注》，《古代文明》2016年第4期。
⑥ S. L. Wallace, *Taxation in Egypt from Augustus to Diocletian*, Oxford University Press, 1938, pp. 183 – 184.

充。但总的来说，该碑文还是向我们提供了一些帝国盐业管理方面的重要信息。

五 帝国新旧文化过渡的反映

拜占庭帝国，亦称东罗马帝国，时间断限约为 4 世纪二三十年代至 1453 年君士坦丁堡为奥斯曼土耳其人攻陷止，前后千余年历史。众所周知，在经历了 3 世纪经济危机及蛮族的侵扰，罗马帝国的政治、经济、文化等逐渐东移，君士坦丁堡开始成为地中海世界的中心。这一过程是西罗马渐衰的过程，也是东罗马继承与纳新，整合与突变的过程，很多学者在提及这一阶段时，或称罗马帝国晚期，或称拜占庭帝国早期，实质上是在不同视角下对同一历史时段的不同表述方式。而在这一缓慢的蜕变中，查士丁尼时代在推动地中海世界完成晚期罗马向早期拜占庭的转变中，起到了承前启后的作用。

可以说查士丁尼是晚期罗马文化的终结者，也是早期拜占庭文化的开创者。其统治时期，整个帝国的状况已经有了巨大变化，如古代罗马异教与公认的基督教原则的对立，古典罗马共和体制与晚期罗马专制体制的对立，奴隶制经济与社会结构与隶农制生产管理体制的对立，希腊语文化中心与拉丁语官方语言的对立等，都是查士丁尼大帝面临的新挑战。面对这些难题，查士丁尼大帝决定从修订法律入手，调整社会生活的各个方面，以完成新时代面临的新问题，因此经过几年努力，在著名法学家特里波尼安的主持下罗马法的编修工作顺利完成。值得注意的是，在查士丁尼《民法大全》中，除了《新律》用希腊文颁布，其他三部均为拉丁文，可以认为，这部《民法大全》是拉丁文化在拜占庭帝国之存续的最典型代表作，也是罗马法和拉丁文化在基督教化的帝国内发展的最高境界。

自查士丁尼大帝要求《新律》必须以希腊文颁布开始，希腊语就正式登上了官方语言的宝座。这说明查士丁尼大帝已经把握住了时代的脉搏，拜占庭希腊文化正在其"庇护"下慢慢成长。查士丁尼大帝去世之后，帝国局势逐渐呈衰落之势，特别是希拉克略王朝时期，波斯人、斯拉夫人、阿瓦尔人不断入侵帝国领土，著名拜占庭史家奥斯特洛格尔斯基将这一时期称为"生存斗争和拜占庭国家的复兴"[①] 时期。随着帝国领土范围的缩小，最终只剩下以君士坦丁堡为中心的希腊文化圈，希腊语在帝国中的作

---

① 〔南斯拉夫〕乔治·奥斯特洛格尔斯基：《拜占廷帝国》，第 75 页。

用进一步提升。学者汤普逊认为，在"400 年时，约有 1/4 的省民说着拉丁语，620 年时，不到 1/10。柏立说，到 8 世纪的开始，'罗马法，像拉丁语一样，在帝国内不复有人懂得了，帝国正在变为完全希腊化，当时它已经失掉叙利亚、非洲以及希马斯半岛上的北方各省'"①。

查士丁尼二世统治时期，正是帝国处于危机向复兴过渡的时期。敕令碑文正是以希腊文颁布，但补遗后的碑文中也发现有一个拉丁词"*donamus*"（礼物）②，表明希腊语确实为帝国的官方用语，但拉丁语并未完全销声匿迹；另外，碑文中使用了两个词来表示皇帝，一个为"*Βᾰσῐλεύς*"，一个为"*Αὐτοκρᾰτής*"，也传递出希腊与拉丁文化博弈的一种信号。"*Βᾰσῐλεύς*"原本是指古代希腊城邦的"王"，至罗马帝国初期，奥古斯都建立元首制，自称"Princeps"，意为"第一公民"，之后随着皇权的进一步加强，"第一公民"的称呼逐渐被皇帝"Imperator"取代，与之对应的希腊语就是"*Αὐτοκρᾰτής*"。查士丁尼大帝之后，随着帝国内希腊语与希腊文化的复苏，皇帝的官方称呼也在发生变化，"希拉克略皇帝首次在其法令中称呼自己为'*Βᾰσῐλεύς*'"③，但"Imperator（*Αὐτοκρᾰτής*）"的称呼并未消失，且这种形式一直持续至 8 世纪初，伊苏里亚王朝皇帝利奥三世与君士坦丁五世共同颁布的拜占庭帝国史上第一部中世纪希腊语法典《法律选编》的问世，"*Βᾰσῐλεύς*"最终取代"Imperator（*Αὐτοκρᾰτής*）"，成为皇帝的官方称呼。

可见自查士丁尼大帝时代后，以希腊语为媒介的希腊文化就与以拉丁语为媒介的拉丁文化展开了博弈，最终于 8 世纪初以希腊语稳坐帝国官方语言之位，希腊文化的胜利成为帝国的主题文化为结果，帝国完成了新旧文化的交替，一个中世纪希腊帝国的产生，而这则法令中皇帝名称的使用及拉丁词汇的出现，恰好反映了这两种文化交替阶段的状况。

6—7 世纪末既是拜占庭帝国的一个混乱时期，也是其发生蜕变的时期，一切都在"剧变"中发生"质变"。该法令反映出的皇权地位加强、基督教深受恩宠、文化模式更替等诸方面是整个帝国局势变迁的结果，也是东罗马帝国（拜占庭）希腊文化发展使然。虽然它是一则"静"的法令，但其本身所散发出来的却是"变"的韵味，而这个"变"激发了拜占庭帝国新的活力，新的文化在孕育，新的秩序在构建，一个别样的拜占庭

---

① 〔美〕汤普逊：《中世纪经济社会史》上册，第 222 页。
② 李继荣：《查士丁尼二世"赠礼"法令译注》，《古代文明》2016 年第 4 期。
③ E. H. Freshfield, *A Manual of Roman Law the Ecloga Published by the Emperors Leo Ⅲ and Constantine Ⅴ of Isauria at Constantinople A. D. 726*, p. 2.

文明的复兴时期即将到来,而查士丁尼二世"赠礼"敕令是反映奠定 8 世纪初拜占庭中世纪希腊帝国的重要阶段众多史实中不可或缺的一篇。740 年利奥三世与君士坦丁五世颁布的《法律选编》便是 6—8 世纪拜占庭帝国政治、经济、文化、宗教及社会变化的一个重大结果,其所体现出的便是拜占庭立法的基督教化、王权的集权化和文化的希腊化。

小　结

　　法作为社会意识的产物,不同立法反映的是不同的社会发展需求。罗马文明是一个十分注重立法传统的文明,但各阶段立法也随着文明形态的变化而变化。从王政时期的习惯法,到共和时期的市民法(《十二铜表法》),再到帝国初期的《万民法》,最后到皇权不断加强过程中的皇帝《法典》,都是罗马发展过程中立法原则与国家意志相互适调后的外化表现,立法的原则会深受国家意志的影响,统治者对某些宗教、思想和文化的偏爱而导致立法原则的不断变迁。

　　在宗教史上,大约在 1 世纪,基督教产生于巴勒斯坦地区,原为犹太教的一个分支,但是在吸收了犹太教《旧约》的基础上,还进行了新教义的思考、阐释与修订,是为《新约》。新旧两约共同构成了基督教思想的来源。但细心考究,会发现两约有重要区别:《旧约》原为犹太人经典,后被基督徒"借用",主要内容为上帝对以色列人为人处世与日常行为的由外而内的契约律法规范,讲求的是人对上帝所定契约的严格遵守,"公平"与"严苛"成为上帝之契约能够有效执行,凸显上帝权威性的有效手段;《新约》为基督徒创立的经典,主要内容为上帝对基督众信徒的言行举止与日常礼仪的由内而外的契约道德规范,讲求的是人与上帝之间相互关爱的凸显,"广博"与"仁爱"成为上帝之道能在众生中有效传播,展现上帝仁慈之心的主要依据。"仁爱"与"严苛"有效地统一于《圣经》之中,为这一"矛盾又统一"的理念融入罗马法中提供了历史性前提。

　　在史学界,通常将 3—8 世纪称为罗马帝国的"古代晚期"或"拜占庭早期",主要因为这一时期是古典罗马走向衰落,拜占庭帝国逐渐脱胎成形,整个东地中海世界在政治、经济、文化和社会都在发生巨变的时期。从思想文化层面,表现为古典异教的日益衰退和一神基督教的不断壮大,开启了拜占庭帝国对基督教思想和理念的接受与吸纳的过程。作为文化领域的重要组成部分,帝国立法自然也深受基督教思想的影响。不过需要注意的是,虽然"仁爱"与"严苛"作为《圣经》中的矛盾统一的理念能够融入帝国立法,除了自身发展的原因外,也与罗马帝国的需求契合有关,表现在:第一,早期拜占庭法律基督教化的形成,与基督教所含有的"君权神授"的思想符合了3—8世纪皇权强化的趋势有很大关系,君王加强权力,需要宗教的"圣化",而基督教追求上帝的"权威"和"严苛",对于提升皇帝的威严具有积极的促进作用;第二,经历了早期拜占庭天灾人祸等诸多灾难后,基督教"仁爱"与"博爱"的教义原则,追求公平正义的精神对抚平社会动荡所造成的创伤和促进社会的稳定具有重要意义。

从这一时期的敕令《查士丁尼二世"赠礼"法令》碑文内容来看,也证实了这一时期拜占庭帝国正在经历着巨大的转折。该碑文记载了查士丁尼二世在位时期,曾御驾亲征斯拉夫人,在击退敌人后,进入塞萨洛尼基城,并将城中一处盐库赠予圣狄米特里教堂这一历史事件。作为这一时期的重要文献之一,碑文本身所反映的是帝国正在发生着如下变化:第一,皇帝御驾亲征,表明这一时期拜占庭帝国的正在深受蛮族的不断威胁,边疆危机日显,但从皇帝成功击退敌人的记载来看,又反映出帝国还有一定的防御实力;第二,皇帝将盐池赠予教会,表明这一时期基督教对帝国的影响已非常深厚,无论是皇帝出于信仰主动扶持,还是希望借基督教加强王权,基督教在皇帝的支持下已经开始成为重要的力量,在基督教的支持下,王权也呈现出不断加强的趋势;第三,从碑文中希腊文夹杂着拉丁文的书写来看,这一时期拉丁文化还在帝国占据一定地位,但是希腊文化已经成为帝国的主导文化,拜占庭帝国的希腊化趋势非常明显。

在4—8世纪基督教"仁爱"与"严苛"理念融入、罗马—拜占庭帝国中心的转移和帝国文化变迁的背景下,拜占庭帝国逐渐脱离了古典罗马的躯壳,开始"形成了独具特色的基督教—希腊—东方文化"[1],在立法方面也展现出这一文化发展趋势,伊苏里亚王朝的皇帝利奥三世与君士坦丁四世共同颁布的《法律选编》,便是拜占庭帝国文化发展变迁的结果与缩影。

---

[1] A. A. Vasiliev, *History of the Byzantine Empire 324 – 1453*, p. 43.

第二章 载体:《法律选编》版本信息考证

文献版本信息的确定直接关乎对某段历史客观性与真实性的阐释。现今学界普遍认为《法律选编》出自伊苏里亚王朝皇帝利奥三世与君士坦丁五世之手,于740年颁布,距今已有1200余年的历史。但正因为经历了历史的沧海桑田,这部法典的基本信息在这段"模糊"的记忆中依然充满争议,颁布的时间、文献的来源、传世的文本和结构与体例等也需要在考证中尽可能地接近历史的真相,让这段历史因为这部法典的"准确表达"而更为清晰。

第一节 颁布年代

《法律选编》颁布年代问题是时空问题,属史学研究中的核心与根本范畴。任何离开时空观谈文献的做法必将史学引到"主观臆断"和"胡编乱造"的境地。虽然学界普遍认为《法律选编》颁布于740年(或741年),但是因时代环境等因素的影响,自其被发现之日起,该书问世的时间就争论不休。鉴于此,本节将在对问世时间争议的源流进行梳理后,进而探讨《法律选编》颁布的合理时间,希望能对学界进一步探讨这一问题有所帮助。

一 《法律选编》颁布年代之争的源流

《法律选编》是拜占庭帝国伊苏里亚王朝(717—802)初期的一部重要法典,但由于该王朝自皇帝利奥三世726年下令禁止偶像崇拜始,便有延续百年有余的"破坏圣像运动",导致圣像崇拜恢复后,包括后世皇帝和修士在内的等各阶层人士深恶利奥三世和君士坦丁五世,"所以他们想尽一切办法要毁掉伊苏里亚王朝破坏圣像运动皇帝们的所有著述"①,《法律选编》亦在此列。

故《法律选编》虽是一部官方法典,但关于其颁布的具体时间是学术界争论最多的问题之一。而争论的出现主要源自以下几点:

第一,只有名字,而无他证。

由于在罗马—拜占庭史上,从执政官律令到皇帝的敕令再到大部头法典的发展演变过程中,逐渐形成了不成文的惯例,法律的开头部分只署执政官或皇帝姓名,如君士坦丁大帝的敕令中便继承了古罗马时期执政官律令的特点,在其于329年颁布给意大利臣民的敕令中,便以"君士坦丁皇帝至其意大利臣民"[IMP. CONSTAN(TIVS) A. ITALIS SVIS]为开端,这种"模式"被融入后世法典的序言之中,如在查士丁尼大帝的立法中,《法学阶梯》的导言开篇也是以"凯撒·弗拉维·查士丁尼皇帝,阿拉曼,哥特,法兰克,日耳曼,安特,阿兰,汪达尔,阿非利加的征服者,虔诚、幸运、荣光威严的胜利者向渴望学习法律的年轻学子致意"②,后世对此类文献所及具体皇帝的认知与划分,或因其历史影响力巨大,或靠大量的自证与他证文献,前文二例可谓是二者皆有。

但是随着6—8世纪,罗马—拜占庭立法逐渐走向"简约化"和史料的"贫乏化",致使学界对《法律选编》序言开篇"由虔诚睿智的皇帝利奥与君士坦丁编修的一部简明法律节选集"中的"利奥与君士坦丁"很难形成统一的认知,特别是恰巧马其顿王朝(867—1056)亦有皇帝利奥(六世)和君士坦丁(七世)共治的时期,故"该法典在颁布后的几个世纪里,被当作马其顿王朝的立法而阴差阳错地保留下来"③。即使到了16世纪,学者伦克莱维乌斯在其编辑的《希腊罗马法》中还将"利奥三世与君士坦丁五世和利奥六世与君士坦丁七世相混淆,将《法律选编》和《法学手册》归于同一时期的立法"④,即认为该法典是马其顿王朝的立法成果。但仅有名字,而无他证的困境,加之之后一些稿本的陆续发现和学者

---

① John Bury, *A History of the Later Roman Empire from Arcadius to Irene*, 395 A. D. to 800 A. D., p. 430.

② J. B. Moyle, *Institutes of Justinian*, p. 1.

③ K. Witte, "Uber einige Rechtskompendien des 9ten und 10ten Jahrhunderts", *Rhein. Mus. F. Jurisprudenz* 1828 (2), pp. 275 - 291; K. Witte, "Uber einige Rechtskompendien des 9ten und 10ten Jahrhunderts", *Rhein. Mus. F. Jurisprudenz* 1829 (3), pp. 23 - 79.

④ E. H. Freshfield, *Roman Law in the Later Roman Empire*, *The Isaurian Period*, *Eighth Century*, Cambridge University Press, p. 33.

们的研究，学界对该法典的颁布时间也有了新的认识，争论也随之而来。

第二，虽有纪年，亦为混乱。

按照古罗马法的律令格式，皇帝敕令的颁布必须要日期或执政官年，特别是君士坦丁大帝以敕令的形式要求臣民"若敕令或敕谕没有标明日期和执政官年，便不具有法律效力"①。如君士坦丁大帝在一则给予老兵特权的敕令中的结尾处标明"发布于4月10日，李锡尼乌斯第五次担任执政官，及克里斯普斯担任凯撒时（PROPOSITA IIII ID. APRIL. LICINIO V ET CRISPO CAESARE CONSS.）"②。查士丁尼在《法学阶梯》的末尾处也做了同样的落款"制定于君士坦丁堡，533年12月11日，查士丁尼皇帝第三次任执政官期间"。不过查士丁尼时期，大将贝利撒留成为最后一任执政官，帝国执政官制度终止，但是随着帝国税收制度的不断完善和强化，"财税年"开始成为诸文献使用的新的纪年方式。原本每个"财税年"以每15年为一个税收的评定周期，自9月1日至来年8月31日为一年，成为罗马文件中经常使用的一种纪年方式。《法律选编》便采用了该方式，因此，1833年德国学者彼聂尔通过研究一些稿本，否认之前学者将其认定为马其顿王朝立法的说法，在其《对查士丁尼法典修订的贡献》一书中"首次提出该法典是属于伊苏里亚王朝的立法"③。

这一观点被著名德国法学家扎哈里亚所接受并进一步发展，在对相关的稿本考察后，对稿本中提及的"世界6248年，第9个财税年3月（ἐν μηνὶ μαρτίῳϊδν. Θ' ἔτους ἀπὸ κτίσεως κόσμου ϛσμή）做了进一步阐释，将其划定在公元739—741年这一区间"④。之后有一大批学者也同意将其颁布时间确定在这一时间范围内，如英国任西曼认为该法典颁布于739年⑤，法国学者格鲁梅尔则认为其颁布时间应为741年⑥，英国学者布雷维

---

① Clyde Pharr (eds.), *The Theodosian Code and Novels and the Sirmondian Constitutions*, Princeton University, 1952, p. 11.
② 拉丁文原文为：(PROPOSITA Ⅳ ID. APRIL. LICINIO V ET CRISPO CAESARE CONSS.)，Ⅳ ID APRIL中的"ID"为3、5、7、10月的第15日或者其余各月份的第13日，故此处为4月13日，"Ⅳ"为古拉丁语的序数词，为译为……之前第4天，故此处的时间直译为4月13日前第4日，亦即4月10日，可参见Clyde Pharr (eds.), *The Theodosian Code and Novels and the Sirmondian Constitutions*, Princeton University, 1952, p. 179.
③ 李继荣：《拜占庭〈法律选编〉年代考辩》，《关东学刊》2016年第6期。
④ 李继荣：《拜占庭〈法律选编〉年代考辩》，《关东学刊》2016年第6期。
⑤ S. Runciman, *Byzantine Civilization*, Edward Arnold, 1933, p. 76
⑥ V. Grumel, "La Date de la promulgation de l' Ecloge de Leo Ⅲ", *Echos d'Orient*, 34 (1935), p. 331.

特·奥尔顿认为该法典颁布于 740 年①。739—741 年的观点虽在具体年份上有差异,但基本锁定在利奥三世统治末期。

与利奥三世统治末期观点有较大差异的是 726 年观点的提出,此观点聚焦于利奥三世统治初期。虽然"财税年"是固定的、周期性的、有序的,但皇帝为了临时增税,也会增加"财税年",如在利奥三世和君士坦丁五世共治时期便出现过两个第 9 财税年,也因此《法律选编》颁布的时间除了 739 年或 740 年或 741 年外,还出现了 726 年的说法。

早在 1878 年,俄裔学者瓦西列夫斯基最早提出该法典的颁布时间是在 726 年。但是该观点之所以为诸多学者接受,主要是因为希腊学者孟菲拉图斯校勘稿本的出现。该稿本中提及的"财税年"时间为"世界纪年6234 年第 9 个财税年的 3 月"②,故而学界一些学者就此将其颁布的时间界定为 726 年,德国学者吉尼斯,英国学者弗莱士菲尔德,法国学者斯普尔贝尔,南斯拉夫学者奥斯特洛格尔斯基及美国学者特里高德等普遍接受这一观点。当然持这一观点的学者主要是基于"法典中并未提及破坏圣像运动和反对教会的内容"③,也就是说因为破坏圣像运动的法令颁布于 726 年,而法令中没有提及该规定,故而说明该法典不可能晚于 726 年。另外学界还有一种观点"怀疑该法典是否出自利奥三世和君士坦丁五世"④ 共治之时,如德国学者克里斯滕认为该法典是由利奥五世于 819 年或 820 年颁布的。不过这一观点基本不被学界认可。可见纪年的混乱也为该法典确切颁布日期的界定带来诸多困难。

综上所述,可以看出《法律选编》作为利奥三世与君士坦丁五世皇帝的立法已经为学界基本接受,但目前的分歧在于该法典是在利奥三世执政之初的 726 年颁布的,还是执政之末的 739—741 年颁布的。虽然这是一部官方法典,法典的稿本上也标明了日期,但由于各稿本在抄写过程中的不一致,加上"利奥三世时期为了税收的目的,而增加'小纪'的做法",使后世对于其具体时间的判断难上加难。孟菲拉图斯稿本中对时间的记载与扎哈里亚本记载的相异更为该文本确切时间的判定带来混乱。

---

① C. W. Previte-Orton, *The Shorter Cambridge Medieval History*, Vol. 1, Cambridge University Press, 1952, p. 247.
② A. G. Monferratus, *Ecloga Leonis et Constantini cum Appendice*, Typis Fratrum Perri, 1889, p. 1.
③ D. Ginis, Das Promulgationsjahr der Isaurischen Ecloge, *BZ* 24 (1924), pp 356 – 357.
④ A. A. Vasiliev, *History of the Byzantine Empire 324 – 1543*, p. 241.

鉴于以上关于《法律选编》的诸多争论，笔者认为从法律本身考察其颁布时间已经陷入僵局，且暂时也无法给出一个令所有人都满意的答案，但如果对其社会背景的考察，可以对其颁布的大概时间点（段）会有较为可信的判定。

二　颁布于726年的概率较小

（一）立法时机不成熟

717年利奥三世登上皇位，开启了拜占庭历史上的伊苏里亚王朝时代①。但利奥登上帝位之时是帝国内外形势依旧严峻之时，内部由于皇帝与贵族之间斗争所引发的巨大混乱还在继续，外部则有来势汹汹的阿拉伯人对帝国安危的严重威胁。在利奥三世登基5个月后，"阿拉伯军队向北移动，经帕加马，到达赫勒斯滂的阿比杜斯，而后穿过欧洲海岸，很快便到达首都城墙下"②。根据赛奥法涅斯的记载，"这支强大的阿拉伯船队由1800艘不同类型的船只组成，经赫勒斯滂和普罗蓬托斯，而后在海上形成对首都的围攻"③。这场战争持续了一年，最终以拜占庭军队的胜利而告终，但是帝国在战争中也付出了很大代价。

阿拉伯军队的围攻刚被击退，719年塞萨洛尼基的阿尔特米奥斯在尼克塔斯等人的支持下，起兵反对利奥三世，据赛奥法涅斯记载："阿尔特米奥斯在保加利亚人的支持下，获得一支军队和50森特纳利亚（centenaria）的黄金，在将军队武装好后，向君士坦丁堡进军。"这场内外勾结的叛乱被最终镇压，"阿尔特米奥斯和尼克塔斯等人被处以死刑，财产充公"，另外"利奥还将来自奥普希金军区的贵族伊索伊斯、第一带刀侍卫赛奥克提斯托斯及戍城长官尼克塔斯·安斯拉克斯处以死刑，至于阿尔特米奥斯的其他支持者则被处以劓刑和没收财产的处罚"④。

虽然内外叛乱暂时被强力镇压下去，但是内乱的根源并未就此消除，各种小规模的异常举动加之天灾，使帝国依然飘摇。720—723年，除了利奥三世强迫犹太教徒和孟他努派受洗，引发了一些不满外，并无大的事件

---

① 虽经后代历史学家考证，利奥并非伊苏里亚人，而是叙利亚人，但此处仍遵从学界惯例，称其为伊苏里亚王朝。
② A. A. Vasiliev, *History of the Byzantine Empire 324 – 1543*, p. 236.
③ Theophanes, *Chronicle: Byzantine and Near Eastern History AD 284 – 813*, trans. by C. Mango and R. Scott, Clarendon Press, 1997, p. 545.
④ Theophanes, *Chronicle: Byzantine and Near Eastern History AD 284 – 813*, trans. by Cyril Mango and Roger Scott, Clarendon Press, 1997, p. 552.

发生,但是阿拉伯哈里发在724年"又开始发动对罗马疆域的侵袭""725年埃德萨城发生洪灾,大量人口丧生"。726年阿拉伯人对小亚再次发动大规模侵袭,首先是"马萨尔马斯率军进军并占领了卡帕多西亚的凯撒利亚",而后是伊萨姆(Isam)的儿子毛雅思在远征罗马疆域之时被击败,同年夏天为一雪旧耻,"一支庞大的萨拉森(阿拉伯)军队在两个埃米尔的率领下进军比提尼亚的尼西亚城,阿梅尔率领1.5万侦察兵为先锋队,对这座并未做防御准备的城市进行了围攻,毛雅思则率领8.5万人紧随其后,经过长时间的围攻,虽然该城并未被攻克,但是一些城墙被毁坏"①。

与此同时,"这一年夏季由于在塞拉岛和塞拉西亚之间有一个新的岛屿突然出现,利奥三世认为是由于圣像崇拜惹怒上帝所致"②,故下令移除圣像,利奥三世下令移除圣像的举动激发了国内的宗教矛盾,国内的宗教矛盾升温。"727年希腊和库克拉迪斯地区的居民以神圣的热情,万众一心,驱船而来,反对其统治,并立科斯马斯为新帝","727年4月18日他们到达帝都,与拜占庭居民进行了战斗,最后败于希腊的火攻"③。

可见自717年利奥三世登基至726年阿拉伯人的再次猛烈进攻期间,整个帝国的局势还未稳定,解决战争困境,使帝国局势稳定下来是皇帝首要的任务。所以利奥三世在这一时期,根本就没有时间和精力解决帝国法制建设的问题,从这一角度看,726年利奥三世颁布《法律选编》缺乏稳定的政局环境。

(二) 立法时间不足

《查士丁尼法典》的编纂,是由特里波尼安和狄奥费鲁斯在内的10位大法学家和律师组成的立法委员会共同承担,自528年始到534年第二版问世,前后花费了6年时间;《法学汇纂》亦由特里波尼安等17位大法学家和律师组成的委员会共同修订而成,也至少花费了4年时间。更何况这些法律著述是在帝国局势稳定、经济形势良好,拥有一大批懂得拉丁语和希腊语的法学人才的前提下完成的。

而伊苏里亚王朝建立之初,帝国局势岌岌可危,国内外矛盾重重。最重要的是,在经历了6—8世纪的黑暗时期,帝国经济遭受重创,文化上更是衰落,法律事业基本停滞,拉丁语普及率也很低。据载,"众所周知,

---

① Theophanes, *Chronicle: Byzantine and Near Eastern History AD 284 – 813*, trans. by Cyril Mango and Roger Scott, Clarendon Press, 1997, pp. 557, 558, 560.
② L. Brehier, *The Life and Death of Byzantium*, North-Holland Publishing, 1977, p 54.
③ Theophanes, *Chronicle: Byzantine and Near Eastern History AD 284 – 813*, trans. by Cyril Mango and Roger Scott, Clarendon Press, 1997, p. 560.

先皇们所颁法令已载于诸册，但朕等意识到对有些人，其意艰涩难懂；对其他人，则不知所云"①，这段话不仅仅说明了颁布新法典的必要性，同时也表明帝国的法律事业已经跌入低谷。可见，当时法律知识匮乏，司法管理混乱，这成为精力充沛的利奥进行法律改革的最根本目的。

与查士丁尼时代启用大批伟大法学家编纂法典的现象不同，查士丁尼后，随着帝国陷入危机，拜占庭法律的黄金时代——教授时代——结束，尤其是君士坦丁堡和贝鲁特法律学校的关闭，可能很多法律的整理、翻译和编辑工作就落在了律师身上，狄奥多勒的《新律》和阿纳塔修斯的《新律》都是由律师完成的。

利奥三世继位之前的20年混乱状态，将帝国引向了极为黑暗的时代，法律学校荒废，司法知识匮乏，所以利奥继位后，在帝国局势逐渐稳定的前提下，也只能任命当时所谓的最卓越的贵族，刑事推理，最显赫的领事官和监察官，还有一些敬畏上帝者对先前的法律进行选编，这些人可能是虔诚的教徒和律师。故而在当时语言和法律知识都非常匮乏的情况下，要想在这一时期对浩瀚的法律文献进行翻译、编辑、整理，并融入东方习惯法等因素，从时间上讲，也是不太现实的。

（三）立法的实用性原则

至于很多学者因《法律选编》中没有出现破坏圣像运动的内容，就认为其在破坏圣像运动的命令下达之前就已颁布，该观点很明显没有考虑到伊苏里亚王朝在立法方面讲求的实用性原则。

破坏圣像运动的法令颁布于726年，但其酝酿的过程很长，据载起码利奥皇帝在725年就开始宣称要移除圣像，为此罗马教宗格里高利就曾经致信利奥皇帝，劝他"一个皇帝不能宣布对信仰的声明，也不能改变神圣的教父们确定下来的古代信条"②。因此，如果皇帝真想将"破坏圣像运动"的内容以法典的形式确定下来，法典中应该会包含一些这一运动的相关内容。但事实是，法典中并未包含这场著名的运动，这从侧面说明利奥三世一开始就没想过将其纳到《法律选编》之中。

关于为何他不想纳到法典中，从诸多"痕迹"来看，可能有如下两个理由：

第一，在利奥统治时期，学界重视的所谓的"破坏圣像运动"并未达

---

① Ludwig Burgmann, *Ecloga das Gesetzbuch Leons III und Konstantinos V*, p. 162.
② Theophanes, *Chronicle: Byzantine and Near Eastern History AD 284–813*, trans. by Cyril Mango and Roger Scott, Clarendon Press, 1997, p. 558.

到"破坏"的程度,更未上升为帝国意志,而只是要求臣民回归"禁止偶像"崇拜的"初心",利奥三世时期并未存在有组织的圣像破坏活动,少数孤立事件也只是因"禁止圣像崇拜"而诱发的"冲突事件",正如学者安德烈夫所言,"在利奥三世统治时期,与其说是破坏圣像及镇压其崇拜者,倒不如说是该运动的一个预备时期"①。所谓的利奥三世发起的"破坏圣像运动"令,仅是一种提倡或训导,可能连法令都算不上,更不足以让皇帝将其列入正式颁布的法典中。关于"破坏圣像运动"与《法律选编》的关系,此处不做赘述,后文将专门探讨。

第二,《法律选编》具有实用性和专门性的原则。《法律选编》在形式上进行了变革,对实用性的法律进行摘选,这与查士丁尼的大部头立法编纂的方式是不一样的。以更为精简的方式进行编订,意味着将更容易理解与便于查找。在浩瀚的查士丁尼《民法大全》中摘选实用性条款,将法典简约化、集中化处理和编修,与其说《法律选编》是一部法典,倒不如说是一部专题性的法律册子。在私法方面,《法律选编》对涉及帝国民生的主题进行了重点关注和简化,包括婚姻、继承、财产和契约等内容,但"婚姻法"是核心,是整部法典具有重大意义的改革,也是伊苏里亚王朝为数不多的产生新法的领域。如更为严格地限制离婚,运用圣经进行改革的原则,其他一些章节中延伸的改革内容也主要是用以支持婚姻法的改革。伊苏里亚人对婚姻法的改革主要是基于道德部分的缺失,如严厉打击性犯罪,反对插足他人婚姻等原则,主要是想通过确保家庭稳定,进而达到维护整个帝国的稳定的目的。因此,《法律选编》可以说是一部以婚姻家庭为主,辅及百姓生活的专门实用之法,是一部与人们生活紧密相关的民事法典。因为这一原因,这部法典不可能是一部综合性的法典,故并未涉及或者很少涉及农业、海商、军事及宗教等方面的内容。

由于伊苏里亚王朝的立法更重实际应用,而并非一味"求全"。应该说《法律选编》并非孤本,而是与《农业法》《罗得海商法》《士兵法》《摩西律法》和《摘编附录》等共同构成了一个法律体系。虽然这些法典的属性、颁行日期还有诸多争论,但由于利奥三世皇帝和君士坦丁五世皇帝共同颁布的《法律选编》并非一部完整法典,故在之后的半个世纪中这些法典不断被新内容"充实",很多补充的文献最终成为《法律选编》的附录,实际上这些附录也成为伊苏里亚王朝皇帝的律法主体。可以说这几

---

① I. Adreev, *Germanus and Tarasius*, *The Partriarchs of Constantinnople: Their Life and Activity in Connection with the History of Iconoclastic Troubles*, Sergiev Posad, 1907, p. 71.

部相互独立又内在关联的几部律法，经历了公法—私法的曲折融入，最终被官方认可，成为 8 世纪拜占庭帝国司法和审判的依据。换言之，《农业法》《士兵法》《罗得海商法》及《摩西律法》等法律文献，有些可能一开始虽非官方编纂，但其通行已久，符合帝国当时的状况，加之帝国当时立法秉承实用性原则，这些法典经官方认可后，便可为帝国所用，无须另立新法。特别是《摩西律法》，作为一部专门关于宗教崇拜的律令，已经引入《摩西十诫》，要求臣民禁止偶像崇拜，表明了伊苏里亚王朝皇帝的决心，故而无须将"禁止偶像崇拜"的规定纳入《法律选编》之中。

综上所述，一方面，726 年伊苏里亚王朝刚建立不久，帝国局势还未完全稳定，利奥一直忙于应对战乱，且帝国法律人才极为缺乏，立法的时间与人力不足；另一方面，利奥三世的《法律选编》是一部实用的专门性法典，关于偶像崇拜、农业、商业的规定，其有专门辅助的法律文本，无须将"禁止偶像崇拜"的内容加入《法律选编》之中。因此，无论从时间上、人才及法律的特性方面都缺乏颁布新法典的基础。但 740（741）年，随着各方面条件逐渐具备，颁布新法典的时机亦日渐成熟。

三　颁布于 740（741）年的条件

法律作为上层建筑的重要组成部分，无论颁布或废除均深受社会环境和国运时局的影响。虽然利奥三世亦被学者称为伊苏里亚王朝"英明有才的立法者"①，但是一部法典的颁布讲求天时、地利与人和，即稳定的帝国环境和急迫的社会需求才能促发《法律选编》的最终问世。740 年或 741 年具备了这样的条件。如前述，自查士丁尼后，内外危机频发，特别是希拉克略王朝时期，帝国陷入"生死存亡"的关头，717 年以军事才能著称的利奥登基，建立伊苏里亚王朝，开启了扭转帝国危机局面的征战。瓦西列夫称利奥三世为"拜占庭帝国的一位天才领袖和抗击外部敌人的强有力的领导者"②。717—726 年，利奥三世虽有颁布法典的想法，但因内外交迫的困境而难以实施。不过 726—740 年，随着帝国局势日益有利，颁布新法的条件亦渐为成熟，具体为如下两点：

第一，内外政局日益稳定。

虽然法典的颁布是为了维护社会的稳定和规范百姓的生活秩序，但这主要限于稳定的政局，反之政局的稳定是法典得以颁行的条件和前提，没

---

① A. A. Vasiliev, *History of the Byzantine Empire 324 – 1543*, p. 240.
② A. A. Vasiliev, *History of the Byzantine Empire 324 – 1543*, p. 240.

有稳定的政治局势，法典的修订几乎不可能，即便"侥幸"修订，在混乱政局中的实际指导意义亦是微乎其微。因此，《法律选编》能够正式颁布，条件之一便是要拥有相对稳定的政局环境。这种环境，一方面，可为法典的修订者营造良好的编纂氛围；另一方面，可为法典的执行者提供预判。利奥三世在位的多数时间都是在为帝国的局势稳定奋勇抗敌，其为《法律选编》的颁行奠定了基础。

若伊苏里亚王朝建立之初，拜占庭帝国与周边族群的征战还是为求生存的"硬仗"的话，那么 730 年之后因利奥三世指挥得力和多措并举而使帝国进入日渐稳定的境况。以 730 年抵抗阿拉伯人的战争为例，虽然这是阿拉伯人再次对小亚地区发动的一场侵袭，但是与前一次不同的是，为了能有效地遏制阿拉伯人凶猛的进攻势头，利奥三世改变了"硬碰硬"的战术策略，而通过寻找盟友、政治联姻和以夷制夷外交手段牵制阿拉伯人。

在寻求盟友过程中，利奥三世将目光转向了卡扎尔人。早在 625 年的希拉克略皇帝统治时期，其时为了应对波斯人、保加尔人和斯拉夫人的威胁，皇帝邀请"卡扎尔人成为其盟友"。整个希拉克略王朝，卡扎尔人都与拜占庭帝国保持着友好关系，屡次出兵向拜占庭军队给予军事援助。642—652 年，双方爆发了"第一次阿拉伯—卡扎尔汗国战争"，卡扎尔人多次取胜，该时期亦被称为"卡扎尔人胜利的十年"。卡扎尔人在援助拜占庭抗击波斯人的战争中所表现出的英勇，也赢得了拜占庭史家的赞扬，称其为"伟大的国家"[①]。可见，自 7 世纪早期拜占庭与卡扎尔人便已建立了紧密的军事合作关系，双方的友好关系已经存续于统治阶层的观念与意识中，这为利奥三世寻求与卡扎尔人的结盟提供了历史根基。但更为现实的原因是面对势如破竹的阿伯拉人的进攻，需要进一步加强与卡扎尔人的军事联盟，共同抗击阿拉伯人。

在战略位置上，卡扎尔汗国"横亘在阿拉伯人的进军路线之上"，成为阿拉伯人进入黑海地区的最大障碍，722—737 年是"第二次阿拉伯—卡扎尔汗国战争"，723 年 3 万卡扎尔人与阿拉伯军队在亚美尼亚发生了遭遇战，结果卡扎尔人取得了胜利，阿拉伯人丢盔弃甲，一直逃到叙利亚[②]。根据波斯著名历史学家泰伯里的记载，早在 730 年卡扎尔汗国便投入 30 万兵力抗击阿拉伯人，不仅斩杀阿拉伯将军加拉，还俘虏了战俘并缴获了

[①] Theophanes, *Chronicle: Byzantine and Near Eastern History AD 284 – 813*, trans. by Cyril Mango and Roger Scott, Clarendon Press, 1997, pp. 446, 498.

[②] Dunlop D. M., *The History of Jewish Khazars*, Princeton University Press, 1954, p. 62.

大量战利品。利奥三世正是看到了卡扎尔人的这一优势,故在延续与卡扎尔人友好关系的基础上,以婚约巩固盟约,建立起更为牢固的反抗阿拉伯人的联盟。

于是"732年在利奥三世的安排下,其子君士坦丁五世与卡扎尔公主缔结婚姻"①,这一方式要远比之前的盟约更为牢靠,因为利奥可是违背禁止与"蛮族"通婚的祖制,为儿子选定了卡扎尔王妃,而卡扎尔人原属于西突厥后裔,曾臣服于古中国,深受中国等级制度的影响②,对拜占庭帝国亦是敬慕。这次联姻自然会让卡扎尔对拜占庭皇帝誓死效忠。利奥三世的友好结盟策略取得了良好的效果。这一时期卡扎尔人侵入阿塞拜疆地区,并迫使阿拉伯人交出通往高加索地区的主要通道德尔本特(Derbent)。737年阿拉伯与卡扎尔人之间发生了更大规模的战争,阿拉伯人以15万大军击败了卡扎尔人,致使卡扎尔汗国内部闻声鹤唳,哀声遍野③。

两次阿拉伯—卡扎尔人的战争,特别是第二次战争,卡扎尔人付出了惨痛的代价,但是其对拜占庭帝国内外困局的解除产生了深远影响。一方面,其有效地牵制了阿拉伯人,迫使阿拉伯人两线作战,特别是忙于北部战事,而无法集中兵力围困君士坦丁堡④;另一方面,卡扎尔人成功地将阿拉伯人阻挡在了东欧之外,进而拯救了基督教世界⑤。正因如此,拜占庭在与阿拉伯的战争中才逐渐占据主动,根据记载740年,"阿拉伯9万大军再次进军小亚,其中1万先锋部队在将领加默尔(Gamer)的率领下,在小亚地区进行埋伏,梅利赫(Melich)与巴塔尔(Batal)则率领2万骑兵一直到达阿克罗伊诺斯(Akroinos)地区,苏里曼则率领6万精兵进军卡帕多西亚(Cappadocia)的提亚那(Tyana)地区"⑥。这支军队虽然进行了大肆抢掠,但被"利奥三世与君士坦丁五世率领的部队在克罗伊诺斯高原打败,最终迫使这些阿拉伯人撤离小亚西部地区"⑦。

总之,利奥三世在军事和外交等治策的成功运用,有效地遏制住了阿

---

① Theophanes, *Chronicle*: *Byzantine and Near Eastern History AD 284 – 813*, trans. by Cyril Mango and Roger Scott, Clarendon Press, 1997, p. 567.
② Dunlop D. M., *The History of Jewish Khazars*, p. 220.
③ Dunlop D. M., *The History of Jewish Khazars*, pp. 81 – 83.
④ Whittow M., *The Making of the Orthodox Byzantium*, *600 – 1025*, Macmillan Press Ltd, 1996, p. 225.
⑤ Dunlop D. M., *The History of Jewish Khazars*, 1954, p. x.
⑥ Theophanes, *Chronicle*: *Byzantine and Near Eastern History AD 284 – 813*, trans. by Cyril Mango and Roger Scott, Clarendon Press, 1997, p. 571.
⑦ L. Brehier, *The Life and Death of Byzantium*, p. 53.

拉伯的进攻势头，拜占庭的内外局势逐渐恢复平稳。因此，稳定的帝国内外政局环境，为利奥三世和君士坦丁五世着手准备新法典的颁布提供了良好的环境，从时间上来看，740 年或 741 年法典能够问世，属于情理之中之事。

第二，修订时间较为充裕。

前文述及，726 年是伊苏里亚王朝建立的第 9 年，在政局动荡和法律人才匮乏的背景下，颁布新典的时间必定不够。但是 740 年或 741 年颁布新典则具有了较为充足的时间。因为这一时期已经是该王朝建立的第 23 年，当然利奥三世登基后的 8—9 年的时间里，在内忧外患背景下，主要致力于解决外患，并未将修订新典提上日程，即便是内部的治理也可能主要依靠武力震慑。

利奥三世真正将立法提上日程的时间应该是在 726 年前后。因为 726 年是一个重要的时间节点，717—726 年是阿拉伯人对拜占庭进攻最为猛烈的 9 年，几乎每年都会对君士坦丁堡发起围攻，但是随着第二次阿拉伯—卡扎尔战争的开启，拜占庭帝国的外部压力得到了有效缓解。也正因此，利奥三世才对帝国内政治理问题进行了关注，这一点从所谓的"破坏圣像运动"的发起也可见端倪，表明皇帝有时间来对内部进行改革了。

不过需要注意的是，虽然 726 年帝国的外部威胁得到了缓解，但远非高枕无忧了。据载 727 年，阿拉伯人围攻拜占庭的重要城市尼西亚 40 余天，给拜占庭人带来极大恐慌；在 729—732 年，阿拉伯人占领了查尔西安农（Charsianon）要塞，袭击了卡帕多西亚的凯撒里亚（Kaisareia），抓获大批俘虏掠夺到大量战利品①。可见，阿拉伯人的继续威胁，也就成为 732 年利奥三世选择与卡扎尔人通婚的重要历史原因，不过之后的帝国逐渐趋于稳定。

总体来看，726 年之后，拜占庭帝国整体环境保持了稳定的状态，中间虽有约 5 年时间的反复，但是并非事关生死存亡。换言之，从 726 年利奥三世谋划颁布新法，后经历 5 年时间的断断续续，在 732 年后着手进行修订，至 740 年或 741 年最终修订完成，前后有 14—15 年的时间，应该说这个时间是充裕的、合理的，也是较为符合当时的历史状况的（参看图表 2-1-1）。

---

① Theophanes, *Chronicle*: *Byzantine and Near Eastern History AD 284-813*, trans. by Cyril Mango and Roger Scott, Clarendon Press, 1997, pp. 560, 567.

表 2-1-1　《民法大全》与《法律选编》及其附录编修情况对比图表

法律状况	《查士丁尼法典》（包括初版和修订版）	《法学汇纂》	《法学阶梯》	《法律选编》及其附录
用时	6年（528—534）	4年（530—533）	约1年（533）	14—15年（726—740/741）
编修人员	以特里波尼安为首的10位法学家	以特里波尼安为首的6位法学家和11位君士坦丁堡的律师	以特里波尼安为首的3位法学家	律法官、监察官和律师
编修人数	10人	17人	3人	至少5人
卷数	12卷	50卷	4卷	18章主体+6章专题
语言状况	拉丁语与希腊语	拉丁语与希腊语	拉丁语与希腊语	希腊语
社会背景	帝国一统	帝国统一	帝国统一	危机与混乱

数据来源：〔意〕朱佩塞·格罗索：《罗马法史》，黄风译，中国政法大学出版社 2009 年版；〔罗马〕查士丁尼：《法学总论》，张企泰译，商务印书馆 1997 年版；M. Humphreys, *The Laws of Isaurian Era: The Ecloga and Its Appendices*, Liverpool University Press, 2017。

可见，与查士丁尼时期的立法相比，虽然《法律选编》的卷数少、内容少，但是因为帝国局势的断续不稳、语言不通、专家少等因素影响，拖延了法典的问世时间，但用 14—15 年的时间颁布新法典，时间是充足的。

当然，之所以认为这部法典颁布于 740 年或 741 年，还有一个值得关注的原因，在为数不多的伊苏里亚王朝史料中，根据赛奥法涅斯的记载，在 740 年 10 月 26 日星期三的 8 点钟，在君士坦丁堡发生了一场惨烈的地震，这一年被记载为"第 9 个小纪"[1]，这与《法律选编》序言中的第 9 个小纪也有吻合之处。虽然这还并不能完全确定这一年就一定是《法律选编》颁布的年份，但结合上述背景的分析，740 年或 741 年应该是法典颁布比较合理的年份。

---

[1] Theophanes, *Chronicle: Byzantine and Near Eastern History AD 284–813*, trans. by Cyril Mango and Roger Scott, Clarendon Press, 1997, p. 572.

第二节 文献来源

《法律选编》的诞生是在帝国局势趋于稳定的情况下，拜占庭皇帝根据帝国当时的实际情况的变化，对原有法律的修订和总结。所以，作为8世纪一部重要法典，它吸收了当时所能收集到的各种法律文献，正如序言中所言，皇帝"下令将所有册本均送入皇宫，并进行了仔细审阅，上至先帝们法令所载诸本内容，下至朕等所颁法令条文"①。具体而言，主要包含查士丁尼大帝至利奥三世统治时期的世俗法、教会法与习惯法。

一 官方法典、法令与转译文本

（一）查士丁尼及其继承者们的立法

《法律选编》所依靠的最基本书献是查士丁尼的立法——《民法大全》。关于这一点，可以从其标题可以看出："《法律选编》是由虔诚睿智的皇帝利奥与君士坦丁编修的一部简明法律节选集，其选自查士丁尼大帝的《法学阶梯》《学说汇纂》《法典》和《新律》。"② 可见这部新法典是以《民法大全》为蓝本，对其进行了简化和修订。查士丁尼的《民法大全》作为《法律选编》出台之前帝国存在的唯一权威官方法典，以其为蓝本进行新的立法，自然在情理之中。但考虑到《民法大全》对《法律选编》修订成文的重要意义，这里需要对《民法大全》的编修进行回顾。

罗马法不仅历史悠久，渊源更是复杂多样。早在元首制时期，各地关于案件审理的批示请求源源不断地进到帝国中心，皇帝需要花费大量时间处理各种案件，对一些有特殊性的案件予以裁决，并指出相关法律条文，是为"敕答"（rescript）。但是随着212年《安东尼乌斯敕令》赋予所有罗马治下臣民公民权，皇帝所要回复的敕答亦与日俱增。随着罗马立法管理体系与地方现实文化之间的不断渗透影响，使罗马帝国日益形成一种地方向中央寻求司法裁决的巨大向心力，法律成为连接中央与地方、朝廷与百姓之间的重要通道。

由于罗马法的源头之一是古典思想，故其也保留了古典时期的自由思想，皇帝敕令、元老院法令、法学家著述不仅都成为罗马法官裁决案例的

---

① Ludwig Burgmann, *Ecloga das Gesetzbuch Leons Ⅲ und Konstantinos Ⅴ*, p. 162.
② Ludwig Burgmann, *Ecloga das Gesetzbuch Leons Ⅲ und Konstantinos Ⅴ*, p. 160.

重要来源，更成为罗马政治、社会和文化的重要组成部分，但是法令条文的日渐增多，也使得罗马法陷到了纷繁复杂、相互矛盾的"失序"状态。

戴克里先皇帝时期，立法的多元化所带来的立法和司法混乱问题，促使一些私人希望通过修编法典的方式予以解决，其时著名法学家格列高利和赫尔莫格尼阿努斯便将之前皇帝的敕答编纂成册，供人们使用，成为私人编修法典的典范之作。但是私人修法与官方法令的冲突却进一步加剧了律法的混乱。于是，狄奥多西二世时期，为了将纷繁的立法原则和法规精简为一部确定性法学集成，于429—438年，皇帝下令收集了自君士坦丁至狄奥多西时期的皇帝敕令，修成著名的《狄奥多西法典》，这是帝国首次以官方名义颁布和融入基督教律令的法典，特别是其末卷，完全是关于基督教的法令①。自此，罗马皇帝不仅通过编修法典的方式维护了帝国立法和司法的统一权威，加强了皇权，也实现了律法与基督教的首次合体，对后世立法产生了深远影响。可以说《狄奥多西法典》不仅成为后世皇帝立法的典范，也成为西罗马帝国疆域上产生的诸王国编修立法的重要源泉。

法律的体系化在5世纪支离破碎的西欧发挥了重要作用。当时罗马统治者被迫将统治权让予"蛮族王国"，但是其核心的应对机制便是用罗马法将这些新势力全部纳入到罗马的思想意识框架中。例如奥罗修就曾记载过这样一个著名场景，当时哥特首领阿萨尔夫曾试图用《哥特法》取代《罗马法》，但是必须面对这样一个现实：

> 因肆意的野蛮行径，哥特人完全无法做到遵纪守法，然而要相信，国法不能被无视，否则国将不国。因此，借哥特人政权之力，他选择尽力恢复罗马昔日的荣耀与名望。②

因此，在西部罗马贵族与蛮族武士之间形成了一种协约，后者为前者提供武力保护，前者则要为后者提供合法化支持。这种模式在整个西方得以认可，其主要表现就是诸多国王效仿罗马皇帝向其臣民颁布法律的行为，产生了大量的编修法典，以西哥特的《尤列克法典》和法兰克的《萨利克法典》最典型。

---

① J. Harris and I. Wood, *The Theodosian Code: Studies in the Imperial Law of Late Antiquity*, Bristol Classical Press, 2010, pp. 95 – 158.
② M. T. G. Humphreys. *Law, Power, and Imperial Ideology in the Iconoclast Era c. 680 – 850*, p. 19.

反观拜占庭帝国，527 年查士丁尼登基为帝之时所面临的是一个复杂的立法局面。一方面《狄奥多西法典》颁布后并未解决帝国立法浩繁复杂的局面。相反至查士丁尼时期西部蛮族法典、皇帝的敕令、元老院的决议及法学家对法典的注释性著述大量出现，进一步加剧了帝国立法局面的混乱。另一方面在罗马帝国的体系中，法律已然成为这一时期的帝国象征，一种卓越的话语力量。但需要注意的是，法律本身拥有一定的生命力，特别是有一些未成文的习惯法，成为限制皇权和批评皇帝的武器。如同时期的约翰·吕杜思和普罗科比就对查士丁尼进行过批评，只是前者更含蓄间接，后者更公然直接①，更为严重的是，这种局面也加剧了贵族滥用律法的机会。

立法的混乱、蛮族的挑衅、古典自由思想的影响及贵族的自负，都致使查士丁尼"一个帝国、一部法典和一个教会"的统一帝国梦想受到挑战，这是查士丁尼皇帝无法容忍的。因此，查士丁尼皇帝一方面以军事征服的方式，打击外敌，平叛内乱，另一方面，则通过立法的方式，树立皇权与帝国的权威，这也符合查士丁尼皇帝的治国理念，他认为"皇帝的威严光荣不但依靠兵器，而且须用法律来巩固，这样无论在战时或平时，总是可以将国家治理得很好"②。

对于现实与理念的相驳，查士丁尼立即予以了回应，在其登基的第二年，即 528 年便开启了其立法的历程，首先亟待解决的是皇帝敕令与法典并存的混乱状况，于是他任命了一个 10 人立法委员会，下令其将《格典》《赫典》《狄典》及之后的所有帝令收集整理，剔除过时和矛盾的立法条款，编纂成一部法典，以"我们的祥运之名"颁布，取代之前所有的法规，是为《查士丁尼法典》（*Codex Justinianus*）。查士丁尼颁布法典是希望帝国的立法均质化为查士丁尼皇帝一人的声音与意志，并超越其先辈的立法，宣称：

> 似乎先辈皇帝们也打算对这些事情（法条）进行修订，但并未有哪个皇帝将其付诸实践。现在我们决定在全能神的协助下完成在这一任务，通过修订杂乱而复杂的敕令，以减少诉讼。③

---

① Maas, *John Lydus and the Roman Past: Antiquarianism and Politics in the Age of Justnian*, Routledge, 1992, pp. 150 – 159.; A. Kaldellis, *Procopius of Caearea: Tyranny, History and Philosophy at the end of Antiquity*, University of Philadelphia Press, 2004, pp. 223 – 228.
② J. B. Moyle, *Institutes of Justinian*, p. 1.
③ M. T. G. Humphreys, *Law, Power, and Imperial Ideology in the Iconoclast Era c. 680 – 850*, p. 18.

言下之意，修订法律条款，皇帝的主张与神的恩典同等重要，甚至要超过实际需要。但并非意味着，这部法典不具备实用性。相反，查士丁尼皇帝修订法典的目的，就是要使法律条文更加清晰明确，更加切实可用，减少碎片化、多样化的著述，集零为整，促进法律的公正，完成关照臣民之责。他将之前皇帝们的敕令收集、整理、重塑和修订，将其全部置于查士丁尼的名义之下，将原本混乱复杂的立法转变为一部和谐规范的查士丁尼之法。所以，自一开始查士丁尼的目标就不仅是恢复先辈们昔日的荣耀，更是要超越他们。

《查士丁尼法典》于529年4月7日正式发布，分为10卷，收集了自哈德良皇帝以来至查士丁尼时期的敕令。该法典历时仅一年多便问世，编修速度超出了查士丁尼的预料，激发了其进一步立法的野心。故而在将以往杂乱的大量皇帝敕令加以整理，使之协调一致之后，查士丁尼便将注意力转向了浩瀚的古法书籍，其第二个目标就是将法学家的著述进行整理，使之也渐趋归于查士丁尼大帝的控制下。因此530年，查士丁尼皇帝任命了第二个立法委员会，委员会成员查阅了1500卷，共计约300万行的拉丁语文献，将法学家的作品进行校订和删减，将其编订成明确、统一和权威的法律集成，最终编订为50卷，共计15万行的《学说汇纂》(*Digestium* 或 Πανδεκτες)。可以说这是一项伟大的工程，连查士丁尼皇帝也说，"我们好像横渡大海一样，由于上苍的保佑，终于完成了一件曾认为是无望的工作"。经历了3年多的时间，亦即533年，《学说汇纂》在"神的帮助下"顺利颁布，查士丁尼皇帝以此方式将几个世纪以来拥有自由法律阐释与著述的法学家的权力，统一转化为皇帝的个人意志之下，并被赋予皇帝的立法权威：

> 通过我们自己卓越之口，[它们]被赋予完全等同……的权威；我们将每件事都归因于我们自己，它们的权威也衍生自我们，一个人若对前人所做之事进行了修订，其应该受到比原作者更多的赞扬。①

与《学说汇纂》约同一时间，即533年11月21日，一部供学生使用法学教材《法学阶梯》也正式发布。这部教材由特里波尼安和他的两位助手完成，分为4卷，要把"所有'旧法'的浑浊水源导到一个清澈的湖泊中"②，

---

① A. Watson, *The Digest of Justinian*, Vol. 1, University of Pennsylvania Press, 1998, p. xxxiv.
② A. A. Vasiliev, *History of Byzantine Empire 324–1453*, p. 145.

要让法律推送给"渴望学习法律的年轻人"①。在《查士丁尼法典》颁布后数年间，查士丁尼的常规立法活动并未停止，一方面颁布了一些新的法令，另一方面对许多事情进行重新审定，529 年的《查士丁尼法典》在许多方面已经过时。于是查士丁尼皇帝又命特里波尼安等法学家对《查士丁尼法典》进行了修订增补，于 534 年 11 月 16 日，颁布了 12 卷本的《法典修订本》(Codex Repetitae Praelectionis)。但是查士丁尼皇帝的立法活动并未就此结束，他不仅继续对法律进行修订，还对碰到的一些疑难点进行阐释，他颁布了一系列的新律令，被称为《新律》(Novellae Leges)。查士丁尼曾试图将这些新律令汇集成册，但未成功，流传下来的《新律》出自私人汇编，《新律》从各个方面强化其立法，很可能他的出发点是再颁布一部新修订的法律取代《法典》和《法学汇纂》，但并未实现，《新律》被视为查士丁尼立法工作的最后一部分，并成为他那个时代帝国内政史的重要资料。

为了确保皇帝对法律的解释权，查士丁尼皇帝规定，除了可将拉丁文的《法学汇纂》翻译为希腊语外，禁止对其他法律条文进行任何形式的评注与释义。查士丁尼通过《法典》和《法学汇纂》将皇权至上的立法思想逐渐确定下来，并与帝国的官僚体系和制度相结合，使其皇权与帝国思想得以彰显。

查士丁尼皇帝也夸耀自己的立法成果几乎超越了之前所有人类文化事业。至 534 年第二版《查士丁尼法典》问世，其立法活动也达到"完美"境界，6 年间查士丁尼从实质、文体和思想方面，完成了对罗马法的变革，将法律变成了皇帝的工具用以塑造罗马国家与社会，加之其后颁布的《新律》，其涵盖范围上至帝国管理，下到蔬菜价格，已经涵盖社会的各个方面。应该说，查士丁尼一个帝国的梦想，随着波斯战争和瘟疫的影响，最终宣告破产；一个教会的愿望，也随着东西方之间争议的扩大，最终走向分裂；但是其编修的几部法律作品，在 11 世纪后被编订成册，是为《民法大全》，罗马法得以留存之时，查士丁尼皇帝的名望也随之流传千古。

他不仅将古法进行收集、增减和编订，将审判机制进行了改革与完善，形成了一整套用于稳固皇帝的权力与地位的立法与司法机制，他还将立法思想通过教育改革的方式融入百姓生活中，在实践和道德上改造罗马社会，实现了法律的"伦理化"过程。他宣称是在神的协助和认可下颁布法律的，是"活的法律"(nomos empsuchos)，这一古希腊的概念，首次由

---

① J. B. Moyle, *Institutes of Justinian*, 1913, p. 1.

一位罗马皇帝使用。至此，查士丁尼将罗马法转变为帝国的官僚统治工具，特别是对于皇帝而言，罗马法本质上成了皇帝的意志体现。伴随着查士丁尼皇帝统治的推进，基督教的话语与主题也逐渐在帝国占据支配地位。古典主义因素能包含在查士丁尼皇帝最初立法作品的序言中，主要归功于法学家特里波尼安，但是随着特里波尼安于542年去世，帝国的古典主义色彩也在逐渐消退。

实际上6世纪40年代后，因帝国在战场上的失利，新颁布的律令也在减少，一方面可能皇帝无法顾及，另一方面则是缺乏政治资本，从留存的新律内容看，也只是局限在教会的仪式方面，目的是获得更多的合法性，之后的皇帝也基本延续这一形式。查士丁尼去世后，该王朝又经历了查士丁二世（Justin Ⅱ，565—578年在位）、提比略（Tiberius，578—582年在位）和莫里斯（Maurice，582—602年在位）三位皇帝。一方面，由于《民法大全》刚问世不久，它规定了社会生活的方方面面，所以各代皇帝均将查士丁尼的立法视为管理罗马国家社会的重要规范，"没有必要制定新法"，统治者只需要维护或重建查士丁尼所制定而成的法律框架，"使现实与法律传统相符合"①便可；另一方面，由于帝国内外矛盾开始凸显，收复的失地复又失去，斯拉夫人移居巴尔干半岛腹地，与东方波斯战火又再次燃起等，正如学者所言，"如6世纪末一般让整个拜占庭社会都陷于困境的历史状况还是史无前例的"②。内外交困的境况，致使查士丁尼的继承者们只能疲于应付接连不断的内乱和外战，无暇顾及帝国社会秩序和关系的变化。

基于这两个因素，查士丁尼的继承者们的官方立法很少，多以新律的形式出现。例如从后世编辑的160余条《新律》来看，"查士丁二世仅有3条律令留存；提比略有2条；莫里斯仅有1条残篇"③。很多皇帝在位时期官方立法也多是涉及教会事务，例如莫里斯颁布过有关"官员和士兵不得在放弃自身财产和完成各自职责前进入修道院进行修行"的敕谕④。除此之外，还有一些地方行政机构颁布的零散的政令，用以局部调整社会关系，但这些政令均是以查士丁尼的立法精神为指导，《民法大全》为蓝本，并不属于新法的范畴，《查士丁尼法典》《法学汇纂》《法学阶梯》和《新

---

① I. F. Haldon, *Byzantium in the Seventh Century*, Cambridge University, 1990, p. 259.
② A. Vasiliev, *The History of the Byzantine Empire*, p. 169.
③ J. M. Hussey (eds.), *The Cambridge Medieval History Vol. Ⅳ, The Byzantine Empire*, Part ii, Cambridge University Press, p. 61.
④ L. Brehier, *The Life and Death of Byzantium*, North-Holland Publishing Company, 1977, p. 26.

律》成为《法律选编》的基础和文献来源。

(二) 希拉克略王朝的立法

610年,北非总督之子希拉克略被拥立为帝,开启了希拉克略王朝。因属于"求生图存"时期,故该王朝的立法仅以为数不多的法令形式留存,希拉克略帝皇帝的4则敕令为帝国立法思想的延续与转变提供了线索。

第一则新律颁布于其登位后2年。这一时期,一方面其登位不久,尚需巩固皇权;另一方面,外敌虎视眈眈,帝国危机四伏。所以这则新律的形式和内容沿袭了查士丁尼时期的特点:涉及的主题是宗教事宜,主要是重申和认可了大教长塞尔吉乌斯关于圣索菲亚大教堂和圣母大教堂中教士人数的主教律令的有效性。从本质上看,这则新律是对查士丁尼新律三中相关规定的修订。早在查士丁尼时期,因为基督教的发展,越来越多的教士涌入君士坦丁堡寻求教职,所以查士丁尼曾就教士的人数进行了限制,但是至612年,想将教士人数缩减到查士丁尼时期的状况已不可能,故希拉克略皇帝将其适当上调,也将这一政策适用于圣母大教堂①。

所以,从这则新律颁布的程序上看,与之前的律令略微不同,由大教长发起,皇帝发令认可,可谓是皇权与教权的完美配合与互相支持,目的就是希望通过合法化大教长的训令,以获取教会对皇帝权威的支持,维护秩序,确保帝国安全稳定。所以这则法令依旧是对查士丁尼立法思想的体现,是应时之需适度修缮的律法。

新律二颁布于公元617年,这一时期是拜占庭帝国极为困难的时期。从内容看,其依旧延续之前的宗教主题,也与查士丁尼新律三中的内容相似:教会人士非法进行职位调动或有些人身兼数职,可能会导致教会财政负担加重并带来教士和修士作为国家的祈祷者地位下降的风险。但是这则敕令所反映出的最大问题是在帝国敌人不断进攻的背景下,很多教区的主教为了逃避敌人的侵扰,纷纷涌入君士坦丁堡避难,其中不乏用行贿和威逼等方式谋职位,极大地扰乱了社会秩序,这与查士丁尼皇帝讲求的以法律维持良序的目标是不符的。因此,为了结束这种无序状态,新律规定:"没有大教长的允许,修士不得踏入君士坦丁堡,违者将处以5镑罚金并停职。"② 这则新律一如前律,再次认可了大教长的权威,在帝国日益拮据

---

① M. T. G. Humphreys, Law, *Power, and Imperial Ideology in the Iconoclast Era c. 680 – 850*, p. 27.

② M. T. G. Humphreys, Law, *Power, and Imperial Ideology in the Iconoclast Era c. 680 – 850*, p. 28.

和环境恶化的背景下，极力维护帝国内在秩序的稳定。

新律三颁布于 619 年，延续之前新律的主题，但是在言辞方面要比之前的律令更温和。似乎在经历了 7 年之后，各种现实问题也在不断地增多，一些教会人士尝试着对禁止在教会中非法调动的律令进行抵抗，而一些有能力者可能因为担心丢失职位而不愿申请一些新职位。本质而言，希拉克略借立法来缩减开支的尝试是失败的，他还赋予大教长对全体教会人员完全的裁定权。

实际上，这三则敕令讲了同一个故事，那就是君士坦丁堡主要教堂的人员越来越多，原因则是因动乱时期，都城成为很多人躲避战乱之地。敕令的颁布，由大教长主导，希拉克略皇帝给予支持，对查士丁尼的一些立法细节进行修补变革。并未有迹象表明这是皇帝的积极行动，但是要注意的是，查士丁尼已经积极地将皇帝的立法行为稳固到一些重要教会事务的处理上了，所以这致使 7 世纪早期，至少在帝国的改革层面，都需要通过皇帝的立法来实现和完成，皇帝的立法权进一步加强。

因此，本质上讲，这三则新律告诉我们，皇帝对大规模的改革并不感兴趣，其目的是希望获得教会支持来稳固自身的地位，希望在获得上帝援助的同时，尽力减少花费。从思想方面来看，希拉克略实际上只是完成了查士丁尼所构建的永恒立法者的角色，专注于教会福祉，延续了查士丁尼立法的连贯性，在其颁布的为数不多的新律中，查士丁尼的名字就出现了 2 次，目的就是想突出其是伟大立法者查士丁尼皇帝的延续者。正如雷英科与斯特勒所言："这是对查士丁尼所建大楼的常规维护，所以其选择各种形式的新律作为维护其统治的工具也就理所当然了。"[1]

实际上，希拉克略算是篡位上台的，所以其最初通过采取小幅度修订的低调处理方式，营造出一种保守主义的表象，以此实现帝国臣民对其继位的合法性予以认可。因此，很多学者也注意到，为此目的，他还搬出了君士坦丁大帝，将其长子名为君士坦丁[2]。而在法律方面，他也是希望借此将自己树立为查士丁尼的支持者和继承者。

新律四颁布于 629 年，不过这则律令在思想上已经发生了改变。虽然所涉及的问题依旧与之前的查士丁尼的规定相关，但并未提及查士丁尼的相关规定。更为重要的是，较前三则新律，这则新律赋予教职人员更为广

---

[1] Reinink and Stolte (eds.), *The Reign of Heraclius*, Leuven University Press, 2002, pp. 191 – 204.

[2] Cyril Mango, *Nicephoros Patriarch of Constantinople Short History*, Dumbarton Oaks, 1990, p. 5.

泛的职权，其获取权利的来源是教会法庭①。对于查士丁尼已经给予教会的特权，新律予以了重申与补充，君士坦丁堡主教区涉及教士和修士的案件，依旧由大教长或其代理人进行裁决或审理，新律还补充道，若是其他主教区的教士或修士，涉案之时恰好在君士坦丁堡，无须返回原主教区，可由君士坦丁堡的大教长、大区长或皇帝进行裁决②。新律还对司法与上诉程序进行了细化，建立了从主教到大主教，最后是大教长的司法体系。更为值得注意的是，教会中的刑事案件也由大教长或者其代理人进行自主裁决（除非其希望将该案件移交给世俗法庭）。而在惩罚方面，除了延续查士丁尼时期，依据教会法和世俗法对罪犯要进行惩处外，还进一步授予教会法官执行世俗法处罚的权限，这些表明希拉克略皇帝对查士丁尼的立法中教会职权进行了进一步的改革。

应该说新律四中的言辞表达都是超越之前几则新律的：

> 紫衣与王杖都无法修饰皇帝固有的至高威严与虔诚行动，其拥有的这种独有特性，既使统治者获得更高的荣誉，也使得善良的百姓获得更多的益处③。

希拉克略这则法令的颁布，标志着拜占庭法律与政治的一个分水岭，虽然查士丁尼也强调其立法是受到神的援助，以耶稣基督的名义颁布法律，但这是第一次在律法中将"虔诚"作为皇帝内在的修饰而被强调，因此这则新律成了后世皇帝以虔诚立法的起点或根基，查士丁尼时期是将上帝作为立法的指导，现在皇帝则将自己的立法活动作为一种虔诚的举动，是献给上帝的一份礼物，通过皇帝虔诚的立法活动保护和恩惠教士和修士成了皇帝的一份重要职责，帝国能否获得不断成功，关键在于皇帝能否虔诚立法使帝国百姓获得更多益处。因此，这则法令所展现出的是旧国家的消退与新国家的开始，古典立法时代的结束与基督教立法时代肇始。

希拉克略皇帝后又经君士坦丁二世（Constantine Ⅱ，641 年在位）、希拉克隆纳斯（Heraclonas，641 年在位）、康斯坦斯二世（Constans Ⅱ，641—668 年在位）、君士坦丁四世（Constantine Ⅳ，668—685 年在位）和

---

① A. H. M. Jones, *Later Roman Empire* (284 – 602), Vol. Ⅰ, The Johns Hopkins University Press, pp. 489 – 494.
② M. T. G. Humphreys, *Law, Power, and Imperial Ideology in the Iconoclast Era c. 680 – 850*, p. 30.
③ J. Konidaris, "Die Novellen des Kaisers Herakleios", *FM* 5 (1982), pp. 33 – 106.

查士丁尼 II（Justinian II，685—695 年、705—711 年在位）几位皇帝，统治近百年，继任者沿袭了希拉克略的传统，"不断地以皇帝敕令的形式颁布了许多此类的法规"①。遗憾的是在 7 世纪的诸多史料中，仅有文化史方面的文献中粗略地提及过这些法令。不过可以肯定的是，无论是作为帝国的象征，或是思想武器，法律都在丧失其本来的地位，而基督教的重要性在不断增长。通过宫廷礼仪、钱币、颂词、头衔、虔行、教条争论、教会援助、苦修和圣物，皇帝极力扩展基督教世界范围之时，也在扩大自己在作为天人之间连接枢纽的重要作用。帝国旧有的法律与胜利的二元局面最后让位于基督教，并受到基督教的重新限定与阐释，这为《法律选编》最终被用基督教理念进行改造，实现帝国法律基督教化的完成提供了思想与精神上的借鉴与来源，而人性"仁爱"与伦理"严苛"也自然成为《法律选编》立法思想的精髓。

（三）6—8 世纪法典与法令的译注本

如前所述，查士丁尼《民法大全》是《法律选编》进行"摘选"的主要来源之一。但需要注意的是，查士丁尼及其之后的 6—8 世纪，拜占庭帝国还在发生着希腊化的巨大变化，导致其在很多方面的改革并未完全实现。

罗马—拜占庭帝国的"希腊化"经历了长期发展。本质而言，罗马（拜占庭）帝国由两大文化区组成，即以罗马为中心的西部拉丁文化区和以君士坦丁堡为中心的东部希腊文化区。罗马文明的兴起是以罗马城为起点，以战争为手段，以地中海世界为目标发展而出，虽然东部希腊文化影响深远，但因早期罗马的对外征战，在地中海世界建立起统一帝国，促使以拉丁文化成其为"显性"的文明发展态势。但是自罗马"3 世纪危机"之后，罗马帝国开始走向衰落，拉丁文化在地中海世界的影响逐渐呈现出"萎缩"的趋势，330 年帝国迁都"新罗马"（君士坦丁堡），说明拉丁文化中心开始被东部的希腊文化中心替代，476 年西罗马帝国被蛮族取而代之，则标志着拉丁文化彻底跌入低谷。

虽然包括查士丁尼大帝在内的诸帝均曾试图以武力和立法的方式复兴拉丁文化，如征服哥特人、波斯人、汪达尔人，修订拉丁文的《狄奥多西法典》《查士丁尼法典》《法学阶梯》和《学说汇纂》等。但是查士丁尼之后，帝国局势急转直下，特别是自 584 年西哥特人"几乎夺回了拜占庭

---

① 王翘：《6 世纪末到 8 世纪拜占庭帝国法律发展状况浅析》，硕士学位论文，东北师范大学，2004 年。

在西班牙的全部领地"①后，罗马拜占庭帝国统治的核心区域仅限于巴尔干半岛、小亚和西亚在内的东部"希腊化"地区，拉丁语日益成为诸多帝国百姓无法识读的艰涩语言，希腊文化在帝国中的地位日益凸显。

希腊语在帝国日益占据主导地位的现实与查士丁尼以拉丁文立法复兴拉丁帝国地位的梦想之间的矛盾严重地干扰着帝国司法的有效推进。为了确保皇帝对法律的解释权和对拉丁文化的遵循，查士丁尼大帝规定，其颁布的法律将成为立法之标准，除在遵从原文法的前提下，可对拉丁文的《学说汇纂》翻译为希腊文外，禁止对法律条文进行评注与释义②，禁止颁布新的法典。但是查士丁尼的这种"自信"很快便遭到了帝国日益希腊化这一新情况的挑战。查士丁尼亦不得不针对现实做出调整，规定"如果在今后的生活中出现了新的情况，我们将通过谕令加以调整"③，但谕令要以希腊文颁布实施，在其颁布的一则新律中写道："朕写这部敕令时没有用拉丁语，而是用了希腊口语，以便使它能易于为公众理解。"④这足以表明查士丁尼这位紧随罗马传统的皇帝，已经敏锐地感觉到了历史发展的趋势，应现实生活的需要做了相应改革。

于是查士丁尼及其之后的新律均用希腊语颁布，但其并非由官方编修成册，而是由私人进行了汇编，直至 12 世纪初，欧洲复兴罗马法的研究中，才将查士丁尼颁布编修的《法典》《法学阶梯》和《法学汇纂》以及官方颁布私人收集的《新律》共同称为"民法大全"。这些希腊语新律成了《法律选编》编修过程中的直接文献来源，而前三部拉丁语的立法文献经历了一个长期的"希腊化"的过程后，也成了《法律选编》的主要来源之一。

查士丁尼编纂法典的目的就是要使得立法条文更加明确化，但其前三部立法文献内容庞杂，规模宏大，包括《法典》12 卷，《法学汇纂》50 卷和《法学阶梯》4 卷，无论对司法人员还是普通百姓，如此大部头的立法使用起来都颇为不便。虽然查士丁尼禁止对法律条款进行释义或阐释，但为了方便使用，帝国出现了为期 2 个世纪的翻译、释义和评注风潮，主要包含法律人士的著述和"先行者"教学的讲义。

拜占庭帝国延续了罗马帝国重视法学的传统，培养了一大批法学家/

---

① 徐家玲：《拜占庭文明》，第 62 页。
② M. T. G. Humphreys, *Law, Power, and Imperial Ideology in the Iconoclast Era c. 680 – 850*, p. 21.
③ 〔意〕朱塞佩·格罗索：《罗马法史》，黄风译，第 340 页。
④ A. Vasiliev, *The History of the Byzantine Empire*, p. 145.

律师，他们接受过专门的法学教育或训练，是专业的法学人才，其中有一部分供职于行政或司法机构，也有一部分人担任律师或相关职业，还有一部分担任法学教师。虽然查士丁尼曾因担心这些法学家的评注导致帝国司法陷入更大的混乱，曾下令禁止对其法律文本进行翻译或阐释，但由于拉丁语在帝国东半部地区难以理解和执行，规定只有法学家可以任选以下三种方式中的一种对《法学汇纂》和《法典》进行翻译或阐释：（1）逐字句的拉—希直译（τὰ κατὰ πόδας）；（2）以系统化的阐述形式，或精心摘选与某一"题"相近的形式，对于某一"题"的内容进行系统性增添，或者拟定所给出的法律与其他文本的一致表（παράτιτλα）；（3）对文本进行简化或总结（Ἰνδικες）；之后还出现了第四种，即对一些拉丁法律文献的段落进行注释（παραγραφαί）①。

  在这样一些翻译或阐释原则的指导下，帝国的法律工作者开启了对查士丁尼立法的"希腊化"过程，其大体分两类，第一种是根据现实社会变化的需要摘选部分有用的拉丁法典条款，将其结集成册，成为指导具体司法的实用性指南，例如查士丁尼去世后，有一位被称为"匿名者一"的学者编修的《〈法学汇纂〉摘要》甚至还成了君士坦丁堡法律学校的教材②；第二种为具有法学理论的学术著作，主要是针对法典进行评注、阐释和比较，如查士丁二世与提比略统治时期，著名法学家对《法典》《法学汇纂》和《法学阶梯》的评注本；狄奥多勒对《法典》的评注本等，这样的摘选和评注文本贯穿整个6—8世纪，在为混乱时期的帝国提供法律参考与援助的同时，也为后世立法提供了借鉴与来源，特别是摘选有用之法进行汇编的方式，最终在《法律选编》的修订过程中表现得最为明显，成为《法律选编》的重要来源之一。

  除了律师或法学家应现实之需对查士丁尼立法的摘选与评注，还有大量法学教师根据学生学习需求编写或摘选的课程教义。受希腊人重视教育和罗马人注重立法的影响，拜占庭帝国非常注重法学教育，法学教育异常繁荣。查士丁尼时代便有三座法律学校十分繁荣，分别在君士坦丁堡、罗马和贝鲁特，成为为帝国培养法学人才的摇篮，查士丁尼曾经写道："当所有的法学秘密被揭示出来时，学生就不会被任何东西欺骗，而且当学生们通读了特里波尼安和其他人为我们编辑成册的著作以后，他们会成为杰

---

① J. R. Tanner（eds.），*Cambridge Medieval History Vol. Ⅳ The Eastern Roman Empire（717-1453）*，Cambridge University Press，1927，p.707.
② 徐家玲：《拜占庭文明》，第421页。

出的律师和法官,成为最能干的,无论在何时何地都有所作为的人"①,可见伴随着帝国法律的发展和各阶层权力的博弈,罗马法学教育已然成为很多人仕途升迁的重要途径之一。

早在查士丁尼时期,为了能让学生很好地接受法学教育,就修订了专门供学生学习使用的《法学阶梯》,并辅之以其他立法文献进行教授,但是由于查士丁尼对法典解释和翻译的限制,学校的教学本身仅限于单纯地依靠所教授的教材,在此基础上进行一定程度的解释,不得引用核实古典作家的原著或重新解释法学教材,只能对法律文献进行字面翻译或摘编。如前文所述,帝国东部学生不懂拉丁语和西部学生不知希腊语的状况较为普遍。因此,为了克服语言和文本障碍,促进法学学子对查士丁尼所颁布法律的理解,法学教师们开始对所谓的《民法大全》进行拉丁文与希腊文件的摘选、互译、评注和解释,而这些教师也因此被称为"先行者"(antecessores)。自此以后,罗马法的发展朝着将查士丁尼的立法进行简化、实用的方向,查士丁尼浩瀚的法律条文在改编、翻译中变成了更为实用性的法律条款。

根据法律学院课程安排,534 年后,学生学习的内容主要是:《法学阶梯》《法学汇纂》和《法典》,约 555 年,学生的学制被延长一年,可能是要学习查士丁尼新增的《新律》②。因此,从授课中便产生了大量的法律文献,形成很多注释本。有两部这类的注释文献完整保存下来:分别是塞奥菲鲁斯的(Theophilus)《〈法学阶梯〉释义》(*Paraphrase of Institutes*)和朱利安的《〈新律〉节选》(*Epitome Novellarum*)。此外还有大量的评注残本存世,包括塞奥菲鲁斯、斯台法诺斯(Stephanus)、伊西多勒(Isidore)及科比达斯(Cobias)对《法学汇纂》的评注以及萨勒莱乌斯(Thalelaeus)和伊西多勒对《法典》的评注③。

虽然查士丁尼在世时,这些仅是授课的讲义,但是在查士丁尼去世后,这种注释方式不仅为后世继承,且成为后世私人编辑者进行汇编的重要参考。在查士丁二世、提比略和莫里斯执政时期,一些法学家曾试图在传统与现实间寻找到新的立法基础,出现了几部私人法律汇编:著名的有赫尔莫波利斯的狄奥多勒(Theodore of Hermopolis)和艾美萨的阿塔纳修斯(Athanasius of Emesa)各自编纂的查士丁尼《新律》节选汇编,供人

---

① A. Vasiliev, *The History of the Byzantine Empire*, p. 146.
② A. Vasiliev, *The History of the Byzantine Empire*, p. 146.
③ 徐家玲:《拜占庭文明》,第 422 页。

们参照使用。还有一位被称为"匿名者二"的著者（有时也被称为恩纳提奥法涅斯［Enantiophanes］或恩纳提乌斯［Enantius］），该著者对"匿名者一"的《〈学说汇纂〉摘要》进行了评注，并增加了遗产和赠予的内容。莫里斯当政时期，帝国境内通用一部 168 款法律的合集，"它不仅包括查士丁尼的《新律》，还包括了查士丁尼二世与提比略时期的皇帝敕令和元老院的法令"①。到希拉克略王朝和伊苏里亚王朝统治时期，这种通过官方法律汇编成册的方式，成为确保帝国司法有效运行的重要手段之一。

除了讲座注解，当时教师们还以书的形式出版了一些著作，虽然并未有完整著述留存，但有很多残片存世。如西里尔与阿诺尼姆斯 I 的《〈法学汇纂〉概要》、多洛提乌斯（Dorotheus）的《〈法学汇纂〉译文》及阿纳托里乌斯的《〈法典〉概要》。

由于希拉克略之前的司法是后世拜占庭法律的基础，所以在此对其进行了详述。这些文献事实上取代了查士丁尼汇编的拉丁文本。虽然我们无法给出确切的数据说明还有多少拉丁文本在通行，但是有学者统计在萨勒莱乌斯的稿本中仍约有 1050 种的拉丁语《法典》可以被识读。但是这一时期语言方面的阅读障碍，这些文献很少被使用。很明显，这一形势的出现，危及立法根基的稳定，原来的单一法律汇编现在已经为一系列希腊语版本取代。编辑们尽最大努力希望重建拉丁文本的内容，但矛盾之处也随之而来。不过这些拉丁文的"希腊化"文本成为《法律选编》文本形成的又一重要来源。

二 基督教与教会法的介入

教会法（基督教）原本只是教会内部对教会礼仪、教徒行为及教会事务所做的一系列规范和准则，最早可追溯至《圣经》中的律法，如《摩西五经》中的内容。但是随着其在与帝国世俗权力的博弈过程中，依靠皇权扶摇直上，成为帝国越来越重要的一支力量，教会法的内容和范围也在与罗马—拜占庭帝国文明的互动与融合中不断扩大和完善。311 年 "伽勒里乌斯宽容敕令" 与 313 年 "米兰敕答" 的颁布，标志着基督教的合法化开始，这不仅为其在帝国的快速传播奠定了基础，更为其将整个帝国基督教化开辟了道路。而罗马—拜占庭帝国的文化内核便是 "政治—法制" 文化，教会要想真正实现对基督教化的彻底改造，对其政治—法律文化的改

---

① J. M. Hussey (eds.), *Cambridge Medieval History Vol. IV The Byzantine Empire (717 – 1453)*, part II *Government, Church and Civilisation*, Cambridge University Press, 1967, pp. 59 – 60.

造便是当务之急。

当然，这种改造基于双向需求，皇帝想要让自己的政治法律地位"神圣化"，教会则想让自己在帝国的地位不断"上升化"，拜占庭帝国历史发展走向了一个新的历史发展趋势，皇权（帝国）不断强化与法律（社会）日益教化。虽然君士坦丁大帝只是承认了基督教的合法性，至死才接受"洗礼"，导致有些学者认为他不关心任何宗教，"只是偏爱那些有助于自己的宗教"，但是其在位时期，不仅下令召开了《尼西亚会议》，统一教会教义，还赋予了教会司法权和立法权，特别是主教法庭的权限在其在位末期获得进一步拓展：

（1）主教的判决应视为终审判决，诉讼中所涉及的任何年龄的人必须接受；（2）任何民事诉讼案件在审理的任何阶段都可转交主教法庭审理，而无视被诉讼方是否反对；（3）主教法庭的判决世俗法庭必须执行。①

可见，主教法庭已经在某种程度上已经凌驾于世俗法庭之上了。君士坦丁大帝去世后至查士丁尼大帝之前，除了朱利安皇帝"禁止信奉基督教的修辞学者教书"②，各皇帝均对基督教持支持的态度。不过这一时期罗马帝国与基督教的关系表现为上层（皇帝）对不同教派的支持与反对，希望平息教派间的争论，从阿里乌斯派之争和聂斯托利派之争到一性派之争，主要集中在基督的"性"与"位"的分歧，本质属于因上层教会人士对基督教"三位一体"的理解不同而引发的教会内部的争论，但皇帝们积极召开基督教全体主教大公会议，颁布教会法规以平息之，如尼西亚会议上不仅确立了基督教的正统教义，宣告三位一体为信仰的中心，陈述基督教会的性质和救赎理念，还制定20条教会法规以扩大正统派主教的权力，规定主教由皇帝任免，之后的大公会议上也有法规的确立，如卡尔西顿会议上便对前三次大公会议的法规进行过收集，"每一次会议上教父们颁布的教会法规至今依然有效"③，但是具体条款无法得知。换言之，虽然有关于对教会法条的收集的记载，但无具体信息，不过这些会议颁布的信经与收集的教会法很可能也成了《法律选编》编修的直接或间接来源之一。

---

① A. Vasiliev, *The History of the Byzantine Empire*, p. 53.

② A. Vasiliev, *The History of the Byzantine Empire*, p. 74.

③ Norman. P. Tanner, *Decrees of the Ecumenical Councils* Vol. Ⅰ, Georgetown University Press, 1990, p. 87.

实际上，大公会的召开不仅没有从根本上解决教会派系之间的争论，反而不断加剧了东西方教会的分裂，进而引发教会内部礼仪制度与立法的混乱。为了缓解因上层争论引发的普通教徒无所适从的状况，帝国也出现了一大批的自下而上的个人编修教会法的人士。在查士丁尼之前的教会立法，或者通过皇帝召集，或者通过皇帝的敕谕颁布，并未自成系统，但是大公会议的召开及零散教规的制定，确实为私人编修教会法提供了来源，应该说教会法的形成是拜占庭自上而下与自下而上两条路径相互作用的结果。与《民法大全》编修的大约同一时期，教会法的系统编辑也开始出现。

早在535年，就有一位"匿名者"就将东部会议中的大量教会法条进行了收集编修，形成60章，其与查士丁尼的《法典》中涉及教会事务的21条敕令共同构成《教会法规》(Synagoge Canonum) 或《东方教规大全》(Corpus Canonum Orienale)。这本著述已遗失，但为君士坦丁堡主教约翰三世（John Ⅲ）的著名《50章教会法规汇编》的编修奠定了基础，根据主教约翰三世自己的说法，"他的最早汇编本便是基于它（教会法规）"①。

大约在503年，约翰出生于安条克附近的塞利米乌斯（Seremios），早期可能是一位"律师"，被赋予绰号"学者"（Scholastikos），其进入教会阶层的时间较晚，担任过安条克的神父，从其几乎所有的稿本中都出现了"学者约翰"的称呼来看，最早一版《50章教会法规汇编》应该是在约翰担任神父期间②，故其编纂汇编的最初目的可能是想用于东部教会。他将收集的教会法条或法规以及从圣瓦西里《书信集》摘选的有关道德训诫的内容，按照一定的逻辑顺序编排成册，形成了其所谓的：50章教会法规汇编（Συναγωγη κανονων εκκλησιαστικων εις ν' τιτλους διηρημενη）③。

550年，约翰被派往君士坦丁堡，可能在此期间深受查士丁尼立法思想的影响，也想对教会法进行更为系统的编修，于是在被任命为君士坦丁堡的主教之后，约翰着手编修一部适用于东部教会的教会法，故其在原有汇编的基础上，补入了查士丁尼颁布的87条涉及教会事务的律令，进而

---

① C. Gallagher, *Church Law and Church Order in Rome and Byzantium: A Comparative Study*, Ashgate Publishing Limited, 2002, p. 21.

② C. Gallagher, *Church Law and Church Order in Rome and Byzantium: A Comparative Study*, p. 21.

③ C. Gallagher, *Church Law and Church Order in Rome and Byzantium: A Comparative Study*, p. 21.

形成了修订版的《50章汇编》(Synagoge in Fifty Titles),这是目前所知流传至今的最古老的希腊文教会法规汇编,成为君士坦丁堡后世教会法汇编的基础。因此,史家称约翰为"希腊语教会法之父"(primum iuris canonici graecorum parentem)。

修订版的《50章汇编》包含三部分内容,87条圣徒教规、2封教父书信和87条帝王敕令。圣徒教规主要收录了前四次基督教大公会议上的法规,教父书信则收入圣瓦西里于374—375年对伊可尼乌姆(Iconium)的主教安菲洛基乌斯(Amphilochius)关于道德问题与公开赎罪的回复,帝王敕令主要是摘选了查士丁尼新律的内容。

《50章汇编》在东部教会史上占据重要地位,表现在以下三个方面:

第一,为流传至今最古老的希腊语教会法合集,奠定了后世君士坦丁堡教会立法的基础,在赋予基督教大公会议上教规法律权威的同时,更是将其与皇帝敕令并行编排,首次强调这两种立法的同等地位。

第二,虽然存在将教父言语作为教会法条进行汇集传统,但是约翰是将教父的书面材料作为汇编的重要来源的开创者,赋予了教父司法权威,这一开创性举动经后世发展,特别是被691年的特鲁兰会议所承袭,为拜占庭立法注入了新的来源。

第三,这部汇编在后世传播非常广泛,一方面在拜占庭帝国的历史长河中影响深远,直至12世纪还拥有广泛的影响力,甚至比晚于其编修的《14章教会法汇编》(Nomokanon in XIV Titles)影响力还深远。正如12世纪,一个名为狄奥多勒·巴尔萨梦的人抱怨道,"很多人还在使用《50章汇编》,而非《14章教规汇编》"①。另一方面汇编在西里尔兄弟的引介下进入斯拉夫地区,对斯拉夫和罗斯教会具有重要影响。

约翰的《50章汇编》颁布后,拜占庭帝国的教会法规开始呈现出巨大的活力,特别是伴随着教会法学家不断对教会法条进行收集整理,在约580年,出现了一部名为《14章教规汇编》(Synagoge in XIV Titles)的法律汇编。从结构编排看,这部汇编吸取了《50章汇编》的方式,不过也进行了一些变革,共分三部分:第一部分为是对约翰50章内容的重新系统化编排,减少至14章,每一章节中收录的条目是与本章标题相关的法律规定,但并没有具体的内容;第二部分则是将收录的条目按年代顺序列出具体内容,与《50章汇编》相比,此汇编不仅增加了394年君士坦丁

---

① C. Gallagher, *Church Law and Church Order in Rome and Byzantium: A Comparative Study*, p. 25.

堡全体主教大公会议和419年迦太基全体主教大公会议的教规条款，还增加了东方教会12位教父著作的摘编或条款；第三部分是从《3章法律汇编》（Collectio Tripartita）① 中选取的世俗法。

从《50章汇编》中对教父书信的摘选，到《14章教规汇编》对12位教父著述摘编的引入，进一步扩充了东部教会法律的来源，奠定了东正教以《圣经》和教父阐释及大会教义为核心的立法原则，而大量涉及教会事务的皇帝敕令的颁布，也加速了教会法规与世俗法令的融合。在此背景下，《14章教规汇编》已经不再适应当时社会的需求，于是630年在一位名为埃纳梯奥法涅斯（Enantiophanes）的法学家对《14章教规汇编》进行了进一步的修订，其借鉴了《50章汇编》和《14章教规汇编》的内容，但编排方式进行了改变，将《50章汇编》中第三部分涉及教会事务的皇帝敕令，按照逻辑顺序放到了第一部分，也就是将世俗法律与教会法规编修在了一起，形成了前文提及的《14章世俗—教会法汇编》。于是拜占庭法律史上产生了一个新词"世俗—教会法"（nomokanon）。该词由"法律"（nomos）与"教规"（canon）合成，标志着教会立法者与皇帝拥有了平等的立法权，对教会法规的汇编最终演变为"教会法"，皇帝对教会的立法与大公会议的法规具有了同等的权威。

7世纪，随着宗教争论的此起彼伏，《14章教规汇编》和《14章世俗—教会法汇编》继续在不断地被传抄和丰富。特别是692年，查士丁尼二世为了解决第5次和第6次基督教主教会议没有解决的问题，主持召开了所谓的第五六次基督教主教会议，"这次会议在穹顶宫（Domed Hall）举行，因该宫为圆形穹顶，希腊文圆形为"ὁ τροῦλλος"，故此次会议亦被称为"特鲁兰会议"或"穹顶会议"，会议中对之前的教会立法进行了总结，将《14章世俗—教会法汇编》进一步扩充，颁布了《102章教规》（102 Canons）：第1—2章，重申了之前的教会立法；第3—39章涉及教士；第40—49章涉及修士；第50—102章涉及俗众。该教会法在拜占庭教会法的发展中起了关键性作用，奠定了拜占庭教会法的立法原则和基本框架。

因而，大约在5世纪之前，虽然教会和帝国政府在立法方面有各自的

---

① 这是一部涉及教会主题的民法汇编，主要源自查士丁尼的立法，文如其名，分为三章：第一部分包含了希腊语版的《查士丁尼法典》第一卷前13章（题）和4则希腊语律令；第二部分主要包含对《法学汇纂》和《法学阶梯》的希腊文概要；第三部分则是6世纪晚期阿塔纳修斯本《新律》的前3章（题）。参见 N. van der Wal and B. H. Stolte, *Collectio Tripartita: Justinian on Religious and Ecclesiastical Affairs*, Groningen, 1994, p. xiv.

体系，皇帝代表国家颁布世俗法，君士坦丁堡教宗则代表教会颁布教会法，但是拜占庭教会还处在不断发展的阶段，教会需要依附皇帝，教会法在不违背世俗法的前提下，仅限于教会事务的处理，所以在《狄奥多西法典》中，无论是序言，还是具体条款，是以世俗的方式颁布的法典，即使最后一卷涉及宗教事务，也只是为了稳定帝国局势之需，如其序言开篇仅是以狄奥多西皇帝和瓦伦提尼安皇帝致东方大区长官弗罗伦提乌斯（Florentius）的形式①，并未涉及上帝、神明这样的字眼。

但是随着教会势力的进一步发展，这两个体系的司法界线逐渐模糊，皇帝认为自己有资格对臣民颁布新律，而教会则尽力在世俗世界执行其教会法律条款。双方的矛盾之处必然会带来摩擦，但由于多数情况下各自的忍让，并未有经常性的冲突发生，而是呈现出两种法律融合的状态。有一些法律著作会将世俗法和教会法的相关条款简单集结成册。形成所谓的"世俗—教会法"。有一些"世俗—教会法"可追溯至查士丁尼时期，其特点是世俗法与教会法依旧分割开来，只是前一部分为教会法，并无解释，而后辅之以世俗法。之后这两种法就逐渐融为一体，《14章世俗—教会法汇编》便是流传下来的一部比较重要的著作。

查士丁尼大帝之后，因帝国内外形势的动荡，在危难时刻，教会通常会与皇权联合起来一致对外。这促使教会与皇权之间的关系逐渐紧密，进而促进了教会的发展壮大，使其在立法方面的作用日益凸显。从6世纪中期，君士坦丁堡的主教约翰三世编修教会法规《50章汇编》始，到6世纪末，君士坦丁堡的一位学者在约翰汇编的基础上。编修《14章教规汇编》，再到630年《14章世俗—教会法》，最后692年《102章教规》问世，"教会制定的教规与帝国制定的教规融为一体，成为拜占庭法律史上的一件大事"②，教会与皇帝拥有了平等的教会立法权。

而为了解决宗教争论对社会带来的不利影响，希拉克略王朝的皇帝们也颁布了一些有关宗教的法令。在东方行省与波斯人的战争中，希拉克略皇帝逐渐收复了一些失地，但很快又面临阿拉伯人的巨大威胁。因此，为了平复东方一性派行省（叙利亚、巴勒斯坦和埃及）人民在宗教上的对立，638年他发布了一道名为"《希拉克略敕令》（*Ecthesis*）或称《信仰告白》（*Exposition of Faith*）的法令，承认耶稣基督有两个'性'和一个

---

① Clyde Pharr, *The Theodosian Code and Novels and the Sirmondian Constitutions*, p. 3.
② G. R. Evans, *Law and Theology in the Middle Ages*, London and New York, 2002, p. 40.

'意志'"①。但他希望调和东正教与一性派之间对立的政治目标不但没有实现,反而使"罗马与君士坦丁堡皇朝与教宗之间的矛盾激化"②。此后不久随着东部行省复失于阿拉伯人,皇帝与近东各省的妥协也就不复存在,于是康斯坦丁二世皇帝为了化解与西部教宗的矛盾,保住帝国在意大利的势力范围,于648年颁布了《信仰昭示》(Typus),"宣布停止争论,清除所有关于此问题讨论的书面材料,当然包括希拉克略皇帝置于圣索菲亚大教堂的《信仰告白》"③。然而康斯坦斯二世"忽视了问题的真正难点,只是一味压制言论自由不可能解决宗教观点的分歧"④。680年,君士坦丁四世召开第六次基督教大公会并颁布《君士坦丁敕令》:"将一性派定为异端,承认基督有两性,但这两性统一于一个位格中。"⑤至此,罗马与君士坦丁堡关于宗教的分歧暂时达成谅解,双方再次建立和平关系。

可见,至7世纪末,教会在地产、人口、财力等方面有重大影响,教会法对世俗法的影响进一步加强,而随着692年,查士丁尼二世在君士坦丁堡召开第五六次基督教大公会,会上在对各地教会立法进行了系统总结后,颁布了全基督教会内统一实行的教会法——《102章教规》。其中有一些是对第六次基督教大公会的重申,其在拜占庭教会法的发展过程中起到了很重要的作用,不仅"成了利奥三世统治时期东正教会教会法的基础"⑥,也是《法律选编》编修过程中参考的重要文献。

三 民间通行习惯法的融入

在原始社会状态下,为了维护社会秩序,协调人与人之间的关系,逐渐产生了一些社会规范,我们将其称为习惯或习俗。从法律的角度看,这种习惯还未有法的特征。但是随着社会的进一步发展,家庭、私有制和阶级逐渐产生,这种习惯逐渐成为统治者镇压被统治者,维护自身利益的工具,习惯也就有了法的特征,我们称其为习惯法。

虽然罗马法自《十二铜表法》颁布后,法律逐渐以成文法的形式不断得以完善,但习惯法仍然大量存在,特别是在一些偏远地区,习惯法

---

① A. A. Vasiliev, *History of the Byzantine Empire 324 – 1543*, p. 222.
② 徐家玲:《拜占庭文明》,第356页。
③ A. A. Vasiliev, *History of the Byzantine Empire 324 – 1543*, p. 223.
④ G. Ostrogorsky, *History of the Byzantine State*, trans. by J. Hussey, Rutgers University Press, 1956, p. 106.
⑤ A. A. Vasiliev, *History of the Byzantine Empire 324 – 1543*, p. 224.
⑥ E. H. Freshfield, *Roman law in the Later Roman Empire, The Isaurian Period, Eighth Century, the Ecolga*, Cambridge University Press, 1932, p. 25.

发挥的作用甚至要远远超过国家法律。即便是在查士丁尼大帝时期有《民法大全》规范着人民社会生活的方方面面,但皇帝也得承认习惯法发挥法律效力,并详细阐述了相关规定①。在一些边疆行省官方法律甚至被忽略,取而代之的是当地的部落习惯法②。如"由于语言的问题,在查士丁尼时期,流行于 5 世纪的叙利亚习惯法依旧被使用于东部的多个行省"③。

自 6 世纪末开始,帝国进入一个急剧变化的历史时期,虽官方也有立法活动,但帝国越来越严峻的内外环境,造成法令上通下达的渠道受阻,帝国的司法活动难以正常运行,审判机构极为混乱,公平和正义严重缺失,正如《法律选编》序言中所强调,颁布新法典的目的,"一方面是要警告那些明知对错却歪曲真相者,另一方面亦是为那些渴望友好的判断者做准备;同时对那些本身很难或几乎不可能切中要害,在人与人之间给出公平判断者也有裨益"④,以改变帝国司法混乱扭曲的局面。在这种情况下,一些官员在处理案件时,就不得不依赖于一些习惯法的补充,"可以说地方习惯法在一定程度上对帝国行省的某些官方法律产生了影响"⑤。

6—8 世纪拜占庭的习惯法主要有《农业法》《罗得海商法》和《士兵法》。同私法汇编一样,由于官方立法的减少和法律的执行困难,使习惯法在 6 世纪末至 8 世纪初无论在使用范围,还是频度上都获得了很大发展,成为这一时期官方立法的重要补充。《农业法》是拜占庭农村社会生活中习惯法的汇编,其目的是补充官方法律的内容,其编成时间,学界至今尚有争议。如德国最权威的拜占庭法专家林根绍尔最初认为"该法典是一部私法手册,成书于 8 世纪或 9 世纪,部分来自查士丁尼立法,部分来自地方习惯法"⑥,但他后来认为该法是利奥与君士坦丁的立法,几乎为《法律选编》同时或稍后出现⑦。学者维尔纳德斯基和奥斯特洛格尔斯基则认为"该法典是处于查士丁尼二世时期的'节选',故为 7 世纪末的习惯

---

① Bruce W. Frier, *The Codex of Justinian: A New Annotated Translation with Parallel Latin and Greek Text*, Cambridge University Press, 2016, pp. 2219 – 2221.
② David J. D. Miller, Peter Sarris, *The Novels of Justinian: A Complete Annotated English Translation*, Cambridge University Press, 2018, p. 976.
③ A. A. Vasiliev, *History of the Byzantine Empire 324 – 1453*, pp. 240 – 241.
④ Ludwig Burgmann, *Ecloga das Gesetzbuch Leons Ⅲ und Konstantinos Ⅴ*, p. 164.
⑤ J. F. Haldon, *Byzantium in the Seventh Century*, p. 266.
⑥ A. A. Vasiliev, *History of the Byzantine Empire 324 – 1543*, p. 244.
⑦ Z. Lingenthal, *Geschichte des Griechischen Rechts*, (1892), p. 250.

法汇编"①；德国学者德尔格与法国学者勒梅勒认为"该法中提及的查士丁尼便是查士丁尼大帝，断定该法出现于查士丁尼一世时期"②；笔者认为，关于该法典的颁布时间之所以会出现如此多的争论，主要是由于其作为一部私法汇编的实际应用和成书时间偏差所造成的，结合《农业法》内容及诸家观点，笔者认为其出现时间应该是在6世纪末，编定成书时间则在8世纪伊苏里亚王朝的利奥与君士坦丁皇帝时期，经历了从私人法律汇编到官方认可的法典的演进过程。

《农业法》共85条，中心思想是"承认土地关系的现状，承认拜占庭帝国内非斯拉夫居民地区和斯拉夫移民地区现存的村社或农民自治组织之下农民的自由身份和对份地的使用权、继承权，同时也承认租佃制之下土地所有者和佃户双方的权利"③。它清晰地揭示出拜占庭帝国6—8世纪农村基层组织、土地利用、权利义务等状况，对农村的生产生活具有很强的针对性，在很长时期内通行于帝国农村，是一部真正意义上"适用于调节农村民事纠纷的习惯法汇编"④。

《罗得海商法》，旧译《罗德海洋法》，是一部关于海上航行和贸易的私人法律汇编，内容涉及船舶碰撞、海难救助、共同海损、海上贷款等诸多海事法律制度，该法典成书时间学界也有分歧。如英国学者阿什布内尔（Ashburner）认为"其成书在600—800年间，由私人编纂而成"⑤。法国历史学家布瓦松纳和美国历史学家汤普逊则认为该法典是"利奥三世执政时期颁布的"⑥。王小波通过对形成条件的分析，"认为其形成于利奥三世执政时期，时间上为717—741年"⑦。笔者认为该法典如同《农业法》一样，作为民间习惯法汇编并非一日而成，早在6世纪末就已经广泛运用，利奥上台后才最终成书。该法"一部分内容来自'完全商人'制定的经商指南与商业规则，一小部分来自拜占庭历代皇帝关于商业贸易的立法"⑧，

---

① G. Vernadsky, "Sur les origins de la Loiagraire Byzantine", *Byzantion*, Ⅱ (1926), p. 173; G. Ostrogorsky, "Die Wirtschaftlichen und Sozialen Entwicklungs-grundlagen des Byzantinischen Reiches", *Viertljahrschrift fur Sozial-und Wirtschaft Geschichte*, ⅩⅩⅡ (1929), p. 133.
② 陈志强：《拜占廷研究》，人民出版社2001年版，第77页。
③ 厉以宁：《罗马—拜占庭经济史》下册，第615—616页。
④ 徐家玲：《拜占庭文明》，第428页。
⑤ W. Ashburner, *The Rhodians Sea-Law*, the Clarendon Press, 1909, p. lxxv.
⑥ 〔法〕布瓦松纳：《中世纪欧洲生活和劳动（五至十五世纪）》，潘源来译，商务印书馆1985年版，第52页；〔美〕汤普逊：《中世纪经济社会史》上册，耿淡如译，商务印书馆1961年版，第226页。
⑦ 王小波：《〈罗得海商法〉研究》，中国政法大学出版社2011年版，第52页。
⑧ 徐家玲：《拜占庭文明》，第427页。

包括序言、法律条文简述以及正文三部分，成为拜占庭帝国一直沿用的商业法规，并得到从事地中海贸易的各国商人的共同认可。

《士兵法》则是这一时期又一部关于军事纪律与处罚的私人法律汇编。从具体条文来看，主要是摘录自查士丁尼的《法学汇纂》和《法典》，莫里斯有关军队的法令及利奥三世时的《法律选编》，涉及对军人在违反军令、临阵脱逃、犯奸淫罪或叛变时，要接受非常严苛的惩处的处罚措施汇总，如砍头、剑刑等。同样，这部法典也应该最早应用于查士丁尼去世后，至8世纪之前，其间随着实际情况而有所增减，利奥三世上台后最终成书。

帝国法院在处理农村法律纠纷时，多以《农业法》为依据。涉及海上贸易和海难事故时，则以《罗得海商法》为判断标准。而对于士兵的要求和处置则以《士兵法》为基准。它们主要调节拜占庭帝国的经济生活和军事服役关系，涉及的问题具体详细，处理的问题明确易懂，操作的程序简单易行，使用的范围普遍广泛，成为这一时期帝国立法中不可或缺的组成部分，并在长期的实践中，为官方所承认，最终成为伊苏里亚王朝官方立法的重要参考依据，例如正文中对农业和买卖合同的条款，士兵财产的规定就参考了这些习惯法的汇编。

与此同时，伴随着斯拉夫人等大量蛮族移居帝国境内，帝国政府在以移民等措施解决农业劳动力不足问题的同时，也大量地引入这些蛮族的习惯法为帝国所用。著名的拜占庭史家奥斯特洛格尔斯基说道，"《法律选编》与《民法大全》确实有相当大的区别，这种区别一方面体现在教会法的影响方面，另一方面体现在东方习惯法的影响上"①。而东方习惯法的主要影响体现在，《法律选编》中有《民法大全》中所没有提到过的断臂、割舌、剜鼻及致盲等刑罚。

总之，《法律选编》的文献来源主要包括世俗法、教会法和习惯法。它是在帝国经历了6—8世纪的政治变革、经济转变、民族融合和宗教发展等诸多方面的巨变中，在借鉴了《民法大全》诸多稿本、校本和译本后，融入当时的宗教法规和存世的习惯法因素，形成的一部适应当时社会经济环境的"杂糅"型法典。

---

① G. Ostrogorsky, *History of the Byzantine State*, p. 141.

第三节 传世文本

关于《法律选编》的传世文本，本书的文献综述中已有简单提及，现作进一步梳理。《法律选编》文本的传世比较"曲折"，这与颁布者利奥三世发起的所谓的"破坏圣像运动"有关。根据学界传统，这场运动始于726年利奥三世在位时期，在君士坦丁五世统治时期达到顶峰，842年随着皇帝赛奥菲鲁斯的去世才告终结，几乎贯穿了整个伊苏里亚王朝。843年，皇帝迈克尔三世的皇太后狄奥多拉摄政时，宣布恢复圣像供奉，大批圣像破坏者被处死，伊苏里亚王朝的法令、宗教法规和神学论著则被付之一炬，《法律选编》的原始文本也未躲过这场"焚书"劫难。故相对于大约同一时期的《农业法》《罗得海商法》和《士兵法》，一方面由于官方法典的"身份"，另一方面由于所谓"破坏圣像运动"的"背景"，《法律选编》的存世文本比较少。不过因伊苏里亚王朝皇帝曾向各地发行了诸多抄本，这些抄本又被法律工作者抄写，目的是方便各地司法的执行与判决，这一举动为这一法典文本的留存提供了可能。因此，原始文本被焚毁，并未阻碍《法律选编》广为流传，现今的文本，大体而言可以分为稿本、译注本和收录于其他法典中的条款。

《法律选编》稿本的收集始于约16世纪中期，需要注意的是，这里的稿本并非指该法典的原始本，而是指留存至今最早的文本。在文艺复兴思潮的影响下，欧洲各国王公贵族开始附庸风雅，到处遣人搜集古代稿本，充实自己的图书馆。正是在这一风气的推动下，《法律选编》的一些稿本逐渐为世人所知。首先要提及的是西班牙王室的腓力二世和弗朗西斯一世。在这两位国王统治期间，他们命令各处官员广搜古代稿本和珍本。腓力二世统治时期，西西里和卡拉布里亚（Calabria）仍属西班牙统治，为了对这些行省的修道院进行改革，腓力便任命卡迪奈尔·席勒托（Cardinal Sileto）为教会改革大臣进行全权处理。卡迪奈尔是一个博学的藏书家，在改革的过程中，对很多修道院的图书进行了文献的收集与整理，悉数置于梅西纳的圣萨尔瓦多（St. Salvatore）修道院，这当中便包括《法律选编》的稿本。1780年《法律选编》的稿本最终被陈列在梵蒂冈博物馆。梵蒂冈的版本虽对于我们研究该法典有重要意义，但因该文本比较零散，内容多有遗失，所以校订工作比较困难。

《法律选编》的第二个稿本现藏于位于巴黎的法国国家博物馆，编号为1384。这一稿本与第一个文本发现于约同一时期，由一个名为安东尼（Antonio）的威尼斯贵族发现，后将其献给法王弗朗索瓦一世，"企图以忠诚而获得皇帝的宠爱"。该稿本共8卷，分布于196片皮纸上，虽然该本并未给出抄录者的名字，但"其抄录时间的记载为1166年"①。从内容看，该本并非原本，装订比较粗糙，可能是被重新装订过，因为包含的三部法律《法律选编》《私法选编》和《法学手册》的编排顺序被调换过。该文本中还包括罗塔里斯（Rotharis）的《〈伦巴德法〉摘要》《罗得海商法》《士兵法》和瓦西里一世关于证词的新律。由此可以推断，该本可能是一部法典汇编，主要用于指导该地区的司法审判。

《法律选编》的第三个稿本现藏于牛津大学图书馆。伊丽莎白一世在位时，由英国的托马斯·罗伊（Thomas Roe）伯爵收集所得。该本收录也不全，抄录于一些皮纸上，但也是对其进行校勘的重要参考文献。

在东部，神圣罗马帝国皇帝马克西米利安（Maximilian Ⅱ，1527—1576年在位）则派遣一个名为约翰·伦克莱维乌斯（Johann Leunclavius）的藏书家前往君士坦丁堡收集各种珍本。当时萨姆布库斯（J. Sambucus）是宫廷书馆员，斯塔凡·杰拉赫（Stefan Gerlach）是君士坦丁堡的专职牧师，马丁·克鲁西乌斯（Martin Crusius）则是图宾根大学的教授，在这三人的帮助下，伦克莱维乌斯游历君士坦丁堡期间搜集到了一个《法律选编》的稿本，亦即《法律选编》的第四个稿本，该稿本也是古文献的混合编辑本，除了《法律选编》之外，还有一些其他法律论著。鉴于其较为完整，伦克莱维乌斯于1596年将其校订编辑后，出版了《法律选编》的第一部印刷文本，并附有拉丁文译本，虽然由于"他混淆了利奥三世、君士坦丁五世和利奥六世、君士坦丁七世之间的关系，认为《法律选编》与《法学手册》属于同一时代"②，而使该文本的可信度降低，但作为第一部印刷本对后世学者研究具有重要参考价值。

进入19世纪，一些学者在南意大利、西西里及希腊又陆续发现了《法律选编》的一些稿本。著名德国拜占庭法律研究专家林根绍尔（Zacharia Von Lingenthal）在西西里和南意大利发现了该法典的第五个稿本，"包括伊苏里亚王朝的其他立法——《私法选编》和《私法补编》及马其

---

① E. H. Freshfield, *A Manual of Later Roman Law: the Ecloga ad Procheiron Mutata*, pp. 1, 3.
② E. H. Freshfield, *Roman Law in the Later Roman Empire, the Isaurian Period, Eighth Century*, p. 33.

顿王朝的立法《法学导论》和《帝国法典》"①。1982 年,林根绍尔以此稿本为底本,对法典进行了编辑、校对和出版。现该本收录于泽波主编的《希腊罗马法集成》的第二卷②,是目前学界研究《法律选编》的较为权威的文本之一。

1889 年希腊学者孟菲拉图斯(A. Monferratus)在伊庇鲁斯的一座修道院中发现了《法律选编》的第六个稿本。该稿本除了包括《法律选编》18 章主题外,还有《摘编附录》(The Appenclix Eclogae)和《摩西律法》(The Mosaic Law),现在藏于雅典国家图书馆,编号为 1374,也是现今学界较多参看的稿本之一。之后孟菲拉图斯则以该稿本为底本,对其进行了校订,出版了《利奥与君士坦丁的〈法律选编〉及附录》③,该校订本也成为学界进行译注的重要参考之一。

进入 20 世纪后,随着《法律选编》的稿本的收集和校订工作逐渐完成,学界开始对其进行译注。《法律选编》的第一个译本是由英国学者弗雷菲尔德 1926 年完成,该译本是以孟菲拉图斯的校订本为底本,"当碰到难以理解和解释之处,也参考了伦克莱维乌斯本和林根绍尔本"④,是学界最早且较为权威的英译本。法国学者斯普尔贝尔(C. Spulber)则于 1929 年将该法典译为了法文⑤,成为目前唯一的法文译本。德国学者伯格曼的《利奥三世与君士坦丁五世的〈法律选编〉》⑥文本,该本出版于 1983 年,为德文译本,作者对该法典的研究现状、颁布日期、与后世法典的关系进行了梳理和探讨,是现今较为权威的版本之一。最新的英译本是由学者汉弗莱斯(Mike Humphreys)于 2017 年完成⑦,对《法律选编》的附录《关于女婿士兵的决议》《罗得海商法》《农业法》《士兵法》《摩西律法》等进行了文本梳理和翻译,是本书得以深入研究的核心文献来源之一。

除了该法典本身的存世及研究,还有很多条款保存于其他法律文集或

---

① E. H. Freshfield, *A Manual of Roman Law the Ecloga published by the Emperors Leo Ⅲ and Constantine V of Isauria at Constantinople A. D.* 726, Cambridge University Press, 1926, p. ix.
② C. J. Zepi et P. Zepi, *Jus Greacoromanum* Vol. Ⅱ, Scientia Aalen, 1962, pp. 11 – 62.
③ A. G. Monferratus, *Ecloga Leonis et Constantini cum Appendice*, Typis Fratrum Perri, 1889.
④ E. H. Freshfield, *A Manual of Roman Law the Ecloga published by the Emperors Leo Ⅲ and Constantine V of Isauria at Constantinople A. D.* 726, p. ix.
⑤ C. A. Spulber, *L' Eclogue des Isauriens*, Cernautzi, 1929.
⑥ Ludwig Burgmann, *Ecloga das Gesetzbuch Leons Ⅲ und Konstantinos V*, Lowenklau-Gesellschaft, 1983.
⑦ M. Humphreys, *The Laws of Isaurian Era: The Ecloga and Its Appendices*, Liverpool University Press, 2017.

法典中。主要包括《私法选编》(Ecloga Privata Aucta)、《法律选编修订手册》(Ecloga ad Procheiron Mutata)、《法学手册》(Prochiros Nomos)和《法学导论》(Epanagoge)。

《私法选编》和《法律选编修订手册》都属于伊苏里亚王朝的立法，原则上这两部法律手册并非新法，而是教材，是为了适应教学需求，因实际需要对《法律选编》不断修订的结果，这两部法学手册也会与《法律选编》的稿本一同被发现，故都是以《法律选编》为基础。现今前者只有一些残片留存，后者则完整传世。以《修订手册》为例，第一章关于订婚中，《法律选编》的 4 条内容，被原封不动地保留在其中。第二章关于结婚的规定中，《法律选编》的 15 条规定，有 12 条完整收录于《修订手册》。其他章节也是以《法律选编》为基准，保留了主要内容，是学界研究《法律选编》的重要参考文献①。

《法学手册》是马其顿王朝的瓦西里一世皇帝主持下颁布的第一部法律文献，颁布时间大致为 870—879 年。该手册共 40 卷，"包含了民法的主要原则和一系列对过错和犯罪的刑罚措施"②，前 21 卷主要来自查士丁尼的《法学阶梯》，后 19 卷则主要援引自《法律选编》，"特别是在其涉及继承法和公法的第二部分中大量引入了《法律选编》中的条款"③。所以这部法律手册中也同样保留了很多《法律选编》中的条款，是研究《法律选编》的重要参考文献之一，目前这部法典的希腊文本主要可参考泽丕主编的《希腊罗马法集成》第 2 卷④。

《法学导论》也是马其顿王朝颁布的一部新的法律文献，共计 40 卷，"原本是打算用作编纂大型法典的序言，大体成书于 879 年"⑤，有些学者认为"该法典只是起草了，并未以官方的名义颁布"⑥，但有些学者则认为"该著作是官方颁布的立法"⑦，无论如何这部法律从一开始就引用了被禁止使用的破坏圣像运动时期的法律文献，特别是备受贬斥和中伤的婚姻

---

① E. H. Freshfield, *A Manual of Later Roman Law the Ecloga ad Procheiron Mutata*, Cambridge University Press, 1927.
② A. A. Vasiliev, *History of the Byzantine Empire 324 - 1453*, p. 340.
③ G. Ostrogorsky, *History of the Byzantine State*, p. 213.
④ Cura J. Zepi et P. Zepi, *Jus Graecoromanum* Vol. Ⅱ, pp. 114 - 228.
⑤ G. Ostrogorsky, *History of the Byzantine State*, p. 213.
⑥ A. A. Vasiliev, *History of the Byzantine Empire 324 - 1453*, p. 341.
⑦ V. Sokolsky, Concerning the Nature and Meaning of the Epanagoge, *Vizantiysky Vremennik*, I (1894), pp. 26 - 27; G. Vernadsky, the Tactics of Leo the Wise and the Epanagoge, *Byzantion*, Ⅵ (1931), pp. 333 - 335.

法，著名拜占庭学者奥斯特洛格尔斯基认为"《法学导论》比《法律手册》更多地使用了《法律选编》"①。这部法律文献也完整存世，主要可以参看泽丕编辑的《希腊罗马法集成》第 2 卷②。

除此之外，《法律选编》的一些内容和条款还影响了周边民族和国家，其作为帝国的文明成果保留在其他异邦的立法文件中，如保加利亚的《审判法》和罗斯的《罗斯法典》等，此处笔者不做详述，后文会有论及。

第四节　结构体例

一　总体设计

《法律选编》作为伊苏里亚王朝的一部官方立法，颁布之初的构成非常简单，基本上沿袭了罗马—拜占庭法典编纂的传统，由序言和正文两部分组成。序言是对整部法典的立法来源、立法目的和立法原则等内容进行阐释，属于纲目与导读。正文部分则主要由 18 章组成，除了第 17 章涉及刑罚的条款外，剩余章节则涉及民法，包括婚姻、家庭、继承、监护、借贷和寄存等。每章有标题，下列诸款，具体构成如下：

第 1 章：关于基督徒订婚契约与解除，下设 5 个条款，对订婚的年龄、订金、口头或书面订婚契约的签订、双方当事人的权利义务、订婚契约的解除及孤儿订婚契约的签订与解除进行了较为详细的规定。

第 2 章：关于基督徒结婚的契约与解除，下设 10 个条款，对结婚年龄、禁婚范围、嫁妆的管理、丧偶后财产的管理、对子女的抚养、再婚与离婚的条件等方面作了全面的阐述。

第 3 章：关于未偿付的协议嫁妆和关于嫁妆的规定，下设 2 个条款，对已经签订但还未实现的嫁妆协议及女方带到男方家中的嫁妆的处置问题进行了规定。

第 4 章：关于简单赠予，下设 4 个条款，对赠予的程序、条件及废除进行了规定。

第 5 章：关于无遗嘱，下设 8 个条款，对无遗嘱的范围、书面遗嘱和口头遗嘱的订立的条件、程序做了阐述。

---

① G. Ostrogorsky, *History of the Byzantine State*, p. 213.
② Cura J. Zepi et P. Zepi, *Jus Graecoromanum* Vol. II, pp. 229 – 368.

第 6 章：关于无遗嘱继承、遗产赠予及继承权的丧失，下设 7 个条款，分别对无遗嘱继承、遗产赠予、继承权丧失的条件、程序、原因等方面进行了详细规定。

第 7 章：关于受托人与监护人，下设 1 个条款，规定了父母去世后，子女受托人和监护人的指定及其权利和义务。

第 8 章：关于获得自由与沦为奴隶，下设 6 个条款，对公民沦为奴隶和奴隶获得自由进行了阐述。

第 9 章：关于口头或书面买卖协议，下设 2 个条款，对买卖协议的签订、废除及补偿等行为给予了明确规定。

第 10 章：关于口头或书面借贷协议及抵押，下设 4 个条款，对于借贷双方的权利与义务、偿还与抵押等进行了具体规定。

第 11 章：关于寄存，下设 1 个条款，对寄存者和受托者的权利与义务、丢失与赔偿等作了规定。

第 12 章：关于不动产的占有及书面协议的签订，下设 6 个条款，对不动产的租佃、承租者与主人的权利义务，哪些不动产不能买卖转让等内容进行了规定。

第 13 章：关于租赁契约，下设 1 个条款，对租赁的期限、租赁双方的权利和义务进行了规定。

第 14 章：关于证人，下设 10 个条款，对可以担任证人的范围、条件、人数等进行了规定。

第 15 章：关于契约的解除，下设 2 个条款，对契约的解除条件进行了规定。

第 16 章：关于士兵的私产、武器和薪水，神职人员及官员哈图拉里（Chartularii）的规定，下设 7 个条款，对他们的财产的获得、占有及继承进行了阐述。

第 17 章：关于犯罪及惩罚，下设 53 个条款，对杀人、谋杀、叛国、强奸、通奸等行为进行了明确的惩罚规定。

第 18 章：关于战利品的分配，下设 1 个条款，主要对战利品如何在士兵、将领及国家之间进行分配的问题进行了规定。

这里要注意的是，这部法典的稿本从来没有单独出现过，而是经常会附带一些附录，应该说《法律选编》并非一部综合性法典，缺乏农业、商业、宗教等方面的规定，附录便弥补了《法律选编》的这一缺失，附录因稿本不同而不尽相同，但大致会包括以下一些法典文献：《农业法》《士兵法》《罗得海商法》《摩西律法》《决议》和《摘编附录》，这些文献是

《法律选编》的补充，它们之间的关系为普通法与专门法的关系。因此，本书的"法律选编"是一个广义的《法律选编》，不仅包含正典，还包括诸多附录。

在诸多附录中，《决议》亦被认为是利奥三世与君士坦丁五世的"杰作"，颁布于《法律选编》之后（公元741年3月）至利奥三世去世（741年6月18日）之间，在很多稿本中被称为"第9章"[1]。《决议》仅有1章1款，涉及入赘的士兵女婿的财产分配与管理问题。这是对《法律选编》第16章第2款的补充与完善，因为在法典中仅有对士兵与家人间财产的继承与分配，而忽略了入赘士兵女婿的权益问题，重要性体现在两个方面：第一，这进一步印证了《法律选编》传递出的信息，拜占庭的军队主要通过给予特权的方式获得家庭的支援，这也是拜占庭在面对强大的哈里发时，能够供养足够强大的军队进行反击的原因。本质上军人的装备直接落在了家庭成员身上，而家庭成员则通过士兵的财产与收入获得补偿，这不仅缓解了帝国的财政困难，也维护了军属的利益，调动起了其生产积极性；第二，这进一步印证了伊苏里亚王朝立法或法律秩序的激进主义，说明《法律选编》具有了超时代性的价值。

从发现的诸多文本中，《士兵法》更像是一种误称，现为一种习惯性称呼。因为作为《法律选编》附录其最早并非一部单独的律法书，而更像是一章，共有53条，其题名原为"关于选自鲁弗斯和塔克提先的军规"[2]，大量文本显示《士兵法》直接被附在《法律选编》第18章之后，《决议》则介于两者之间，这种安排是有一定道理的，上接《法律选编》第17章关于逃兵的惩处，之后是18章关于战利品的分配，进而是《决议》中涉及的入赘士兵女婿的财产问题，再到《士兵法》的规范，呈现出了连贯性与延续性。根据学者的整理，《士兵法》分为四部分，这表明该法律的修订过程[3]：第一部分共15条，主要源自6世纪晚期莫里斯皇帝的《战略》，强调军事纪律，如对战斗中不服从或打乱阵型等情况的规定。第二部分被称为"军事处罚"，与《法律选编》第17章相近，包含14条，源自查士丁尼《民法大全》。第三部分涉及士兵的地位，禁止士兵受雇于他人。第四部分依旧是关于士兵的地位，其中涉及服役期间自杀到通奸等行为的处罚。

---

[1] M. Humphreys, *The Laws of the Isaurian Era: The Ecolga and Its Appendices*, p. 18.

[2] W. Ashburner, "The Byzantine Mutiny Law", *JHS*, 46 (1926), pp. 85–109.

[3] L. Burgmann, "Die Nomoi Stratiotikos, Georgikos und Nautikos", *Zbornik Radova Vizantološkog Instituta*, XLVI (2009), pp. 53–60.

在《法律选编》的附录中,《摘编附录》附录方式最不系统,14 章内容从未出现在一个稿本中,经常顺序颠倒地分散在法典中。不过《摘编附录》的编排方式与《法律选编》最接近,题目最相像,比如按照主题内容拟定标题"关于……",这是《法律选编》开创性的编排方式,《摘编附录》继承了这一编排方式。在内容上《摘编附录》与《法律选编》是一致的,包含了婚姻、通奸、继承、债务和证人等主题,但并非对《法律选编》相关主题的重复,而是进一步地拓展与补充。

《罗得海商法》与《士兵法》一样,属于"混合式"文本,包含三部分:第一部分内容很少,多有"传说"的色彩,明显是后世的增添,学界一般不予较多关注[①]。第二部分的 1—14 条则是关于船员的薪资分配和船上人员的行为规范,14—19 条则是关于船上的抵押与借贷事宜。第三部分内容最为多样,涉及船上打架、盗窃、抵押和投弃等问题。与《士兵法》不同的是,《罗得海商法》更像独立的律法,而非某章的内容。实际上罗马法沿用了希腊时期关于地中海海上贸易的习惯法,而罗得岛是贸易的中心,这也是《罗得海商法》名称的来源。不过《罗得海商法》也进一步完善了海上贸易的法律规范,比如因海上贸易的风险比陆上更大,规定海上借贷要付更高的利率,查士丁尼将其定为年利率 12%[②],海上投弃,要根据投弃者的损失,由船上的人员共同承担等。

在诸附录中,《农业法》所受关注最多,85 条农业法律条款对认知拜占庭社会意义重大,关于其颁布日期和颁布者学界争议颇多[③],可能其产生于 600 年,因社会的动乱,主要为民间通行法,后由私人编辑成册,伊苏里亚王朝建立后,"民间法典"获得官方认可,以补充《法律选编》对农业立法的缺失。编排内容大致分为如下几部分:1—22 条涉及土地所有权与耕种问题。23—29 条涉及牧人;30 条涉及盗铃贼;31—33 条涉及林木归属问题;34—35 条涉及盗羊奶或盗饲料罪;36—55 条涉及侵权或盗牛行为;56—66 条关于非动物财产的毁坏;67 条涉及贷款的利息和土地问题;68—70 条涉及偷盗和非正义行为;71—77 条涉及对动物的不法行为;78—79 条涉及提早收成的争论;80—84 条涉及土地及磨坊的争论;第 85 条关于非法闯入牛的不法行为。

《摩西律法》是伊苏里亚王朝立法当中最不被重视的一部了,之所以

---

① Ashburner, *Rhodian Sea-Law*, Clarendon Press, 1909, pp. lxxi - lxxiv.
② Bruce W. Frier, *The Codex of Justinian: A New Annotated Translation with Parallel Latin and Greek Text*, p. 953.
③ M. Humphreys, *Law, Power, and Imperial Ideology in the Iconoclast Era c. 680 - 850*, p. 196.

如此，可能是因为它不太像一部罗马法典，如其标题所言，"上帝经摩西之口向以色列人颁布的律法摘选"。不过这也表明《摩西律法》与《法律选编》的"相互印证"，前者是"上帝之法"，后者是"世俗之法"，正如皇帝经常会以与上帝建立关联来表明自身的合法性，《摩西律法》也是为了证明伊苏里亚王朝律法的神圣性与合法性。因此，很多稿本中将该法位列《法律选编》卷首也就不足为奇了。《摩西律法》大约成书于君士坦丁五世时期①，最早的文本50章，79款（后来的文本增加一个条款，共计为80款），均摘录自《摩西五经》，涉及内容广泛，从训词到公证，有对老者的尊敬，还有对纵火罪的惩处。不过《摩西律法》最凸显的内容是对财产继承的关注与不道德性行为的约束，这与《法律选编》第17章中的内容遥相呼应。因此，《摩西律法》通过与《圣经》建立关联，让伊苏里亚王朝的立法改革具有了合法性，进而向"天下"告知，加强律法修订，促使人们建立起合乎礼节的契约，督促人们拥有良好的品行，才能取悦上帝，重建帝国秩序。

简言之，《法律选编》及其附录在颁布时间上有差异，但是他们之间的关系密不可分，以《法律选编》的婚姻家庭法为主体，其他几部专门法为辅助，相互之间互为补充，简洁又不失全面，广泛又不失主次，将其放在一起进行讨论才能展现出伊苏里亚王朝立法改革的整体性与延续性，也才能深刻理解伊苏里亚王朝时期拜占庭立法思想和法律编修发生的深刻变化。

二 原则理念

《法律选编》的序言作为整部法典的总纲目，几近110行的最长篇幅中彰显了这部法典及目录所坚持的原则——提升"仁爱"与坚持"严苛"。

标题便阐明"《法律选编》是由虔诚睿智的皇帝利奥与君士坦丁编修的一部简明法律节选集，其选自查士丁尼大帝的《法学阶梯》《法学汇纂》《法典》和《新律》，向更为'仁爱'的情怀修订（Ἐκλογὴ τῶν νόμων ἐν συντόμῳ γενομένη παρὰ Λέοντος καὶ Ἰνστιτούτων, τῶν Διγέστων, τοῦ Κώδικος, τῶν νεαρῶν τοῦ μεγάλου Ἰουστινιανοῦ διατάξεων καὶ ἐπιδιόρθωσις εἰς τὸ φιλανθρωπότερον）"②。

标题先表明了其法律来源的权威性，而后明确了这部法典的特点与创

---

① M. Humphreys, *The Laws of Isaurian Era: The Ecloga and Its Appendices*, p. 30.
② Ludwig Burgmann, *Ecloga das Gesetzbuch Leons III und Konstantinos V*, p. 160.

新之处，那就是朝着更为"仁爱"的方向进行修订。因此，皇帝修订法律的理想本身只是一种"查士丁尼式的比拟"，其真实的意图是要表明伊苏里亚的皇帝要变革立法，树立卓越的罗马立法者的形象，而非简单重复。这一目标充分表明了伊苏里亚人的野心与世界观。他们有能力，也有责任对法律进行改革，因为他们是虔诚智慧的皇帝。实际上，这里的"智慧与虔诚"与序言中的公正及上帝的原初本性密切相连，也就将伊苏里亚王朝的皇帝与神联系在了一起，使皇帝更具有神圣性。通过这些典型的罗马式的特性，《法律选编》并非主要用来被修复或清除，而是用惯常的罗马方式，将"仁爱"理念融入罗马的道德规范中去。

在拜占庭的思想中，"仁爱"是一个重要的概念，被认为是一种令人期许的帝国属性。"仁爱"的概念意为"人受上帝爱怜"，基督的"道成肉身"便是最好的证明。凡人被号召效仿这一神圣的榜样，而皇帝作为凡人之首和上帝的副手，也要心甘情愿地效仿上帝，特别是其"仁爱"之心。因此，这部法典以基督教为其框架，将其作为源于上帝并受上帝认可的工具，委任皇帝以道德化的目的。最后，仁爱概念与上帝公正的趋同性，这两种观念完美地结合在上帝身上。因此，作为模仿者，皇帝也应该将二者合二为一。《法律选编》成为实现这一目标的核心组成部分。

如标题与序言之间的桥梁是三位一体的祷文："以圣父、圣子、圣灵之名义：虔诚之帝，利奥与君士坦丁（Ἐν ὀνόματι τοῦ πατρὸς καὶ τοῦ υἱοῦ υἱοῦ καὶ τοῦ ἁγίου πνεύματος Λέων καὶ Κωνσταντῖνος πιστοὶ βασιλεῖς）。"① 这是用来表明伊苏里亚人（皇帝）的正统性，从根本上将皇帝的正统与虔诚这一品质进行连接。通过文本中名字的相连，强调皇帝与上天之间的紧密联系，这一技巧在序言的开头两段中进一步展现了其作用。实际上序言一开始就将上帝置于显要位置：

> 我们的神、上帝、造物主创造了人，赋予其自由意志，并据先知所言授其律法以助之，以此使其明了万事中，何可为，何不可为，使他可以选择前者成为被救赎者，摒弃后者而避免成为受惩者；没有人可以置身圣戒之外，不遵守或藐视圣戒者，便会因其行为受到报应②。

可见，《法律选编》认为上帝是原初最伟大的立法者，而这些律法与

---

① Ludwig Burgmann, *Ecloga das Gesetzbuch Leons Ⅲ und Konstantinos Ⅴ*, p.160.
② Ludwig Burgmann, *Ecloga das Gesetzbuch Leons Ⅲ und Konstantinos Ⅴ*, p.160.

《旧约》中的圣诫一致,其旨在为了必需的救赎而进行的道德引导。立法的话语已经被纳入一个更大的叙事当中了——标题中涉及的查士丁尼的立法被从罗马的立法史移植到了圣经中的上帝与选民的契约上来了,于是《法律选编》继续说道:

> 对于会有这样的结果,上帝早已言明,其话语的权威是永恒的,人之行为是其价值尺度,正如《马太福音书》所言,"上帝圣谕的权威将不能废去"①。

为了使法律更具有神圣权威,法典中充斥着上帝永恒之言和对罪恶的明确阐释。因此,法律被宣称是上帝与其创造物之间的基本契约。《法律选编》开篇提到的提升"仁爱"的精神,就是如同《圣经·旧约》中上帝与信徒之间建立的法律契约关系一样,信众遵守上帝之约,是信众对上帝之爱,这种爱自然也会受上帝的回应,那就是对信众的悉心照拂。而作为上帝在人间助其"放牧"的委托人——皇帝,能否以"仁爱"之心照顾好上帝最忠实的"羊群",最关键的是其能否在帝国各处的司法审判中做到公正与正义。

> 我们认为,没有比用"公平与正义"照管上帝托付于我们的信众更重要和更合意的方式来感恩于他了。因此,自此以后松开凶恶的绳,解下轭上的锁,罪人的侵犯被击破。主以万能之手用胜利击败我们的敌手,为我们加冕弥足珍贵的王冠,让我们的帝国长治久安②。

于是《法律选编》中的提升"仁爱"理念与基督教《旧约》中的律法严苛统一在了一起,仁爱与严苛体现在了程度上的矛盾统一,无仁爱的严苛是暴政,无严苛的仁爱是纵容。公正成了连接仁爱与严苛之间的契合点。为了实现上帝律法中的"公正",《法律选编》序言中称要从三方面入手:

首先是要有公正明确的律法。这涉及《法律选编》及其附录颁修的原因。根据序言,皇帝们为了寻求令上帝满意的"公正",以不眠之心关心

---

① Ludwig Burgmann, *Ecloga das Gesetzbuch Leons III und Konstantinos V*, p. 160. 中文版将其译为了"我的话却不能废去",文中据英文版进行了适当调动,参见《圣经·新约》,第31页。

② Ludwig Burgmann, *Ecloga das Gesetzbuch Leons III und Konstantinos V*, pp. 160 – 162.

此事，但是发现"先皇们所颁布的法令已被集结成册"，不过这些律法"对有些人已艰涩难懂，对有些人——特别是神佑帝都之外的人，则不知所云"。因此，皇帝下令召集众多官员对法令进行认真审阅，让案件的审理有更为明确和具体的法典参照，达到让"虔诚之法容易看懂，案件的审理得到明确判定，犯罪者得到应有的惩罚，惯犯的行为得到抑制和改过"①。

其次是要有公正严明的执法。《法律选编》十分注重司法审判中的公平与公正，不偏袒权势，也不歧视弱势者，用正义之心秉公处理，用"公平与公正"严格执法应该是《法律选编》"仁爱"理念的切实执行。皇帝引用《圣经·诗篇》中的言辞对那些内心深处并不珍爱真理与公正的大法官进行质问，以神之名起誓，你们施行裁决，真合公义吗？所作判决，岂按正直吗？不！在你们心中，怀揣不公，你们在人间推行强暴②。对于过去那些没有资格担任法官的人卖官鬻爵的行为，皇帝们则引用《德训篇》中的言辞对这些不义行为进行了训诫，不要乞求做大官，也不要向君王求荣位；不要谋求做判官，怕你无力拔除不义。而对于那些真正致力于主持正义的人，皇帝们则言道，让那些且只让那些富有判断力及理性，清楚地知道何为真正公平，不会感情用事者，在其审判中运用直观感受③，正如智者所罗门以寓言的方式谈及关于不公正的衡量与权重的争论时说，"权重或大或小均令主厌恶"④。

再次，要有公平正义的标准。作为执法者要做到执法公正，使古老的司法因伊苏里亚王朝建立而万古长存，必须坚守圣诚，审理案件要遵循执法原则，切莫据表象来断案，要公正判断是非。审判过程不可有贪念，也不要希望有什么回报或偏私，因为《阿摩斯书》中如是载，为图回报，而不秉公裁决，阻碍谦卑之人的道路，且将义人的义夺去，他们的根必像朽物，他们的花必像灰尘飞腾。而为了使先知在《阿摩斯书》中所说的，为了避免他们为银子卖了义人⑤这类事情遍布帝国百姓中间，也为了执法者不会因"贿赂"而蒙蔽了双眼，《法律选编》规定，"向受雇于司法机

---

① Ludwig Burgmann, *Ecloga das Gesetzbuch Leons III und Konstantinos V*, p. 162.
② 《圣经·旧约》，第 549 页。
③ 李继荣：《早期拜占庭法律基督教化的路径与逻辑——以〈法律选编〉为中心》，《经济社会史评论》2020 年第 4 期。
④ 《圣经·旧约》，第 622 页。
⑤ 《圣经·旧约》，第 113、663、897 页。

构的官员发放薪金,以便于他们在审判中不接受任何人的赠予"①。

在具体的 18 章条款中,《法律选编》也践行了这些思想与原则,家庭婚姻中提高女性地位,维护弱者利益,构建相对平等的家庭成员间的关系。借贷与还款中明确各自债权关系,规划出相对"人道"的借款与还款的司法程序。在刑法处罚中,讲求肉刑取代死刑,严格限制酷刑,不过对于违背伦理道德的罪行,如乱伦、性犯罪等行为,则处以严格的刑罚。

几个附录也延续了这一原则,《决议》与《士兵法》对士兵的不法行为进行了严苛的规定,但也对士兵与家人财产的分配给予了人性化规范。《摘编附录》亦摘选自查士丁尼的立法,但摘选内容中对异教徒的严苛与对婚姻家庭的关切与《法律选编》的立法原则保持了一致。《罗得海商法》中既包含了要求船员与乘客严格遵守在船上的责权,也包含了遇到海难时投弃者遭受损失的利益赔偿。《农业法》对农业生产中的侵权行为予以严厉惩处,但也对具体问题进行了详细的分类规范。《摩西律法》严厉打击通奸、不公和偷盗等犯罪行为,但也对穷人的借贷给予了法律上的援助,禁止高额利率借贷。

总之,序言阐述了这样一个拜占庭世界:皇帝是摩西和所罗门的再现,通过修订法律和公正管理的方式,重塑其治下百姓的精神与道德。百姓依旧是基督徒,但是主要被认为是以色列选民的继承者,这一点也不足为奇,因为利奥三世本身出身于叙利亚地区,这里是东西方文化的交会地②。利奥三世将经典进一步强调后,讲求司法公正与严苛的同时,也给予人文的"仁爱"关怀,将"仁爱"与"严苛"的思想理念统一于《法律选编》之中了,从这一点上看,《法律选编》及其附录属于东西方法律文化交融的结果。

三 体例特征

从《法律选编》及其附录的内核来看,"仁爱"与"严苛"是其核心要义。但是从其编纂的目的来看,这些立法编修主要是为了简单实用。因此,实用性也是伊苏里亚王朝立法改革坚持的基本原则,这一原则对《法律选编》及其附录体例的形成至关重要。但是需要注意的是,罗马法典就是在探索实用性理念的过程中诞生的,而实用性的探索与罗马法制本身的混乱过往有关。

---

① Ludwig Burgmann, *Ecloga das Gesetzbuch Leons III und Konstantinos V*, p. 166.
② A. A. Vasiliev, *History of the Byzantine Empire*(324—1453), p. 234.

虽然罗马人是一个重视法制的民族,但是在历史长河中,形成了纷繁复杂的法律渊源。从《十二铜表法》到《万民法》,从执政官法令到皇帝敕令,从公民大会决议到元老院决议,从私人法律汇编到法学家著述都具有法律效力。即便是到了帝国时期,仅皇帝的敕令就分为敕谕、敕裁、敕示和敕答①,因这些法令分散、庞杂,不便应用,一些私人法学家开始对皇帝的法令进行汇编,比较有代表性的是戴克里先时期的格列高利乌斯与赫尔莫格尼阿努斯的法典,还有一些法学家从实践解释的角度,对法令进行了有针对性的集结与阐释,形成浩瀚的法学家著述。由于这些著述之间也存在诸多矛盾,令具体的执法者无所适从,造成了帝国法制体系的混乱和执法过程的困难。为了解决这一难题,426 年西罗马皇帝瓦伦提尼安三世颁布《引证法》,规定在众法学家中,以巴比尼安、盖乌斯、乌尔比安、保罗士和莫特斯丁五人的论著具有法律效力,若诸家有分歧,以多数为准,若无从确定多数,以巴比尼安为准,若法学家与皇帝意见相左,以皇帝为准,皇帝独揽立法权的体制开始见于诸正式法令。

与此同时,帝国东西的分治体制进一步加剧了帝国法制的混乱,君士坦丁大帝在迁都君士坦丁堡后,曾试图建立唯一的皇帝统治体系,但是之后东西方时而分治、时而合治,经济、社会、文化等方面的差异日益拉大,帝国在很多问题上难以协调,甚至出现了东部的法律学家援引西部皇帝的敕令对抗本地法庭的状况。为了解决这一问题,狄奥多西二世于 438 年颁布了《狄奥多西法典》,规定"任何一位皇帝在本地宣布的法令,需经另一位皇帝认可后才可以在所辖区域内通行"②,以期避免了上述弊端。

《狄奥多西法典》是罗马—拜占庭帝国皇帝以官方的名义集结皇帝敕令以实现帝国法制统一的首次尝试,共 3000 多条,分为 16 卷,卷下分章或款,各章包括的敕令都按日期先后序次排列。第 1—5 卷为市民法,第 6—8 卷为行政法,第 9 卷为刑法,第 10—11 卷为财政法,第 12—15 卷为地方法,最后一卷为宗教法,属于罗马法制史上真正意义上第一部官方修编法典,为后世立法奠定了基础。

476 年,西罗马帝国在蛮族的入侵下走向瓦解,一度缓解了东西分治带来的执法困难,但是也使帝国陷到了混乱之中,至查士丁尼大帝时,其以"一个帝国"的梦想再次实现了帝国的"形式统一"。一方面帝国形势发生了巨大变化,《狄奥多西法典》已经过时。另一方面统一帝国需要权

---

① 徐家玲:《拜占庭文明》,第 408 页。
② A. H. M. Jones, *The Decline of the Ancient World*, Longman, 1980, p. 182.

威的立法予以支援巩固，确立完善而又稳定的法律体系势在必行。于是查士丁尼任命一大批法学家对罗马有史以来的法律进行整理和编纂，形成了包括《法典》《法学汇纂》《法学阶梯》和《新律》在内的《查士丁尼民法大全》。可以说查士丁尼的立法既是对罗马古法进行的一次系统总结，也是真正意义上将罗马法进行体系化编修的开创之举。

从《狄奥多西法典》到查士丁尼《民法大全》是罗马—拜占庭帝国法制史上立法的转折时期，帝国皇帝因实用性原则将法律进行系统编修，一方面是基于皇权加强的需要，另一方面则是便于帝国司法的有序推进。以《查士丁尼法典》为例，它沿用并发展了《狄奥多西法典》的体例，共分为12卷，卷下分若干章，章下有项，即按年代顺序排列敕令的摘录，上面标出颁布敕令的皇帝的名字和接受人的姓名，敕令的末尾注明日期，项后分节，第1卷涉及宗教、法的渊源及公职，第2—8卷涉及私法内容，第9卷涉及刑法，第10—12卷涉及财政与行政法，以援引方式为例，如我们经常看到的C.6.43.1.3表示《法典》的第6卷，第43章，第1项谕令，第3节①。

应该说《狄奥多西法典》和《查士丁尼法典》已经在有意识地对立法进行分类了，目的是便于查找相关法律条款，但是其注重年代顺序排列，而后将相关主题条款分散编排的方式，更像是一部法律文献汇编，按时间顺序散落于各卷的法令在执法者的具体查找与操作过程中依然不便。虽然《民法大全》详细对人们的日常生活进行了规范，但是浩瀚的法条也让平民大众望而却步，其弊端主要表现在：第一，它并未按照法律部门的划分进行编纂，也就是说"它与现代法典编纂以部门法为基础不同"。第二，非以法律规范为单位进行法典的编纂。"现代法典编纂的最小单位是规范，它表现为简短的以制裁（间或有奖励）为威慑的命令"②，《民法大全》中这样的规范则较少，很多时候是隐藏在一个案例中，需要使用者进行归纳总结。第三，《民法大全》并未追求逻辑上的同一，相反允许一事二理，具有多重法的特征，遇到案件找不到恰当的法条进行辩护或上诉。

同时狄奥多西与查士丁尼的立法在一定程度上使得帝国法律系统化，但未做到简明逻辑化，更何况《狄奥多西法典》和《民法大全》的内容量非常庞杂，《狄奥多西法典》有16卷，3000多条法令，12卷本的《查士

---

① 〔意〕马里奥·塔拉曼卡主编：《罗马法史纲》下，周杰译，北京大学出版社2019年版，第761页。

② 徐国栋：《优士丁尼法典编纂研究》，《法治研究》2010年第8期。

丁尼法典》，计有 4562 条法令，50 卷的《法学汇纂》，共计 15 万行，9142 条，体量较小的 4 卷本的《法学阶梯》也有 4 卷 98 章。浩瀚的巨著在实践中不利于帝国司法的顺利贯彻与执行，而《法律选编》认识到了《狄奥多西法典》和《民法大全》在编排体例上的不足，顺应时代的需求进行了律法编纂体系的创新。

虽然《法律选编》在标题中自称是摘选自查士丁尼的《民法大全》，但是其并非将查士丁尼的立法摘选后，简单地进行法条集合，而是在将一些有益于服务当时社会的法条进行择选后，进行了更为系统、简明与逻辑化的整合，形成了一部简洁和实用的法律手册。

首先是细致的分门别类。查士丁尼立法的主要目的也是将法律进行系统化，但分类比较"粗糙"。注重时间顺序的主题分类和编排方式确实便于查找某一皇帝在位时期的法令，但不足之处在于涉及相关主题的法令不集中，分散在各卷，并不便于查找。《法律选编》则改变了以时间为序的法条集合方式，根据法条调整对象的差异进行分类，将属于同一社会关系调整范畴或领域中发挥法律效力的规范分门别类地收录在同一章目中，对于无关的条款进行删减，对出现的新问题进行增补，减少了之前立法中各皇帝法令之间的矛盾和重复的弊端，促使法律内容更专业、更精简、更科学和更实用。

因此，从划分门类看，《法律选编》主题内容分为 18 章，第 1—16 章涉及私法领域，包括人法（继承、婚姻和监护等）和物法（借贷、抵押和合同等），属于现代法学意义上的民法范畴。第 17—18 章则涉及公法，包含刑事处罚方面和战利品分配的内容，属于现代法学意义上的刑法范畴。可见《法律选编》已经将法律分为两个部门，虽该法典未提出部门法的概念，但很明显有了部门法的雏形。部门法之下又按照具体调节的对象和量刑的差异，分为了详细的人法、物法和处罚的条款，这不仅有利于司法人员执法，更有利于普通百姓知法和懂法。对后世法律的分门别类产生了深远影响（分类方式见示意图 [2-4-1]）。

其次是增强逻辑排序。细致的分门别类可以使法典更加系统化和制度化，而在内容上的前后有效衔接，体现出的是法典的逻辑化。在狄奥多西和查士丁尼的立法中，虽然以主题的形式进行了分卷，但卷与卷之间关联性不够强，甚至有些卷与卷之间没有联系，前后之间缺乏严密的逻辑关系，这也是人们在使用这部巨著法典时感觉不便的原因之一。

《法律选编》则将各章间的顺序按照关系的远近进行了排序，虽然不一定完全合理，但已经有了进行章节间逻辑编排的意识。如按照订婚、结婚、

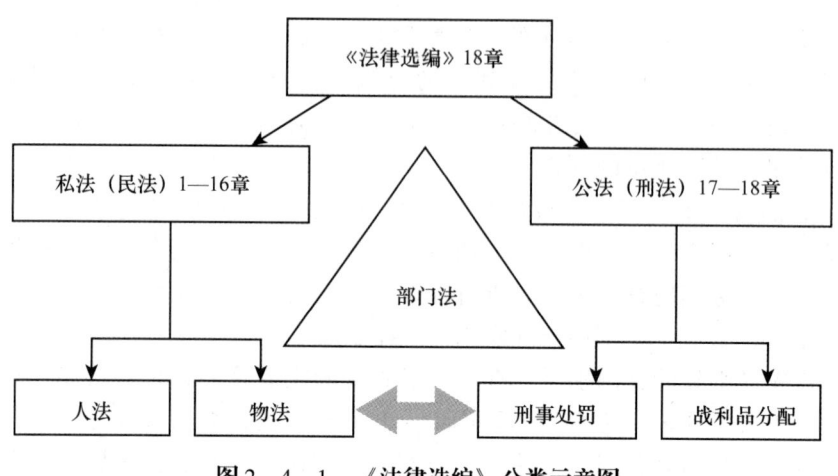

```
                    ┌──────────────────┐
                    │ 《法律选编》18章  │
                    └──────────────────┘
                     ↙              ↘
        ┌──────────────────┐   ┌──────────────────┐
        │ 私法（民法）1—16章│   │ 公法（刑法）17—18章│
        └──────────────────┘   └──────────────────┘
                  │         部门法         │
            ↙        ↘              ↙         ↘
        ┌──────┐  ┌──────┐      ┌──────────┐  ┌──────────┐
        │ 人法 │  │ 物法 │ ⟷   │ 刑事处罚 │  │ 战利品分配│
        └──────┘  └──────┘      └──────────┘  └──────────┘
```

图 2-4-1　《法律选编》分类示意图

嫁妆、赠予、继承和监护等方式，形成了一整套前后关联性和逻辑性的编排方式，使执法官或平民容易在查阅法律条款时在脑海中形成一整套的法律内部逻辑关系图，便于民众对法律条文的理解和司法的公正执行。如果从更广义的《法律选编》及其附录的编排方式来看，其共同构成了相对逻辑化的伊苏里亚王朝的法律体系（逻辑编排见逻辑图 [2-4-2]）。

再次是明确法律格式。法律条文的文书格式规范，不仅对律法执行者能否正确理解法律条文的内容至关重要，还关系到审判过程能否严明公正与审判结果能否以法服人。在查士丁尼及其之前的立法中，罗马—拜占庭法的基本格式为命令式或阐释式，要求人们可以做什么和禁止做什么，但是对于违令者做或不做产生的后果，并未在同一条文中明确规定。如关于婚姻，查士丁尼在《法学阶梯》中规定：

> 罗马公民可依法缔结合法婚姻，男子要成年，女子也要达到适婚年龄。无论他们是家长或家子，若系后者，按照自然法或市民法，在缔结婚姻前要得到对他享有权力的家长同意①。

审判后果不明确或者后置，会给司法程序和结果带来诸多不便。同查士丁尼的立法中根据法学家的阐释或命令的法律书写格式不同，虽然《法

---

① J. B. Moyle, *Institutes of Justinian*, p. 12.

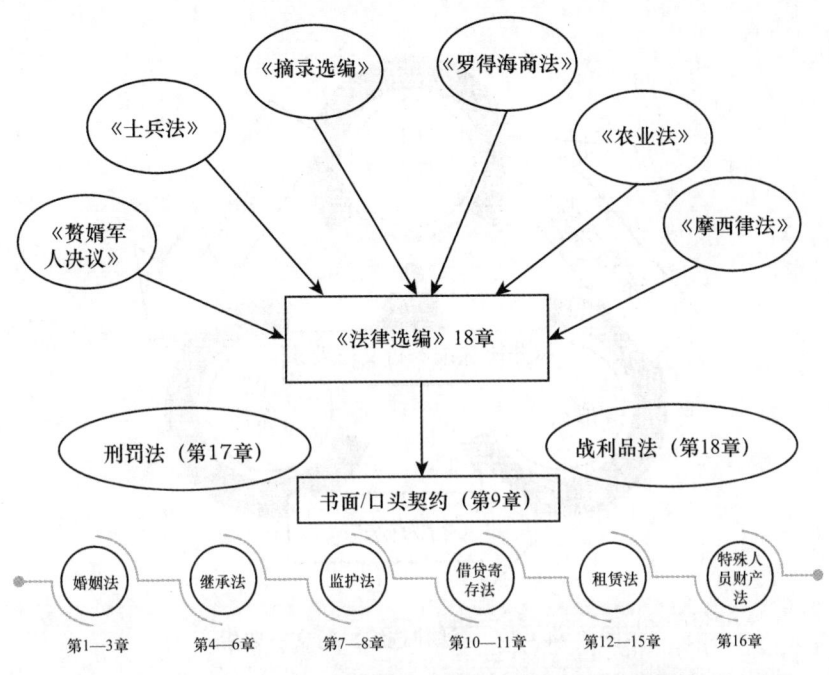

图 2-4-2　《法律选编》及其附录内部关系逻辑图

律选编》也保留了查士丁尼立法中的无后果格式，如"基督徒的婚姻缔结中，双方达到适婚年龄，男方15周岁，女方13周岁，只要双方渴望，双方父母同意，无论以书面的还是非书面的形式，都可以缔结婚姻"①，但是《法律选编》的多数条款已经拥有了包含假定条件、行为模式和法律后果三基本要素的构成方式，如《法律选编》关于订婚协议的规定如下（条文要素见图[2-4-3]）：

> 如果一名男性给予了对方订婚礼物，想要违约，且不想完婚，那么他不能要回订婚礼物；不过反之，女方是毁约方，则女方返还男方双倍的订婚礼物，也就是返还订婚礼物后，还要再给同等的订婚礼物予以赔偿②。

从法律条文来看，条文中的订婚礼物为假定条件，打算违约或不结婚是行为模式，订金不予返还或双倍赔偿为法律后果，条件—行为—后果之

---

① Ludwig Burgmann, *Ecloga das Gesetzbuch Leons Ⅲ und Konstantinos V*, p. 170.
② Ludwig Burgmann, *Ecloga das Gesetzbuch Leons Ⅲ und Konstantinos V*, p. 168.

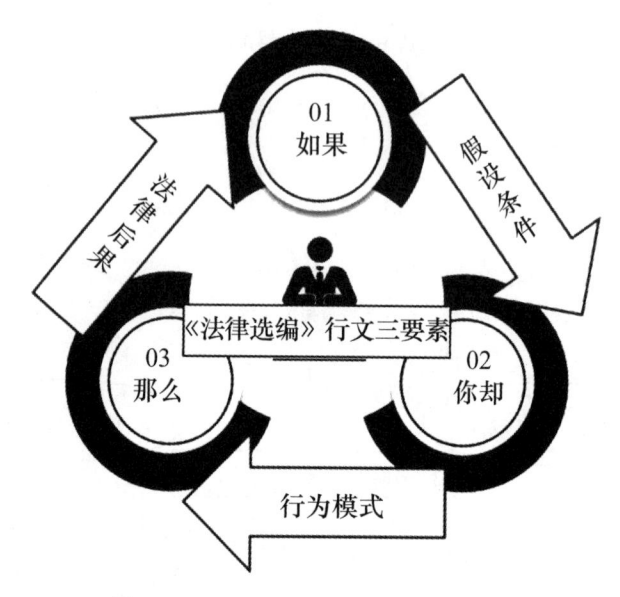

图中文字：01 如果；假设条件；02 你却；行为模式；03 那么；法律后果；《法律选编》行文三要素

图 2-4-3 　《法律选编》行文三要素

间形成了明确的逻辑与因果关系。这一法律文书格式不仅简单明了，有助于提高法律的执行效率，还可让人们在充分认识到自身行为要偿付的"严重后果"，起到预防犯罪行为或不法行为的功效。

总之，《法律选编》在结构和体例上讲求简单、逻辑与系统化，在内容中融入了"仁爱"与"严苛"统一的理念，追求司法严苛与执法公正之时，注重刑罚的人道与慈爱，这不仅对提高帝国司法的效率和促进社会的稳定繁荣起到了重要的推动作用，还对后世立法产生了重要影响。

小　结

与查士丁尼《民法大全》产生于帝国盛世背景下不同，《法律选编》是在帝国经历了6—8世纪的内忧外患与社会动乱后，局势稍微稳定的情况下由伊苏里亚王朝皇帝颁布的法典，加之这一时期皇帝"破坏圣像运动"的发起，该王朝的诸多文献被后世圣像崇拜者销毁，这部法典属于"偶然存世"，这也给后世对其颁布年代的确定带来了诸多困难。

早在16世纪《法律选编》被发现之时，学者伦克莱维乌斯便将这部法典错归为马其顿王朝利奥六世与君士坦丁七世颁布的法典，直到1833

年经德国学者彼聂耳考证，才将这部法律的颁布者确定在伊苏里亚王朝。不过在对其具体颁布时间上学界还是存在争议，大约分两种观点，一种以德国学者扎哈里亚为代表的利奥三世统治晚期说（739—741 年在位），另一种以俄裔拜占庭学者瓦西列夫为代表的利奥三世统治早期说（726 年在位）。

本书在对这一时期的历史状况和《法律选编》文本信息进行考证后，认为该法典颁布于 740（741）年的可能性更大，主要基于以下理由：

第一，717—726 年，利奥三世皇帝所面临的阿拉伯人猛烈的进攻状况并未获得有效解决，内外环境与局势还不稳定，皇帝没有时间和精力专注于帝国法制建设，故立法缺乏稳定的政局环境。但是 732 年随着阿拉伯军队进攻势头被遏制，拜占庭帝国内外环境逐渐平稳，有利于立法的进行。

第二，法典的编纂需要两方面的保障，一是熟通律法的法学家，二是编修法律的充足时间。查士丁尼时期，在法学家云集，法学教育昌盛的背景下，从 10 卷本的最初版《法典》到 12 卷本的修订版《法典》问世，是在 10 位大法学家的努力下，前后断断续续花费了大约 6 年的时间完成的；50 卷的《法学汇纂》则是在 17 位法学家的努力下花费了至少 4 年时间完成的，而 8 世纪初的伊苏里亚王朝，在政治不稳、经济衰落和法律人才匮乏的背景下，要将浩瀚的法律文献进行整理归纳，再融入东方习惯法因素，6 年时间完成是不现实的。但 732 年之后，随着阿拉伯进攻势头的减弱，帝国内部局势亦趋于稳定，用 10 余年的时间完成《法律选编》的编修，一方面时间相对充足，另一方面也是战乱之后巩固社会稳定之所需。

关于《法律选编》的立法来源，一部分来自查士丁尼的《民法大全》，《法律选编》的标题中已经明示。但是考虑到帝国希腊化的历史发展趋势和 6—8 世纪拜占庭帝国的历史背景，表明该法典编修过程中，在参鉴《法典》《法学阶梯》和《法学汇纂》等立法的拉丁文本之时，更多地借鉴了查士丁尼立法的希腊文译本或评注本以及希拉克略王朝皇帝们颁布的新律。另一部分来自教会寺院法。5—8 世纪是拜占庭帝国内忧外患之时，亦是基督教快速发展的时期，教会法对帝国的影响日益扩大，《法律选编》也顺应时代之需，吸收了教会法的内容，主要有《东方教规大全》、君士坦丁堡主教约翰三世著名的《50 章汇编》、特鲁兰会议后编订的《102 条章教规》和希拉克略王朝皇帝为解决教会问题颁布的敕令。还有一部分来自民间习惯法，内忧外患和社会动荡造成官方立法的减少或停滞，这为民间私法的编修创造了条件，当时可参考与对比的民间法主要包括《农业法》《罗得海商法》和《士兵法》等，起码是在对这些民间通行法进行比对过后，才确立了《法律选编》的法律条文，并与这些民间法相互补充，共同构成了一部完备的法律手册。

至于现今学界能看到的《法律选编》的文本主要包括稿本、校本和译本三种。根据笔者掌握的情况，其稿本主要包括存于梵蒂冈的卡氏本、藏于法国国家博物馆的弗氏本、藏于牛津大学图书馆的托氏本和藏于雅典博物馆的孟氏本。随着稿本的发现，学者们也对这些稿本进行校勘，主要校本包括1596年的伦克莱维乌斯校本、1892年的林根绍尔校本和1889年的孟非拉图斯校本，这些稿本和校本包含了《法律选编》的主体及其附录。

进入20世纪后，随着《法律选编》的稿本的收集和校勘工作逐渐完成，学界展开了对其进行译注的工作。目前主要的译本包括1926年弗雷菲尔德英文译本。法国学者斯普尔贝尔则于1929年将其译为法文。德国学者伯格曼的德文译本。最新的英译本由英国学者汉弗莱斯于2017年完成。除了该法典本身的存世及研究，还有很多条款分散保存于其他一些法律或法典中。主要包括：《私法选编》《法律选编修订手册》《法学手册》和《法学导论》。甚至有些条款保存于外族的立法中，如保加利亚的《审判法》和罗斯的《罗斯法典》等。

《法律选编》及其附录的结构体例上，实现了系统化、简明化、逻辑化和格式化。该法典共为18章，分民法和刑法两个范畴，以民法为主，包括婚约、嫁妆、赠予、继承、监护、借贷等内容，刑法为辅，涉及刑法处罚，附录部分则以农业、商业、军事和宗教等内容与主体法典形成互补，整部法典打破了之前立法以时间顺序编排的方式，讲求法典的逻辑性与关联性，按照相关调节的对象，集中编排，前后逻辑相关的章节，前后顺承编目，再以因果式的条文格式中贯穿以"仁爱"与"严苛"统一的法律观念，使法典呈现出更具有简明、实用和系统的特点。这种结构体例，条目明确，逻辑性强，有利于帝国司法效率的提高。

第三章 彰显:《法律选编》内容原则阐释

《法律选编》"仁爱"与"严苛"统一的理念主要体现在具体的条文规定之中。在婚姻家庭中,对权利义务的明确与弱势群体的保护,在罪犯惩处中轻重有度的并举,在司法审判中对执法公正的要求,在加强王权下对平民的关爱,而这所体现的司法"仁爱"与"严苛"思想均是伊苏里亚王朝时代性的彰显。

第一节 爱苛相辅:婚姻家庭中对妇孺的关照与限制

作为一部以婚姻家庭为核心构建起的辐射婚约、继承、借贷等内容的法典,处理家庭内部的各种矛盾和维护家庭的和谐安定成为《法律选编》关注的重点问题之一。在"仁爱"与"严苛"理念的指导下,《法律选编》通过诸多保护妇孺等弱势群体的方式和举措,构建起了相对平等的家庭关系,相对于查士丁尼的立法而言,《法律选编》中的妇孺作为弱势一方获得了更大权利。

一 婚约订立彰显女性意愿

要谈论《法律选编》中的婚姻法问题,我们先要了解罗马法中婚姻的概念。婚姻这一概念在罗马法史上经历了一个逐渐演变的过程。古罗马五大法学家之一的莫迪斯提努斯(Modestinus)曾对早期罗马婚姻进行过经典总结:"婚姻是一夫一妻的终身结合,神事和人事的共同关系"[1],可见

---

[1] Alan Watson, *The Digest of Justinian*, Vol. 2, University of Pennsylvania Press, 1998, p.199.

古罗马时期，婚姻的目的是继血统、承祭祀，既是世俗事务，又是宗教事务，对于婚姻当事人的利益却较少顾及。与早期婚姻状态相伴随的是占社会主导地位的有夫权婚姻形式，即出嫁女子，完全脱离生父的宗亲关系，处于夫家的支配之下。

随着罗马社会的发展，帝国初期又开始出现了"无夫权婚姻"，该婚姻中"出嫁女子已不像在有夫权婚姻中那样处于夫家的家长权之下，而是和未结婚一样，仍旧处在其生父的家长权之下"①。所以"无夫权婚姻"不再只是关注家族利益，而是更多考虑夫妻双方的利益，查士丁尼《民法大全》颁布后，"无夫权婚姻"最终取代"有夫权婚姻"，称"婚姻或结婚是男与女的结合，包含一种彼此不能分离的生活方式"②，婚姻已经变成了一种人事。

《法律选编》则引入了一些基督教的原则，将婚姻看作神圣的事情，是主"以妙不可言的智慧下令通过无法分割的婚姻将两个人统一为一个肉身"③，所以，不到万不得已，严格禁止离婚事情的发生。婚约订立也就是我们通常说的"定婚"或"订婚"。经议婚阶段后，如果男女两家都持肯定意见，便可正式订婚，订婚后的男女双方当事人具有未婚夫妻的身份。但在古罗马时期，订婚并非婚姻的必要程序，而只是一种约定俗成的仪式或习惯，仅有道德约束。在订婚的法律约束力上，除了禁止一人与多人订婚、近亲订婚等，更多集中在毁约后要返还礼物的规定上。因此早期罗马法中并未对订婚的含义有明确界定，我国著名法学家周枏根据罗马社会的婚约习惯将其定义为"一男一女将来互为夫妻的预约"④。

但在古罗马时期，女性在订婚中都没有表达意愿的权利，女性都无权接受或不接受家长的安排，订婚多是父权制下的政治与经济联盟仪式，"婚姻多由父亲做主安排"⑤，"女儿不公开反抗父亲意愿，就被认为是默许同意"⑥，"奥古斯都的女儿朱里娅的几次婚姻完全由他安排"⑦，便是很

---

① 周枏：《罗马法原论》上册，第191页。
② J. B. Moyle, *Institutes of Justinian*, p. 12.
③ Ludwig Burgmann, *Ecloga das Gesetzbuch Leons Ⅲ und Konstantinos V*, p. 180.
④ 周枏：《罗马法原论》上册，第193、195页。
⑤ 刘文明：《论罗马帝国晚期的文化转型与女性婚姻地位变迁》，《首都师范大学学报》（社会科学版）2005年第6期。
⑥ 〔法〕安德烈·比尔基埃等：《家庭史》第1卷，袁树仁等译，生活·读书·新知三联书店1998年版，第339页。
⑦ 刘文明：《论罗马帝国晚期的文化转型与女性婚姻地位变迁》，《首都师范大学学报》（社会科学版）2005年第6期。

好的例证。因此，从古罗马法的角度看，如果双方当事人为他权人，则必须由双方家长（父）同意，如果为自权人，则处在监护人下的男女，须由监护人同意，这里的家长和监护人实质上就是"家父"（paterfamilias）①，是古罗马法中唯一为法律所承认的完人。即便在查士丁尼时期，"家父"的权力有所限制，但是"父权"至上的原则并未改变，父亲有权处置儿子的性命和财产，有权确定子女的婚姻②，"你和你的妻子所生的子女是处于你的权力下的；同样，你的儿子和他的妻子所生的子女，即你的孙儿女，也处于你的权力下；你的曾孙以及你的其他卑亲属亦同"③。

可见，在查士丁尼时期，妻子和女儿仍处于生父的家长权或监护权下，订婚契约的签订由家父包办，女性意愿能否实现不仅要看家父的意愿，对出嫁的女儿保持一切支配权，就连母亲对亲生子女的订婚也没有任何表达意愿的权利，女性在订婚仪式中处于极为不利的地位。

查士丁尼后，随着女性的人格在法律上逐步得到确认及基督教原则对罗马法影响的不断深化，女性的意愿才逐渐在订婚仪式中受到关注。至伊苏里亚王朝时期，伴随着帝国社会的稳定，《法律选编》不仅最终将订婚纳入正式的法律程序，从法理的角度对其进行了阐释和界定，认为"基督徒的订婚（μνηστεία）④ 就是因支付订金，并为此签订并生效的合同或契约"⑤，还对订婚仪式进行了法律上的明文规范，而女性在订婚中的"意愿"成了订婚成立的要件之一：

首先，在订婚成立的要件方面，《法律选编》规定：

年满7周岁及以上的子女，经订婚双方当事人同意，且获得双方

---

① 虽然"家父"的同意在古罗马人的婚姻中非常重要，但不同时期其重要的程度是有差别的，特别是在特殊状况下，如"家父"成为战俘或其他原因不在家，抑或"家父"成为精神病患者，可以不征求"家父"同意，但此类特例要获得执政官或监护人的同意（〔意〕彼德罗·彭梵得：《罗马法教科书》，黄风译，中国政法大学出版社2005年版，第109页）。
② J. B. Bury, *A History of the Later Roman Empire from Arcadius to Irene* (395AD to 800AD) Vol. 2, TheMacmillan Company, 1889, p. 416.
③ J. B. Moyle, *The Institutes of Justinian*, p. 12.
④ 直至查士丁尼时期，法律也仅是对婚姻有明确界定，认为婚姻是"男女间的结合，就是保持不可分离的生活关系（viri et mulieris coniunctio individuam consuetudinem vitae continens）"，对"订婚"则无明确界定，到伊苏里亚王朝时期的《法律选编》才在法律中正式确立了这一概念及其含义。
⑤ Ludwig Burgmann, *Ecloga das Gesetzbuch Leons III und Konstantinos V*, p. 168.

父母（γονέων）①或监护人赞同，那么订婚契约便可被缔结②。

可见，《法律选编》就订婚契约的签订有了明确的规定，不仅将"男女双方的意愿"作为订婚契约成立的必然要件之一，还一改古罗马女子的订婚由家父安排，忽视母亲意愿的不合理规定，正式确立了子女订婚需获得"父母"共同同意的立法，母亲的意愿也受到尊重和认可。

其次，在订婚契约的效力方面，《法律选编》也充分体现了女性的意愿：

若男方当事人预付了订金，但未履行订婚契约，不打算结婚，那么他预付的订金将不能被返还；若女方当事人悔婚，则要返还双倍的订金。若男方与女方当事人缔结了订婚契约，且要悔婚，那么男方当事人要据书面契约的条款给予女方当事人补偿；若达到法定年龄的女方当事人，在未有正当理由的前提下提出悔婚，那么女方当事人也要据书面契约的条款给予男方当事人补偿及返还双倍订金。若男方当事人与女方当事人缔结了订婚契约，不管是因不喜欢，还是临时改变心意，最终致使结婚推迟，女方当事人都有义务等待男方当事人2年，而后女方可向男方当事人要求结婚；若男方当事人同意自然好，若拒绝，女方当事人有权利与其所倾慕的人结婚，且可以获得订婚契约中规定的所有属于她的东西。对于孤儿，不论男女，若他人为其缔结了订婚契约，但后来他们改变的想法，只要其年满15周岁，便可解除婚约③。

古罗马法中，订婚多依赖于习惯，"婚约不得强制履行，任何一方可自由解除，因订婚并非婚姻的必要程序，也不能因毁约而请求赔偿损失，纵以要式口约法学术语订婚而另加罚金附约的亦同"④。虽然帝政后期法律就订婚的双方当事人不履行订婚习惯的行为，可以从聘礼层面就其行为在一定程度上发生强制履行的效力，但多数情况下，订婚契约的效力还是没办法获得法律层面的强有力保障。所以，在这种"家长制"社会的习惯式

---

① γονέων为γονεύς的属格、复数形式，意为"父母"，这与查士丁尼《民法大全》中的规定有别，后者规定婚姻的缔结要获得"家父"的同意。
② Ludwig Burgmann, *Ecloga das Gesetzbuch Leons Ⅲ und Konstantinos Ⅴ*, p. 168.
③ Ludwig Burgmann, *Ecloga das Gesetzbuch Leons Ⅲ und Konstantinos Ⅴ*, pp. 168 – 170.
④ 周枏：《罗马法原论》上册，第194—195页。

订婚中，女性的意愿与权利是无法得到保障的。

上文所列《法律选编》中对于男女当事人所应承担的法律责任的明确规定，强调了女性有遵从自己意愿选择履行订婚契约内容的权利，并有权在男性违约后另行选择结婚对象并获得相应赔偿。对于孤儿的订婚契约的解除，只要达到法定年龄，无论男女都有权利提出解除或遵守，这里不仅涉及女性的权利，也涉及包括男性在内的未成年人在成年以后遵从自己意愿决定婚姻大事的权利。

可见，罗马—拜占庭法律中关于订婚的内容已经由习惯上升到法律的高度，已经由原来的民间共同遵守的"预约"转变成了一种受法律保护的"契约"。这种转变具有重要的意义，它不仅以立法的形式明确了订婚男女之间的责任与义务，更重要的是在一定程度上以契约的形式彰显了女性和孩童的意愿，是女性及孩童法律与社会地位提高的表现。

二 婚姻立法提升女性地位

纵观罗马—拜占庭法律史，从罗马共和时期的《十二铜表法》，至帝国转型时期的《民法大全》，妇女的地位基本呈不断提高之势，但通过与拜占庭伊苏里亚王朝时期的《法律选编》中婚姻和家庭立法所体现的夫妻关系、监护原则和继承条例与前朝相关立法的对比来看，8—9 世纪的女性地位又有了进一步的提高。

（一）婚姻家庭中夫妻关系趋于平等

古罗马的婚姻经历了"有夫权婚姻"和"无夫权婚姻"两种形式的转变。"有夫权婚姻"是市民法层面上的结婚，家长失去对婚嫁的女子的家长权，"而使其处于夫家的家长权之下。这种婚姻形式下，婚姻的目的是继血统，承祭祀"[1]，女性在夫妻关系中处于完全的服从地位。随着罗马社会的发展，共和国末期开始认同"无夫权婚姻"。这种婚姻规定，丈夫对妻子没有夫权，婚姻的目的是维护夫妻本身的利益，但女性只是从受夫权支配转移到了父权支配下，地位并未得到根本性改变，"家长对出嫁的女儿仍保持一切支配权，他可以强迫其离婚而重新回娘家，并可向长官申请发给'领回女子的令状'"[2]。所以查士丁尼关于婚姻的立法，除了要求男方当事人已经成人，女方当事人达到适婚年龄外，还规定"无论他们是家长或家子，如系后者，必须取得对他享有权力的家长的同意，因为自然理

---

[1] 谭建华：《试论罗马婚姻制度的演变》，《河北法学》2007 年第 10 期。
[2] 周枏：《罗马法原论》上册，第 210 页。

性和市民法都要求这样做，甚至事先就应该得到家长的同意"，另外"妇女不得进行收养，因为即使他们自己的亲生子女也不处于她们的权力之下"①。足见在一个家庭中，不仅子女的婚约由"家长"决定，受家长的管制，就连家长之妻也并无话语权，要顺从家长之意，夫妻间在法律上处于严重不平等之态。

伊苏里亚王朝的《法律选编》将基督教的平等原则引入婚约立法中，较之前的《民法大全》，女性的地位有了显著提高，同为对子女婚姻的规定，但表述有了区别：

> 关于基督徒结婚（γάμος）②，男女双方要达到法定年龄，即男子年满15周岁，女子年满13周岁，双方渴望，且要征得父母的同意（γονέων συναινέσεως），要以契约的形式订立协议③。

这一条规定与订婚契约是一致的，首先要遵从男女当事人的意愿。同时双方须获得父母同意的规定具有重要意义，因为从法律史的角度看，该法典首次在法律化的订婚和凸显法律效力的婚约中引入了母亲权力的概念，这就意味着，在正常的婚姻家庭中，尽管子女依旧处于家长的控制之下，但是这里的"家长"，已经由原来的"家父"转变为"父母"，正如学者布克勒所评论的那样："这个变化传递出一种妻子此时与丈夫是平等的理念，在法律上她不再被视为她的'女儿'。"④ 可见，伊苏里亚王朝时期，夫妻之间的关系已经从之前的绝对服从转变为身份平等，起码在子女的婚姻问题上，婚姻立法已经由原来的家父一言转变为夫妻的共同参与，其家庭地位开始有了明显提高，获得了对子女的家长权和家庭生活的话语权，"此后的立法也基本遵循了这一原则"⑤。

（二）家庭监护权中的男女平等

古罗马时期，家族制度盛行，财产共有观念浓厚。因此，监护最初是为保护家族的财产利益而设置的。但是到了共和国末期，随着罗马经济的

---

① J. B. Moyle, *The Institutes of Justinian*, pp. 12, 17.
② 结婚（γάμος）和订婚（μνηστεία）概念和含义的区分，主要源自这两种仪式对婚约双方都有了明确的法律责任与义务关系，成为婚姻成立的必备条件。
③ Ludwig Burgmann, *Ecloga das Gesetzbuch Leons III und Konstantinos V*, p. 170.
④ G. Buckler, "Women in Byzantine Law, about 1100 A. D.", *Byzantion*, 11 (1936), p. 398.
⑤ E. H. Freshfield, *A Manual of Roman Law the Ecloga published by the Emperors Leo III and Constantine V of Isauria at Constantinople A. D. 726*, p. 21, n. 1.

快速发展，原有的家族制度在逐渐崩溃，财产共有的观念亦日益淡薄，故家长以遗嘱形式为子女指定监护人之时，已不再以家族的利益为重，而是以子女的利益为前提，保护继承人的权利为目的，主要包括法定监护、遗嘱监护和官选监护三种形式。

但无论哪种形式，自《十二铜表法》以来，罗马立法中关于"妇女包括母亲均不得成为监护人这一原始规则一直没有松弛过"[1]。古罗马社会是一个"家长制"的社会，监护被视为男人的特权，而女人不仅不允许担任监护人，其自身也处于被监护之下，如《十二铜表法》规定："我们的祖先认为，即使已成年的女子，由于其生性轻佻，应予以监护。"[2] 之后随着法律的不断修订，法律禁止女性担任监护人的规定略有改观，如查士丁尼时期规定："在特殊条件下妇女可以担任自己子女等直系卑亲属的监护人或保佐人，前提是必须宣誓以后不再嫁"[3]，但《法学阶梯》也规定："在大多数场合，享有继承利益的人应承受监护的负担。我们说'大多数场合'，因为如果一个妇女释放了未成年的奴隶，尽管她获得遗产继承权，但监护人并非她，而是另外一个人。"[4] 可见女性的监护权被严格限制，即使可行使监护权的条款，在严苛条件和强大父权的限制下，几乎无法真正施行。

而《法律选编》就女性的监护权问题进行了明确规定：

> 若丈夫先于妻子而亡，且留有子女，作为孩子的母亲，妻子将作为一家之长的身份监管其嫁妆（της ομολογηθείσης αυτῇ προικὸς）及丈夫的所有财产（παντοίων πραγμάτων），子女不得取代其位置或向其索要遗产，而要听从上帝的旨意，对其绝对服从和尊敬……作为母亲，由于她可以做出决断，故她适合也有义务教育子女并为子女婚嫁提供嫁妆[5]。

从法律条文的规定可以看出，伊苏里亚王朝婚姻家庭中，丈夫死后，妻子可行使"家长之权"，对家庭及其子女进行监管，而为了确保该规定的实施，防止子女因有怨言而不听从母亲的安排，也对子女的行为做出了

---

[1] 〔英〕巴里·尼古拉斯：《罗马法概论》，第97页。
[2] 陈筠、防微：《十二铜表法》，《东北师范大学科学集刊》1956年第6期。
[3] 周枬：《罗马法原论》上册，第146页。
[4] J. B. Moyle, *The Institutes of Justinian*, p. 24.
[5] Ludwig Burgmann, *Ecloga das Gesetzbuch Leons III und Konstantinos V*, p. 174.

具体的法律要求,如不允许子女在家中的地位或向母亲索要遗产。可见在家庭监护权方面,伊苏里亚王朝的妇女在拥有了同男子同样的权利的同时,也在家庭中具有了较高的地位。

(三)财产继承中的女性地位上升

继承也是罗马法的重要组成部分,其实现方式主要是遗嘱继承和无遗嘱继承两种。虽然古罗马法中规定子女均有继承权,但是当时这两种继承都对女性不利。遗嘱继承是以情感为纽带的继承方式,家长为绵延家嗣,一般会指定男性为继承人;而无遗嘱继承是据父系血亲顺序来继承,"至于女性,人们认为只有姐妹才能根据父系血缘关系继承遗产,而不是更远亲等的亲属,而他们的男性宗亲,不问亲等远近,却都可以继承他们的遗产"①。可见这种继承方式几乎把女性一律作为外人加以排斥,显然极不公平。

查士丁尼时期扩大了女性的继承范围,如《民法大全》延续了大法官关于在被继承人没有合法继承人时,由配偶继承其遗产的规定,但"在实践中,第二顺序的男性继承人仍然优先于第一顺序的女性继承人"②,实际生活中依旧以"如果丈夫去世或离婚,遗孀所得的份额(以及妻子在离婚情况下应得的份额,这后一种份额更为至关重要)是通过丈夫履行返还嫁资的义务予以保障"③的规定为主,女性的继承权依旧受到极大限制。

而《法律选编》就女性的继承权问题有了明确规定:

> 若妻子先于丈夫而亡,且无子女,丈夫只能获得妻子嫁妆的1/4,余下的部分要给予妻子遗嘱中指明的继承人,如果她未留遗嘱,则给予其近亲;若丈夫先于妻子而亡,且并无子女,那么妻子的所有嫁妆将归自己所有,且她可获得丈夫1/4的财产,剩余部分转归丈夫遗嘱中指明的继承人,若无遗嘱,则由其近亲继承④。

可见,在伊苏里亚王朝的立法中,改变了罗马传统继承立法中女性只能获得嫁资的不合理规定,允许在无子女的情况下,夫妻间不仅可以互相继承财产,而且在继承顺序上,夫妻间的继承要优先于其他近亲属,与《民法大全》相比,女性的继承权又有了进一步提高。因此,这一新规在

---

① J. B. Moyle, *The Institutes of Justinian*, p. 109.
② 陈志强:《拜占廷皇帝继承制特点研究》,《中国社会科学》1999年第1期。
③ 〔英〕巴里·尼古拉斯:《罗马法概论》,第267页。
④ Ludwig Burgmann, *Ecloga das Gesetzbuch Leons III und Konstantinos V*, p. 172.

一定程度上保护了女性的利益，使女性在继承方面的权利达到了一个新高度。

三 离婚纠纷维护女性权益

（一）援引基督教原则严格限制男性单方面离婚

离婚是婚约双方当事人依据相关法律规定的条件和程序终止婚姻关系的法律行为。古罗马时期经历了"有夫权婚姻"和"无夫权婚姻"的转变，故在离婚的规定方面也因夫权的有无而不同。"有夫权婚姻"是建立在权力支配之上，所以享有夫权的丈夫或家长可以单方面地休妻。《十二铜表法》规定："从妻子夺回钥匙后，令其随带自身物件，将其逐出。"①

随着"无夫权婚姻"取代"有夫权婚姻"，婚姻的基础变成了双方的共同意愿，离婚完全是自由之事，"一切限制离婚自由的限制一律不发生法律效力"，这种遵从"意愿"的离婚自由规定，看似是婚姻法中进步的规定，女性在离婚方面拥有一定的权利，但是在古罗马"家父"作主的婚姻家庭中，这一规定不仅没有使多数女性在离婚中的权益得到保障，反而使得她们在离婚之风盛行的共和国末期处于更为不利的地位。如安托尼努斯·披乌斯帝时期，"家长对已婚的他权女子仍得随时令其离婚"②。塔西佗也记载道，"为了使自己的情妇对自己不发生怀疑，谢雅努斯遗弃了给他生过三个孩子的妻子阿皮卡塔"③。在离婚程序上，罗马帝国时期也非常随意，一名已婚男子与另外一名妇女结婚，且未告知其首任妻子，而法院则宣布他与首任妻子离婚了，理由是"当男子与另外一个女人结婚，就意味着其收回了前一次婚姻的同意"④。查士丁尼时期受基督教的影响，严格限制离婚自由，规定"除一方人寺院修道或誓愿守节或不能性生活并已结婚三年的不得离婚"⑤，这在一定程度上限制了男方抛妻弃子、任意离婚的行为，但因不符合罗马社会的传统习惯，所以在查士丁尼二世继位后以第140号新敕废除之。

因此，虽然在罗马帝国晚期，妻子也有提出离婚的权利，但是多数情况下仍处于被动地位，加之女性离婚权仍受父权支配，据其个人意愿提出

---

① 陈筠、防微：《十二铜表法》，《东北师范大学科学集刊》1956年第6期。
② 周枬：《罗马法原论》上册，第237页。
③ 〔古罗马〕塔西佗：《编年史》，第199页。
④ S. S. Hughes and B. Hughes, *Women in World History: Readings from Prehistory to 1500* Vol. 1, M. E. Sharpe, 1995, p. 124.
⑤ 周枬：《罗马法原论》上册，第236页。

离婚者非常有限，而丈夫则可以随心所欲地抛妻弃子。

作为罗马—拜占庭帝国史上第一部真正意义上面对基督教徒而颁布的法典《法律选编》，援引了基督教原则，对婚姻和离婚内容做出了新的规定：

> 婚约将那些生活在一起、敬畏上主者连接在一起，不能被拆散。……当妻子受到大毒蛇的引诱，说服丈夫尝食禁果，与丈夫违反的神的旨意时，神并没有将其分离。神对其罪过进行了惩处，但并未打破他们的婚姻关系。此法令被主重申，当法赛利人问主"一个男人以任何理由抛弃妻子，这合法吗？（εἰ ἔξεστιν ἀνθρώπῳ κατὰ πᾶσαν αἰτίαν ἀπολύειν τὴν γυναῖκα αὐτοῦ, καὶ ἀποκριθέντος）"主回答道："这些人通过主结合在一起，不能分离，除非因通奸（τοὺς ὑπὸ τοῦ θεοῦ ζευχθέντας μὴ δύνασθαι ὑπὸ ἀνθρώπου παρεκτὸς λόγου πορνείας χωρίζεσθαι）。"① ……我们将其计入人间现有法律中，因为虽然据现有法律这些人以婚姻的形式结合，但还是能被分离，因为很多人习惯于堕落的生活方式，他们不能快乐地一起生活，以许多借口离婚②。

可见，《法律选编》所赋予的婚姻概念已不只是将其看作男女双方生活在一起的一纸协议，而是女人从属于男人后原则的体现，伊苏里亚王朝时期的立法已经将婚姻上升为了上帝赋予的神圣仪式。对帝国臣民而言，这种"神圣仪式"意味着夫妻之间是按照神的旨意结合在一起的，不能随意分离。因此，它也就成为夫妻离婚行为的最为严格的宗教和道德约束。

为了使这种"至高无上的上帝"约束有法律上的依据，《法律选编》也明确提出了严格的离婚的条件：

> 如果妻子与人通奸；如果妻子以任何方式谋害亲夫，或者作为帮凶，且未告知他；如果妻子是一个麻风病患者；如果丈夫以任何方式谋害妻子性命，或作为帮凶且未告知她，如果他是一个麻风病患者③。

---

① 《法律选编》中的这段阐释源自《圣经·新约》（马太福音书 19：3—9），是对查士丁尼关于婚姻是"一种彼此不能分离生活方式"的圣典化，强调了婚姻的神圣性和夫妻间的不可分离性，体现了《法律选编》本身的"基督教化"。
② Ludwig Burgmann, *Ecloga das Gesetzbuch Leons Ⅲ und Konstantinos Ⅴ*, pp. 180 - 182.
③ Ludwig Burgmann, *Ecloga das Gesetzbuch Leons Ⅲ und Konstantinos Ⅴ*, p. 192.

从《法律选编》限制离婚的规定来看，首先，夫妻间的谋害性命和麻风病属于有严重过错和疾病导致的必要离婚条件，如果没有这样的杀人行为或恶疾，不能构成离婚理由，可见离婚的门槛很高；其次，妻子与人通奸也是夫妻间的离婚条件之一，它不仅是《圣经》中对女性婚外性行为的严厉限制的体现，也是对之前罗马法妇女贞洁观的延续，似乎丈夫与人通奸并不构成离婚的理由，但值得注意的是，《法律选编》并未同之前的立法那样对丈夫的通奸行为采取放任"态度"，而是在刑法中给予了补充性规定，男子通奸要被处以劓刑①。这一规定是对男性婚外性行为的极大震慑，在一定程度上保护了女性的婚姻生活。

除此之外，《法律选编》还首次对其他非法性行为进行了界定，并提出了相应惩罚措施，"将纳妾、婚外性行为等连同诱奸、强奸、诱拐等犯罪行为一并纳入刑罚中"②，体现了东正教会将"第三次婚姻当作丑闻，第四次婚姻是野兽般的行为"③的态度，目的是要保护基督教的一夫一妻制原则，但客观上保护了女性在离婚中的权益。

（二）以保护婚姻嫁资方式确保女性离婚后的生活状况

在古罗马历史上，女性在婚姻家庭中受社会地位的影响，其监护权和继承权均受到很大限制，以至于其在丈夫可以随意抛妻弃子的社会中，离婚后的生活往往无法获得保障。正常情形下，嫁资在某些时期是唯一可以确保女性离婚后继续生活的物质保障。按照罗马的传统，嫁资通常包括嫁妆与婚姻赠予，其在保护女性离婚后的生活方面经历了一个曲折过程。

在罗马早期，嫁妆并不能成为女性的财产，它"只不过是女方对成家费用提供的一种赞助，并且在离婚还不常见的时代，认为赞助应当完全地和不可撤销地变为丈夫的财产"④。换言之，在古罗马盛行任意休妻的情况下，妻子在离婚后没有任何财产和生活方面的保障。帝国初期"无夫权婚姻"的盛行导致"离婚自由"，离婚与休妻已经成为一种很普遍的社会现象，嫁妆在婚姻中的保障功能开始凸显，妻子可以在婚姻破裂且无任何明确协议的情况下，通过诉讼方式要求返还嫁资，但这种返还是按照比例进行返还，丈夫可以保留一部分归自己所有。查士丁尼时期就婚姻中的嫁妆问题进行了修订，"婚姻关系解除时，除因妻子过失而离婚外，都应归还

---

① Ludwig Burgmann, *Ecloga das Gesetzbuch Leons III und Konstantinos V*, p. 234.
② A. E. Laiou, *Consent and Coercion to Sex and Marriage in Ancient and Medieval Societies*, Dumbarton Oaks Research Library and Collection, 1998, p. 118
③ K. Nikolaou, *Η Γυναίκα στη Μέση Βυζαντινή Εποχή*, Αθήνα, 2005, p. 106.
④ 〔英〕巴里·尼古拉斯：《罗马法概论》，第94页。

妻子"①。

"婚姻赠予"则是帝国后期出现的一种婚姻习俗，"是从买卖婚中的价金、男方订婚时的聘礼发展而来"②。查士丁尼将这一习俗纳入法律中，使其成为与嫁妆相对应的馈赠，如规定"婚姻赠礼应与新娘的嫁妆等值"③。这种赠予与嫁妆都可以在结婚后设立或追加，赠予财产由丈夫掌管，通常不实行正式的交付，婚姻结束时才完成这一法律行为。

但无论是嫁妆还是赠予，查士丁尼的法律中都没有对其来源、处置做出详细规定，离婚时丈夫只要对妻子说，"把你的东西带走吧，从此他们就算分道扬镳了"④。所以具体实践过程中并不能保证法律的规定能得到有效实施，也不能保证女性的权益能够得到相应维护。《法律选编》进一步强化了对夫妻离婚后妻子嫁资所有权的保护。就嫁妆而言，根据法典规定：

> 第一，婚约成立的前提是要为新娘提供彩礼，男方当事人要同意会一直保护并确保新娘的嫁妆不会缩减。第二，男方当事人可以向嫁妆中增添数额，如果将来没有子女，那么增添额的1/4要保留在嫁妆中。第三，男方当事人还有权利和义务帮助女方当事人（新娘）向女方父母索要嫁妆，如果他没有这样做，且未获得嫁妆，那么他有责任补偿给女方当事人在婚约中同意接收的彩礼数额⑤。

关于"婚姻赠予"，《法律选编》也明确了男方的责任，

> 男方要给予女方赠予物，这些赠予物与嫁妆数额等同，不能被男方索回或借取⑥。

除此之外，在丈夫或遭遇了损失，或欠了国家或私人的债务时，《法律选编》还明确规定归还妻子的嫁资应该优先于其他债权人：

---

① 周枏：《罗马法原论》上册，第228页。
② 周枏：《罗马法原论》上册，第230页。
③ 刘文明：《论罗马帝国晚期的文化转型与女性婚姻地位变迁》，《首都师范大学学报》（社会科学版）2005年第6期。
④ 刘文明：《论罗马帝国晚期的文化转型与女性婚姻地位变迁》，《首都师范大学学报》（社会科学版）2005年第6期。
⑤ Ludwig Burgmann, *Ecloga das Gesetzbuch Leons III und Konstantinos V*, pp. 172, 184.
⑥ Ludwig Burgmann, *Ecloga das Gesetzbuch Leons III und Konstantinos V*, p. 172.

那么在偿清妻子的嫁资之前，国家或个人都不能进入其房屋获取任何东西，只有在偿清妻子的嫁资之后，剩下部分才可以在债权人之间按比例进行分割①。

可见这些规定从嫁资的来源到离婚后的处置都做出了详细的规定，不仅保证一旦发生离婚纠纷，妻子可以获得自己的嫁妆以及前任丈夫给予她的增添物，这种保护不只是一纸空文，而是确实能够保证女方在婚姻中必定有嫁资作为其离婚后的生活保障，而这种保障在丈夫有债务纠纷时，妻子有获得其嫁资优先权的规定，使得《法律选编》在维护女性权益方面更趋"完美"。正如卡尔滕所言："《法律选编》规定婚姻嫁资属于女性，配偶只有使用权和管理权，并免于被配偶债权人的追讨"②，女性在离婚中有了切实的法律保障。

综上所述，与查士丁尼时代的婚姻家庭立法不同，伊苏里亚王朝婚姻家庭立法深受基督教婚姻观的影响，强调家庭的和谐与婚姻的神圣，夫妻间的平等与尊重，反对离婚与再婚，鼓励结婚和保护婚姻③，故而在《法律选编》的婚姻家庭法中所表现出来的是，通过订婚、结婚、离婚、继承和监护等方面做出新规定，在订婚中彰显女性意愿、在婚姻中尊重女性地位、在离婚中维护女性权益。王小波指出，伊苏里亚王朝的"妻子不再是夫权统治下的臣仆，而是独立的个体，她与丈夫共同分享家庭的权利和财产"④。因此，这不仅是对罗马帝国晚期婚姻堕落的有效"回击"，也是对罗马—拜占庭父权社会里男方任意休妻的限制，有利于女性的婚姻生活，反映了尊重女性的一面，对于提高女性地位和保障女性权益具有非常明显的积极意义。

四 家庭生活中关注子女权利

在古罗马法中，子女同妻子一样，均处于家长（家父）的控制之下，所有重要事情均由家父或家长安排。虽然家父与子女的关系同夫妻关系有相似之处，但《法律选编》并未对父母与子女的关系有系统论述，而是分

---

① Ludwig Burgmann, *Ecloga das Gesetzbuch Leons III und Konstantinos V*, p. 184.
② F. Karsten, "Women's Position and Possibilities in Byzantine Society, with particular reference to the Novels of Leo VI", *JÖB*, 1982（2），p. 236.
③ 陈悦：《浅析拜占廷中期"婚姻法"的特点》，《西南大学学报》（社会科学版）2013年第1期。
④ 王小波：《〈罗得海商法〉研究》，第125页。

散于婚姻法和继承法中。总体而言,《法律选编》在构建一个相对"平等"的家庭结构,不仅包括女性地位的提高,也包含了对子女权益的维护,可以窥见子女在很大程度上已经摆脱了家长的严格束缚①。换言之,父母与子女的关系中,子女的地位有了极大提升,这主要体现在对子女财产与人身的保护。

实际上,《法律选编》对子女或未成年者的维护和保护是非常细心全面的。除前文提及对未成年者婚约缔结方面给予的保护,在结婚协议中,也规定了妻子要从父亲那里获得嫁妆,且丈夫也要给予妻子同等价值的增添②。这部分财产要储存起来,一方面是为了在离婚的情况下,确保妻子的生活;另一方面则是在父亲去世,母亲改嫁的情况下,子女可以继承母亲的嫁妆,维持生计③,以免孩子的生活受到影响。

在财产的保护方面,《法律选编》最为显著的是对"遗产限定份额(nomimi moira)权"的延续。这一条款规定了子女可从父母遗产中获得的最小份额,不管子女有任何不当行为,任何人都不能剥夺子女对这部分遗产的继承权④,具体份额为,若死者有 4 个及以下子女,份额占遗产的 1/3,5 个及以上子女,份额占遗产的一半,这部分遗产可以维持子女的基本生活。

为了确保子女对财产继承的顺利进行,《法律选编》还对继承的顺序和过程进行了明确规定:在无遗嘱继承的情况下,子女为第一继承顺位,"即使死者的父母或祖父母健在,也不能继承遗产"。对于有遗嘱继承,却未提及子女,那么裁判官要对此遗嘱进行调查,以确保子女的权益可以得到有效保护。值得注意的是,《法律选编》还注意到了遗腹子的权益,规定"如果遗嘱制定后有子女降生,除了履行职责的子女将获得遗产外,新生婴儿也将与其兄弟姐妹一起分享遗产"⑤。

对子女人身财产的保护,还体现在正常婚姻家庭中。父母双方不能因为一方去世,便抛弃未成年子女,他们有义务抚养子女直至成人。如果有一方去世,另一方则要承担起监护子女、保护其应有财产免受损失的义务,甚至在子女达到法定婚龄时,在世的父亲或母亲还有义务为子女订立婚约,置办嫁妆;对于希望再婚的父或母,也必须首先对子女的生活和财产进行妥当的安排,才能再婚,否则将无法缔结第二次婚约。如《法律

---

① S. Runciman, *Byzantine Civilization*, Edward Arnold, 1933, p. 77.
② Ludwig Burgmann, *Ecloga das Gesetzbuch Leons III und Konstantinos V*, p. 172.
③ Ludwig Burgmann, *Ecloga das Gesetzbuch Leons III und Konstantinos V*, p. 174.
④ Ludwig Burgmann, *Ecloga das Gesetzbuch Leons III und Konstantinos V*, pp. 190 – 192.
⑤ Ludwig Burgmann, *Ecloga das Gesetzbuch Leons III und Konstantinos V*, p. 190, 192.

选编》规定,"一个有婚生子女的寡妇若要改嫁,要在二次婚姻缔结之前,她要宣布对其与前任丈夫子女及财产的托管权,然后再订立婚约。如果她没有这样做,那么她的财产及第二任丈夫的财产将有责任满足子女们对其合法财产的要求"①。也就是说,为了防止因母亲改嫁而造成财产被转移到继父家中,使头婚子女陷入贫困或无依靠,其不仅可以宣称对亲父母财产的继承权,也可以宣称对其继父母财产的继承权。对父亲再娶,子女能否继承继母的财产,《法律选编》并未有明确规定,这可能与女性在婚姻中拥有的财产主要用于首先保障其个人权益为主有关,不过为了保障子女权益,可能在因父亲再娶而伤害到子女利益的,上述条款亦通用。

若是父或母未选择再婚,那么要将子女抚养成人才能离开。《法律选编》强调,"一个寡妇或鳏夫都有义务将其未成年子女抚养成人。如果其子女达到成年,同意离开父或母,那么,他或她有权这样做,并可以带走属于自己的那部分财产,剩余的部分则根据子女数量的多少进行分配"②。这则条款本身亦表明,《法律选编》保护了未成年人正常接受教育的权利。

对于遗产的继承中,《法律选编》还包含了"父债子不还"的原则。子女或继承者在继承遗产前要明晰所得遗产的数额,若所得遗产中的总目可偿还债务,则子女或继承者继承剩余部分,但是如果所欠债务数目巨大,子女或继承者又不知情,那么债权人与继承者之间分割遗产便可,继承者无须补偿债权人的损失。事实上,债权人不仅不能在债务者死后损害死者子女的权益,即便是在债务人生前,债务人也不能用损害债务人子女利益的方式偿还债务,一方面,如前所述,子女有权优先获遗产中的最低份额,抵偿债务。另一方面,债权人更不能以限制债务人子女自由的方式抵偿债务。根据《法律选编》的规定,"如果债权人获得抵押品,但后又抓捕了债务人的子女,出租其外出做苦力,那么债务将被取消,孩子将被释放,债权人要以债务总额及其增值部分对孩子及其父母进行补偿"③。

除了加强对家庭中子女权益的保护,可能当时社会中还存在着大量的孤儿,为了确保这些未成年人健康成长,《法律选编》中还将其受托权和监护权交给了教会,规定如果父母去世时并未在遗嘱中指定监护人,那么教会将担此重责,主要分两类:第一,君士坦丁堡的孤儿,将由君士坦丁堡的教会或孤儿收容所承担起照顾孤儿的职责;在行省,教区、修道院及

---

① Ludwig Burgmann, *Ecloga das Gesetzbuch Leons III und Konstantinos V*, p. 180.
② Ludwig Burgmann, *Ecloga das Gesetzbuch Leons III und Konstantinos V*, p. 176.
③ Ludwig Burgmann, *Ecloga das Gesetzbuch Leons III und Konstantinos V*, pp. 194 – 196, 206.

教会则要承担起该职责。这些教会可作为孤儿的监护人直至其成婚,并将其遗产全部交给继承者,若该孤儿一直不结婚,最晚至其 20 岁时,教会要将其遗产交给继承者①。

当然,在给予子女权利的同时,《法律选编》还严格规定了子女的义务,特别是要求子女要善待父母,虽然子女拥有获得"遗产限定份额"的权利,但是如果子女不公正地对待父母,父母也可以剥夺其继承权。甚至子女不公正或忽视年老的父母,但是有陌生人以善心照顾其父母,父母可立遗嘱将其遗产赠送给该陌生人②。《法律选编》更是在第6章第7条详细列出了恶待父母而丧失继承权的情况:

> 殴打父母者;残酷折磨父母者;诬告或诽谤父母者;亲手投毒或利用他人投毒谋害父母性命者;与继母或父亲的情人通奸者;父母被捕入狱,子女并未对父母的呼救迅速做出回应者;忤逆父母为其寻求的合法良缘,愿意过一种邪恶生活的女儿;父母疯癫,但子女未尽照顾之责者③。

综上所述,在《法律选编》所反映的拜占庭家庭关系中,以"爱苛相辅"的理念中,极力维护婚姻家庭的"平衡",这种"平衡"体现在提升和关爱妻子与子女权利及削弱与限制"家父"与丈夫的权力。女性、孤儿、子女和老者,在家庭与社会中扮演着妻子、子女、父母和老人等角色,但在《法律选编》中其共性是作为妇孺的"弱者"角色。因此,法律在维护这些"弱者"权益的同时,进一步细化了各自的权利与义务关系,极力维护家庭成员的各自权益,改变了"家父"至高权威,以期达到家庭和谐与社会稳定的目的,从这一角度而言,将"仁爱"与"严苛"融合于立法之中,是拜占庭帝国社会发展之所需,更是帝国图求复兴繁荣之长计。

第二节 仁威并举:民刑处罚中对罪人的 轻判与重刑

《法律选编》是一部以民法为主,刑法辅之的法典,民法中以婚姻家

---

① Ludwig Burgmann, *Ecloga das Gesetzbuch Leons Ⅲ und Konstantinos V*, p. 198.
② Ludwig Burgmann, *Ecloga das Gesetzbuch Leons Ⅲ und Konstantinos V*, p. 190.
③ Ludwig Burgmann, *Ecloga das Gesetzbuch Leons Ⅲ und Konstantinos V*, p. 196.

庭法为中心，辅之以《农业法》《士兵法》和《罗得海商法》等法律规范着帝国百姓各自领域的日常生活，从民法篇、刑法篇、农法篇、商法篇等的内容构成来看，其贯穿了以基督教思想中的"仁爱"与"严苛"相统一的理念，既有以道德约束和减少酷刑的"仁爱"之举，又有以公正执法和重罪重罚的"严苛"之准，以"仁威并举"的方式对犯罪者进行量刑与处罚。

一　民事处罚中的道德性约束

由于《法律选编》及其附录多关注于拜占庭百姓的家庭社会生活，故其民事处罚也多围绕这一主题进行，无论是婚姻、继承，还是借贷、租赁和经商等条款都是通过签订合约或契约得以实现。若订立契约的双方中有一方要违背契约，那么只要根据契约约定进行赔偿便可。整体而言，这些赔偿也只是限于法律化的道德约束，基本属于合理合法的范畴。

在关于婚约的订立与解除中，如果订立的是一份常规婚约，订立的前提是双方当事人及其父母同意，男方交付订婚礼物（订金），但是若是毁约，订金将是守约方应得的赔偿金，男女方毁约的唯一差别是，女方毁约要赔偿双倍的订金。若订婚协议中有明确的赔偿责任，则根据契约中的规定承担责任。对于推迟或取消婚约，女方在等待两年后无果的情况下，不仅可以索得订婚协议中属于她的东西，还可以另寻良缘[①]。

在婚姻家庭生活中，夫妻与子女要扮演好各自的家庭角色，丈夫要确保妻子的嫁妆不会减少，抚养子女直到其成年，为其置办嫁妆和聘财，尽父亲与丈夫的责任。妻子要忠于丈夫，照顾家庭，抚养子女，尽母亲与妻子的职责。而子女则要孝敬父母，尽子女的孝行。因此，《法律选编》规定：

> 一方面，子女不得反对父母，要对其完全地尊敬与服从，"以言以行尊敬你的父母，以使他们的祝福可以降临于你。因为父亲的祝福，巩固子女的家庭，反之母亲的诅咒，拔出其家庭的根基"，"作为子女，要尊主之意听从父母"。
>
> 另一方面，作为父母要养育子女，"不要惹儿女生气，要遵照主的教训和警戒养育他们"，"一个有子女或孙子女的寡妇首先要做的是

---

① Ludwig Burgmann, *Ecloga das Gesetzbuch Leons Ⅲ und Konstantinos Ⅴ*, p. 168.

照料家庭，在主看来，这才是正道"①。

但是对于违背契约的行为，《法律选编》也规定了各自相应的处罚措施。

> 丈夫对家庭失职，妻子去世后未满12个月就再婚的丈夫，要被处以"不能获得妻子的任何遗产"的处罚；反之，如果母亲未尽职责，在丈夫去世未满12月便再结婚，也要被剥夺获取丈夫遗产的权利。对于妻子不忠于丈夫，发生通奸行为，则要被处以劓刑，并与丈夫离婚（不过这已经涉及性犯罪，属于刑法与刑罚的范畴，后文会专门论及）。②

对于子女的不孝，《法律选编》主要采取剥夺其财产继承的处罚，而其被剥夺的财产继承权，可由父母指定给那些并无血缘关系，但悉心照顾其父母的陌生人，前文已有叙述，此处不再赘述：

> 如果父母有一个儿子，但儿子不公地对待他们，在其年老时忽视他们，但有个陌生人前来照顾他们，如果他们希望以遗嘱的形式让该陌生人成为其遗嘱的继承者，以显示对其善心的报答，他们的遗嘱将有效③。

上述条文涉及《法律选编》的核心——婚姻家庭法，在前文关于女性与子女地位提高时已经谈及，不过此处作为整体涉猎，集中于其展现出的伦理道德法律化。换言之，从关系而言，其呈现出的是家庭关系"平等化"，从法理而言，其呈现出的是角色扮演的"说教化"。作为一部法典，本应彰显其律法"苛章"的特点，但是从条文看，其展露着强烈的道德约束感，婚姻家庭中的父亲、母亲、儿子和女儿等人员间的亲属关系，无论是夫妻间的相互忠诚，还是父母必抚育子女，抑或是子女必赡养老人，主要是以"约"的形式构建而起。虽然对违反婚姻家庭中这种"约"的行为有惩处，但是从律法条文的口吻来看，很明显《法律选编》是将婚姻家庭

---

① Ludwig Burgmann, *Ecloga das Gesetzbuch Leons III und Konstantinos V*, p. 174–176.
② Ludwig Burgmann, *Ecloga das Gesetzbuch Leons III und Konstantinos V*, pp. 178–180, 234.
③ Ludwig Burgmann, *Ecloga das Gesetzbuch Leons III und Konstantinos V*, p. 190.

中的道德伦理进行了法律化改造，以期通过道德教化的方式，对百姓的日常生活和责任义务进行警示性规范。

除了人法，在物法的规范中也体现了律法的警示性目的。在上文述及的借贷与抵押的规定中，借贷时禁止发生"妻偿夫债"与"子偿父债"的情况，不能奴役借贷方的子女，也不能动用借贷方之妻的嫁妆①，这符合《法律选编》讲求借贷的"公平"原则，严禁借借贷之由觊觎别人财产。此外《法律选编》还在借出方的权益方面进行了细致规定：

> 双方要根据协议条款，借贷方偿还贷款，借出方归还抵押。但是如果借出方将款项借给借贷方，但是借贷方并未在规定的期限内还款，期限过后，借出方可向借贷方提出正式归还要求，若2—3次的请求后，借贷方还是未有偿还的承诺或举动，那么，借出方可要求公正人公开对抵押品进行评估，记录在公共登记簿上，将抵押品出售，所得金额用于偿还借出方的借款，如有盈余则归于借贷方，若所售金额不足以抵债，剩余部分则由借贷方补偿②。

从条款内容看，《法律选编》关于借贷双方的权益和责任给予了客观公正的规定，实质而言，这是对双方之间建立起的借贷"约"的细致规范。借贷是百姓日常生活中的常有"约"，抛开法律制约，借贷一旦发生，贷款和抵押成为借贷程序中的要素，作为借贷方，按照"约"的时间期限归还，实属天经地义，作为借出方，按照"约"的规定，公正评估抵押品，也是其职责所在。不奴役借贷方子女，不为难借贷方妻子，这在很大程度上，体现出要求民间借贷彰显"仁爱"之理念，借贷双方达成的更像是道德契约，而非冰冷的法律条款。

《法律选编》法律化的道德约束还体现在租赁方面。《法律选编》规定了出租人与承租人之间的权利与义务关系：

> 如果获得永佃权的承租者每年按时缴纳租金，对田产进行悉心照料和修整，尽力完成其义务，出租者不仅不能随意剥夺其租赁权，还要允许承租人以嫁妆、转让或出售的方式处理土地。但如果永租地是修道院（的资产），三年未获得租金，不动产还被恶劣地对待，那么

---

① Ludwig Burgmann, *Ecloga das Gesetzbuch Leons Ⅲ und Konstantinos Ⅴ*, p. 206.
② Ludwig Burgmann, *Ecloga das Gesetzbuch Leons Ⅲ und Konstantinos Ⅴ*, pp. 204–206.

主人有权收回不动产的永佃权及所欠租金①。

实际上，租赁关系中，不管是出租者要确保承租者的租赁权，还是承租者要"善待"出租者的土地，这种权利与义务的关系属于"人之常情"，是租赁关系成立的前提和底线。关于这一关系，作为《法律选编》的附录，《农业法》也延续和补充了其理念和思想，农村邻里之间的土地租赁也是以法律化的道德性束缚为主，如《农业法》规定：

> 如果两个农民已一致同意在播种季节交换土地，而后其中一方（A方）收回交换意向，如果已经播种完毕，则双方不得撤销土地交换约定；如果尚未播种，则双方可撤销交换约定；如果对方（B方）已经完成土地的犁耕，而收回交换意向的一方（A方）尚未完成，则收回意向的一方（A方）需要完成土地的犁耕（才可撤销交换约定）②。

可见，租赁关系中的契约关系是一种"平等关系"，在遵从法律化的道德约束中极力维护双方的平等权利，在以律法约束的同时，也考虑到具体的"人情"，其根本目的是希望以警示性的作用防患于未然，但也将律法作为"底线"，一旦违反契约关系，将会承担相应的法律后果。

《圣经·旧约》讲求人们要严格遵守耶和华与人之间的"约"，强调执行严苛律法。《圣经·新约》则关注于上帝与人之间的爱，强调施以仁义道德。《法律选编》深受这两种理念的影响，在民事（百姓日常生活的摩擦）责任中，一方面强调执法的公正，但是更为注重法律化的道德的施化与约束。比如子女要孝敬父母，儿女要凡事听从父母，他们若听从侍奉他，就必度日亨通，历年福乐。父母要抚养子女，父亲不要惹儿女生气，只要警戒养育他们。关于借贷，要求人们在借贷方面讲求诚信，作为富裕者要以仁爱之心帮助贫苦者，鼓励其向贫穷者借钱，但是不许放债的向他取高利，而对于借款者不能忘恩负义，借款者要给予债权人一定的报酬（或利息），当然这一利益要适当。

总之，在涉及婚姻家庭的民事处罚中，《法律选编》及其附录多以违约金的赔偿为主要手段，其坚持的宗旨，并非为了惩处而惩处，而是希望

---

① Ludwig Burgmann, *Ecloga das Gesetzbuch Leons Ⅲ und Konstantinos Ⅴ*, p. 210.
② M. Humpgreys, *The Laws of the Isaurian Era：The Ecloga and Its Appendices*, p. 129.

双方能更多地从道德出发，遵守契约中的规定，主要目的是道德训诫对契约进行有效限定，显示出了更为"仁爱"的一面，以此理念处理伊苏里亚王朝的民事纠纷，真正实现了将伦理道德的法制化，有利于诸多社会问题的预防与解决。

二 刑法处罚中展现轻罚趋势

现代意义上，刑法是"规定什么行为是犯罪，以及对犯罪行为应进行何种惩罚的法"[①]。刑法的对象只针对犯罪行为，而不是普通的违法。刑法所规定的惩罚只能由国家来强制实施，而不是受害者个人。只有满足了这些条件，才能称为刑法。但是古罗马时期的刑法与现代法律意义上的刑法有很大区别，古罗马人所关心的不是对违法行为的道德谴责程度，而是对此种违法行为的受害人应给予何种救济，以及对违法者应给予何种惩罚。由于罗马法本身就缺乏侵权与犯罪的区分，也就不存在我们所说的现代意义上的刑法。从罗马法中关于所谓"刑法"的规定来看，称其为"惩罚法"更为恰当。因此，《法律选编》中关于对违法行为的惩处也基本遵循这一原则，其实质是惩罚法，《法律选编》中关于刑法的规定主要集中于第17章，凡53条。按照类别可大致分为以下几类（见表3-2-1）：

表3-2-1 《法律选编》第17章中关于对犯罪案件的惩罚

条款	内容
1—6条	反教会和国家罪
7—9条	关于马牛羊等牲畜损失的处罚
10—17条	关于盗窃罪
18条	铸假币罪
19—39条	性犯罪
40—41条	纵火罪
42—50条	杀人罪
51条	诽谤罪
52条	摩尼教与孟他努派
53条	逃兵

资料来源：M. Humpgreys, *The Laws of the Isaurian Era: The Ecloga and Its Appendices*, pp. 69-77.

---

① 王华胜：《罗马法中的"刑法"与"惩罚法"》，《西南民族大学学报》（人文社会科学版）2010年第11期。

从具体条款内容来看,《法律选编》表现出了如下特点:

第一,严格限制死刑。

《法律选编》中以死刑进行处罚的范围非常有限,可以说伊苏里亚王朝的立法很慎重地使用这一处罚方式。死刑主要集中在叛国(逃)罪、同性性行为罪和杀人罪等。如"任何人密谋反对皇帝,或与他人串谋谋反,抑或反叛基督教国家,即可将其处死";对叛逃的军人,亦要处以剑刑,对于投毒和故意杀人也要处以死刑;"任何人,无论是自由人还是奴隶,被证实以任何理由给予他人一剂药,……并导致服用者生病且死亡,那么给予药物者将被处以剑刑","任何人如果犯有杀人罪,不论年龄,均处以剑刑"①。

上述死刑惩处也是延续自查士丁尼及之前的立法,如对于叛国罪,查士丁尼的立法是根据犹里国事法规定,"适用于一切图谋不轨危害皇帝或国家的人。其刑罚是死刑,并使其遗臭万年";而对于杀人罪,查士丁尼时期则依据考尔乃里法规定,"对于杀人者或意图杀人而携带'矢箭'徘徊的人,以报复之剑击之……同一法律规定对于施毒者,或用毒物和魔术等可恶奸计杀人,或公开出售有毒药品的人,处以极刑"②。但是与查士丁尼立法不同的是《法律选编》在死刑的范围、方式等方面都受到极大限制。

首先,在死刑惩罚的运用范围上已经缩小。查士丁尼立法中,死刑的范围很广。除了叛国罪和杀人罪外,通奸罪、杀亲罪、奴隶伪造印章罪、强奸罪、侵吞公款罪、绑架诱拐罪等均可以判处死刑(有些会适当视情况而定刑罚)。以通奸罪和侵吞公款罪为例,查士丁尼规定,"不仅对犯通奸罪的人,且对于同性间进行淫乱行为的人,处以死刑",还"对盗窃公款或公共财物、神圣物、宗教物者,处以死刑。长官在职期间侵吞公款的,处以死刑"③。但《法律选编》已对这些罪行的惩处进行了轻判,主要以身体致残的方式对其罪恶进行惩罚,如《法律选编》规定,"一个男人与已婚女子犯了通奸罪,他要被处以劓刑,女子亦同罪论处""任何人强行房获一个女孩并将其玷污,那么他要被处以劓刑"。偷盗罪,如偷盗圣物,则根据所盗地点差异,分致盲、鞭刑和流放之刑,一般的盗窃则多受偿金

---

① Ludwig Burgmann, *Ecloga das Gesetzbuch Leons Ⅲ und Konstantinos Ⅴ*, pp. 226, 242, 238 – 242.
② J. B. Moyle, *Institutes of Justinian*, pp. 205 – 206.
③ J. B. Moyle, *Institutes of Justinian*, pp. 205 – 206.

与砍手之刑①。

其次，在死刑惩罚的方式上也展现"人道"。查士丁尼的立法将杀人罪分为故意杀人与杀亲罪，前者沿用考尔乃里法，后者沿用了庞培法。根据《法学阶梯》，前者处以极刑，但后者为"最可怕的罪行，处以特异的刑法"，这一可怕的罪行主要是指法律或血缘上的亲属关系间的杀害或加速死亡，"无论其行动是公开的或隐蔽的，是杀亲罪的教唆犯或从犯，即使不是一家人，一律处以杀亲罪的刑法"，处罚的方式不像考尔乃里法中用剑、火等通常方式将其处死，而是要将其"同狗、公鸡、蛇和猴各一，一起封闭在袋内。在把他禁闭在这种可怕的牢狱之后，即依当地的地形，把他投入海中或河里，在他还活着的时候，即已经开始被剥夺了基本的活命条件，生时不见天日，死无葬身之地"②。

对叛国或谋反罪，《法律选编》亦零容忍，并给出了客观的理由，认为谋反皇帝或基督教国家，"目的是要毁灭整个共同体"，必须处以死刑。但对这类罪名的判定还是非常谨慎的，即便皇帝也不能随心所欲地给别人定以叛国或谋反罪，规定"为了预防审判者因对某人有怨恨，而将被告处以死刑，而后又以被告诋毁皇帝之名为自己辩解，权宜之计是将被告羁押于安全之地，对他的指控，则要将其带至皇帝面前由皇帝亲自审问，由皇帝进行量刑"③。

对于杀人罪，只要是携带"矢箭"徘徊致人死亡的，查士丁尼的立法几乎是"一刀切"地将其处以死刑。但是《法律选编》对此有了更为细化的规定：争斗中死亡的，裁决官要调查"凶器"：若死于重掷之物，如棍子或大石头或被踹，犯罪者要被处以砍手之刑；若死于轻掷之物，如用拳头，犯罪者要被处以鞭刑与流放；若死于锋利尖锐之物，如用刀剑将人刺死，犯罪者则要被处以死刑④。可见，在《法律选编》看来，重掷之物和轻掷之物导致的死亡，只是把握尺度上过量致死，而非故意杀人。但用尖锐利器袭击他人具有主观上的杀人意愿，属于故意杀人。

第二，肉刑代替死刑。

死刑处罚的减少意味着《法律选编》要改革对犯罪者的惩处方式。法典中，除了叛国罪和故意杀人罪要处以死刑外，多数处罚主要集中在了

---

① Ludwig Burgmann, *Ecloga das Gesetzbuch Leons III und Konstantinos V*, pp. 228 – 230, 234 – 236.
② J. B. Moyle, *Institutes of Justinian*, p. 206.
③ Ludwig Burgmann, *Ecloga das Gesetzbuch Leons III und Konstantinos V*, p. 226.
④ Ludwig Burgmann, *Ecloga das Gesetzbuch Leons III und Konstantinos V*, p. 242.

"肉刑",按照处罚由轻到重,主要包含几个层次:

第一个层次为精神上的"肉刑",如赔偿罚金、归还原物和赔偿物品。对大多数犯罪者而言,这种惩处是最轻的,因为是通过物的赔偿,达到对侵权人的身体与内心惩处,故而将其列为"肉刑"的一种,是为精神上的"肉刑"。《法律选编》中主要是发生于对他人物品的损毁的惩处,如"租用他人马匹前往一个指定的地方,但其牵马或还马超出了指定地点,很自然他要向马主赔偿损伤费或死亡偿金","如果公羊或公牛未因袭击而被杀死,那么杀死公羊或公牛的羊或牛的主人要被传唤至公堂,要么向被杀死的羊或牛的主人赔偿一只公羊或一头公牛,要么向其赔偿等同被杀死的公羊或公牛价值的罚金"。偷盗他人财物、牲畜和奴隶等罪责的最基本处罚也是赔偿罚金与返还原物,不过还要根据其盗窃所引发后果的严重程度,伴随有其他处罚,如"盗牛者,若为初犯,要返还或赔偿牛主人,后处以鞭刑;第二次者,返还或赔偿牛主人,后处以流放之刑;第三次者,返还或赔偿牛主人后,处以砍手之刑"[1]。

第二个层次为鞭打之刑。相对于罚金,第二个层次的惩罚要略重。从《法律选编》中来看,鞭刑的惩处主要集中于违背教会事务或伦理道德的罪责,一般为6—12下的鞭打,多为象征性的惩戒。如在教堂寻求庇护的逃亡者,任何人都不能强行将其强行带走,否则要被处以12下鞭刑,而在教堂或做礼拜期间拍打牧师,或者偷盗,也要被处以鞭刑。另外犯有通奸罪的男人,亲属间订立的婚约等,也要处以鞭刑。不过对有些犯罪者的惩处,也可以用鞭刑代替罚金,如果有人与他人的仆人发生关系,若他是富有者,可以向仆人的主人支付罚金,但"如果他是贫穷者,要被处以鞭刑"[2]。殴打式鞭刑的实施,主要是以此激发起犯罪者的羞耻之心。

第三个层次为流放之刑,又名放逐之刑,自古希腊时期便有,较著名的放逐之刑源自克里斯提尼改革中的"陶片放逐法"。罗马人将这一惩处方式引入,逐渐用这一方式代替死刑。按照塔西佗的说法,流放的意义在于:将罪犯的财产没收后放逐到一个岛上去,其带着罪名生活得越久,痛苦也会愈加深,而人们还能从罪人身上看到国家的崇高[3]。罗马法对放逐的定义是,"被放逐(或流放)者是那些被判处无期限或有期限的禁止于

---

[1] Ludwig Burgmann, *Ecloga das Gesetzbuch Leons III und Konstantinos V*, pp. 228, 230.
[2] Ludwig Burgmann, *Ecloga das Gesetzbuch Leons III und Konstantinos V*, pp. 226, 230, 232, 338.
[3] 〔古罗马〕塔西佗:《编年史》下册,第492页。

某一行省或罗马或罗马附近地区的人"①。《法律选编》中并未标明流放的地方，可能延续了查士丁尼对流放地点的规定，主要包含明确禁止去的地方、禁止离开的某个地方和孤岛。早期流放的多为王公贵胄，但在《法律选编》中，流放作为诸多刑罚之一，呈现出"普遍化"特点，且常与鞭刑并行使用。如在教堂殴打牧师，偷盗圣物，诱奸处女但无法支付罚金，用投掷物打死他人，用拳头致人死亡等，除了要处以鞭刑外，还要接受流放之刑。另外对于以卑劣手段获取财富，如"用骗术制作咒符获取财富，不仅要没收其财物，还要被放逐"②。

第四个层次的处罚为断肢。这种惩罚方式应该是源于古罗马时期分裂肢体的酷刑，类似于中国古代的磔刑，早期主要用于奴隶或曾经为奴的人。大约在罗马帝国初期开始对这一残酷的刑罚进行限制，但未完全禁止，如在塔西佗的记载中，"公元70年左右，一位出卖过别人的奴隶带着主人送给他的戒指（是骑士等级的标志）被磔刑处死"③。随着4—8世纪基督教思想对罗马法的影响，磔刑逐渐消失，但皇帝开始在不影响受罚人性命的前提下，通过残其肢体将原本的磔刑进行了分解。《法律选编》中表现为割舌、砍手、致盲、刺鼻、宫刑五种方式。割舌的处罚主要集中于作伪证，如"在上帝的《圣经》面前起誓，后被发现作伪证，要被处以割舌之刑"。砍手之刑主要针对偷盗行为，如盗取他人马匹者、盗墓者、将自由人卖为奴隶者及伪造货币者。致盲之刑主要是对进入教堂中的圣堂盗取物品的行为。劓刑这主要针对与性犯罪相关的惩处，如"任何人在任何地方强行将一个修女或处女带走玷污，要被处以割鼻之刑"，宫刑则主要是针对"兽奸罪"④。

这四种"肉刑"加上死刑（在某些条款中还有削发的处罚，但是多为附带惩罚，故未独立分类），即罚金—放逐—鞭刑—断肢—死刑，构成了《法律选编》中五位一体的惩处方式。为了使我们能更清晰地认识该法典涉及的犯罪类别，本书对其进行了大致的分类和统计（见表3-2-2）：

---

① Alan Watson, *The Digest of Justinian* Vol. 4, p. 375.
② Ludwig Burgmann, *Ecloga das Gesetzbuch Leons Ⅲ und Konstantinos* Ⅴ, p. 240.
③ 〔古罗马〕塔西佗：《历史》，王以铸、崔妙因译，商务印书馆2002年版，第244页。
④ Ludwig Burgmann, *Ecloga das Gesetzbuch Leons Ⅲ und Konstantinos* Ⅴ, pp. 226, 228 - 230, 232, 238.

表3-2-2　　　　　　　　《法律选编》中刑罚的分类

刑罚	死刑	断肢	鞭刑	放逐	罚金
数量（条）	12	22	18	12	14
百分比	15%	28%	23%	15%	18%

资料来源：M. Humpgreys, *The Laws of the Isaurian Era: The Ecloga and Its Appendices*, pp. 69-77.

惩罚的条款共计53条，涉及死刑、断肢、鞭刑、放逐和罚金5大类，对同一种犯罪，如盗窃，又会因为情节不同，量刑也有所差异。但无论如何，该不完全的统计表中还是反映出了《法律选编》在刑法处罚方面所呈现出的特点，即对死刑进行了比较严格的控制，除非像叛国、反皇帝、蓄意谋杀等重罪才会被处以死刑；其他方面的惩处，主要集中在对身体的惩罚，断肢占28%，鞭刑占23%，总共所占比例已经过半；除此之外，对于一些较轻的犯罪则只处以放逐或罚金的惩罚，也已经占到了30%以上，虽然这在一定程度上更有利于富有者，但不得不承认其在尊重"性命"面前，确实做出了很大的改进，体现出了其"仁爱"的方面。

因此，虽然《法律选编》的刑罚中充斥着大量肉刑的规定，看似野蛮，但是历史地看，其以断肢的方式代替死刑，增加罚金、鞭刑和流放等较轻处罚的比重，是贯穿基督教"仁爱"思想的表现，更是对该法典序言中所倡导的提升"仁爱"原则的践行。正如著名拜占庭史家瓦西列夫所言，"伊苏里亚王朝的皇帝可以公正地宣布，他们所完成的法典比起前任皇帝们的法典要仁慈得多"[①]。

三　对性犯罪的细致严苛处罚

在罗马—拜占庭帝国法律史上，性犯罪并非一个确切的概念，但从法律实体内容的总结看，性犯罪主要指与性行为有关的违背法律法令、道德伦理与社会规范的淫乱行为，主要包含诱奸、强奸与通奸等。关于对性犯罪的惩处，在罗马帝国早已有之，整体上呈现出不断严苛的趋势。如奥古斯都年间设定的通奸罪的犹里法，不仅对犯通奸罪的人和同性间性行为的人处以死刑，对诱奸处女和守节寡妇者，则根据身份处以罚没、体罚或流放，地位高者要没收财产半数，地位卑贱者则处以体罚或流放[②]。

君士坦丁皇帝即位后，进一步加大了对强奸罪的惩处力度，开始取消

---

① A. A. Vasiliev, *History of the Byzantine Empire 324-1453*, p. 242.
② J. B. Moyle, *Institutes of Justinian*, p. 205.

强奸与诱奸的区别，强奸或"采用温柔手段勾引一个 25 岁以下的未婚妇女离开父母家宅者"①，都要处以死刑，或者被活活烧死，或者被野兽撕碎。"奴隶，不论男女，如确犯有强奸或诱奸罪，一律活活烧死，或由口中灌入若干熔铅的酷刑处死"②。

但君士坦丁大帝之后，拜占庭皇帝对性犯罪的惩处力度又有所下降。例如查士丁尼大帝在位时期在对古罗马法学家《关于通奸罪的犹里法》所做的解释与阐述汇集后，吸收了君士坦丁的一些规定，对性犯罪的处罚进行了些许的修订，认为关于公私暴力的犹里法，对施暴者，无论其是否使用武器，一律要处以刑罚，对使用武器施暴者处以流刑，对不使用武器施暴者没收其财产的 1/3，但"强奸处女、寡妇、修女或笃信宗教的其他妇女，根据本皇帝宪令的规定，强奸者和从犯一律处以死刑"③。可见虽然查士丁尼沿用了犹里法与君士坦丁严惩强奸的做法，但是对于诱奸的处罚还仅限于流放和罚款，这种局面直到 740 年伊苏里亚王朝的立法《法律选编》出现后才有所改观。

《法律选编》对性犯罪的细致严苛主要集中于第 17 章第 19—39 条，共计 21 条，择选部分条款整理如下：

第 19 条：一个已婚男士犯有通奸罪，他将被处以 12 鞭刑以纠其过，不论富贫均要受此惩处。

第 20 条：一个未婚男子犯有私通罪，他将被处以 6 鞭刑。

第 21 条：如果一个已婚男子与奴隶发生关系，那么该奴隶要被带至地方法官面前，为了帝国，她要被卖到外省，所得身价为帝国所用。

第 23 条：一个人与一个修女发生关系，因为他们的行为玷污了上帝的教堂，他犯了通奸之罪，使她疏离教会，故他们要被处以劓刑；修女必须谨慎，以免遭受同样的惩罚。

第 24 条：任何人在任何地方，如若强行将一个修女或一个处女带走，将其玷污，要处以割鼻之刑。强奸的帮凶要处以放逐之刑。

第 26 条：如果任何人被发现对其继女做同样的事情，他要被处以劓刑，及严厉的鞭刑。

---

① 余辉：《罗马帝国时期的刑罚制度初探》，《外国法制史研究》2014 年第 00 期。
② 〔英〕爱德华·吉本：《罗马帝国衰亡史》上，黄宜恩、黄雨石译，商务印书馆 1997 年版，第 230 页。
③ J. B. Moyle, *Institutes of Justinian*, p. 207.

第 28 条：如果丈夫明知妻子通奸，且宽恕了妻子的通奸行为，那么他要被处以鞭刑和流放之刑，奸夫淫妇要被处以劓刑。

第 30 条：任何人如若强行虏获一个女孩并将其玷污，那么他要被处以割鼻之刑。

第 31 条：任何人如若玷污一个青春期前的女孩，也就是未满 13 周岁，那么他要被处以劓刑，且其一半的财产要归被引诱女孩所有。

第 32 条：任何人如若玷污一个有婚约的女孩，即使获得她的同意，他也要被处以劓刑。

第 34 条：一个男子明知却与一对母女发生关系者，处以劓刑；反过来，如果一个女人明知却与一对父子发生关系者，同罪论处。

第 35 条：一个男人有两个妻子，他将被处以鞭刑，第二个入门的妻子连同其所生子女将被驱逐。

第 36 条：一个女人与他人发生非法关系并怀孕，如若她试图使自己流产，她将被处以鞭刑和流放之刑。

第 39 条：如果某些人犯了"不理性"之罪，也就是"兽奸罪"，其将被处以宫刑①。

虽然《法律选编》中将强奸罪与通奸罪合一处罚，取缔了之前立法中通奸罪死刑处罚，以"断肢"代替，从量刑上似乎减弱了古法中"酷刑"的比重。但从法条的数量来看，总共 53 条的刑罚中，对于性犯罪的处罚达到 21 条，占据整个刑罚处罚的 40%，涉及的处罚方式除了对同性性行为处以死刑外，其他处罚囊括了鞭刑、罚金、劓鼻、流放等诸多方式，而在众多处罚方式中又以劓鼻最为普遍，如第 23 条中与修女发生关系，第 25 条中的乱伦之罪，第 27 条中的通奸之罪等，足见《法律选编》对性犯罪的重视程度。

从这 21 条性犯罪处罚的对象范围看，包括丈夫、妻子、父亲、儿女、教女、教父、教母、继女、继父、继母等，几乎囊括了所有法律与血缘关系的家庭成员与亲属间及非血缘关系人员间的性犯罪，涉及的范围非常广泛，条款规定极为细致与严格。如已婚男与未婚男和他人私通的区别惩罚，已婚男与奴隶发生关系和与修女或处女发生关系的惩处不同，妻子通奸与丈夫态度不同所引发的不同惩处结果，强奸未成年少女与强奸成年少女所获刑罚的不同等。

---

① Ludwig Burgmann, *Ecloga das Gesetzbuch Leons Ⅲ und Konstantinos Ⅴ*, pp. 230 – 238.

在对性犯罪中的两性量刑上，虽然《法律选编》并未实现两性的同等惩罚，如通奸之罪中，犯罪的男性不会因此而离婚，而犯罪的女性要被休。但很明显《法律选编》还是加大了对男性犯罪的惩处与约束力度，如只要其与除奴隶以外的女性犯有性犯罪，无论是通奸或强奸，根据具体情况，不仅要被处以鞭刑、罚金、流放等处罚，还要被处以劓刑。虽然这种处罚未有死刑的严酷，但具有非常强的羞辱性和震慑性，要求受罚者在有生之年永远承受精神与身体上的痛苦与内疚。这一方式不仅可以惩处性犯罪者，也可以对他人起到警示作用。

总之，在《法律选编》中，对犯罪者的处罚体现了"仁爱"与"严苛"的统一理念。在涉及民事判决中，多以罚金或赔偿作为惩罚手段，倾向于对邻里紧张或冲突关系中秉承轻判原则，即便是后果相对严重的刑事犯罪行为，与之前的查士丁尼的立法相比，在量刑上，《法律选编》也在尽量减弱"残酷"的惩罚措施，如限制死刑，增加肉刑的处罚，均体现出其"仁爱"的一面；但是这种"仁爱"并非无限度，而是有条件的，那就是要严格遵守伦理道德的约束。因此，在《法律选编》中又非常注重对性犯罪的打击力度，严苛限制强奸罪、诱奸罪、通奸罪，加大对此类犯罪的规范和惩处，以劓刑等"断肢"的方式对犯罪者进行身体与精神上的处罚。

第三节　赏罚分明：司法审判中对案件的公平与谨慎

基督教的经典《圣经》中，《旧约》强调追求律法上的公正，《新约》则强调追求道德上的公平，公正与公平成为《法律选编》"仁爱"与"严苛"统一理念的重要表现。换言之，无论是"仁爱"，还是"严苛"，核心问题在于实现和表现，这需从律法的司法审判中寻找答案。从文本内容看，《法律选编》追求的"仁爱"与"严苛"理念均通过在司法审判中以追求公正与公平得以实现，故其多次提及颁布该法典的最基本的目的就是"希望尘世间所有的事务能如天国一样得到公正（την τε δικαιοσύην）"，建立一个"公平与公正"（κρίματι και δικαιοσύνη）[1]的帝国政府。

一　法律文本中对"公平与公正"理念的彰显

《法律选编》明确提出了提升"仁爱"的原则，但这一原则主要是通

---

[1] Ludwig Burgmann, *Ecloga das Gesetzbuch Leons Ⅲ und Konstantinos Ⅴ*, pp. 160–162.

过"公平与公正"得以充分体现,二者可谓是相得益彰,主要体现在《法律选编》的序言之中。根据笔者的不完全统计,《法律选编》序言109行,7段行文中,涉及"公平"或"公正"的词汇出现了13次,论述"公正"的篇幅也几乎占近半数,形成了一整套的仁爱与公正之间相互关联的闭环逻辑。

《法律选编》序言开篇讲道:

> 我们的神、上帝、造物主创造了人,赋予其自由意志,并据先知所言"授其法度"以助之,以此使其明了万事中何可为,何不可为,使他可以选择前者成为被救赎者,摒弃后者而避免成为受惩者;没有人可以置身圣戒之外,不遵守或藐视圣戒者,便会因其行为受到报应。对于会有这样的结局,上帝早已言明,人之行为是其价值尺度,其话语的权威是永恒的,正如《马太福音书》所言,"上帝的圣谕的权威将不会过时"①。

这段引文从上帝对人的关系入手,强调上帝不仅是造物主和律法的制定者,更是关心人类能否被"救赎"的权威。上帝对人的这种爱不只表现在上帝可以为了人类救赎而牺牲自己的子,还表现在授其法度②,对人类的行为进行有效规范,明确可做与不可做之事,告诫人类上帝之话语便是永恒权威和价值尺度,上帝的这种"权威关爱"不会废弃,更不会过时,要时刻谨记,力争遵循上帝之圣谕,成为被救赎者,而非受惩者。

按照《圣经》中上帝与人的互爱原则,既然上帝爱人,也必然要求人爱上帝,如何实现人对上帝之爱呢?《圣经》中的要求是遵循上帝的道,也就是遵循上帝与人之间订立的契约与法度。因此,《法律选编》在明确了上帝关爱人类"法度"的永恒权威性后,紧接着便提出了要遵循上帝之法。作为受上帝之托进行统治的拜占庭皇帝,其具体职责便是"要如其所愿,要向其表示敬畏之爱(ἀγαπήσεως)"③。

从《圣经》的根本宗旨来看,要实现人对上帝的敬畏之爱,就是要实现人与人之间的爱,也就是说作为皇帝,敬畏上帝之爱就是要表现出对上帝"最忠实的羊群"(πιστότατον ποίμινο)的有效照管与保护,要像"上

---

① Ludwig Burgmann, *Ecloga das Gesetzbuch Leons III und Konstantinos V*, p. 160.
② 《圣经·旧约》,第666页。
③ Ludwig Burgmann, *Ecloga das Gesetzbuch Leons III und Konstantinos V*, p. 160.

帝吩咐十二圣徒之首的彼得一样，'放牧'他最忠实的'羊群'"。在实现方式上，《法律选编》认为，"想不出能比用'公平与公正'照管主托付于我们的信徒的更合意或更重要的方式来感恩于主"，因为"正义是世间所有圣事的守护者，是比刀剑更尖锐的反击敌人的利器"①。公正与公平成为连接"神对人""人对神"和"人对人"三重关爱关系的重要纽带。

因此，《法律选编》借用《以赛亚书》中的内容，强调自此以后"不公的绳索将被松开，强制的枷锁将被解除"，对百姓予以公正与公平对待，让臣民切实感受到律法的"仁爱"，进而使上帝能够看到帝王对其信众的友好，因为唯有如此，取悦上帝，安抚子民，可以实现"王位的稳固……我们的国家才能根基稳固"的目的。

作为照管上帝"羊群"的皇帝，为此目的必须"以不眠之心发现使主满意和益于国家利益的事"，那便是修正法令与公正执法，而为了让执法有据，《法律选编》认为正确的做法是"将一些案件的判决、契约法以及几种犯罪的惩处，进行更为清楚精确地重申，以确保这些圣律效力的基本涵义易于理解，以便于对有争论的案件做出正确判决，以确保对犯罪者的合理起诉，从而达到抑制并纠正惯于干坏事人的行为"②。可见，让法律变得准确有效和易于理解，进而达到有法可依，违法必究，维护法律的公正性，成为伊苏里亚皇帝颁布《法律选编》的重要原因。

序言中还大量引用了《圣经》中的内容，旨在表明"公平与公正"的标准以及具体表现，要求审判者"不可受回报的干扰"，而要据"公正判断是非"。为了防止执法者"因金钱而出卖了公平"，《法律选编》规定将由"国库向司法人员发放薪资"③。

在具体的条文中，《法律选编》也践行了这一理念，比如在对审判结果产生异议时：

> 双方当事人同意前往仲裁人面前接受仲裁，但是对仲裁结果不满意，想要前往另一法庭进行诉讼，那么允许第一次审判中的证人出庭，证人不可推诿。如果一位证人去世了，法官要将其第一次出庭时的证词公开。如果对之前仲裁结果不满者赢得了法官的判决，他不可再有任何异议（也就是不能再上诉），如果法官的判决结果与之前的

---

① Ludwig Burgmann, *Ecloga das Gesetzbuch Leons Ⅲ und Konstantinos* Ⅴ, pp. 160 – 162.
② Ludwig Burgmann, *Ecloga das Gesetzbuch Leons Ⅲ und Konstantinos* Ⅴ, p. 162.
③ Ludwig Burgmann, *Ecloga das Gesetzbuch Leons Ⅲ und Konstantinos* Ⅴ, pp. 162, 166.

仲裁结果一致,很明显其对对方的诉讼是不公正的,维持原判的二次审判员的判决是无可厚非的,如果他的诉讼最终无果(无中生有),他要向被告支付诉讼费,还要依法官的判决支付所有处罚的费用①。

可见,对于案件的审理并非对某一的审判结果"一锤定音",而是可以再次进行诉讼,但是对于再次诉讼也并非没有限制,分为了三种情况:一种是与"一审判决"一致,一种是与"一审判决"相左,还有一种是认定诉讼为"无中生有"。但无论哪种结果,各自都要因诉讼结果而承担相应后果。这种审判坚持了较为公正的审判理念,对于无辜者,获得进一步申诉和取证的权利,对于污蔑者,可因不法行为遭到相应惩处,可视为司法审判的一种进步。

不仅《法律选编》如此,附录也坚持这一原则,如《士兵法》规定"若某士兵受到了他人的不公对待,可向上级兵团长官控告不公者。若他依然受到该兵团长官的不公对待,那么他则可向最高统帅控告这位长官"。《罗得海商法》规定"若损失或海难发生是因船长与船员的粗心大意,船长和船员有责任补偿商人的损失。但是如果是因为商人的粗心大意,那么商人有责任对损失进行赔偿。如果既非船长和船员疏忽,也非商人粗心,但是发生了海上事故,那么船只与货物的损失要由大家分摊"。《农业法》规定"如果土地划分使某些农民在份地的分配与地理位置上显失公平,则允许他们撤销此划分"②。可见,从法律文本的内容看,伊苏里亚王朝的皇帝期望司法过程的"公正与公平",并以此实现王朝法律制度的"仁爱"特质。

二 审判实践中对质疑与争议案件的细化

除了强调公正与公平是实现"仁爱",建立起仁爱理念与公正思想之间逻辑关系的有效途径外,《法律选编》还强调在具体的司法实践中要尽力减弱或减少有争议的案件出现,主要表现在,有法可依前提下,确保执法必严和严惩违法两个方面:如要排除和杜绝执法偏向,要增强和提高执法能力,要怀有和追求正义之心和要保持和贯彻纠错勇气。

首先,排除和杜绝执法偏向是根本。法律是由国家制定或认可并依靠

---

① Ludwig Burgmann, *Ecloga das Gesetzbuch Leons* Ⅲ *und Konstantinos* Ⅴ, p. 216.
② M. Humpgreys, *The Laws of the Isaurian Era: The Ecloga and Its Appendices*, pp. 81, 120, 130.

国家强制力保证实施的，以确认、保护和发展对统治阶级有利的社会关系和社会秩序为目的的行为规范体系。作为规范社会秩序的最高规则，法律条文是死的，是人类社会创造的客体，也是人类解放自身的工具，但是人是活的，具有自身的主观性，经常会发生法律和人类社会主客体地位颠倒的情况发生。故而执法者在执法中的偏向会直接决定案件审判是朝着正义还是非正义的方向发展。

在《法律选编》看来，人是具有弱点的动物，自然执法者也不例外。"有些人内心深处并不珍藏真理与公正，他们因财富而堕落，因友谊而偏袒，因个人不和而深藏仇意，因惧怕权力而屈膝遵从"，有些人表面上看起来公正无私，但"暗地里却行不公、贪婪之勾当"。据《法律选编》，无法做到公正便是违背上帝意志的，于是借用《旧约》的言辞对这种行为进行了怒斥，"世人啊！你们的言辞公正吗？你们施行裁决真合公义吗？在你们心中，怀揣不公，你们亲手在人间推行强暴"，要知道"权重或大或小都令主厌恶"①。

为了确保律法的严格公正执行，《法律选编》坚决要求执法者必须排除所有的人性情感，不能有主观偏爱，"以一种合理的理解来宣布真正公正的判决，既不鄙视贫者，亦不允许让有权势的罪人逃脱惩罚"。正如在案件审判中，《法律选编》给出了判例："当两人涉入一个案件，其中一人贪婪地以迫使另外一人沦为贫者为代价获得财富，公平起见，要从前者那里没收等同于后者不公正地丧失的财富返还后者。"②

其次，增强与提高判断能力是基础。在具体的执法过程中，执法者必须有专业素养和判断力。再完备的法律法规和客观的素养品质，都无法让一个缺乏起码判断力的执法者对案件做出客观公正的判决，根本而言并不是不想，而是没有能力做出有效判决，因为若是执法者缺乏对公正的判断力，也非常容易引发诸多备受争议与质疑的案件发生，完全无法对每一件案件进行公正审理。因此，《法律选编》禁止那些只寻求官位而无司法判断力的人担任执法者，运用《德训篇》中的训诫进行了警告："不要向上主求做大官，也不要向君王求荣位；不要谋求做判官，怕你无力拔除不义。"③

上帝要求"无力拔出不义"之人是不能谋求"判官"职位的，因为这

---

① Ludwig Burgmann, *Ecloga das Gesetzbuch Leons III und Konstantinos V*, p. 164.
② Ludwig Burgmann, *Ecloga das Gesetzbuch Leons III und Konstantinos V*, p. 164.
③ Ludwig Burgmann, *Ecloga das Gesetzbuch Leons III und Konstantinos V*, p. 164.

样的人没有能力，缺乏智慧，那么什么样的人可以胜任这一职位呢？《法律选编》认为"只让那些富有判断力及理性，清楚地知道何为真正公平者公正地进行审判，冷静地对每一个案件据实进行执行"① 的人才有资格担任这一官职。因为这些人在耶稣基督的帮助下，拥有更多地审判与揭露难以发现之事的能力，那就是审判者或执法者要具有审判的智慧，此处《法律选编》也给出了所罗门以智慧公正审理案件的判例：

> 当所罗门在一场两个妇女间争夺儿子的审判中，主赋予正在寻求公正的所罗门以真智慧，赐予其公正、正确进行审判的能力。由于这两位妇女所说已无法证实。他下令此案不得不向上天求助，准备以此来找出真相。由于生疏者（非亲生母亲）镇定地接受了将孩子杀死的命时，亲生母亲则出于母爱本性，无法接受此案的这一判决②。

再次，怀有和追求正义是核心。法律的基本精神就是要在分清事实、分清是非的基础上，弘扬正气、匡扶正义。作为法律的执行者应先要具有匡扶正义的正义之心，唯有如此才能担当得起维护和弘扬正气的重要责任。一个没有正义之心的人，无法做到严格执行法律的要求，更无从谈及维护社会的规范有序了。

在《法律选编》中，所谓的"正义"之人要由皇帝来委任，"找出懂得我们法律的真正标尺的人"，因为只有如此，皇帝才能用此法律武器恢复帝国"古老司法公正之标准"。如前述《法律选编》据《圣经》做出了"正义"的判断标准：有正义之心的人，第一要秉公审判，因为公正是判断是非的唯一标准；第二要不图回报，不能因为利诱便出卖公平。为了确保执行者不会因为金钱利诱而放弃正义之心，还首创由"国库向最负盛名的刑事推事、督监及受雇于司法部门的其他官员支付薪金"③，希望其以正义之心维护法律审判的公正，从源头上确保执法的公正。

最后，保持和贯彻纠错是保障。如前所述，法律是客观的，但执行法律的人是主观的，这就要求法律的执行者要兼备执法的能力、客观的态度和正义的法律精神。但是人无完人，不可能审判无过失，故而要求在执法中要保持谨慎的态度和敢于纠错的决心。

---

① Ludwig Burgmann, *Ecloga das Gesetzbuch Leons III und Konstantinos V*, p. 164.
② Ludwig Burgmann, *Ecloga das Gesetzbuch Leons III und Konstantinos V*, pp. 164 – 166.
③ Ludwig Burgmann, *Ecloga das Gesetzbuch Leons III und Konstantinos V*, p. 166.

《法律选编》要求在审判中小心谨慎，不能仅靠案件的表象进行断案，而是要在精准地理解法律条文的基础上，不轻视穷人，也不畏惧权贵，严格根据律法的规定，理性客观地审理案件，但即便如此，对于审判过程还是要慎之又慎。以通奸罪为例，《法律选编》规定，犯有此罪者，双方要被处以劓刑，女方还要跟丈夫离婚，但是这一罪责的成立，必须由法庭仔细调查：

  裁决官要对通奸的指控者进行审问；如果指控者是父亲、丈夫、母亲、兄弟或诸如此类，就这一层面看，指控是更为可信的。如果指控者是陌生人，那么指控者必须满足关于其为合法公民身份的要求，且其证据要被检测；如果他们证明了通奸罪成立，那么奸夫淫妇将会被处以割鼻之刑，如果他们无法证明，但已进行了恶意指控，那么他们将被以诽谤罪论处①。

引文印证了《法律选编》对罪名与惩罚实施过程中司法程序的严谨性，贯彻了"不冤枉好人和不放过坏人"的基本原则。对纵火罪，执法人员要对其是故意纵火还是过失引燃进行调查；打斗中死亡，法官要对使用何种武器致死进行调查；鸡奸罪，要对主动方还是被动方及年龄进行调查；密谋罪，要对被告是否遭受诬陷进行调查；遗嘱中未提及合法子女继承，要对子女是否虐待父母进行调查②。《法律选编》谨慎的罪名判决，目的是力求司法过程的公正以及确保有错能及时得到补正。

总之，一方面，《法律选编》以《圣经》中倡导的神人、人神和人人相互关爱的精神，用上帝所爱的"公平与公正"的原则，践行着其"仁爱"的理念，要求执法者在执法过程中能够秉承"公正"的理念，完美地完成上帝托付的任务，照管好上帝的"羊群"；另一方面，在具体的审判与执法过程中，《法律选编》依然要求执法者树立"公正与公平"的原则，但这里的"公平与公正"所体现的是"严苛"执法的理念，执法者能力的考量，执法者是否有正义之心，执法者是否审判谨慎等，不仅成为遴选执法者的严苛标准，也成为指导执法者必须做到有法必依、执法必严的最高准则，赏罚分明是一个执法者必备的条件。

---

① Ludwig Burgmann, *Ecloga das Gesetzbuch Leons III und Konstantinos V*, p. 234.
② Ludwig Burgmann, *Ecloga das Gesetzbuch Leons III und Konstantinos V*, pp. 240, 242, 238, 226, 190.

第四节　官民相顾：王权至上中对民众的照拂与联合

早期拜占庭法律基督教化的逻辑与路径为自上而下与自下而上交互进行的，一方面君权神授理论与皇权强化趋势逐渐契合。另一方面政局动荡与缓解社会矛盾需求日益增强，皇权强化与安抚民众成为王权与百姓在立法需求上达成一致的契合点。

一　《法律选编》中君王的至上之权

与罗马帝国相比，拜占庭帝国走上了一条更为专制与集权的道路，特别是在5—8世纪，帝国内外忧患的境况，为皇帝加强自身的权力提供了历史机遇。自君士坦丁王朝、狄奥多西王朝、查士丁尼王朝到伊苏里亚王朝，各朝皇帝借助立法和宗教改革对帝国进行重新塑造，终在利奥三世的文治武功，内外兼修的努力治理下，促使帝国局势趋于稳定。虽然领土面积缩小，但国家集权得以进一步加强。至8世纪王权集中达到了极高程度，《法律选编》中便有很深刻的体现。

《法律选编》的标题颇有深意：

> 《法律选编》是由虔诚睿智的皇帝利奥与君士坦丁编修的一部简明法律节选集，其选自查士丁尼大帝的《法学阶梯》《法学汇纂》《法典》和《新律》，提升了"仁爱"情怀；该法典编修于6248年的3月9日[①]。

标题中介绍了《法律选编》的颁布时间和立法来源，但如前述因不同稿本上记录时间的差异，致使学界对该法典颁布的具体时间存在诸多争议，立法来源也远不止此。但这一标题却透露出更重要的历史信息，那就是这部法典颁布者想要合法化与神圣化自身权力的目的。查士丁尼是罗马—拜占庭史上最伟大的立法者，这里提及新法典节选自查士丁尼的立法，目的是肯定《法律选编》对先辈已建立的神圣法律的忠诚。因此，从一开始《法律选编》就希望通过提及查士丁尼大帝，表明自身是对查士丁尼这位伟大立法者立法活动的延续，在模仿查士丁尼伟大功绩中，不仅达

[①] Ludwig Burgmann, *Ecloga das Gesetzbuch Leons III und Konstantinos V*, p.160.

到了合法化的目的,还树立起其在民众中的立法者的权威。

因此,效仿查士丁尼大帝,以查士丁尼大帝之名赋予《法律选编》权威性和立法者的合法性是标题中引入查士丁尼及其立法的动机,这一点从首次明确倡导提升"仁爱"便可窥见一二,因为这一理念表明《法律选编》并非对之前立法的简单重复,而是应时代之要求,进行了改革与创新。除了表明这部法典的权威性和皇帝本人的合法性,《法律选编》还体现出将皇帝神圣化的特点。体现在标题和序言之间连接神与人之间关系的祷告文:

> 以圣父、圣子、圣灵
> (Ἐν ὀνόματι τοῦ πατρὸς καὶ τοῦ υἱοῦ καὶ τοῦ ἁγίου πνεύματος)
> 虔诚皇帝利奥与君士坦丁之名
> (Λέων καὶ Κωνσταντῖνος πιστοὶ βασιλεῖς)①。

这种神人共置一处,强调皇帝是上帝的副手的方式,不仅表明了伊苏里亚皇帝的正统性,还简化和加强了皇帝与上帝之间的关系,使其与上帝的关系更为密切,将虔诚、神圣、正统三者合一,赋予皇帝至上的地位。这一点可与查士丁尼的立法进行比较。《法学阶梯》的序言开篇为:

> 以我们的主耶稣基督的名义。
> 阿拉曼人、哥特人、法兰克人、日耳曼人、安特人、阿兰人、汪达尔人、阿非利加人的征服者,虔诚的、成功的、著名的、常胜的、凯旋的、威严的皇帝凯撒·弗拉维乌斯·查士丁尼致渴望学习法律的青年才俊②。

《法学阶梯》除了强调皇权神授和法典权威外,更体现出基督教皇帝"替天行道"的意味,强调皇帝是上帝在人间的代言者身份,亦即君权神授是《法律选编》中体现王权集中的重要表现。

在序言的正文中,《法律选编》也在不断强调,上帝与皇帝之间关系的亲密性,强调上帝是原初的立法者,还设定了皇帝对立法的回应,拜占庭的皇帝要像彼得那样,根据上帝的命令"放牧他最忠实的羊群"。可见,

---

① Ludwig Burgmann, *Ecloga das Gesetzbuch Leons Ⅲ und Konstantinos Ⅴ*, p. 160.
② J. B. Moyle, *Institutes of Justinian*, p. 1.

皇帝不仅拥有使徒般的神圣权威，还有引导和保护上帝子民的责任，表明皇帝对全体基督教子民的统治权。

前文提及的所罗门判两妇争子案，表明执法者要拥有智慧的审判能力，能公平与公正地审理案件。但这一案例还有更深层次的含义，所罗门不仅是一代明君，更是以智慧断案者和立法者闻名后世，出身于叙利亚地区的利奥三世皇帝也想要效仿所罗门王，运用智慧和上帝之律法进行殿前审判，体现出自身所具有的法律上的权威性，关于此类状况，《法律选编》涉及谋反罪或叛国罪的惩罚中也有所体现。根据相关条款，多数案件由各级法官进行审理，但是涉及谋反罪则要先由法官进行判决，但是对于有"公报私仇"嫌疑的控诉，《法律选编》的规定要更为谨慎，如前所述此类案件可见皇帝对一些重要案件具有最终的审判权和决定权，体现了其司法方面的权威。

在《法律选编》的附录《士兵法》中规定"若有人意图谋反，要被处以死刑，财产充公，死后也还要遭到诅咒"。《农业法》的标题也表明其"摘选自查士丁尼的立法"。《摩西律法》的标题则表明其"摘选自摩西经上帝颁布给以色列人的律法"[①] 等。无论是查士丁尼、所罗门，还是摩西，其共同的身份就是古代"立法者"，是律法的象征与权威。足见，《法律选编》及其附录通过标题和条文，在极力地塑造拜占庭皇帝权力与地位的至高无上。

总之，在5—8世纪拜占庭帝国王权加强趋势愈演愈烈的背景下，皇帝对司法的权威也在逐渐树立起来，至8世纪伊苏里亚王朝建立，皇帝希望通过立法进一步加强王权。因此，《法律选编》借用上帝的力量加强自身的权威。这不仅强化了君主对帝国的统治权威，更使其立法拥有了合法化地位。

因此，法典中充斥着上帝永恒之言和对罪恶的明确阐释，皇帝及其在法律中的形象不断被神化。这次立法活动，皇帝借使徒中最权威的彼得之言具有重要意义，皇帝被标定为圣徒的继承者，也就是基督教的继承者的地位。法典中以广而告之和毋庸置疑的命令形式，要求基督教世界的领袖要关照其信徒，以便于他们可从牧羊者基督那里获得救赎。可见，这不仅代表着皇帝拥有圣徒般的权威，也有责任引导和保护其基督教的子民，法律的基督教化是在帝国基督教"君权神授"思想演变过程中，与君权强化

[①] M. Humpgreys, *The Laws of the Isaurian Era: The Ecloga and Its Appendices*, pp. 86, 129, 143.

之理念达成了一种契合与需求,这既是王权强化的一种表现,更是强化王权的一个结果。

二 立法中对平民大众的照顾

《法律选编》在宣扬王权,严明律法的过程中,更愿意平衡社会诸阶层的关系,如前所述的保护弱势群体,平等家庭成员关系,维护平民大众的利益,其致力于构建公正有序的社会关系,为平民大众提供有效的法律依据,为其生活提供安稳的社会环境,而非一味地维护贵族利益。正如著名拜占庭法学研究者泽波斯对这部法典的评价,认为《法律选编》是一部"大众法的代表"①。我国学者庞国庆亦认为这部法典"缔造了一个平民大众的时代"②。

6—8世纪是拜占庭帝国的黑暗时代,社会动乱,民不聊生,作为帝国人数最多的群体,拥有自由权之身的平民大众承担着兵役和纳税等义务,可谓帝国社会稳定与皇权巩固的中坚力量。故而《法律选编》的核心内容体现的是维护平民大众的法律,学者阿维勒(Glukatze Ahrweilei)在其《拜占庭皇帝的政治思想》中亦提到这部法典"具有保护弱势群体的亲民性"③,体现在如下方面:

第一,语言通俗易懂。法律作为规范人类社会生活,调节人与人之间关系的体系,通俗易懂是体现其能否服务于大多数平民大众的重要前提。罗马具有悠久的立法传统,从《十二铜表法》到查士丁尼《民法大全》,虽几经变迁和修订,但立法偏重贵族,忽略贫民的状况未有根本改变,特别是查士丁尼时期,希腊语已经在帝国臣民中占据重要位置,懂拉丁语的人也非常少,但《民法大全》中除了《新律》为希腊语,其他几部立法均用拉丁语颁布,虽然6—8世纪,《民法大全》希腊语的解释与注解本也不断出现,但浩繁的法条加上庞杂的注解,进一步加剧了拜占庭法律的混乱和难解,除了少数贵族能读懂法律条文,普通百姓无法真正参与到法律的审判与诉讼中来。

《法律选编》中的言辞表明了当时法典难以使用的状况:"先皇们所颁

---

① J. Zepos, "Die Byzantinische Jurisprudenz Zwischen Justinian und Basiliken", *Berichte zum XI. Internationalen Byzantinisten-Kongress*, C. H. Beck, 1958, p. 27.
② 庞国庆:《时代之光:拜占廷〈法律选编〉中的公正理念》,《南开学报》(哲学社会科学版) 2019年第2期。
③ E. GlukatzeAhrweilei, *Η Πολιτικη Ιδεολογια της Βυζαντινης Αυτοκρατοριας*, μεταφραση Τ. Δρακοπουλου, ψυχογιος, 2007, pp. 35 – 36.

法令已载于诸册，但朕等意识到对有些人，其意艰涩；对其他人，则不知所云；对非居于我神佑帝都者尤为如此。"① 在君士坦丁堡，民众接受教育的程度相对较高，很多人都无法理解法条内容，更不要说都城之外的行省百姓了。为了能让帝国大众都可以很好地理解法律条文，《法律选编》做出了如下顺应时代的调整与改变。

将冗长繁杂的条文进行简化，让语言表达更为清晰简洁。正如标题中所言"《法律选编》是由虔诚睿智的皇帝利奥与君士坦丁编修的一部简明法律节选集，其选自查士丁尼大帝的《法学阶梯》《学说汇纂》《法典》和《新律》"，这里的"节选"或"简明"，实际上并不是对查士丁尼立法的简单重复和摘选，而是将复杂的查士丁尼立法的复杂句文进行简洁实用化处理。

《法律选编》改变了查士丁尼时期使用拉丁语颁布法典的传统，顺应时代潮流将查士丁尼及其之后的立法文本进行搜集，在理解的基础上，用通俗易懂的希腊语进行颁布②。因此，该法典也被一些学者称为第一部官方颁布的希腊语法典③。这些希腊语中用大量的俗语取代了一些艰涩难懂的术语，比如用"'Κύριος'（上帝、主）和'θρέμματα'（牲畜）这样的简单民间用语代替'δεσπότης'和'κτήνη'等生僻词汇"④，从而保证《法律选编》的条款内容更容易为大众平民理解，贴近百姓的生活。

第二，消除量刑差距。按照现代法学的观念，法律面前能否做到人人平等是衡量社会进步的重要标志。但在古代专制主义中央集权帝制社会，罗马—拜占庭法千年的演进中，在寻求以法律建立起贫富者与贵贱者之间平衡的过程非常艰难与缓慢。查士丁尼的立法中依旧保留有很多差别对待贫贱与富贵的处罚。如查士丁尼的《法学阶梯》规定：

> 如不用暴力而奸污处女或守节寡妇，对罪犯的科刑，如其地位高贵，则没收其财产的半数，如其地位卑贱，则处体罚和流放⑤。

---

① Ludwig Burgmann, *Ecloga das Gesetzbuch Leons Ⅲ und Konstantinos V*, p. 162.
② 庞国庆：《时代之光：拜占廷〈法律选编〉中的公正理念》，《南开学报》（哲学社会科学版）2019 年第 2 期。
③ E. H. Freshfield, *A Manual of Roman Law, the Ecloga published by Emperors Leo Ⅲ and Constantine V of Isauria at Constantinople A. D. 726*, p. xi.
④ 庞国庆：《时代之光：拜占廷〈法律选编〉中的公正理念》，《南开学报》（哲学社会科学版）2019 年第 2 期。
⑤ J. B. Moyle, *Institutes of Justinian*, p. 205.

须知罚款与流放是完全不同的两种惩处方式，前者会损失一笔金钱，但可以依其殷实的家境得以恢复，而后者则很可能死于流放途中或永远无法回到故地。这种依据地位与身份差别惩处的案例还出现在《法学汇纂》中：

> 曾经列在地方议会议员名单中的人不得被判处矿坑苦役和矿场苦役……也不得判处死刑，除非他们杀死其父母①。

这一规定有点类似于中国古代的"礼不下庶人，刑不上大夫"，正如学者仁西曼所言，"7 世纪之前，拜占庭帝国内可谓穷人与富人各持一部法典"②。因而为了避免这种因贫富差异而导致的不公现象发生，《法律选编》明确表示要消除因贫富差异带来的不平等。一方面，在审判中《法律选编》要求法官要排除个人感情，理性断案，做到一视同仁，"既不鄙视贫者，亦不允许让有权势的罪人逃脱惩罚"，而在具体的司法实践中也规定对于贫富的惩处要一视同仁，在肉刑的惩处上，改变了之前仅适用于身份低微或贫穷者（包括奴隶）的状况，取消了阶级特权。如规定，"一个已婚男士犯有通奸罪，他将被处以 12 鞭刑以纠其过，不论富贫，均要受此惩处"，"任何人想要强迫将一个逃亡者（避难者）从教堂带走，无论其出身何等阶层，均处 12 鞭刑"，"任何人如果犯有故意杀人罪，无论年龄，均处以剑刑"③。对于流放之刑，《法律选编》也改变了之前用于下层民众的做法，开始适用于所有犯有相应罪责之人④。

因此，《法律选编》尽力在消除贫富、贵贱之间的量刑差异，取缔或限制《民法大全》中普遍存在的特权"惩处"现象，试图在帝国建立起一个广泛民众平等的时代。

第三，尊重平民生命。《法律选编》最重要的特征之一便是"提升仁爱"，以朝着更为人道的方向做出努力⑤，在《法律选编》之前，罗马拜占庭对死刑惩处方式繁多的，大约包括钉十字架、火刑、斩首、投放野兽、绞死、活埋、皮袋刑、蒸汽窒息、磔刑等方式，主要运用于投毒罪、

---

① Alan Watson, *The Digest of Justinian* Vol. 4, pp. 362, 36.
② S. Runciman, *Byzantine Civilization*, pp. 106 – 107.
③ Ludwig Burgmann, *Ecloga das Gesetzbuch Leons Ⅲ und Konstantinos Ⅴ*, pp. 164, 226, 230.
④ 庞国庆：《时代之光：拜占廷〈法律选编〉中的公正理念》，《南开学报》（哲学社会科学版）2019 年第 2 期。
⑤ Ludwig Burgmann, *Ecloga das Gesetzbuch Leons Ⅲ und Konstantinos Ⅴ*, p. 160.

叛国罪、杀人罪、抢劫罪、纵火罪、渎圣罪、强奸罪、伪造罪等①，这些惩处极为残忍，有被活活钉死在十字架上的，有被活活烧死的，有被活生生闷死的，有被野兽撕咬而死的，还有被残忍肢解而死的，等等。这种让罪犯"生不如死"的惩处措施甚为骇人，很多人因为害怕这种酷刑而精神崩溃，或者逃窜，或者自尽②。

《法律选编》首先是严格限制了死刑，"与《查士丁尼法典》中名目繁多的死刑相比，《法律选编》中的死刑少之又少"③，死刑仅限于对叛国罪和杀人罪，对于仅有的两种处以死刑的犯罪行为，《法律选编》还取消了如皮袋刑、磔刑等多种残酷处罚方式，除了纵火和谋杀罪被处以较为残忍的火刑和绞刑外，其他死刑的惩处方式均为剑刑，让犯罪者可以较为体面、痛快地结束生命，接受惩处，这是《法律选编》尊重生命和人道原则的体现。

《法律选编》不仅限制了死刑，还通过罚款、鞭打及断肢等多种方式，在保留犯罪者性命的前提下，给予犯罪者进行改造的机会。

从罚金、鞭刑、流放到砍手之刑，是一个由轻罚向重罚演进的过程，让犯罪者在惩处的过程中能够有改过自新和就此收手的机会，体现了《法律选编》对民众性命的重视，如查士丁尼时期的通奸罪和强奸罪，通奸或强奸者要被处以死刑，《法律选编》则对其处以劓刑。不过对被处以劓刑的规定中，也并非一概而论，如果能证明被引诱的处女是自愿发生关系的，只要双方及父母同意结婚，那么他们是可以免受处罚的④。这也是《法律选编》与查士丁尼立法中不同之处之一，体现了前所未有的对生命本身的尊重与关爱。

第四，打击卖民为奴。按照查士丁尼人法中的划分，人分为自由人与奴隶，在古罗马法中，"自由人得名于自由一词。自由是每个人，除了受到物质力量或法律阻碍外，可以任意作为的自然能力"，而奴隶则是"违反自然权利沦为他人财产的一部分的人"⑤。根据沦为他人财产的方式不同，奴隶分为两种，一种叫战俘，另外一种叫被卖的奴隶。

不过因公元前326年通过的波提利乌斯—帕皮利乌斯法（Lex Poetelia

---

① 余辉：《罗马帝国时期的刑罚制度初探》，《外国法制史研究》2014年第00期。
② 余辉：《罗马帝国时期的刑罚制度初探》，《外国法制史研究》2014年第00期。
③ 庞国庆：《时代之光：拜占廷〈法律选编〉中的公正理念》，《南开学报》（哲学社会科学版）2019年第2期。
④ Ludwig Burgmann, *Ecloga das Gesetzbuch Leons III und Konstantinos V*, p. 236.
⑤ J. B. Moyle, *Institutes of Justinian*, p. 6.

Papilia)"禁止以人身为抵押的债务,困扰平民多年债务奴役被废除"①,故战俘奴隶成为帝国奴隶的主要来源。但是在 5—8 世纪战乱不断的背景下,债务奴隶和战俘奴隶的来源似乎都有增加之势,在帝国财税紧缺的状况下,官府的奴隶贸易(对包括债务奴隶贸易在内的行为也是睁一只眼闭一只眼)在帝国贸易中占据非常重要的地位。

《法律选编》将平民大众视为法律保护的核心对象,从对买方与卖方方面入手,禁止将自由人沦为奴隶,否则卖者要被处以"断肢"之刑,买者则要退还自由人:

> 任何人抓捕一个自由人,并将其卖为奴隶,要被处以砍掉双手之刑……如果买卖完成后,买家发现其所购买之物为一个自由人或疯子,那么买者可以要求退货,若卖家固执不退,不仅要返还买家订金,还要加倍赔偿②。

除了保护平民不会沦为被卖奴隶的境地,《法律选编》还尽可能创造条件恢复已沦为奴隶之人的自由人之身。"如果一个自由人沦为战俘,被他人从敌人那里赎回,救赎者可将被赎者带至家中,如果被赎者可以偿付赎金,那么他将可以获得自由。"可见,对于从敌人那里用赎金赎回的战俘——当然《法律选编》也考虑到很多贫穷者无法偿还赎金的可能——《法律选编》还提出了以役带偿的方式,"救赎者可将被赎者作为受雇佣者的身份留在家中,直到赎金偿清为止,偿金的数额会在证人在场的情况下由裁决官进行年度核算,并得到双方的同意"③。

不只是严格限制或打击将自由人卖为奴隶的行为,《法律选编》对奴隶的释放条件也进一步宽松。在早期罗马社会,罗马的奴隶地位相对较低,即使在查士丁尼时期,也称"奴隶处于主人的权力之下……主人对奴隶都有生杀大权,奴隶所取得的东西,都是为主人取得的"④。

《法律选编》进一步对奴隶的释放条件进行了宽松化规定,如只要在 3—5 人在场的情况下就可以释放奴隶为自由人;主人可通过遗嘱的方式释放奴隶;奴隶与自由人结婚也可以获得自由之身;在主人允许的情况下,奴隶成为牧师或修士也可获得自由;对于已被释放的奴隶,若再次沦为奴

---

① 孙光研:《罗马共和国平民反对贵族斗争的法律史意义》,《北方论丛》2015 年第 2 期。
② Ludwig Burgmann, *Ecloga das Gesetzbuch Leons III und Konstantinos V*, pp. 204, 230.
③ Ludwig Burgmann, *Ecloga das Gesetzbuch Leons III und Konstantinos V*, p. 202.
④ Justinian, *Institutes of Justinian*, p. 11.

隶，经教会证明便可恢复自由之身。当然，该法典也对那些违背国家或道德的人，对其释放的条件是极为严苛的，如对于在战争中表现不英勇的，5年之内不得释放；自愿投敌的将会终生为奴；而对已经被释放的，无论身处何位置，只要是对原来的主人傲慢无礼，一经查实，可再次贬为奴隶①。

第五节 时也运也：《法律选编》颁布的背景与时代性

从早期拜占庭历史发展历程看，自君士坦丁王朝至查士丁尼王朝是罗马帝国逐渐衰退、希腊化的拜占庭帝国日益形成的时期，查士丁尼的一系列改革"奠定了拜占庭这个希腊化中世纪帝国政治、经济、文化和宗教发展的基本模式"②。希拉克略王朝诸帝根据帝国真实状况的不断改革，大大加速了拜占庭帝国的希腊化进程。如果说查士丁尼时期还保留有诸多罗马帝国的因素，自希拉克略王朝始，意味着"罗马帝国晚期的时代结束了，中世纪拜占庭帝国的历史开始了"③，至717年伊苏里亚王朝建立时，这个帝国已经完全完成了蜕变，催发了适应其历史发展的新法典——《法律选编》的问世。

一 利奥的改革与政局的稳定

如前所述，4—7世纪，早期拜占庭帝国经历了君士坦丁王朝、狄奥多西王朝、查士丁尼王朝和希拉克略王朝诸皇帝的改革，皇权不断加强，中央集权的官僚体系逐渐形成，拜占庭帝国在政治制度层面逐渐脱去了罗马帝国晚期的外壳，向一个新的政治体系发展。

但查士丁尼王朝结束后，拜占庭帝国进入了一个艰难的历史时期。在外，东部有波斯人的虎视眈眈，北部有阿瓦尔人和斯拉夫人的大举迁徙。在内，福卡斯统治结束后，帝国内部斗争激烈，陷入混乱状态。610年希拉克略皇帝在帝国最危急的时刻临危受命。610—711年，拜占庭帝国可谓是在为生存而斗争。611年波斯军队出兵叙利亚，先是占领安条克，后又夺取大马士革。614年更是围攻圣城耶路撒冷，劫掠财库，抢走圣十字架。

---

① Ludwig Burgmann, *Ecloga das Gesetzbuch Leons III und Konstantinos V*, pp. 200, 202.
② 徐家玲：《拜占庭文明》，第42页。
③ G. Ostrogorsky, *History of the Byzantine State*, p. 95.

危急时刻,各地教会纷纷捐赠存储的金银圣器,支持希拉克略皇帝充实军费,展开对波斯人的战争。627 年希拉克略皇帝率军向美索不达米亚和亚述进军,在尼尼微打败波斯军队,而波斯人因战败而发生内乱,国王被杀,新王接受了拜占庭的谈判条件,与拜占庭交换了占领地,归还了真十字架。

不幸的是,波斯人的威胁刚被解除,阿拉伯人又逐渐兴起,他们不仅不断进攻并占领了上述波斯人曾经占领的地区,还将魔爪伸向了地中海诸岛屿,直逼帝国首都君士坦丁堡。在帝国西部则有伦巴德人和西哥特人的进攻,最终伦巴德人占领意大利诸多地区,西哥特人则将西班牙再次置于自己的控制之下;北部则有阿瓦尔人和斯拉夫人的大举入侵。可以说 610—711 年,是帝国面临外部军事压力最严重的时期之一。

711 年查士丁尼二世政权被民众推翻,希拉克略王朝结束。但帝国随即陷入混乱的状态,先后有 3 位短命的皇帝执政,又继而被推翻,分别是腓力皮库斯(Philippicus,711—713 年在位)、阿纳斯塔修斯二世(Anastasios Ⅱ,713—715 年在位)和狄奥多西三世(Theodosios Ⅲ,715—717 年在位)。帝国内忧外患的政治局势严重抑制了文化与法制建设,著名拜占庭史家瓦西列夫评价道:"610—717 年是拜占庭历史上学术和文化的最黑暗时代。"①

利奥三世登基后,一方面整顿军纪,加强国防,通过与阿拉伯人进行战争,多次击退阿拉伯人的进攻。另一方面通过积极的外交手段,建立反阿拉伯联盟;同时,对国内的反叛者给予严厉的镇压和打击。最终成功解除了帝国内忧外患,关乎存亡的紧急状态,帝国的政治局势趋于平稳,这也为《法律选编》的问世创造了安定的政治环境。

与此同时,利奥三世对希拉克略王朝军区制的进一步发展,不仅促使帝国农兵阶层不断壮大,缓解了因大土地所有制带来的帝国财困局,更是在一定程度上加强了帝国的军事防御力量,促使帝国在最危难时刻能够抵御外来侵袭的压力,给帝国以喘息机会。但是由于帝国内外局势交困,军事贵族在帝国的势力越来越大,特别是希拉克略王朝末期,军事贵族不断威胁皇帝的权力,前述的 711—717 年的三位皇帝均是军人出身,也同因兵变被罢黜。

值得注意的是,军人出身的利奥三世本人也是在罢黜了前任军人皇帝狄奥多西三世后上台的,他深知军区将领权力过大将是对皇权最大的威

---

① A. A. Vasiliev, *History of the Byzantine Empire 324 – 154*, p. 230.

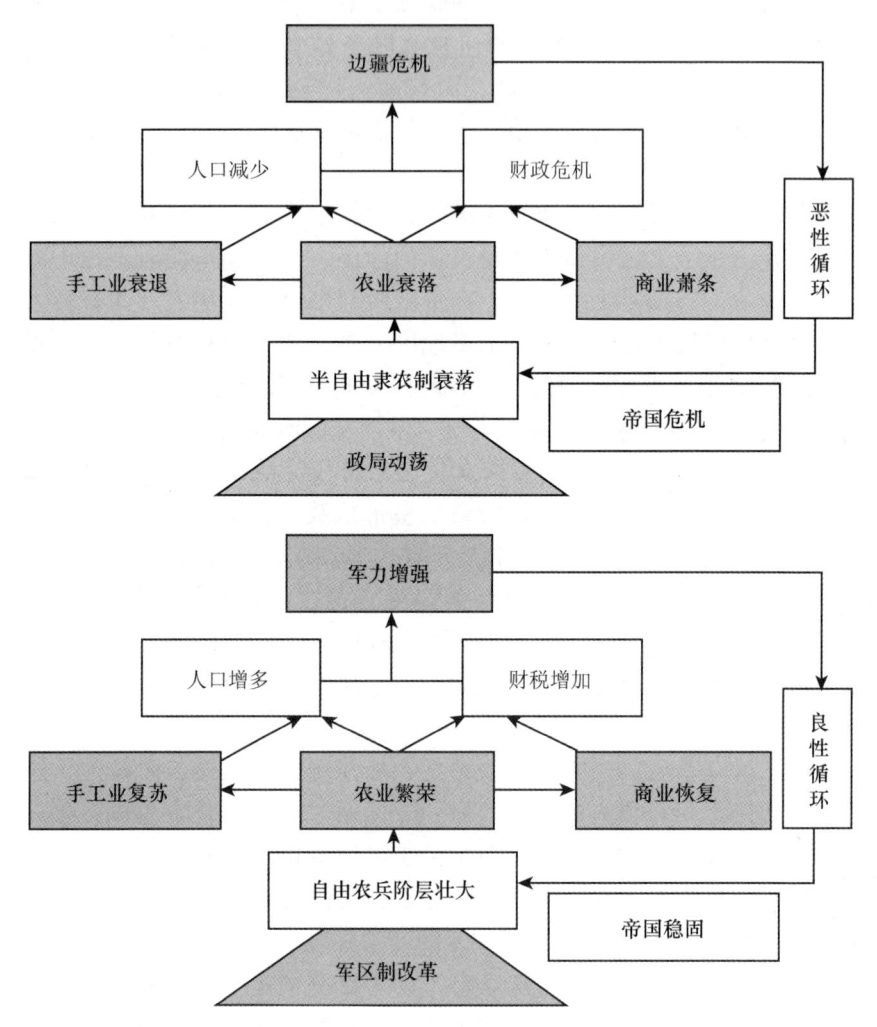

图 3-5-1　军区制改革前后的恶性循环图（上）与良性循环图（下）

胁，作为这一体制的受益者，亦不想成为该体制的受害者。所以，他登基后的第一个措施就是对军区进一步完善，一方面，利奥三世坚决地撤销文职官员，将文官的权力转移到军事长官手中；另一方面，为了防止军事长官威胁中央权力，下令将军区进行"肢解"，使其规模和军队数量不会威胁到中央皇权。例如他将自己的发迹地安纳托利亚军区一分为二，西部欧洲部分独立出来，成为色雷斯军区，东部仍为阿安托利亚军区；将奥普希金军区分割出布切拉里安军区；原来的海军军区卡拉比西安也据此政策一分为二①。之后的皇帝们也基本沿袭了利奥三世的这一军区"分割"政策，军区数量在不断增多，但范围却被削减，在一定程度上，将军的权力受到限制。

除了以削弱行省将军的权力稳定帝国局势，伊苏里亚王朝皇帝的军区制改革更是解决了帝国的内外危机。7世纪后，内忧外患的局势加剧了帝国人口锐减、农业凋零、财政危机和边疆危机的恶性循环，于是希拉克略皇帝登基后为了应对这一"紧迫局面"，对帝国的行政区域划分进行了军事化改革，以"军区"代替"政区"的划分方式，产生了"田产"代替"军饷"的服役办法。士兵获得的"田产"被称为"军役地产"，只要士兵能确保战时作战、平时耕种，那么均享有永久占有、免交赋税和自由支配的权利，再辅之以长期的移民政策，达到了如下效果：第一，调动起了士兵参战的积极性，保持了兵源的稳定，提高了军队的战斗力；第二，帝国的沉重军费开支被转移，缓解了帝国的财政危机；第三，以屯兵和移民的方式解决了帝国的边疆危机②。总之，这种将土地划为小块分配耕种的方式，促使帝国形成了一个稳定的亦农亦兵的农兵阶层，促进了帝国经济的繁荣。

伊苏里亚王朝时期进一步继承并完善了这一制度。首先，军役地产依旧是军人的私产。其次，从《士兵法》"士兵不可受雇于农事、商事，亦不可参与公事"的规定看，军役地产下的农兵已经稳固了帝国农业根基，人口增长和社会稳定要求农兵之间分离，伊苏里亚王朝的士兵已经演变为职业军人，耕种者则由士兵转变为军属，家中一子继承兵役，军属负责耕种田地和提供军备，士兵的供养由原来的自给自足转变为由家庭供给，进一步壮大了军力与充盈了财力。军区制的管理和体系逐渐完善，皇帝的权力进一步增强，这为《法律选编》的颁布提供了强大的政治保障。

总之，利奥三世上台后，通过艰苦卓绝的努力外御强敌，内修秩序，最终使边疆稳定，国家机器恢复运转，中央集权官僚体制逐步稳定。虽然7世纪前后拜占庭帝国的领土大量丧失，给帝国带来了巨大遗憾和沉痛打击，但辩证地看，也带来了新的生机。正如波斯坦主编的《剑桥经济史》中所言："正是新边界的划定，使得拜占庭帝国更加稳固，内部也更加团

---

① A. A. Vasiliev, *History of the Byzantine Empire 324－154*, p. 250.
② 李继荣、徐家玲：《拜占庭伊苏里亚王朝农村社会经济复苏考析》，《经济社会史评论》2022年第4期。

结了,其发展有了新的更加牢固的基础。政府体系、行省的行政区划、财政安排、军队机构———一切都是新的。"① 因此,在这种全新而又稳定的政治环境下,为了适应新形势,稳定国家秩序,颁布新法典势在必行;反之,强大的内外政治基础则为新法典的颁布提供了良好的保障。

二 贸易的恢复与帝国经济繁荣

经济基础决定上层建筑。如前所述,查士丁尼去世后,帝国内外局势的动荡,地震、瘟疫和饥荒等灾难的频发,帝国经济遭受了沉重的打击。农业方面,由于"美索不达米亚、叙利亚、巴勒斯坦以及埃及的谷仓都失之于阿拉伯人"②,战争的破坏、大土地所有制的破产和人口的急剧下降,导致大片土地荒芜,这大大影响了帝国的农业财政收入,动摇了帝国的根基;商业方面,7—8世纪,帝国的商业贸易也表现出了衰落的迹象。据载,在查士丁尼二世在听到边防重镇达拉城被波斯人攻占后,"绝望至极,他下令关闭商店,停止商贸活动"③。而"从产于北非的红色瓷瓶和细颈酒壶不再出现于7世纪拜占庭帝国的市场的状况看,这一时期的远途贸易网可能也大大萎缩"④。商业贸易仅留存于非常有限的领域,"尽管当时的对外贸易还存在,但一般通过其他的商业民族间接进行交易"⑤。

如前所述,希拉克略皇帝引入军区制改革正是在帝国出现严重财政危机的情况下发生的,而这一改革的直接成效便是大量农兵阶层的出现、农业经济的繁荣、社会的趋于稳定和边疆力量的壮大。伊苏里亚王朝建立后,利奥皇帝深化了军区制改革,继续推行希拉克略王朝以来的军人授田制度,并结合大规模移民政策,使得帝国各地荒芜的土地上有人耕种,促使小农队伍的不断壮大,而"小农队伍的扩大意味着皇权支持人数的增加,同时也给帝国带来新的活力"⑥。从颁布于这一时期的《农业法》中关于自由农的规定亦可见这一时期形成了大量的小地产。在"伯罗奔尼撒,自7世纪军区制施行约有3000个封地,到10世纪则达5.8万个"⑦,

---

① 〔英〕M. M. 波斯坦主编:《剑桥欧洲经济史(第一卷):中世纪的农业生活》,第186页。
② 〔英〕M. M. 波斯坦主编:《剑桥欧洲经济史(第一卷):中世纪的农业生活》,第186页。
③ A. A. Vasiliev, *History of the Byzantine Empire 324 – 1543*, p. 170.
④ M. Whitow, *The Making of Orthodox Byzantium*, *600 – 1025*, Macmillan, 1996, p. 91.
⑤ J. Haldon, *State, Army and Society of Byzantium, Approaches to Military, Social and Administrative History 6th – 12th Variorum*, Ashgate Pub Co., p 84.
⑥ 厉以宁:《罗马—拜占庭经济史》下册,第530页。
⑦ 〔法〕布瓦松纳:《中世纪欧洲生活和劳动(五至十五世纪)》,潘源来译,第41页。

也说明军役田产的发展壮大。这种制度大大稳定了帝国的农业基础，增加了帝国的农业财政收入，在 11 世纪以前一直是拜占庭帝国的主要支柱。

从《农业法》的相关规定看，因为军区制改革下，农业人口的增加，拜占庭的农村呈现出如下特点：第一，农村组织内丰富多样。村庄内部分为生产和生活用地，呈现出广泛性，条文中提及有农舍、车棚、打谷场等，几乎囊括了完整的居住与谷物加工及牲畜圈养的设施。养殖内容多元化，包含了农地、牲畜、果园、林地等内容。构成主体复杂，有富农、贫农、承租农、出租农和雇佣农身份。第二，农民权益的明确划分。农民拥有独立的财产，这不仅包括消费性财产，还包括生产性财产。农民土地的交换、租赁等问题，各有权责。第三，农村生产的规范有序。主要体现在荒废田地有人耕，生产工具有保障，争端裁决有法情和份地划分讲公平。作为以农业为根基的帝国，农村社会经济的有序与繁荣，在确保社会稳定与边疆强大之时，更是推动了农村与城市的经济互动，推动了手工业、商业与贸易的发展，帝国农业、手工业和商业之间的良性互动体系逐渐建立。

因此，除了在土地关系方面进行调整，随着帝国局势渐趋平稳，拜占庭帝国的工商业也逐渐恢复和发展起来。虽然叙利亚和埃及行省先后失去，但也促使拜占庭帝国更加凝聚为一体。正如波斯坦所强调的，正是由于这些地区的丧失，"拜占庭的经济史才真正开始，帝国此时成为一个以君士坦丁堡为中心的整体"[①]。实际上，拜占庭帝国疆域的缩减并没有从根本上影响经济的发展，因为帝国东部经济本身自成体系，自给自足生产方式使得帝国在最困难的时候，能够保证自身产品供应。

首先君士坦丁堡位于博斯普鲁斯海峡与黑海相交之处的欧洲一岸的岩石岬角上，三面环海，一面有狄奥多西城墙的防护，像一座坚不可摧的堡垒，顶住了哥特人、波斯人及阿拉伯人等多次围攻；其东北连接黑海，西南经博斯普鲁斯海峡进入马尔马拉海，穿过达达尼尔海峡，则可到达爱琴海，向东南穿过博斯普鲁斯海峡则可以到达小亚，由此进入两河流域，再向南经过叙利亚沙漠和阿拉伯半岛可进入红海和埃及地区以及印度洋、波斯湾等水域。

因此，君士坦丁堡不仅是一座重要的战略军事要地，更是一座连接东西方贸易的纽带，自古便是一座东西方贸易链条上的重要环节，它控制了红海、黑海、地中海、多瑙河、第聂伯河、幼发拉底河和底格里斯河沿岸

---

① 〔英〕M. M. 波斯坦主编：《剑桥欧洲经济史（第二卷）：中世纪的贸易和工业》，第 117 页。

的许多贸易口岸,其陆路联系也四通八达。6—7世纪的战争、瘟疫、地震等天灾人祸虽然对帝国贸易造成很大影响,但是帝国的贸易并未中断。到了伊苏里亚王朝时,由于阿拉伯的征服和亚洲移民切断了帝国的黄金供应,但是随着利奥三世与卡扎尔王国缔结友好关系,卡扎尔汗"雇用了拜占庭技工,为他们在亚速海的沙克尔建立了一座石头城,从此乌拉尔的黄金开始流入拜占庭"①。

另外,卡扎尔人也是一个非常重视商业的民族,由于与阿拉伯人的战争,迫使帝国远东的贸易走更北的路线,即"穿过突厥斯坦到黑海的路线"。这条路线上,由于拜占庭与卡扎尔王国的友好使得贸易路线得以保持畅通。卡扎尔王国的首都伊提尔(Itil)位于伏尔加河下游,该城是一个贸易集散地,从"该地发往欧洲的商品可以经克里米亚的港口切尔松,而从北方的出口可以到拜占庭,从这里,希腊的船只将其运到君士坦丁堡"②。而来自中国的生丝也经这条路线进入拜占庭。

这一时期,来自印度和马来西亚的象牙、宝石和香料等商品则一般经阿富汗和波斯而来,在波斯,"沙漠商队还可以再添上地毯和制成丝",亚美尼亚商人则从波斯购得商品后,经特拉布宗由希腊商人运往君士坦丁堡,即使起初阿拉伯人与帝国贸易较少,但"埃及的棉花似乎没有阻断地到了君士坦丁堡"③。

因此,虽然帝国疆域大面积丧失,但是由于帝国在海上贸易的不断恢复,加上历代皇帝与臣民的共同努力,帝国逐渐在战争中恢复了元气,正如美国学者汤普逊所言:"海权是使帝国免于灭亡的起死回生的因素,海权保存了那政治统一所遗留下来的东西,它保持了商业上的活动。"④正是商业贸易逐渐的繁荣,促进了帝国的稳定。

伴随着希拉克略王朝诸多皇帝的改革和努力以及伊苏里亚王朝建立政治局势趋于稳定,帝国两大支柱产业——农业和商业——都在逐步恢复与发展,拜占庭帝国逐渐走出了财政困难的危机,进而加强了帝国军事力量。正是在帝国经济发展和社会稳定的前提下,皇帝才有精力推动法治的改革,促进法律文化的进步。《法律选编》正是在帝国经济走向恢复和繁荣的大背景下应运而生的。

---

① 〔英〕M.M. 波斯坦主编:《剑桥欧洲经济史(第二卷):中世纪的贸易和工业》,第117页。
② 〔英〕M.M. 波斯坦主编:《剑桥欧洲经济史(第二卷):中世纪的贸易和工业》,第118页。
③ 〔英〕M.M. 波斯坦主编:《剑桥欧洲经济史(第二卷):中世纪的贸易和工业》,第118页。
④ 〔美〕汤普逊:《中世纪经济社会史》上册,第225页。

三 立法传统与帝国法律教育发展

正如"罗马城并非一日建成"的格言一样,罗马—拜占庭法的演变与发展也并非朝夕之事,而是随着社会变迁,在不断调整社会经济关系中,逐渐形成的一种高度发达的立法传统,而这种高度发达的立法传统又会促使统治者关注帝国的法制建设,推动帝国立法事业的不断发展。

作为罗马帝国遗产的继承者,拜占庭帝国直接承袭了古代罗马的法制传统,法律是国家制度的重要组成部分,在帝国的社会生活中占有重要地位。故在罗马帝国晚期(或者说拜占庭帝国早期)出现了一大批重要法典。从438年的《狄奥多西法典》的问世,到查士丁尼《民法大全》实现了对罗马奴隶制拉丁立法活动的最后总结,帝国立法也开始向中世纪拜占庭希腊立法转变,这一时期出现的一些民间希腊语法典,如《农业法》《士兵法》和《罗得海商法》便是最好的例证。罗马的社会形态与制度在变化,但自古以来热衷于立法的传统却没有变。

如果说立法活动是对法的尊重和喜爱,那么法学教育则是对法进行宣扬和继承的一种媒介。罗马—拜占庭法之所以繁荣延续几千年,对后世产生了巨大影响,与罗马历来重视法学教育密不可分,而发达的法律文化又促进了法的制定和修改。对法律教育的重视,始自古罗马时期,并一直被继承和发展。自《十二铜表法》颁布,其在很长时间内是"儿童读写的教学基础,每个学童都要知道这些条文,并能解释其意义"[1]。而"古罗马著名的元老、政治家老加图就曾亲自担任孩子的法律课教师"[2]。

罗马伟大的政治家、演说家西塞罗从法律对雄辩家的重要影响方面,谈及了法律知识的重要性,他谈到,"对于想要成为造诣颇深的雄辩家,学习民法知识将是不可或缺的"[3]。他还说,"在祖先流传的诸多伟大思想中,能够赢得高度敬仰的是学习和解释民法知识"[4]。西塞罗重视法学的思想,促进了罗马法学教育的进一步发展,罗马逐渐成为众多学生学习法律的重镇。

古罗马法学教育的传统为拜占庭所继承,如333年君士坦丁大帝颁布

---

[1] 〔美〕E. P. 克伯雷:《外国教育史料》,任宝祥、任钟印主译,华中师范大学出版社1991年版,第28页。
[2] 〔古罗马〕普鲁塔克:《希腊罗马名人传》上册,黄宏煦、陆永庭译,商务印书馆1990年版,第366页。
[3] 〔美〕E. P. 克伯雷:《外国教育史料》,第30页。
[4] T. E. Page and W. H. D. Rouse, *Cicero De OfficiisBook* II, The Macmillan Co., 1921, p. 18.

敕令，规定"免去法学、修辞学等文科教授的纳税义务和公民义务，给他们司法豁免权，使其免受法庭传讯、起诉和审判，这些权利甚至扩及教授们的妻子儿女"①。狄奥多西一世皇帝则首次将法学教育国家化，他要求"所有希望在法庭任职的人都向执政官呈交一份声明，这份声明必须有一所公立法律学校的教授签名，这标志着罗马帝国私人法律教学的结束"②。

425 年，狄奥多西二世创办了君士坦丁堡大学，学校教授由政府任命，发放薪酬，"大学设有多个教席职位，包含希腊文和拉丁文教席各 10 个，希腊修辞学教席 5 个，拉丁修辞学教席 3 个，法学教席 2 个和 1 个哲学教席，大学已然成为帝国学术重镇"③。此外，贝鲁特法律学校一直也是培养帝国法律人才的重要学校。这些学校为帝国法律事业的发展和繁荣培养了大批人才。

查士丁尼大帝进一步推动了帝国的法学教育发展。一方面，他规定："所有的政府官员和法官、律师必须获得有关的学历才能任职"④，促进了帝国法律教育的职业化；另一方面，他还大力支持法律学校的建设，不仅为法学院亲自"规定了课程和学习年限"⑤，还为法律学校编订了学习教材《法学阶梯》。按照查士丁尼皇帝的愿望，"这部法学教材编修完成后将用于所有的法律学校的教学，并授予君士坦丁堡大学法学院的负责人法律监护人的职衔"⑥。皇帝还希望法学的学子们在完成学习后能成为"充满信心地去治理可能托付于你们的帝国各地的官员"⑦。

查士丁尼王朝之后，虽然帝国陷入内外交迫的局面，这几个法律学校也就此衰落，但是法学教育并未就此衰落下去，因为此间还留下了或部分或完整的三大法学家狄奥多勒、阿塔纳修斯和恩纳提奥法涅斯（Enantiophanes）的著述，前两位是律师，第三位我们不得而知。故而自法律学校停办后，"法学教育和解释法律、执行命令的权力开始集中在律师们的手中"⑧，律师承担起了法律教育的职责。内忧外患背景下，6—

---

① 王小波：《〈罗得海商法〉研究》，第 72 页。
② 〔美〕S. E. 佛罗斯特：《西方教育的历史与哲学基础》，吴元训等译，华夏出版社 1987 年版，第 102 页。
③ G. Ostrogorsky, *History of the Byzantine State*, p. 51.
④ 王小波：《〈罗得海商法〉研究》，第 73 页。
⑤ 徐家玲：《拜占庭文明》，第 442 页。
⑥ T. T. Rice, *Everyday Life in Byzantium*, Dorset Press, 1967, p 96.
⑦ 〔美〕E. P. 克伯雷：《外国教育史料》，第 157 页。
⑧ J. M. Hussey, *The Cambridge Medieval History*, Vol. Ⅳ, Cambridge University Press, 1967, pp. 57 – 58.

8世纪，虽然官方立法较少，但私人汇编的《农业法》《士兵法》和《罗得海商法》等能在民间出现，说明当时也较为良好地继承了先辈的立法传统。

虽然伊苏里亚王朝时期，法学家的时代已经成为历史，但是立法传统和法学教育被皇帝们继承了下来。《法律选编》自称是对查士丁尼大帝立法的"节选"，编修者的身份在《法律选编》中也仅是被列为"最卓越的贵族和刑事推理，最声名显赫的领事官和监察官及上帝的敬畏者"①，但如前述，无论是体例特征，还是思想原则，抑或是编排结构，都展现了这部法典在拜占庭法制史上的"创新"价值。故而法典的编修者亦拥有较强的法律素养，更何况这部法典编修的过程是将拉丁立法"希腊化"的过程，至少表明参与编修者精通双语。

另外，从《法律选编》中提及的"受雇于司法机构的其他官员"看，虽然并未标明其法律知识的获取来源，但至少说明这些专业化的执法部门人员必定有学习法律知识的途径和机构，很可能伊苏里亚王朝的皇帝在极力地恢复拜占庭的法学教育部门，通过法学教育机构培养法律人才。虽未有直接证据，但是从9世纪中期的迈克尔三世（Michael Ⅲ，842—867年在位）时期能够大力发展世俗教育，重建君士坦丁堡大学，开设法律科目等举动，表明伊苏里亚王朝在法律教育传承方面起到了承上启下的作用②。

总之，由于罗马—拜占庭拥有悠久的立法传统，再加上各个时代对法学教育的重视，所以至8世纪，拜占庭已经积淀了比较深厚的法律文化根基，继承了罗马法中法律至上的原则。在这一原则和概念的支撑下，拜占庭帝国虽然是一个中央集权制帝国，皇权与之前相比有所加强，但皇权也要受到法的约束，法律不仅成为规范帝国人民的各种行为的依据，也成为保障帝国各机构正常运转的有力保障。因此，在这种尊法、立法、知法和守法的法律文化氛围中，《法律选编》的问世也就在情理之中了。

四　社会的转型与帝国文化的变迁

6—9世纪是古代晚期向中世纪拜占庭帝国的转型时期。严格来讲，在与周边民族的战争与交往中，罗马帝国的疆域版图不断发生变迁，而作为罗马帝国的继承者，虽然拜占庭帝国继承了罗马帝国的大部分领土，其版图也处于动态变更中，在此所谓的"疆域版图的变动"只是一个粗略的疆

---

① Ludwig Burgmann, *Ecloga das Gesetzbuch Leons Ⅲ und Konstantinos Ⅴ*, p. 162.
② H. W. Haussig, *A History of Byzantine Civilization*, Praeger Publishers, 1971, p. 320.

域概念，反映了帝国疆域版图所发生的大规模变动，4—8世纪帝国版图变动的基本趋势是不断缩小。

在戴克里先和君士坦丁统治时期，早期拜占庭帝国的版图基本沿袭了罗马帝国的领土，在其经过大区改革后，整个帝国分为4个大区：分别是东方大区，包括埃及、利比亚、近东和色雷斯；伊利里亚大区，包括达西亚、马其顿、希腊和巴尔干半岛中部；意大利大区，包括意大利和拉丁—非洲的大部分地区、达尔马提亚、潘诺尼亚、诺里库姆和利底亚；高卢大区，包括罗马、不列颠、高卢、伊比利亚半岛和毛里塔尼亚西部地区。可以说在君士坦丁王朝，帝国版图基本维持这一状态。但是随着该王朝最后一位皇帝朱利安阵亡，乔维安"这一狂热的基督教皇帝与波斯人签订了合约，帝国放弃了对亚美尼亚和大部分美索不达米亚地区的主权"①，加上北方和西方蛮族的逐渐渗透，帝国边疆形势频频告危，出现了帝国局势急剧下滑的趋势。

为了抵御在色雷斯地区的哥特人和匈人，皇帝瓦伦斯亲自出征，于378年与蛮族军队在亚得里亚堡发生正面战争，战争的结果是帝国军队惨败，瓦伦斯战死，日耳曼民族成为帝国的棘手问题。狄奥多西一世继位后，虽然通过努力再次将帝国统一起来，但是其弥留之际，将帝国东部交给长子阿卡狄统治，西部交由次子霍诺留管辖，这不仅划分了东西罗马帝国统治界线，也奠定了未来帝国分裂的基础，从此帝国版图也在蛮族的不断侵蚀下急剧萎缩。

匈人、汪达尔人和哥特人在民族大迁徙的背景下，纷纷涌入帝国领土。匈人在阿提拉的带领下"连续3次攻击罗马城后，终于在410年发动的暴风雨般的战斗中，夺取了该城"②，虽然之后随着阿提拉的去世，阿提拉的庞大帝国也很快瓦解，但罗马帝国紧张局势并未得到缓解。相反，汪达尔人与西哥特人在迁徙过程中，不断袭击罗马帝国，逐渐控制了帝国的一些领土，并分别于439年和418年，各自在北非、高卢和西班牙地区形成了汪达尔王国和西哥特王国。而对罗马帝国版图影响最大的莫过于476年，这一年东哥特首领奥多亚克（Odovacar）罢黜了西罗马的最后一位皇帝罗慕路斯（Romulus Augustulus），西罗马灭亡，至此西部帝国被蛮族瓜分统治，帝国版图只有之前的一半。

查士丁尼大帝继位后，秉承"一个帝国"的理念，发动了大规模的

---

① G. Ostrogorsky, *History of the Byzantine State*, p. 47.
② G. Ostrogorsky, *History of the Byzantine State*, p. 51.

"收复"失地战争，533—534 年，"帝国军队在大将贝利撒留的率领下，大败汪达尔人，收复北非"①。在意大利，查士丁尼则多经波折，换了两位主帅，才于 553—554 年，由宦臣纳尔泽斯率军最终恢复了对意大利的统治。551 年，查士丁尼又借用西哥特一次宫廷内乱之机，派兵远征西班牙，并成功控制了西班牙沿岸的一些地区。但是查士丁尼之后，由于连年的征战和大规模的建筑工程，国库日空，导致边疆军事力量严重削弱，查士丁尼收复的这些地区也逐渐复又失去。

568 年，伦巴德人大规模入侵意大利，"北方多数地区"很快沦于伦巴德人之手；在北非，"拜占庭则陷入与柏柏尔人的长期斗争"②。至于西班牙，于 584 年，"西哥特人几乎夺回了拜占庭在西班牙的全部领地"③。至希拉克略皇帝登上皇位之初，东部帝国的很多领土，包括"叙利亚、巴勒斯坦也被波斯人攻占了"④，虽然 627 年希拉克略皇帝打败波斯人，收复了波斯人占领的一些地区，从耶路撒冷迎回了真十字架，但是之后随着阿拉伯的兴起和入侵，帝国的疆域再次进入急速萎缩的时期。

拜占庭和波斯两大帝国以两败俱伤的结局结束，新兴的阿拉伯帝国成为拜占庭帝国的主要敌人。他们的发展和侵略速度极为惊人，634 年，阿拉伯军队占领了约旦地区的波提拉（Bothra）。635 年大马士革城被阿拉伯军队攻陷。636 年，雅穆克（Yarmuk）河战役后，阿拉伯军队占领了整个叙利亚。641（或 642）年，希拉克略皇帝去世后，阿拉伯军队占领了亚历山大城。"至 7 世纪 40 年代末，拜占庭帝国被迫永久放弃埃及，而埃及被征服后，阿拉伯军队又转向了北非西海岸"，故在"7 世纪 50 年代，叙利亚、小亚和上美索不达米亚部分地区、巴勒斯坦、埃及和北非的部分行省，都被阿拉伯人占领"⑤。在西部，阿拉伯人还成功地掠走诸如西西里岛等一些地区，正如布洛赫所言，"阿拉伯人的胜利已经使以前的东罗马帝国踞蹐于巴尔干半岛和安纳托利亚高原地带，并使之成为希腊人的帝国"⑥。

原则上讲，疆域的变化本身不会直接引起法律制度的变革，但是由于拜占庭或者晚期罗马帝国是一个多族群、多语言的文化共同体，故而疆域

---

① T. E. Gregory, *A History of Byzantium*, Blackwell Publishing, 2005, p. 136.
② T. E. Gregory, *A History of Byzantium*, p. 136.
③ 徐家玲：《拜占庭文明》，第 62 页。
④ 厉以宁：《罗马—拜占庭经济史》下册，第 513 页。
⑤ A. A. Vasiliev, *History of the Byzantine Empire 324 – 1543*, p. 212.
⑥ 〔法〕马克·布洛赫：《封建社会》上卷，张绪山等译，商务印书馆 2004 年版，第 31—32 页。

的变迁会引起文化主体的变化,而文化主体是文化的载体,故而这种变化又会导致帝国文化的变化。虽然罗马帝国在名称上是统一帝国,但是在文化上却是不同的,西部帝国是以拉丁语为代表的拉丁文化,而东部由于希腊化程度较深,即便帝国早期仍然奉拉丁语为官方语言,希腊文化也一直居主导地位。

　　君士坦丁大帝至查士丁尼大帝时期,虽然西部帝国灭亡,但帝国疆域基本在强权的维护下保持统一,故而拉丁文化还基本保持主导地位,如在395年狄奥多西将帝国一分为二时,"东部居民中大约还有1/4的人口讲拉丁语",也就是整个罗马帝国基本还有3/4的人口懂得拉丁语。从法律史的角度看,这一时期不论是君士坦丁大帝的敕令,还是查士丁尼的《法典》《法学汇纂》和《法学阶梯》都是用拉丁语颁布,也足以说明拉丁语仍在帝国占据重要位置。但由于宗教矛盾、外族入侵及领土丧失,东西帝国之间的文化渐行渐远,以至于7世纪,拜占庭帝国所拥有的领土范围最后仅限于巴尔干半岛和小亚的一些希腊化深刻的地区,"拜占庭帝国中讲拉丁语的已不足1/10"①。

　　面对帝国越来越多的人口已经难识拉丁语的现实,历代帝国皇帝也自上而下采取了一些改革措施。如查士丁尼大帝的前三部法律用拉丁文颁布,但是也规定其后的法令将会集结于《新律》之中,而这些新律要采用希腊文颁布,自此希腊语的地位不断上升,"标志着希腊语已经取代拉丁语登上了拜占庭官方语言的大雅之堂"②。希拉克略登基后,面对"希腊语成为拜占庭官方语言,政府部门、教堂和军队中都使用希腊语"③的境况,成为"第一个使用βασιλεύς（瓦赛勒斯）这一古老的希腊语称呼作为尊号的拜占庭皇帝"④。希拉克略王朝能出现如《农业法》《罗得海商法》和《士兵法》等希腊语私人编修法典,正是由于拜占庭帝国社会逐渐希腊化的表现与结果。

　　可见,由于4—8世纪拜占庭帝国拉丁文化疆域的缩小,最终其偏置于希腊文化深厚的东部地区,希腊文化对帝国越来越重要,故而帝国逐渐走上了一条罗马文化"希腊化"的道路,在这条道路上,法律作为拜占庭帝国的重要统治手段,也必然需要进一步希腊化,只有这样才能保证整个帝国法令的上通下达,提高帝国司法机构的办事效率。

---

① 〔美〕汤普逊:《中世纪经济社会史》,耿淡如译,商务印书馆1961年版,第222页。
② 徐家玲:《拜占庭文明》,第416页。
③ 厉以宁:《罗马—拜占庭经济史》下册,第516页。
④ G. Ostrogorsky, *History of the Byzantine State*, p. 106.

小　结

从《法律选编》及其附录的文本内容与原则的阐释可见，序言中要"提升仁爱"的精神并非停留于字面之上，而是落实于每一个条款之中：

"仁爱"理念得以彰显的第一个方面是婚姻家庭法：在家庭婚姻法中表现为对妇孺等弱势群体的关照与尊重。婚姻中，无论是订婚、结婚和离婚，都有保护女性权益的趋势，如只要同居便承认婚姻的有效性，严禁第三者插足他人婚姻和离婚后要保障女性财产权利等；在家庭中，作为妻子与子女同样体现了其获得权益保护的方面，妻子有继承丈夫财产之权，有监管家庭和子女之权，而子女在成年之前，必须获得父母的监管，即便父母再婚，也不能损害子女的权利。

"仁爱"理念得以彰显的第二个方面是对犯罪者惩治的"仁慈"。主要表现在对罪人的"轻判"与"轻罚"。《法律选编》与之前立法不同之处在于，民事惩处讲求道德性处罚，刑罚也趋向轻罚，其减少了死刑，增加了罚款、鞭刑、流放及断肢等处罚方式，其中死刑仅占15%，断肢占28%，其他轻微处罚占比高达56%以上。

"仁爱"理念得以彰显的第三个方面是审判中的公平。法律精神的最高的原则便是体现有法可依和执法公平，不讲求公平的法律是"伪法"，逾越法律公平进行的统治与暴政无异。因此，《法律选编》以"公正与公平"体现其对百姓福祉的维护与关爱。在具体的审判中，《法律选编》更是将"公平与公正"付诸实践，秉承排除和杜绝执法偏向，增强和提高执法能力，怀有和追求正义之心和保持和贯彻纠错勇气，将公正与公平作为了连接"神对人""人对神"和"人对人"三重关爱关系的重要纽带。

"仁爱"理念得以彰显的第四个方面是对民众的照顾。与很多古代法律不同之处在于，《法律选编》并未一味地维护贵族、富人的利益，而是加强了对大众平民的关注，体现的是大众之法。虽然该法典的目标是要加强王权，但在语言上增加使用了百姓能通俗易懂的民间希腊语和简单明了的句式结构，在量刑上追求贫苦者与富贵者之间的一视同仁，在惩处上讲求人道原则和尊重民众生命，在买卖中严厉打击将自由人卖为奴隶的罪行，保障大众平民的人身与财产的安全。

当然，《法律选编》中的"仁爱"理念也绝非无底线的"仁爱"，而是在严格遵守法律规范前提下的有条件的"仁爱"，正如无条件的严苛会导致暴政一样，无条件的"仁爱"也会导致社会的混乱。因此，《法律选编》中的"仁爱"是"严苛"前提下的"仁爱"，二者统一于《法律选编》的法条原则之中。

同样是婚姻家庭法，对妇孺的爱护的不是无限的，爱护妇孺的前提是，作为妻子与儿女也要严格承担自己的义务，妻子和母亲要照顾好家庭和遵守本分，子女要尊敬和孝顺父母，否则其继承、监护等权利也会被剥夺。同样是对罪人的惩处，对于盗窃、争斗尽可能争取轻判和轻罚，甚至给予其改过自新的机会，但对于危害家庭和睦和社会安定的性犯罪，《法律选编》也加大了惩罚的力度。虽然对大众百姓增加了照顾与联合的倾向，讲求司法过程的公平与谨慎，但是严格遵守王权至上的原则并未改变，谋反皇帝与卖国依然要被处以死刑。当然这些原则和理念，在《法律选编》的附录中也均有体现。

法律是社会变迁的产物，《法律选编》的产生亦是8世纪拜占庭帝国的时代成果。经历了6—8世纪的社会动荡，至伊苏里亚王朝建立，利奥三世的内政外交改革、社会的稳定，王权的加强为这部法典的产生提供了良好的政治保障。在政局稳定的背景下，军区制改革、地中海贸易恢复和农业生产的发展，成为这部法典颁布的经济基础。延续千年之久的罗马法传统，恢复和发展罗马法教育，为这部法典的问世提供了法律基础。而经历了3个世纪的社会变迁，基督教文化的融入与希腊文化的彰显成为这部法典最终成型的文化前提。

第四章 成因:《法律选编》成书与时代环境的互动

《法律选编》仁爱严苛理念的融入与拜占庭帝国6—8世纪时代环境密切相关,主要表现在帝国重心东移的过程中,文化的东渐对帝国思想产生的冲击。长期的社会动乱促使皇帝想要恢复繁荣和维护帝国安全的考虑。军区制改革背景下维护家庭和睦与社会安定的条件。基督教的彻底融入造成立法中必须展现其价值尺度的判断。

第一节 文化东渐与思想重塑

在学界,学者们普遍将3—8世纪被称为"古代晚期",强调罗马帝国向拜占庭帝国演进的重要过渡时期。因为这一时期属于罗马帝国转型与变革时期,古典学者将其称为"古典晚期",中世纪拜占庭学者则将其称为"早期拜占庭"。本质上而言,这一变革与转型时期的"变"主要体现在帝国因文明重心的东移而形成的古典文化终结与中世纪拜占庭文化东渐的过程。

罗马—拜占庭文化的东渐大约起源于"3世纪危机",其时罗马帝国的全面危机造成以罗马城为中心的帝国日益凋敝,戴克里先继位后因实行"四帝共治"政策,在帝国东西两地各设主副帝的宫邸,开启了文化东渐的序幕。君士坦丁大帝在解决帝国的混乱状态后,面对凋零破败的罗马城,开始在东方的博斯普鲁斯海峡上修建新都——新罗马(后被称作君士坦丁堡),帝国文化东渐的趋势进一步加剧。

476年,伴随着西罗马帝国被蛮族取而代之,之后帝国西部疆域逐渐脱离了帝国的统治范围,东部罗马帝国(后被称为拜占庭)与西方的关系渐行渐远，但与东方的关系日益密切，帝国加速了对东方文化的吸收与借鉴，文化东渐的趋势主要体现在两个方面：一方面是对希腊文化的汲取。另一方面是对犹太文化的吸收。

希腊文化对拜占庭文化的影响主要是因为在查士丁尼之后帝国的统治范围主要集中于希腊化较为浓厚的东部地区。早在古典时期，古希腊哲学中讲求对人的关注和对理性的追求，虽受毕达哥拉斯善的理念的影响，且对善的理念解释各异，但最根本的还是要拥有德行与善行。但在善行与德行实现的路径上，希腊哲人认为灵魂的至善是好人的根本前提，因为这两种善的理念需要人净化灵魂，摆脱物欲才能实现，故需要以知识为引子，通过求知方能让希腊人达到至善，在日常行为中拥有德行与善行①。

因为德行与善行需要靠知识获取，故柏拉图认为，"如果德行即知识，德行就可以由教育而来"，"如果知识包涵了一切善，那么我们认为德行即知识就是对的"②。这里重点强调的是，善行或德行可以且只可以由教育而来，教人以德行成为古希腊人对人认知的前提，拥有善举、关注城邦事、做个好公民、明辨是非及通音律数学等美好的理念与举动的人，是真正拥有德行与善行的人。

但是古典希腊哲学仍然局限于小国寡民的城邦意识之中，希腊人认为，"只有希腊人才是真正的人，或者说才有被称为人的完备资格，至于野蛮人……就连像柏拉图和亚里士多德那样的哲学家，也还不能完全摆脱民族偏见"③。但是随着亚历山大大帝东征，东地中海世界几乎全部希腊化，城邦在世界范围内失去了存在的基础，之后的罗马人接管了庞大的希腊帝国后，更是将地中海变为罗马帝国的内湖，个人的空间被压缩，除了皇帝与显贵，个人的命运与帝国利益之间的联系不再那么紧密，亚里士多德所表达的希腊人的那种优越感也在帝国的氛围中消失，"希腊人与野蛮人之间的界限消失，彼此之间有一种共同的人性"④。

在此背景下，古希腊哲学需要对人与人、人与国家的关系定位进行重新审视，于是斯多亚学派将古希腊哲学中的善行与德行融入了更广阔的理论框架，其提出的世界主义为这一问题的解决做出了重要贡献。斯

---

① 杜丽燕：《希腊哲学是基督教思想的奠基者》，《求是学刊》2004年第1期。
② 北京大学哲学系外国哲学教研室编：《古希腊罗马哲学》，生活·读书·新知三联书店1957年版，第164—164页。
③ 〔德〕大卫·弗里德里希·施特劳斯：《耶稣传》第1卷，吴永泉译，商务印书馆1993年版，第153页。
④ 〔德〕E.策勒尔：《古希腊哲学史纲》，翁绍军译，山东人民出版社1992年版，第19页。

多亚学派的世界主义冲破了民族主义的狭隘观念,在其看来"人凭借自己的理性认识到,自己是宇宙的一部分,因而决心为这一整体工作。他知道,事实上自己是与所有的理性生物相关;他明白他们同属一类,赋有平等权利,他们和自己一样,处于同一自然规律和理性支配之下。他把彼此为对方而活,看作是他们自然注定的目的",在这里,斯多亚学派对人、对人与自然及人与社会的看法表明,人作为自然的一部分,人人拥有同等权利,有义务为他人而活,故而其认为"合群和本能是人的天性所固有的,这种本能要求正义和对同类的爱,这些是一个社会的根本条件"①。

可见,自然法面前的平等、人类具有的理性、同类之间的关爱、讲求人要执行正义等希腊时期的哲学,在被罗马人征服的过程中由罗马人接受,虽然在与基督教的争论中衰落下去,529年查士丁尼大帝下令关闭雅典学园,标志着希腊哲学的发展在外在形态上走向终结,但其中人文、理性、关爱、正义等内容却在基督教思想家的改造和汲取中得以留存,成为《法律选编》仁爱与严苛统一理念的希腊哲学来源。

东方文化对拜占庭帝国的渗透是在拜占庭帝国与东方文明的交流互动中完成的。拜占庭地缘文化的开放性决定了拜占庭与外族文化的互动,即"本土文化对不同外来文化的吸纳和借鉴的过程,实质上应当是一个国家或民族文化基本精神的体现"②。拜占庭文明的互动性主要体现在皇室的"东方化"和法典的"犹太化"两方面。

拜占庭帝国皇室的"东方化"自古有之,只是在帝国迁都和经济文化重心东移的过程中加剧了这一进程。罗马帝国初期,皇帝多出自罗马城的一些名门望族,但是随着3世纪危机后,军人在王权废立方面的作用凸显,驻守各地的将领也成为僭主的来源。不过总体而言,在6世纪之前的拜占庭帝国,即自君士坦丁大帝建立王朝始至查士丁尼统治结束,拜占庭皇帝多数依旧出身于罗马化传统相对深刻的拉丁文化区,并未有太多的东方基因。如君士坦丁大帝出生于巴尔干半岛上的纳伊索斯(Naissus,现尼什城,Nash),查士丁尼则可能出身于伊利里亚(Illyria)或阿尔巴尼亚(Albannia)。

但是经历了6—8世纪的政局动乱之后,帝国发生了重大变迁,拜占庭在与西部地区剥离的同时,开始融入大量东方因素,叙利亚王朝(伊苏里

---

① 〔德〕E. 策勒尔:《古希腊哲学史纲》,第241页。
② 天传信:《论文化包容性与存在》,《文教资料》2007年第9期。

亚王朝)① 的建立，标志着拜占庭立国的根基已经从罗马帝国的核心地区中地中海，转移到希腊化程度极深，历史极悠久的东地中海和小亚地区，帝国皇室的"东方化"序幕已经拉开。皇帝利奥三世出身于希腊化程度较深的叙利亚地区，自幼与近东的下层民众交往较多，赛奥法涅斯称其为"具有萨拉森人思想"②，似乎懂得阿拉伯语；"其子君士坦丁五世迎娶的皇后是卡扎尔汗的女儿伊琳娜"，故拥有1/2卡扎尔人血统的利奥，则被冠以卡扎尔人的利奥四世之名；女皇帝伊琳娜则是来自斯拉夫化程度较深的雅典，"她可能是首位以'选秀'的方式入宫的女子"③。据此，叙利亚一朝五帝，或有蛮族血统，或深受蛮族文化影响，皇室内部东方化、蛮族化趋势明显，皇室都已如此，更何况民间平民百姓，这也符合6—8世纪拜占庭帝国诸多核心地区东方诸民族不断迁入的历史史实。

拜占庭帝国的"东方化"趋势，也引发了帝国立法的东方因素介入。比如该王朝著名的破坏圣像运动，多数学者认为利奥三世深受基督教或伊斯兰教的影响。笔者则认为，这是至8世纪，随着帝国与东部地区法律联系的日益增强，犹太—叙利亚立法思想对帝国的法律产生了深远影响的结果。这一点体现在《法律选编》之中。如在其注重的婚姻家庭法中，叙利亚王朝的《法律选编》就展现出了其深刻的犹太教经典元素。在夫妻关系方面，《法律选编》认可了母亲在子女婚姻问题上的重要性，强调除了适龄男女的婚约，必须"获得其父母的同意"④，这很明显这是对《圣经·旧约》中"神就照着自己的形象造人，乃是照着他的形象造男造女"⑤ 的法律阐释，表明神造之男女是相互补足的平等关系，故其在法律地位上亦应如此。

在监护权上与昔日罗马法中对女性的监护权的严格限制不同，《法律选编》强调"如果丈夫先于妻子而亡，且留有子女，作为孩子的母亲，妻子将作为一家之长监管其嫁妆及丈夫的所有财产"，同时子女也需要听从母亲的安排，"不得取代其位置或向其索要遗产，而要听从上帝的旨意，

---

① 伊苏里亚王朝的说法为学界的误判，根据19世纪后学界的考证，利奥三世是叙利亚人，并获得多数人接受与认可，详见 A. A. Vasiliev, *History of the Byzantine Empire 324 – 1543*, p. 234。
② C. Mango and R. Scott (ed.), *The Chronicle of Theophanes Confessor: Byzantine and Near Eastern History AD 284 – 813*, Clarendon Press, 1997, p. 560.
③ L. Garland, *Byzantine Empresses: Women and Power in Byzantium, AD 527 – 1204*, Routledge, 1999, p. 73.
④ Ludwig Burgmann, *Ecloga das Gesetzbuch Leons III und Konstantinos V*, p. 170.
⑤ 《圣经·旧约》，第1页。

对其绝对服从和尊敬"①，这与犹太教中关于子女的监护问题颇为相似。虽然犹太社会亦是以男性为主导，但在家庭中丈夫要给予妻子应得的尊重，"因为家中的一切幸福都有赖于妻子"，特别是妻子在家庭监护中扮演重要角色，"有其母必有其女"②。即使父母离婚了，母亲依旧有监护子女之责，而作为子女，要同尊敬自己的父亲一样，孝敬自己的母亲，正如《出埃及记》所言"当孝敬父母，使你的日子在耶和华你神赐你的地上得以长久"，而"咒骂父母的，必要把他治死"③。

而关于财产，《法律选编》规定"若丈夫先于妻子而亡，且并无子女，那么妻子的所有嫁妆则转归自己所有，且她可以获得丈夫1/4的财产，剩余部分则转归丈夫遗嘱中指明的继承者，如果没有遗嘱，则由其近亲继承"④。这一规定也可以在《圣经·旧约》中寻找到犹太人对拜占庭帝国的影响，耶和华对摩西说"你也要晓谕以色列人，人若死了没有儿子，就要把他的产业归给他的女儿，他若没有女儿，就要把他的产业给他的兄弟，他若没有弟兄，就要把他的产业给他父亲的弟兄，他父亲若没有弟兄，就要把他的产业给他族中最近的亲属"⑤。

在东渐的背景下，拜占庭与希腊哲学和东方文化碰撞借鉴的过程中，帝国发生了重要变化，百姓中讲希腊语的人占据多数，民众中受希腊哲学与基督—犹太教立法思想的影响较多，民族中来自东方的民族比重增加，在这样一种趋势下，拜占庭帝国开启了对自身思想重塑的过程，其塑造的目标便是将帝国塑造为希腊语的"新以色列国"。

早在希拉克略王朝时期，这种尝试便已经开启，希拉克略皇帝在629年颁布一则新律中首次使用了"虔信于基督的皇帝"（pistoi en Christo Basileus）⑥。"basileius" 即希腊文（Βἄσιλεύς），这一词本是古希腊城邦时期对其君主的称呼，希腊化时期，这个名称在东方的希腊化王国流行，罗马帝国建立后不再为非官方称号，此处再次启用这一称号，奥斯特洛格尔斯基认为这是"希腊文化复兴的表现"。笔者认为希拉克略皇帝确实把握住了帝国希腊文化日益凸显的历史脉搏，不过将"皇帝"与"虔诚于基

---

① Ludwig Burgmann, *Ecloga das Gesetzbuch Leons Ⅲ und Konstantinos Ⅴ*, p. 174.
② 赛妮亚编译：《塔木德》，重庆出版社2008年版，第105、107页。
③ 《圣经·旧约》，第72—73页。
④ Ludwig Burgmann, *Ecloga das Gesetzbuch Leons Ⅲ und Konstantinos Ⅴ*, pp. 172 – 174.
⑤ 《圣经·旧约》，第155页。
⑥ M. T. G. Humphreys, *Law, Power, and Imperial Ideology in the Iconoclast Era c. 680 – 850*, p. 31.

督"两词共用,表明这并非只是"复兴",而是希腊语的犹太化改造。换言之,"巴赛勒斯"一词已非古典时期希腊语语境下的"君王",而是希腊语《旧约》中国王们的头衔,特别是大卫王,这一点也可以通过 626 年,希拉克略皇帝在解除君士坦丁堡围困之后,允许诗人狄奥多勒在其诗篇中将罗马人称为"新以色列人",将君士坦丁堡比拟为"耶路撒冷"。630 年将其子命名为大卫等①举动得以印证。

因此,"巴赛勒斯"这一名号的重新启用,已经并非简单地意味着对君主头衔的希腊语"复古",而是表明拜占庭帝国思想意识形态已经发生了深刻变化,这一点在前文中述及的查士丁尼二世的赠礼敕令中也得以体现。但希拉克略王朝皇帝的复兴之梦在内外交困的背景下,遭受了巨大的挫折。只是随着阿拉伯攻势的减弱和帝国局势的逐渐稳定,叙利亚王朝的利奥三世继位后便再次将这种适应历史潮流的变革提上了日程。

如《法律选编》序言所展示,伊苏里亚王朝的皇帝不仅再次使用"巴赛勒斯"这一名号将自己塑造为摩西与所罗门,还将以色列人遭受苦难的故事,经常受到异族的围困及因违反上帝的律法而遭受惩处等比拟为拜占庭这一时期接连失败的镜子,吹响了将拜占庭改造为新以色列的号角。在拜占庭皇帝看来,用犹太思想对帝国进行希腊化的思想重塑,并非对罗马古典文明的荣耀,也非寻找罗马帝国的合法性,而是将整部《圣经》作为帝国思想改造的"犹太经典",承认基督徒前提下的"新以色列人",冲破了原"旧约"中仅以"犹太"民族为上帝"选民"的局限。

伊苏里亚皇帝将帝国的历史的发展趋势与圣经的犹太民族的过往进行比拟,目的是在《圣经·旧约》中为拜占庭找到了一面镜子,可以为自己的处境做出解释。可能拜占庭人也是上帝的选民,尽管其遭受惩罚,疆域缩减,但依旧在历史中占据重要地位。最为重要的是,在拜占庭皇帝看来,拜占庭人与旧约中的希伯来人之间的共同点是,均为实现再次繁荣找到了良方。古老的以色列人遭受惩罚是因为背离了摩西律法,陷入盲目的偶像崇拜和犯了过失,因此,安抚上帝愤怒的方式便是消除罪恶,遵守与上帝的契约。这也是为何在《法律选编》中会大量援引《圣经·旧约》的内容,帝国文化的东渐促使拜占庭皇帝应时之需进行思想改革,从而使帝国的法律呈现出犹太思想和希腊哲学的因素。

---

① P. Magdalino and R. Nelson, *The Old Testament in Byzantium*, Washington D.C., 2010, pp. 175–197.

第二节　政局动乱与帝国安全

　　政局的安定是确保国家繁荣昌盛的基础与前提，对于拜占庭帝国而言亦是如此。6—8 世纪的帝国便陷入政局动荡不安的局面。在经历了查士丁尼大帝的伟大复兴之后，拜占庭帝国复又陷到了内忧外患的长期混乱状态，先是查士丁尼大帝的好大喜功、对外战争和大兴土木几近耗尽帝国的财政，后来波斯人、阿瓦尔人、阿拉伯人又连番对帝国发动战争致使帝国几近灭亡，而 695—717 年的 "20 年混乱期" 更是让日益紧缩的帝国雪上加霜，这还没有包含频繁暴发的瘟疫、地震等天灾对帝国所造成的巨大损失。

　　瓦西列夫认为 610—717 年是拜占庭帝国的 "黑暗时代"，不过其是从学术与艺术的成就而言[1]。曼戈则从军事失败、政治动荡、经济衰退和教育颓废几个维度将 "黑暗时代" 锁定在了 641—780 年[2]，前者是从文献匮乏的角度，而后者则从社会动荡的角度。虽然范围时间有差，出发角度有异，但共同点就是这一时期（至少集中于 641—717 年间），拜占庭帝国的政局给学者的总体印象是混乱的，是一个 "为生存而斗争"[3] 的时期。这种混乱的局面确实源自查士丁尼时代。查士丁尼大帝以 "一个教会、一个帝国和一部法典" 的雄心，用大约 30 年的时间征服哥特人和汪达尔人，恢复了对罗马帝国的基本统一，但是其长久的战争也导致国库亏空和人口锐减，以对意大利的收复战争为例，前后打了 20 载，虽然之后耗费 8 年时间进行了修建，然而经历长期战争后的意大利已然成为一片废墟，各城市古迹损毁严重，"居民人数减少了 9/10"[4]。另外，频繁暴发的瘟疫和地震，也给帝国带来巨大的创伤，死亡数量不计其数，仅以 524 年的查士丁尼瘟疫和 526 年的安条克地震为例，据学者估算，前者导致的人口死亡人口至少有 45 万，后者的人口死亡约 25 万[5]。

---

[1] A. A. Vasiliev, *History of the Byzantine Empire 324–1543*, p. 230.
[2] C. Mango, *The Oxford History History of Byzantium*, Oxford University Press, 2002, p. 129.
[3] C. Mango, *The Oxford History History of Byzantium*, p. 129.
[4] 徐家玲：《拜占庭文明》，第 62 页。
[5] 李继荣：《早期拜占庭法律基督教化的路径与逻辑——以〈法律选编〉为中心》，《经济社会史评论》2020 年第 4 期。

"人口数量明显减少成了他统治时期的一个极大污点"①，而这一污点却酿成了帝国之后两个世纪的恶性循环，战争与天灾诱发了帝国国库亏空，并进而导致军力削弱，随之而来的是战争失利和人口进一步减少。人口减少导致帝国实力的进一步衰微，为周边异族的入侵提供了可乘之机，周边的波斯人、保加尔人、斯拉夫人及阿拉伯人先后蜂拥而至。而皇帝在帝国财政捉襟见肘的状况下，还不得不硬着头皮采取措施抵御这些虎视眈眈的异族。

军事力量极弱和边界防务的疏漏，致使帝国军队在与异族的多次较量中均告失利。613 年，"波斯人以武力占领了约旦、巴勒斯坦和圣城（耶路撒冷），他们通过犹太代理人杀了很多人，有人说达到 9 万人""耶路撒冷的牧首扎哈里阿斯则和其他一些战俘被带至波斯，包括真十字架"②。627 年希拉克略皇帝好不容易倾全城之力打败了波斯人，夺回了真十字架，但是又败给了正在崛起的阿拉伯人。

634 年，"哈立德在著名的亚穆克河战役中打败了拜占庭的 4 万大军"，"638 年阿拉伯人进攻君士坦提亚，经过围攻后斩杀 300 罗马人"，"641 年毛阿思在围攻凯撒利亚城 7 年后将其占领，斩杀 7000 罗马人"，"669 年，君士坦丁（四世）时期，阿拉伯人入侵非洲，据说抓捕 8 万战俘"③。6—8 世纪战争的频繁爆发导致拜占庭人口急剧下降。

作为一个中央集权帝国，人口是其税收、将士和劳动力的重要来源，人口的减少会造成财政和军事危机，以希拉克略皇帝夺回真十字架为例，当时帝国竟然拿不出远征的军费，最后还是在"牧首的号召下，全国各地的教会献出了用于存储的金银圣器，以充军费"④，才完成了这场战争。查士丁尼之前帝国军队"总数可达到 65 万，但到了其统治末期，这一数字大幅下降至 15 万"，"其后的希拉克略皇帝能够投入其重大战事——波斯战争的兵力只有区区 6000 人而已"⑤。

伊苏里亚王朝建立后，随着帝国局势的稳定，恢复生产，人口增长，帝国财政收入增加，扩充军事力量成为皇帝利奥三世首先要考虑的问题，

---

① 〔英〕爱德华·吉本：《罗马帝国衰亡史》，第 230 页。
② C. Mango and R. Scott (ed.), *The Chronicle of Theophanes Confessor: Byzantine and Near Eastern History AD 284 – 813*, Clarendon Press, 1997, p. 627.
③ C. Mango and R. Scott (ed.), *The Chronicle of Theophanes Confessor: Byzantine and Near Eastern History AD 284 – 813*, Clarendon Press, 1997, pp. 470 – 475, 491.
④ 徐家玲：《拜占庭文明》，第 72 页。
⑤ 陈志强：《"查士丁尼瘟疫"影响初探》，《世界历史》2008 年第 2 期。

第四章 成因：《法律选编》成书与时代环境的互动

破败无序的帝国需要"休养生息"，故"仁爱"理念的提出，司法中减少死刑等措施，与其说是皇帝"仁慈"的表现，不如说是帝国稳定与发展之所需。

因帝国频发战争与灾难导致的人口锐减与国力衰微之间的恶性循环，还引发了帝国内部政局的混乱，各地将领趁机多次发动宫廷政变，前述的"20年混乱期"正是这种权力之争的重要体现。自695年查士丁尼二世被罢黜到717年利奥三世建立伊苏里亚王朝，其间帝国内乱迭生，七易君主，最长一任在位也不过7年①。这一时期著名史家尼基弗鲁斯在其《简史》中感慨道，"皇帝频繁更迭，人们对帝国与帝都事务漠不关心，教育荒废，军事组织涣散崩溃"②。赛奥法涅斯也认为，内忧外患"给帝国带来了混乱无序"③。

混乱无序的社会，不仅导致帝国人口的下降，还带来帝国社会结构发生了变化。第一个变化是帝国贵族阶层遭受严重打击，其权利和影响力遭受严重削弱，这中间除了很多贵族战死沙场外，很多是在频繁的王位更替过程中遭受打击报复，以查士丁尼二世在二度夺回王位后的报复为例，足见其残酷性：

> 查士丁尼二世将提比略皇帝逮捕至自己面前，将提比略的弟弟赫拉克利乌斯及其所有支持者从色雷斯带到君士坦丁堡，而后将其全部钉死在墙上。他还派士兵在帝国各地搜捕提比略的拥护者，以同种方式将其处死……他还杀死了大量内务与军政大臣，有些人是被放入麻袋后扔入海中让其痛苦地死去，有些人则是以宴会邀请的方式借机将其刺杀或砍死。人人深陷恐怖之中④。

贵族阶层的衰落，元老院逐渐失去其原来的政治地位，在人口、财力和影响方面急剧减弱⑤，逐渐沦为咨询机构，成为官僚系统的组成部分，

---

① R. Jenkins, *Byzantium: The Imperial Centuries AD 610 – 1071*, University of Toronto Press, 1987, p. 58.

② Cyril Mango, *Nicephoros Patriarch of Constantinople Short History*, p. 121.

③ C. Mango and R. Scott (ed.), *The Chronicle of Theophanes Confessor: Byzantine and Near Eastern History AD 284 – 813*, Clarendon Press, 1997, pp. 544 – 545.

④ C. Mango and R. Scott (ed.), *The Chronicle of Theophanes Confessor: Byzantine and Near Eastern History AD 284 – 813*, Clarendon Press, 1997, p. 523.

⑤ L. Brubaker and J. Haldon, *Byzantium in the Iconoclast Era c. 680 – 850: A History*, Cambridge University Press, pp. 575 – 576.

进而导致第二个变化的出现,即平民阶层又逐渐崛起,根据考证,"688—717 年,文献资料中共出现 34 位官员带有贵族头衔,其中有 14 位出身于普通民众阶层,这些人拥有相对卑微的绰号,如小贝壳、钉掌的、砍树根者"①,可能因贵族的严重不足,致使帝国不得不从民众中擢升一些有能力的普通平民进入官僚阶层。

除此之外,平民表达夙愿和参与帝国政治生活的竞技党在沉寂了近百年后重新出现。在希腊语中"δῆμος"(吉莫)本义为"民众",因其选择支持不同的队伍而形成各自的派别,是为"竞技党",其在一定程度上代表了平民大众的利益而参与帝国治理,查士丁尼大帝时期因竞技党发起的尼卡起义而惨遭疯狂镇压,最终几乎丧失影响力。但在 7、8 世纪之交,因贵族的衰弱和政权更替的频繁,竞技党开始重获政治影响力,民众支持亦变成很多篡位者获得合法性的重要依靠。

如查士丁尼二世第一次被推翻和篡位者被认可的过程中,民众便起到了重要作用。根据史料记载,叛乱成功后,在篡位者利奥提乌斯的安排下将民众集合在圣索菲亚大教堂,由民众决定查士丁尼二世的命运,在民众的谩骂与反对下,查士丁尼二世被处以剜鼻和流放,而篡位者在民众的欢呼声中被立为新帝,民众甚至可以违背皇帝的旨意,将一些恶吏处以火刑。之后查士丁尼二世复辟时,在与民众的谈判中,"遭受了民众的羞辱与唾弃"②。719 年前朝皇帝阿纳斯塔修斯想要推翻利奥三世的统治,也因为"民众未接纳他"③ 而失败。可见民众作为皇帝废立及合法性的重要力量已经成为这个时代普遍接受的观念。

贵族阶层的没落和平民阶层的崛起共同缔造了一个平民大众的时代。在经历了战争摧残、社会动荡后,皇帝迫切需要在这个平民大众时代找到一个平衡点,构建一个稳定的社会框架,对皇帝而言,用公平正义、仁爱和谐的模式获得最显著的平民力量的支持,不仅可以顺应历史潮流达到稳定帝国局势的目的,还可以稳固和加强王权在帝国的影响力。

除了阶层结构的变化,混乱的秩序也引发了这一时期文化的缺失与道德的沦丧,巫术盛行、百姓愚昧、司法瘫痪,各种违背伦理的行为时有发生。一方面,动乱之下,教育衰退,所导致的便是百姓文化水平普遍较低。《法律选编》中讲道,"先皇们所颁法令已载于诸册,但朕等意识到对

---

① 庞国庆:《时代之光:拜占廷〈法律选编〉中的公正理念》,《南开学报》(哲学社会科学版) 2019 年第 2 期。
② Cyril Mango, *Nicephoros Patriarch of Constantinople Short History*, pp. 93 – 95, 100 – 107.
③ T. Büttner-Wobst, *Ioannes Zonaras*: *Epitomae Historiarum* Vol. 3, E. Weber, 1897, p. 256.

有些人，其意艰涩；对其他人，则不知所云"①，这里的艰涩难懂，除了多数人不懂拉丁语的语言障碍外，更重要的是这一时期教育的危机，特别是在7世纪拜占庭的教育出现危机，贝鲁特法学院以及雅典、亚历山大和君士坦丁堡的大学纷纷关闭，法学研究几乎处于停滞状态②，虽然法学教育的传承还在继续，但法学研究的衰退造成了法官、律师，司法部门的官员不具备完善的法学知识，普通百姓对法律了解更是少之又少。

正因为整个社会，特别是民众法律知识和文化常识的缺失，导致的结果便是帝国司法不公现象的不断发生，腐败现象层出不穷，《法律选编》一再强调执法者要公正司法便是这一现象的反映，而司法不公正进而引发了社会的进一步混乱，而社会混乱、司法不公和平民"无知"，导致民众将希望寄予巫术等旁门左道。据史料记载，717 年，为了击退外敌，帕加马城的民众做了极为愚蠢的一件事，"在受到巫术的蛊惑后，他们将一名孕妇杀死，把腹中婴儿剖出，放入锅中进行蒸煮，并让将要参战的士兵将右手衣袖放入锅中沾湿"③。《法律选编》之所以对巫术深恶痛绝，规定"江湖巫士和投毒者以祈求恶魔之术蒙骗他人者，将处以剑刑"④，表明此类罪恶的犯罪已经严重危害到了帝国社会的稳定安全。

百姓的愚昧、司法的不公和社会的动荡还引发了整个社会的道德败坏，乱伦、变态性犯罪层出不穷。《法律选编》中对鸡奸、乱伦、通奸、诱奸、强奸和兽奸等性犯罪的严厉打击，也说明这一时期整个社会的混乱状况非常严峻。投敌、逃避和谋反也时有发生，特别是在边境危急时刻，很多人逃往君士坦丁堡避难，如 617 年希拉克略皇帝的一则敕令规定："没有大教长的允许，修士不得踏入君士坦丁堡，违者将处以 5 磅罚金并停职"⑤，这反映出的最大问题是，在帝国敌人不断进攻的背景下，很多教区的主教为了逃避敌人的侵扰，纷纷涌入君士坦丁堡进行避难，其中也不乏很多的行骗者，而且为了能在都城谋得教职，他们还采取行贿、威胁等手段，极大地扰乱了帝国的社会秩序，危害着帝国安全。

在帝国伦理道德败坏和法纪纲常瘫痪的背景下，《法律选编》强调公

---

① Ludwig Burgmann, *Ecloga das Gesetzbuch Leons Ⅲ, und Konstantinos Ⅴ*, p. 160.
② 庞国庆：《时代之光：拜占廷〈法律选编〉中的公正理念》，《南开学报》（哲学社会科学版）2019 年第 2 期。
③ Cyril Mango, *Nicephoros Patriarch of Constantinople Short History*, p. 121.
④ Ludwig Burgmann, *Ecloga das Gesetzbuch Leons Ⅲund Konstantinos Ⅴ*, p. 240.
⑤ M. T. G. Humphreys, *Law, Power, and Imperial Ideology in the Iconoclast Era c. 680 – 850*, p. 28.

正执法、严苛律法等原则与理念，从根本上希望能够恢复和夯实帝国的社会秩序，进而达到维护社会稳定，促进帝国走向繁荣的目的。

总而言之，混乱无序所诱发的帝国人口减少、社会结构变化、文化水平下降、伦理道德败坏，这又进一步加剧了社会的混乱，而《法律选编》正是希望通过恢复和提升罗马法中的"仁爱"与"严苛"的理念，凸显尊重性命、公正法律、打击犯罪和照顾民众等原则，建立起一个稳定和谐的社会，这是社会之所需，民众之所望，这在《法律选编》的附录《农业法》《士兵法》《罗得海商法》等中也有体现，彰显了伊苏里亚王朝时期社会的变化及法律的革新趋势。

第三节　军区改革与小农家庭

前文已就军区制改革对帝国的整体影响进行了阐释，本节从家庭的视角进一步窥探军区制改革与小农家庭形成之间的具体关系。作为社会最基本单位，家庭是人类最重要、最核心的社会组织、经济组织和精神家园，其稳定与否直接关系到社会与国家的稳定发展。《法律选编》最核心的关注焦点之一便是婚姻家庭法，涉及处理家庭内部关系，注重维护家庭成员间关系的相对平等，保护家庭中弱势群体的利益，展现出以"仁爱"与"严苛"统一的理念解决"小户家庭"（πυρηνική οικογένεια）"① 的矛盾纠纷。这与拜占庭帝国的军区制改革密切相关。

关于军区制名称的来源，学界还有争议，有人认为军区（音译为"塞姆"，θέμα），源自阿尔泰语"杜曼"（Tuman），意为万人，不过根据近年来的考察，其源于希腊语的可能性更大②。希腊语军区或"塞姆"的字面含义为"军营"，主要是指驻扎在某个行省的军队，只是在7世纪后，随着帝国军事与行政制度的改革，逐渐从军事单位转变为帝国的行政单位，而这种转变与帝国的境况相关。

学界普遍认为军区制形成于7世纪，这是与帝国历史发展规律相吻合的。在拜占庭早期，在戴克里先和君士坦丁大帝先后努力下，逐渐摆脱了3世纪危机对帝国造成的影响，采取了减小行省规模、增设大区和军政分

---

① A. P. Kazhdan and A. W. Epstein, *Change in Byzantine Culture in Eleventh and Twelfth Centuries*, University of California Press, 1985, pp. 3-4.
② 陈志强：《拜占庭帝国史》，第157页。

第四章 成因:《法律选编》成书与时代环境的互动

离方式,建立起一套地方权力间相互牵制、行之有效的文官为主的统治模式,并一直延续至查士丁尼时代,但是查士丁尼之后,帝国历史陷入了内忧外患和战乱不断的局面,在此背景下,以军事为主的管理体制开始萌芽。

军区制的源头是6世纪的总督制,早在查士丁尼征服北非和意大利之后,为了抵御这两处边境上的柏柏尔人和伦巴德人的入侵,率先在这两地任命了身兼军政大权的官员,拉开了行省军事化改革的序幕。6世纪末莫里斯皇帝正式在迦太基和拉文纳建立总督管辖区,总督为该区之首,兼有军政合一大权,以一元化领导提升这两个区的战时应急效率,有利于提高战胜的概率。

7世纪初希拉克略王朝建立后,波斯人、阿拉伯人先后侵入帝国东部边界,造成东方战线持续吃紧。因此希拉克略皇帝不得不在东部边界依照总督制的方式建立军事大区,7世纪可确定的有四大军区:亚美尼亚军区,位于紧邻小亚的东北部;安纳托利亚军区,希腊文意为"东方军区";奥普希金军区,位于小亚,濒临马尔马拉海;沿海的卡拉维希奥诺鲁姆军区,前两个军区为防御阿拉伯人的屏障。第三个军区起到保护首都的作用。第四个军区即沿海军区,目的是抗御阿拉伯舰队的进攻,之后军区的数目在不同时期有所增减①。

这几个亚洲军区在抵抗波斯的进攻方面起了巨大作用,之后为了应对巴尔干半岛的危机和解决爱琴海岛屿的侵扰,还设立了巴尔干半岛军区和爱琴海海上军区,从7世纪建立军区制,到8世纪中期帝国领土基本置于军区制管理之下,对伊苏里亚王朝帝国局势的逐步稳定起到了重要作用。

军区虽然起源于总督区,但有自身的特点,首先,总督制只是总督总揽军政大权,其他各级军政系统间相对保持独立,而军区制各级系统均按照军事体系设立,行政权力附随于军事权力;其次,总督区下的军队主要是领取军饷的职业军人组成,而军区制下的军队则成为稳固的农兵阶层,这个阶层逐渐成为帝国的中坚力量,可以说,军区制的起源与发展是帝国应对连年战争过程中军事化的体现和结果。

军区建立后,帝国重新确定了军事等级编制,一个军区一般由2—4个师组成,一个师由7个团组成,团下设营和队,人数最多的师级单位约3000人②,也就是一个军区约0.6万—1.2万人。而在军队内部,也确立

---

① A. A. Vasiliev, *History of the Byzantine Empire 324 – 1543*, p. 228.
② 陈志强:《拜占庭帝国史》,第160页。

了按军职等级发放薪金的制度。将军年收入为 40—36 金镑，师长、团长、营长、队长分别为 24、12、6 和 1 金镑，普通士兵为 12—18 索里德（相当于 1/6—1/4 金镑），不过所在军区位置和地位不同，年薪也有差异。

但是如前所述，6—8 世纪拜占庭帝国内忧外患，人口锐减，财政亏空，根本无法支付士兵们的军饷，以希拉克略时期的年收入为例，其时的"年收入为 36667 金镑，相当于 2640024 索里德"，而"仅安纳托利亚军区的年度军事预算就超过 123 万索里德，几乎占了国家收入的一半"①，显然帝国无法为四大军区提供军饷，希拉克略王朝不得已而采取了以田代饷，建立军役地产，即将土地作为军饷按照级别分配给军士，士兵可永久占有，拥有自行处理的权利，可买卖和赠予，甚至连同军役义务一起转给继承人，在军役期间免受免税权，但是作为军人要以此田产的收入自给自足，战场上自带装备，休战时耕种田地，服役期结束后要缴纳赋税。

实际上，军区制为小农的复兴创造了条件。虽然拜占庭依其优越的地理位置拥有较好的商业发展基础，但帝国以农业为本，农业是帝国经济的主要来源，农民在国家中占主体，决定着帝国的强弱，早期拜占庭土地分国有和私有两大形式，前者成分复杂，包括皇产、教产、市产、军产等，后者为大庄园，地产上的主要劳动者是小农，是帝国的主要纳税人，但是随着内忧外患的压力，出现了大量农民破产的现象，查士丁尼曾试图颁布法令，强行将小农固定在土地上，但并未阻止"大地产对小农土地的兼并和日益恶化的军事形势加速了小农破产的过程"②。

军区制的出现改变了这一局面：一方面，因战争导致的大量土地的荒废，为军区士兵分得田产创造了条件，在承担军务的同时，还以家庭为单位进行农业生产和缴纳赋税，这不仅缓解了帝国土地荒芜和财政的危机，还为帝国经济的恢复和发展奠定了基础；另一方面，随着农兵的长子继承其父的军役和军役田产，其他儿子则补充到耕种军役地产的自由小农中，农兵与小农并肩兴起，大大充实了帝国的自由小农的力量，再加上帝国的移民政策，促进新移民开垦荒地，发展经济，"如 7 世纪末迁入奥普希金军区的斯拉夫人达 7 万人，仅 762 年迁入小亚细亚军区的斯拉夫人就多达 21 万人之众"③。小农的力量进一步增强，不仅扩大了帝国的税收来源，小农家庭也在帝国境内纷纷确立。

---

① 陈志强：《拜占庭帝国史》，第 161 页。
② 陈志强：《拜占廷军区制与农民》，《历史研究》1996 年第 5 期。
③ 陈志强：《拜占庭帝国史》，第 163 页。

第四章 成因:《法律选编》成书与时代环境的互动

7世纪形成的军区制,在之后的推广中,迅速地促进了帝国农兵的发展,并与自由小农一同构成了和扩充了帝国的小农阶层,约同一时期的《农业法》的85条条款中,超过2/3的内容涉及小农,足见这一时期小农群体发展之迅速,在帝国大地产经济衰败和小农经济的逐步确立下,拜占庭帝国的社会和经济结构发生了重大变化,小农家庭成为帝国社会的基本单位,小农经济成为帝国经济的基石,小农家庭结构的稳固与否成为能否保障帝国社会稳定的重要前提。

因此,维护社会的稳定,反映在帝国的立法中,便是首先要维护家庭的稳定。《法律选编》中以多数的篇幅关注婚姻家庭法也是对这一时期"小户家庭"重要性的体现。当然这里的家庭关系,从形式上来看,包括家庭内部成员间的关系和家庭成员之间的关系,也就是家庭与家庭的关系。从法律内容来看,《法律选编》展现的拜占庭家庭关系更为简单:丈夫与妻子、父母与子女,家庭与家庭的关系也不复杂,涉及家庭成员与其他家庭成员之间的纠纷问题。

如前所述,《法律选编》在处理家庭内部成员关系中坚持,一方面,维护家庭成员间相对平等的关系,如提升女性在家庭中的继承、监护和管理家庭的地位;另一方面,保护弱势群体的利益,如保护子女得以抚养的权利。在不同家庭之间的关系中,也基本坚持这一原则,讲求法律的公正与公平,希望构建一个相对平等的家庭间的平等关系,进而维护社会与国家的稳定。

在这种关系的构建方式与原则上,《法律选编》遵循简明的标准,主要体现在以下方面:

第一,强化书面合同的作用。古典时期的罗马法,口头协议和书面协议是一样的,《法律选编》有一个明显的偏向就是更注重于书面协议。在家庭关系中,根据条款1.1与1.2的规定,订婚要签订书面契约,并注明发生违约各自应承担的责任与赔偿;当然双方也可以不签订书面契约,但即便是口头协议,也必须以"订婚礼物"作为订婚有效的保证金,因为若发生男方违约,不能要回订金,女方违约则要双倍赔偿订金[1],在结婚契约中,也规定了嫁妆的数目,丈夫对嫁妆的增添数目,离婚契约中,丈夫或妻子获得财产的方式与数额等等。这种以书面契约或保证金为前提的订婚是希望能够进一步规范婚约双方当事人之间的责任与义务关系,一方面是预防婚姻家庭纠纷中权利与义务关系不明情况的发生,另一方面以物的

---

[1] Ludwig Burgmann, *Ecloga das Gesetzbuch Leons III und Konstantinos V*, p. 168.

受损约束双方当事人,减少毁约行为的发生。

第二,强化了证人与签字的法律效力。将证人的证词和签名进行恒量化是《法律选编》的重要改革内容,查士丁尼《民法大全》中几乎"未有对证人的明确要求,更别说证人的数量了",而《法律选编》中"证人"一词成为高频词汇,据学者统计,"在 958 行的条文中,就出现了不下 33 次"①,证人的数量一般为 5 或 3 人。唯一可以放宽的情况是,在绝境或将死之时,遗嘱的订立允许只有 2 个证人便可。虽然这些改革是因循了罗马法的既定原则,但是首次将证人的确切数目纳入明确的要求中,并要求证人签字或盖上自己的印章。对证人数量与场合的明确要求以及偏向于书面契约的改革,"表明《法律选编》将人与人之间的法律契约关系变得更为正规化和书面化"②,旨在减少不确定性,建立起严苛公正的立法体系。

第三,强化了明确的责罚关系。《法律选编》特点之一是致力于追求"更具体和更明确的法律条款"③,明确当事人之间的责任与义务关系,由此对应相应的责罚关系,如婚姻家庭中,夫妻要遵从忠于对方的关系,否则要遭受剃鼻或离婚的处罚;父母与子女遵从抚养与赡养的关系,否则将会遭受减少或丧失财产继承的处罚等;在不同家庭之间的关系中,邻人要互相尊重彼此的人身与财产安全的关系,否则将因损害程度不同接受相应的惩罚。

《法律选编》特别关注家庭法,维护家庭的和睦与和谐,这与军区制改革后大量小农家庭的出现有很大关系。军区制改革下,大量小农家庭的出现,确实对缓解帝国财政、军事危机具有重要意义,成为帝国稳定的基石。但须知 7—8 世纪,拜占庭帝国的混乱状态对小农家庭而言依旧是个巨大威胁。因为小农家庭结构简单,规模较小,成员较少,也就意味着其抵抗风险的能力很弱,特别是在政局动荡、战争不断和自然灾害频发的大背景下,小农家庭随时面临破产的危险。

首先,战争频发的状况下,小农家庭需要家庭中有维护家庭稳定的核心成员。古代时期大家长制背景下,罗马法中的"家父"是这个核心任务,但是在 7—8 世纪的小户家庭中,男子需要参军打仗,还有可能战死

---

① M. T. G. Humphreys, *Law, Power, and Imperial Ideology in the Iconoclast Era c. 680 – 850*, p. 106.
② E. H. Freshfield, *A Manual of Roman Law, The Ecloga Published by the Emperors Leo III and Constantine V of Isauria at Constantinople A. D. 726*, p. 100.
③ Ludwig Burgmann, *Ecloga das Gesetzbuch Leons III und Konstantinos V*, p. 162.

沙场,那么整个家庭中的重担只能落在母亲或妻子身上,只有通过提高女性在家庭中的地位,才可能在丈夫征战或去世后,继续有人维系家庭的完整,确保家庭的稳定。

其次,政局不稳的情况下,小农家庭也会面临土地兼并和家庭离散的局面。军役田产是以男子及其后裔服兵役为前提的,"通常是长子服兵役,其他儿子在农村中务农,都是自由民"①。只要士兵服兵役,便可终身享有这块地产,若其长子、长孙服兵役,该土地归这家人使用,但是军区制改革本质上是推进帝国军事化进程,土地的不可移动性决定了小农阶层一旦形成基本会服役于所在军区,而军区的很多将领在军役田产的赏赐下,形成新的军事大贵族,小农家庭进而面对形成威胁。因此《法律选编》中,一方面严格规定和明确家庭中各成员之间的权利义务关系,对于强行或非法侵占他人财产或侵犯他人人身者予以重罚;另一方面对军人私产进行严格保护,任何人不得以任何形式侵吞军役田产,"即便是父母去世,士兵的军人私产也不能归为祖辈遗产处理,而是要将其分离,成为士兵的私产"②。

《法律选编》"仁爱"与"严苛"理念的统一与这一时期帝国军区制改革有密切的联系。在军区制改革下,促进了帝国小农阶层的壮大,其无论在军事或财政上的贡献,都表明这一阶层和这种家庭模式是帝国摆脱危机、促进繁荣的重要依靠力量。但是这种家庭模式抗风险能力先天不足,容易因为家庭变故、土地兼并等原因而破裂。因此,在立法方面需要兼顾小农家庭的利益,通过以更为"仁爱"的思想兼及家庭成员的各自利益,但也以更为"严苛"的原则明确人与人之间的权利与责任关系,防止土地兼并、化解邻里矛盾、确保家庭的稳定、规范社会秩序,才能确保军区制的巨大防御作用,进而维护帝国的安全稳定。

第四节 宗教确立与价值尺度

马克思主义宗教观是马克思主义理论的重要组成部分,科学地揭示了宗教的本质、社会作用及其产生、发展和消亡的客观历史规律。在《〈黑格尔法哲学批判〉导言》中,马克思对宗教进行了客观阐释,在本质上,

---

① 〔英〕M. M. 波斯坦主编:《剑桥欧洲经济史(第一卷):中世纪的农业生活》,第186页。
② Ludwig Burgmann, *Ecloga das Gesetzbuch Leons III und Konstantinos V*, p. 220.

认为"宗教是还没有获得自身或已经再度丧失自身的人的自我意识和自我感觉",在属性上,认为宗教是"一种颠倒的世界意识,因为它们就是颠倒的世界",在功能上,认为"宗教是被压迫生灵的叹息,是无情世界的情感,正像它是无精神活力的制度的精神一样。宗教是人民的鸦片"①。

可见,一方面马克思承认宗教是一种意识形态的形式,是人类物质世界的"颠倒"反映,是社会物质生产发展到一定阶段的产物,故包括宗教在内的"意识的一切形式和产物不是可以用精神的批判来消灭的,也不是可以通过把它们消融在'自我意识'中或化为'幽灵''怪影''怪想'等等来消灭的,而只有实际地推翻这一切唯心主义谬论所由产生的现实的社会关系,才能把它们消灭"②。另一方面马克思认为宗教是一种"鸦片",是对被压迫的生灵的麻醉剂和毒害物,是人民痛苦中对虚幻前景的向往和现实中对悲惨境遇的回避,亦是封建统治集团维护统治秩序的工具。

值得注意的是,拜占庭帝国的宗教发展还契合了马克思主义对宗教发展规律的认识。马克思主义认为,宗教同其他事物一样,经历了一个由低级到高级、由简单到复杂的发展过程。恩格斯对宗教发展的历史进程和宗教在不同历史阶段所展现的历史形态,先后提出过三种图式:第一种是"自然宗教"到"多神教"再到"一神教"③。第二种是从原始社会的"自发宗教"到阶级社会的"人为宗教"④。第三种是从"部落宗教"到"民族宗教"再到"世界宗教"⑤。在罗马—拜占庭史上,宗教的演进过程便具有与马克思述及的宗教发展的共性。社会动荡、内忧外患和维护王权,成为拜占庭帝国宗教演进变革的重要原因。因此,对拜占庭帝国而言,作为意识形态形式的宗教一直是帝国文化观念和价值尺度的重要体现,对帝国的政治、经济、文化和社会等诸多方面有深刻影响。

对拜占庭帝国而言,宗教一直都是帝国文化观念和价值尺度的重要体现,对帝国的政治、经济、文化和社会等诸多方面有深刻影响。早期拜占庭的宗教主要是对古罗马多神教的继承和对帝国统一性的一神教的向往,表现在古典多神教与一神基督教共生与博弈的历史发展规律,随着帝国王权的加强和基督教的发展壮大,基督教战胜多神教成为帝国国教,基督教

---

① 《马克思恩格斯选集》第 1 卷,人民出版社 2012 年版,第 1—2 页。
② 《马克思恩格斯全集》第 3 卷,人民出版社 1960 年版,第 43 页。
③ 恩格斯:《家庭、私有制和国家的起源》,人民出版社 1972 年版,第 89 页。
④ 《马克思恩格斯选集》第 4 卷,人民出版社 1995 年版,第 90 页。
⑤ 唐晓峰摘编:《马克思恩格斯列宁论宗教》,人民出版社 2010 年版,第 737—738 页。

的思想观念最终确立为帝国待人接物的价值尺度。

在古代社会,宗教信仰担负着一种使命,即"赋予道德规范以超自然认可,使之得以强固",在其与道德和法律的关系中,一般表现为由教义与礼仪内化为道德信仰,而后上升为国家法律,最终经过法律的规范融入价值原则,在宗教、法律与道德的相互调试下,"为统治阶级利益服务"①。拜占庭帝国亦是如此,应该说这个帝国的发展深受宗教思想的影响,一部拜占庭帝国史,便是一部帝国宗教演变、争论与变革的历史。

拜占庭帝国的宗教信仰遗产的来源是丰富的。早期拜占庭的宗教信仰主要是对古罗马宗教的传承,历经古罗马氏族部落—共和城邦—帝国征服,其宗教大体经历了氏族家庭崇拜—城邦诸神崇拜—万神殿信仰的变迁历程。氏族家庭的崇拜,家长或族长带领全家人或整个氏族老小完成祭祷,"须知,乃是一家之长代全家行献祭之礼"②,但随着罗马城的建立和罗马对其他城市的征服,共和时期的罗马宗教主要借鉴了古希腊宗教崇拜,将诸城市的守护神进行集中,形成以十二大主神为核心的"城邦神崇拜"。而伴随着罗马征服地中海世界,统治之下的民族、宗教、文化也变得纷繁复杂,为了有效安抚各地被征服的民族,罗马一如既往地以"移植"的方式将各地的神明崇拜引到了罗马城,公元前27—前25年,在屋大维授意下建立的罗马万神殿,便是对这一思想的实践。

应该说,自王政时期至帝国初期,虽然在宗教信仰方面,祭祀贵族的实力比较强大,但无论是因为战争,还是为了政治的目的,古罗马移植或吸收其他文明的宗教信仰的范式,均表明了其开放性与包容性,加之罗马早期公民的撤离运动和共和政体的维护,罗马社会中个人的权利和地位可以得到有效保障,宗教祭祀多数体现的个人行为。因此对个人而言,宗教的主要目的是承祭祀,延香火。同时,在相对自由的环境下,罗马公民有参与政治的权利,是国家利益的贡献者与享有者。因此,对国家而言,宗教则是维护稳定,促扩张的有效手段。宗教信仰在价值取向上表现出的是公民个人利益与国家利益之间是相互的、一致的和统一的。

但是随着罗马帝国的日渐成熟,王权专权力量不断拓展,公民的自由空间在不断压缩,在专权与自由这对天然矛盾的促使下,君主及其官僚集团与帝国公民之间的和谐统一局面打破,对立分裂局面形成,正如学者杜丽燕所言,"在罗马帝国,除了皇帝、宫廷贵族、达官显贵以外,没有人

---

① 〔俄〕托卡列夫:《世界各民族历史上的宗教》,第623页。
② 〔俄〕托卡列夫:《世界各民族历史上的宗教》,第474页。

会把自己的命运与国家利益联系在一起"①。在宗教信仰上表现为帝王希望用宗教信仰的礼仪规范和价值取向，统治域下臣民，使其安稳尊法，崇拜帝王。

基督教借此机会逐渐进到了帝国君主的视野。基督教的产生得益于罗马帝国早期的宗教宽容背景，1 世纪在犹太人围绕上帝信仰、弥赛亚降临和末日审判等争论中，产生了一个由耶稣创建的犹太教小派别拿撒勒派，起初也只是"反对贵族的腐化生活，反对法赛利人在宗教生活上的教条主义和烦琐礼仪，倡导宗教改革，获得了一批追随者"②，之后宣扬救世主基督降临的思想，逐渐脱离于犹太教成为独立的宗教。

因基督教缘起于犹太教，其最大的特点与优势便是包容性、开放性与择优性，起点很高，懂得用"拿来主义"发展自己。但是因为其早期发展中除了借用犹太教经典和依附于犹太教团体外，并未有自身的统一经典，耶稣的生平事迹也仅是停留在"口头福音"传述阶段，加上其引入了东方宗教中的"神秘主义"因素，经常进行秘密传教，他们被认为是一个不善交际和自以为是的群体，其成员总是独来独往，不参与其城镇中社会生活，导致外界对其产生了诸多误解。在罗马社会对基督徒的误解指控有两种：

一是乱伦与邪恶，认为基督徒有着令人厌恶的乱伦罪行，在其秘密聚会中有杀婴的罪恶。这实际上是对基督教圣餐仪式的歪曲，"基督徒之间习惯性地称呼兄弟姐妹，信徒举办的聚会被称为'爱宴'（Love Feasts），宴会之上还会吃圣餐和喝葡萄酒"③，基督徒把面包比作耶稣的肉，葡萄酒比作耶稣的血，坊间将此作为了凶恶的传闻进行传播，吃某人之子的肉，喝某人之子的血，兄弟姐妹的乱伦。

二是无神论者，认为基督徒是不相信任何神明，将会触犯神明。从异教的角度看，这种指责是"足够真实"的，"因为他们拒绝接受所有被认可的神明，还宣称这些被认可的神明是邪恶的恶魔"④。很自然人们就会认为，由于这些顽固的"无神论者"触怒了诸神，诸神有时就可能将其愤怒施加于对"无神论者"容忍的整个社会。因此，这些罗马人看来所谓的神明的显灵，如地震、饥荒和瘟疫，便引发了一系列反对基督徒的大游行，

---

① 杜丽燕：《希腊哲学是基督教思想的奠基者》，《求是学刊》2004 年第 1 期。
② 徐家玲：《世界宗教史纲》，第 134 页。
③ A. H. M. Jones, *The Later Roman Empire 284 – 602* Vol. 1, The Johns Hopkins University Press, p. 33.
④ A. H. M. Jones, *The Later Roman Empire 284 – 602* Vol. 1, p. 33.

要求政府也采取行动反对基督教。

可见,对于罗马帝国初期的统治者而言,宗教最大的职能依旧是维护诸神的善意,进而达到维护帝国的和平,但是基督教的发展可能被怀疑具有不道德的意图,可能会导致暴乱的发生与和平的破坏。基督教公开宣扬轻蔑诸神的布道言论,被帝国政府认为是最不道德的恶举,特别是"3世纪危机"的到来,更让帝国政府独断地认为,这和基督教的触怒诸神的教义有关联,故而对其反复大规模迫害,也就不足为奇了。

善于兼收并济的基督教也认识到自身所存在的问题,于是从1世纪到4世纪,也在不断地调适自己,不断完善组织结构,"当人们对耶稣基督的认识趋于统一时,便形成了一个特殊的、统一的团体,安条克主教伊格纳修斯称这个团体为普世教会"①,罗马帝国各地也陆续建立了一些地方教会。另一方面,针对基督教自身并未有统一经典,基督教各设团体在举行宗教活动时,除了诵读犹太《圣经》外,也宣讲、传播和抄写对耶稣生平事迹、圣徒书信等内容,逐渐形成了基督教的《新约》。

但基督教的正式呈现并不意味着罗马政府就完全认可其合法性,其还必须结合罗马帝国的特征与发展状况,不断完善教义,对教义本身进行系统化和逻辑化,如前述,早期拜占庭帝国基督教化的过程拥有自身的路径与逻辑:一是基督教君权神授的理论与皇权强化的趋势发生了契合;二是政局动荡中的人们需要基督教予以身心的抚慰②。这一路径与逻辑得以实现,源自基督教对其他文化的汲取和对自身的改造。正如马克思所言,基督教"是从普遍化了的东方神学、特别是犹太神学和庸俗化了的希腊哲学、特别是斯多葛派哲学的混合中悄悄地产生的"③。

早期基督教并非具有抽象的神学体系,但是在与希腊哲学的争论与交锋过程中,其理论逐渐完善。从苏格拉底的"美德即知识",到柏拉图的"善的理念",古希腊哲学家一直在探讨人与世界本质关系的认知,善、美、仁是重点探讨内容,这也为用希腊哲学构建基督教思想提供了源泉。著名哲学家斐洛将希腊哲学与基督教思想进行结合的代表人物,认为神作为至善理念的绝对存在和万物的本源,以逻各斯为媒介创造了万物;新柏拉图主义的"太一"理论为基督教上帝至高无上主宰地位提供了理论依据,而奥古斯丁则将希腊哲学中灵魂肉体的二元论问题引入基督教,形成

---

① 〔美〕G. F. 穆尔:《基督教简史》,第50页。
② 李继荣、徐家玲:《早期拜占庭基督教化的路径与逻辑》,《经济社会史评论》2020年第4期。
③ 《马克思恩格斯选集》第4卷,人民出版社1972年版,第251页。

基督教末世学说的基础①，斯多哥学派的世界主义哲学思想，更是让基督教超越了犹太教的民族局限性和狭隘性，助其迅速传播，最终发展为世界性宗教。

在基督教与希腊哲学和异教争锋的过程中，并未要将其消灭，而是汲取其有用内容，在辩论中融入了基督教的教义与思想，形成以"严苛"为核心的《旧约》与以"仁爱"为内核的《新约》，这对基督教教义和罗马帝国法律文化的相互接纳与融嵌具有重要意义。

因此，基督教在经历了希腊哲学和犹太教思想的重新建构之后，焕发出新的活力，戴克里先等皇帝发起的对基督教的最后一次大迫害，311年伽勒里乌斯宽容敕令及所谓的"313年米兰敕令"的颁布被认为是基督教合法化的开端。自此以后，基督教与王权相互辅助，借助时有发生的内忧外患，走上了王权不断强化和基督教价值观念确立的道路。

392年狄奥多西一世下令，"禁止任何场合向罗马古代神祇献祭，异教神庙一律关闭。违令的献祭者，一经发现，罚款25镑黄金，从事献祭活动的房屋、土地皆应没收。对于徇私舞弊的法官及其他审判人员也要处以30镑黄金的惩罚"②，基督教真正上升为帝国国教之位。查士丁尼大帝临朝后于529年下令关闭了雅典学园。基督教在皇帝的帮助下，再次战胜了异教，而这次的胜利在形式上的意义已经远远超过了其实质意义，基督教已经势不可当地成了帝国精神领域的"指示灯"。

查士丁尼大帝去世后，帝国陷入内忧外患进一步加速了基督教在帝国的传播和影响。内外交迫之下皇帝希望获得教会的支持，稳固自己的地位，而教会则希望通过对皇帝的支持，达到发展教会的目的，为此才有了希拉克略皇帝出征波斯时，"将儿子托付于君士坦丁堡牧首塞拉吉奥斯，并让其监国"，而"塞拉吉奥斯则率众誓死抵抗阿瓦尔大军的进攻，力保君士坦丁堡城池不失"③。在面临外敌之时，皇帝和教长一致对外，这为基督教的进一步扩大其影响力奠定了基础。

希拉克略王朝的最后一位皇帝查士丁尼二世，也对基督教充满极大的热情，强调自己是上帝的虔诚信仰者④。在位时期，查士丁尼二世称自己是"对帝国和基督教的敌人取得伟大胜利的皇帝"⑤，并"首次在硬币上

---

① 杜丽燕：《希腊哲学是基督教思想的奠基者》，《求是学刊》2004年第1期。
② Clyde Pharr, *The Theodosian Code and Novels and the Sirmondian Constitutions*, pp. 473 – 474.
③ J. Heerin, *The Formation of Christendom*, Princeton University Press, 1989, pp. 198 – 200.
④ 李继荣：《查士丁尼二世"赠礼"法令译注》，《古代文明》2016年第4期。
⑤ J. F. Haldon, *Byzantium in the Seventh Century*, Cambridge University Press, 1990, p. 141.

以基督像取代了皇帝像，币上的文字也以'上帝，罗马之救主'或'耶稣·基督，王中之王'取代了传统的'奥古斯都的胜利'"①。利奥三世曾是查士丁尼二世皇帝的亲密朋友，深受查士丁尼二世宗教思想的影响，故其在《法律选编》的序言中也称自己为"虔诚睿智的皇帝利奥"②。

相对于基督教在上层是以包含有政治利益传播而言，其在下层的传播更易于为民众所接受。6—8世纪在帝国连年遭受战争、灾害、内战等灾难的冲击下，面对死亡的威胁、生活的流离、不断的苦难，民众在精神方面遭受了巨大创伤，便将精神之寄托投向了基督教，"广泛出现的社会恐惧会改变人们正常的生活规律，导致人们对现存政治和国家看法的改变，进而导致社会价值观念和伦理道德标准的改变，使人们更加笃信'上帝'"③。

"博爱"与"平等"思想也逐渐融入帝国的方方面面，"贵族出身的菲拉里图斯和狄奥法涅斯将自己的财产全部分给平民，自己进入修道院"④，社会慈善团体也在不断地影响着帝国民众的生活。"建立收容所、医院、救济所等专门慈善机构"⑤。

"博爱"与"公平"原则，在帝国赢得了广泛的社会基础，成为拜占庭社会上至皇室贵胄、下至普通民众的精神追求。基督教的"博爱"与"公平"，对皇帝而言，可以成为稳定民心，抵御外敌的手段；而对于民众，则是抚慰心灵，医治创伤的药剂。为此，8世纪初，在面对拜占庭帝国因长期天灾人祸引起的社会混乱和不公，利奥三世应社会现实之需，在司法领域做出改革，引入"博爱"与"公平"，以达到稳定民心，重新建立帝国秩序之目的。

为此，《法律选编》大量引入了关于"公平"和"博爱"之原则。717年，利奥三世建立伊苏里亚王朝后，帝国境况已与2个世纪前的查士丁尼皇帝统治时期大不相同，利奥三世的文治武功，内外兼修的努力治理下，帝国局势趋于稳定，虽然领土面积进一步缩小，但国家集权得以完整，并得到了进一步加强。因此在面对刚刚复苏的帝国，利奥三世需要强化基督教的精神统治，以进一步改造和稳定帝国局势，达到重建帝国秩序的目的。

---

① E. H. Freshfield, *A Manual of Roman Law the Ecloga Published by the Emperors Leo III and Constantine V of Isauria at Constantinople A. D. 726*, p. 13.
② Ludwig Burgmann, *Ecloga das Gesetzbuch Leons III und Konstantinos V*, p. 160.
③ 陈志强：《"查士丁尼瘟疫"影响初探》，《世界历史》2008年第2期。
④ J. F. Haldon, *Byzantium in the Seventh Century*, p. 131.
⑤ J. F. Haldon, *Byzantium in the Seventh Century*, p. 292.

所以，如前文所述，利奥三世皇帝在《法律选编》开篇中，将上帝与自己的名号共置一处，不仅彰显了伊苏里亚人承嗣皇统的正统性，更是突出了帝位之合法与皇帝对神的虔诚，强调皇帝与上帝之间的紧密联系，表明自身权力的神圣性，在告诫臣民皇帝立法是源自上帝之时，也借此"麻痹臣民"，要求臣民应无条件遵从皇帝颁布的律法。

> 我们的神、上帝、造物主创造了人，赋予其自由意志，并据先知所言"授其律法"以助之，以此使其明了万事万物中，何为可为，何为不可为，使他可以选择前者成为被救赎者，摒弃后者而避免成为受惩者；没有人可以置身圣戒之外，不遵守或藐视圣戒者，便会因其行为受到报应。①

可见，《法律选编》的颁布者在向其臣民传递这样一种信息，上帝是原初最伟大的立法者，其话语的权威是永恒的，为了使法律更具有神圣性，《法律选编》将其改编为"上帝的圣谕的权威将不会过时"（θεὸς……τῶν λόγων ἡ δύναμις……οὐ παρελεύσεται）。法典中充斥着上帝对罪恶的明确阐释，遵循上帝已经创造了人，并授予其律法，将帝国委任给了伊苏里亚人的主旨。因此，《法律选编》明确表示，"正如上帝吩咐十二使徒之首的彼得一样，上帝命令我们（皇帝）司牧他最忠实的羊群"②，表明皇帝及其在法律中的形象不断被神化。这次立法活动，借使徒中最权威的彼得之言颁行具有重要意义，法典中以广而告之、毋庸置疑的命令形式，要求基督教世界的领袖要关照其信徒，以便于他们可从牧羊者基督那里获得救赎。因此，皇帝不仅代表着拥有圣徒的权威，也有责任引导和保护其基督教的子民，可见基督教已经成为整个帝国的"完全"宗教，深入帝国社会生活的方方面面，成为拜占庭帝国臣民行为处事的判断标准和价值取向。

当然，需要注意的是，正如马克思所言，宗教毕竟是人民的"鸦片"，虽然在拜占庭帝国史上，基督教因当时的历史环境所需，成为帝国意识形态中的重要组成部分，甚至在某些特定环境下起到了"麻醉剂"的作用，但是它毕竟也是麻醉百姓精神的精神"药物"，无法从根源上解决百姓的

---

① E. F. Freshfield, *A Manual of Roman Law the Ecloga published by the Emperors Leo Ⅲ and Constantine V of Isasuria at Constantinople AD 726*, p. 66.

② E. F. Freshfield, *A Manual of Roman Law the Ecloga published by the Emperors Leo Ⅲ and Constantine V of Isasuria at Constantinople AD 726*, pp. 66–67.

痛苦。无论是皇帝颁布基督教化的《法律选编》维护社会的稳定，还是百姓们自发以基督教的教义作为安抚内心的手段，亦只能暂缓拜占庭帝国社会的矛盾与危机，当时帝国宗教确立与价值尺度背景下，皇帝以"仁爱"与"严苛"统一理念的《法律选编》稳定社会和维护有序的进步之举，但也埋下了宗教反噬"局限"下帝国再次步入混乱的"隐患"。

第五节 "破坏圣像"与《法律选编》

"破坏圣像运动"和《法律选编》均属于伊苏里亚王朝历史叙述中的重要内容，但是从两者对伊苏里亚王朝历史构建的作用来看，走向了两个极端。前者作为目前学界接受的拜占庭史上的重大事件之一，凡述及伊苏里亚王朝历史者，必会涉及"破坏圣像运动"这一事件。有些学者，如著名俄裔拜占庭史家瓦西列夫和前南斯拉夫学者奥斯特洛格尔斯基分别以"破坏圣像运动王朝"[1]和"破坏圣像运动的危机时代"[2]为题来论述这一王朝的历史。由此，特别注重"破坏圣像运动"破坏性的学者认为"因破坏圣像而导致的宗教分歧将社会分为两大派，即破坏圣像派和崇拜圣像派，这两个派别间的激烈冲突促发了社会的分裂，人人的自危，人们的恐慌、社会的动荡，进而诱发了教育与艺术等诸领域的倒退"[3]，一些学者认为"黑暗成为这一时期拜占庭帝国的显著特征"[4]。

后者作为这一时期留存至今的官方法典，似乎一直以来并未引起学者的充分关注，从本书对这部法典内容的解析来看，其法律条文中彰显了"仁爱"与"严苛"统一的理念，维护婚姻家庭和睦，强调社会阶层平等，提倡法律面前同刑，所描述的是一个相对人道、互助、友爱、公平和进步的社会，这与"破坏圣像运动"背景下的伊苏里亚王朝的"黑暗时代"观念完全相悖，如何理解"破坏圣像"与《法律选编》所构建的同一社会的不同状况，或许需要从"破坏圣像运动"本身进行重新审视。根据学界的观点，这场运动由利奥三世于726年以帝令形式发起，在君士坦

---

[1] A. A. Vasiliev, *History of the Byzantine Empire 324 – 1453*, pp. 234 – 299.
[2] G. Ostrogorsky, *History of the Byzantine State*, pp. 130 – 186.
[3] A. Bryer and J. Herrin, *Iconoclasm: Papers given at the Ninth Spring Symposium of Byzantine Studies*, Centre for Byzantine Studies, 1977, p. 44.
[4] 庞国庆：《时代之光：拜占廷〈法律选编〉中的公正理念》，《南开学报》（哲学社会科学版）2019年第2期。

丁五世时达到顶峰，在842年随着皇帝赛奥菲鲁斯的去世而终结①。国内学者也基本沿袭了欧美学界的观点②。本节在国内外学者研究成果的基础上，结合原始文献，通过对其文献来源、史料可信度的考析，以期能对"破坏圣像运动"及其与《法律选编》的关系有一个更为客观、全面的认识。

一　文献来源考

事实上，要解决二者的关系，还要考察"破坏圣像运动"的文献来源。因"破坏圣像运动"的发起而引起后世"恢复圣像崇拜者"的憎恨，致使伊苏里亚王朝的很多文献被付之一炬，其中包括皇帝们颁布的法令、宗教会议法规和神学论著，保存至今的有关破坏圣像运动的文献史料非常有限，且多局限于一些后世教会史家的作品，主要有赛奥法涅斯的《编年史》③、尼基福鲁斯的《简史》④ 和一些殉道者的传记等，构成了现在多数学者对"破坏圣像运动"这一历史事件了解的主要文献来源。

学界关于"破坏圣像运动"起源于726年利奥三世的一道法令的说法，主要依据的是赛奥法涅斯的《编年史》和尼基福鲁斯的《简史》，分别描述如下：

> 《编年史》：
> 这一年（725）不虔诚的皇帝开始发表关于毁坏神圣、庄严圣像的声明。
> （726年）在大火中央形成一座新岛，并与圣岛相连，而就在此时，前述的塞拉岛和塞拉西亚岛被其托起，这发生在上帝的敌人利奥统治时期。考虑到可以愉悦上帝，而非因上帝的愤怒而迁怒于自己，他对神圣、庄严的圣像发起了一场更为残酷的战争。帝都百姓因此新的教义饱受痛苦，故打算对其发起攻击，在皇帝派人前往大铜门取下

---

① 除上述两位史家外，还可参看 S. Runciman, *Byzantine Civilization*, Edward Arnold LTD., 1954, pp. 44-46; N. H. Baynes, *Byzantium*, Clarendon Press, 1953, pp. 15-16。

② 朱寰主编：《世界上古中古史》，高等教育出版社1986年版，第107页。类似的观点还有：刘明翰主编：《世界史·中世纪史》，人民出版社1986年版，第135页；马世力主编：《世界史纲》上册，上海人民出版社1999年版，第328页；齐世荣主编：《世界史·古代卷》，高等教育出版社2006年版，第323页。

③ C. Mango and R. Scott (ed.), *The Chronicle of Theophanes Confessor: Byzantine and Near Eastern History AD 284-813*, Clarendon Press, 1997.

④ Cyril Mango, *Nicephoros Patriarch of Constantinople Short History*, Dumbarton Oaks, 1990.

第四章 成因：《法律选编》成书与时代环境的互动　209

上帝之像的过程中，他们也杀死了一些皇帝之亲信，为此他们中的很多人也因为真信仰而受到断肢、鞭笞、驱逐和罚金的处罚。

727 年希腊和库克拉迪斯地区的居民以神圣的热情，万众一心，驱船而来，反对其统治，并立科斯马斯为新帝。

730 年，利奥三世在 19 议事堂（Nineteen Couches）召集了一次教俗大会，反对圣像崇拜。利奥还邀请了大教长日耳曼努斯出席该会议，他认为可以说服大教长签署反对偶像崇拜的决议，但是基督的勇敢仆人坚决不为利奥的卑劣错误所折服，在对正确信仰进行阐释后，他辞去了大教长之职，交还教长之披风。同年（730）年，神圣的日耳曼努斯的虚假学生阿纳斯塔修斯接受了不虔诚的利奥，最终，由于其追名逐利的野心，被任命为君士坦丁堡的伪主教。罗马的主教格里高利二世，"在其《主教传》中对阿纳塔修斯进行了否认，并以书信的方式对利奥的不虔诚进行了责骂，对该僭主向圣像发出的攻击义愤填膺。很多神职人员、修士和虔诚的百姓因真信仰问题而面临危险，甚至有些人为此获得殉道者的王冠①。

《简史》：

据说，皇帝听说了这些事情（火山爆发），认为这是上帝震怒的标志，并考虑其诱发的缘由。由于错误地认为，该迹象的出现是因圣像的建造和崇拜所致，因此他站到了真信仰的对立面，打算毁坏圣像。他尽力向民众阐述他自己的教义，而一些人对此侮辱教会的做法深感遗憾。因此，希腊和库克拉迪斯的民众对其不敬行为深感不满，于是在集结水军、拥立科斯马斯为帝后，开始起兵谋反。

最终，科斯马斯和另外一位名为斯蒂芬的人被逮捕、杀头。

皇帝在宫中召集了很多人，包括时任君士坦丁堡大教长的日耳曼努斯。他施压于日耳曼努斯，要求其签署禁止圣像崇拜的决议，但后者拒绝了该请求，并卸任大教长一职，返回故居，安度余生。

日耳曼努斯的继承者是阿纳斯塔修斯，原为大教堂（Great Church）的教士。自此以后，一些不接受皇帝教义的虔诚人士遭受了诸多严刑酷法。②

---

① C. Mango and R. Scott (ed.), *The Chronicle of Theophanes Confessor: Byzantine and Near Eastern History AD 284-813*, Clarendon Press, 1997, pp. 558-565.

② Cyril Mango, *Nicephoros Patriarch of Constantinople Short History*, pp. 129-131.

以上是后世教会史家对利奥三世时期"破坏圣像运动"的记载，其他教会史家的描述也大同小异，主要涉及：第一，火山爆发引起皇帝对圣像崇拜的反感；第二，皇帝希望毁坏圣像；第三，皇帝为了迫使日耳曼努斯在所谓"禁止圣像崇拜"的决议上签字，终使其辞去大教长之职，后由利奥的拥护者阿纳斯塔修斯担任；第四，皇帝"禁止圣像崇拜"的举措，引起了诸方不满，甚至民众的起义。

所以，根据这些描述，似乎表明，利奥三世应该是颁布了法令，发起了一场轰轰烈烈的"破坏圣像运动"，支持者受到重用，而反对者却遭受了严酷的对待，甚至被处死，双方矛盾剑拔弩张，随时可能爆发大规模战斗；罗马主教与皇帝的隔阂也因为该运动的兴起而不断加深，甚至已经到了可以肆无忌惮地辱骂皇帝的地步。凭借教会史家的这些记述（可能是夸张化和情绪化的记述），后世学者也多同意这一观点。但这里也有值得商榷之处：第一，学界所谓的"法令"其实并未明确在文献中体现；第二，教会史家的描述到底有多客观？这两个问题都关系到对利奥三世时期该历史事件性质和影响的判定，进而会影响到我们对利奥三世统治时期的一些政策的正确理解，基于此，我们首先需要对教会史料进行辨伪。

二 史料真伪考

（一）关于"破坏圣像运动"爆发于726年的说法值得商榷

所谓的"破坏圣像运动"发端于726年的论断，似乎已是拜占庭史学界一直以来的主流观点，现阶段的一些经典著述，无一不是以726年为"破坏圣像运动"的开端。但是通过对史料的考察会发现，即使教会史家也未在其著述中明确提出726年利奥三世颁布法令，发起破坏圣像运动这一说法。《编年史》中仅提到725年，利奥三世发布移除圣像的声明或宣言（λόγος）；726年，利奥三世皇帝遣人将大铜门上的圣像取下。尼基福鲁斯的《简史》也重申了此事，但也仅是就当时火山爆发的原因描述道，726年"该迹象的出现是因圣像的建造和崇拜所致，因此他站到了真信仰的对立面，打算移除圣像"①，却未有公开说明利奥三世发布法令将该想法付诸实践。

从现有的著述来看，学界多数学者在论及破坏圣像运动时虽以726年为其开端，但并未标明出处，像瓦西列夫的《拜占庭帝国史》、贝因斯的《拜占庭：东罗马文明概论》等著述便属此种情况，可能他们从《编年史》和《简史》中推断出利奥三世应该在此时颁布了破坏圣像的法令，但

---

① L. Brubaker and J. Haldon, *Byzantium in the iconoclast era c. 680 – 850*: *AHistory*, p.118.

这种推断不仅无助于我们对该事件的认识，反而为我们考证该论断的首位发起者带来诸多不便，奥斯特罗格尔斯基的《拜占庭国家史》和西里尔的《编年史》译注本却为我们提供了一些线索，表明学者在引用时会犯一些不恰当的失误，或者本身已经开始对"破坏圣像运动"的发起时间存有疑问。奥氏言道：

> In the year 726 Leo Ⅲ publicly entered the lists against the iconodules for the first time. （726 年利奥三世首次公开发布了反对圣像崇拜的条例）①

同时，奥氏在页下注中表明该说法出自赛奥法涅斯的《编年史》，并附带原文：

> τούτῳ τῷ ἔτει ἤρξατο ὁ δυσσεβὴς βασιλεὺς Λέων τῆς κατὰ τῶν ἁγίων καὶ σεπτῶν **καθαιρέσεωςλόγον** ποιεῖσθαι. [这一年，不虔诚的皇帝利奥开始宣称破坏神圣、庄严圣像的宣言（条例）]②

但是有意思的是，西里尔在其译注本中将其译为了：

> This year the impious emperor Leo started making pronouncements about the removal of the holy and venerable icons. [这一年，不虔诚的皇帝利奥开始宣称移除神圣、庄严圣像的宣言（条例）]③

这里有四点值得注意：

第一，从奥氏的断言及页下注来看，其所谓的 726 年发生的事件，实际上是赛奥法涅斯《编年史》中记载的 725 年发生的事情。关于此，可参看由西里尔和罗格尔的《编年史》译注本，其将该事件的时间断定为"AM6217，AD724/5，也就是利奥三世在位的第 9 年"④。由此可推断该运

---

① G. Ostrogorsky, *History of the Byzantine State*, p. 143.
② G. Ostrogorsky, *History of the Byzantine State*, p. 143. n. 3.
③ C. Mango and R. Scott (ed.), *The Chronicle of Theophanes Confessor: Byzantine and Near Eastern History AD 284–813*, Clarendon Press, 1997, p. 558.
④ C. Mango and R. Scott (ed.), *The Chronicle of Theophanes Confessor: Byzantine and Near Eastern History AD 284–813*, Clarendon Press, 1997, p. 558.

动"发生于726年"的说法，可能与学界某位类似于奥氏误断的史家有关，并在学界终成定断。

第二，奥氏在页下标出希腊文原文，且以"条例"（lists）一词代替"法令"一词译出，说明奥氏对于"法令"一词的用法也存有怀疑，只是未作进一步探讨。

第三，λόγος一词，其基本含义为"话语"，哲学上可引申为"道"，修辞学上意为"演说"①，基本可与拉丁语 vox 和 oratio 对译②，并无法令的威严之意；而在希腊与拉丁语中本身就有διαταγή③和 edictum④ 两个词，以公开命令之意，专门被用于表示"法令"（edict），来强调法令本身的威严性。《编年史》中并未使用διαταγή一词，《简史》中亦是如此，这表明可能725年或726年利奥三世并未颁布一则"破坏圣像运动"的法令，而可能仅是一则声明或宣言，最多也无非是奥氏译文中所谓的一些"条例"罢了。

第四，καθαιρέσεως一词本义为"破坏、毁坏和推倒"⑤，但是奥氏和西氏则译分别为了"反对"和"移除"。很明显，这两种译法是对原文"破坏"一词做出了感情色彩缓和性处理。可见，关于这一时期利奥三世对圣像是否进行了"破坏"，他们也心存怀疑。⑥

至于730年也是同类的状况，《编年史》和《简史》只是提到利奥三世要求日耳曼努斯在禁止圣像崇拜的书面决议（ἔγγραφον）上签字，并未发布一道诏书要求展开一场大破坏运动。

（二）利奥三世时期的所谓"破坏圣像运动"并未达到"破坏"的程度

关于"圣像破坏运动"的爆发，我们多以教会史家的文献为依据，但是问题在于，这些教会史家在论述"破坏圣像运动"的皇帝时，难免会带入很强烈的宗教情感，夸大其中的某些史实，甚至有时候会不惜篡改事实，从而影响我们对该历史事件的认识。关于这一点，通过对教会史家的文献记载的分析，很容易得出这一结论。

---

① Liddell and Scott, *Greek-English Lexicon* (abridged), the Clarendon Press, 1920, pp. 416 – 417.
② D. P. Simpson, *Latin-English English-Latin Dictionary*, Cassell, 1977, pp. 649, 415.
③ Liddell and Scott, *Greek-English Lexicon* (abridged), p. 167.
④ D. P. Simpson, *Latin-English English-Latin Dictionary*, p. 206.
⑤ Liddell and Scott, *Greek-English Lexicon* (abridged), p. 338.
⑥ 关于这种"破坏"的质疑，法国学者迪尔在其《拜占庭帝国史》中也有体现："为了使民众不再进行圣像崇拜，似乎他下令不应该将其毁坏，而是要将其束之高阁。"（C. Diehl, *History of the Byzantium Empire*, AMS Press, p. 58.）

首先，赛奥法涅斯在其《编年史》中比较详细地描述了利奥三世发起"破坏圣像运动"的始末，但是"他非常敌视破坏圣像运动"。① 所以，其言辞中无不充满对该皇帝的憎恶与怨恨，称利奥皇帝是"上帝的敌人"，"他煽动起一场对圣像崇拜的野蛮战争"，"是一个目无法纪的皇帝"②。可见赛奥法涅斯是站在偶像崇拜者的角度来描述这一事件，目的是要对偶像崇拜者表示同情，对破坏运动的发起者表示强烈的责难，而尼基福鲁斯的《简史》也存在同样的问题，称"民众对其不虔诚深表不满"③。从这一点讲，我们在引用教会史家的著作时，必须慎之又慎。

其次，教会史家对"破坏圣像运动"期间，偶像崇拜者所遭受的迫害程度也有夸大其词的嫌疑。主教保罗被杀，被教会史家认为是其坚持偶像崇拜，但实际上是他希望串通罗马势力，集结地方军队，被皇帝当作威胁君士坦丁堡安全的势力而被处死的④；甚至在学界所认为的破坏圣像运动的鼎盛时期——君士坦丁五世（Constantine V，741—775年在位）时，迫害程度也被一些教会史家大肆渲染。被后世教会史家尊为"殉道者"的小斯蒂芬（the younger Stephen），其实也并非因为维护所谓的真信仰而殉道的，他只是因为参加了君士坦丁堡的一次叛乱，在战乱中被人杀死，而非利奥皇帝因其坚持圣像崇拜将其处死的⑤。

因此，关于破坏圣像运动的规模和残酷性，近年来也引起一些学者的关注和反思。如学者格里高利在其《一部拜占庭历史》中强调："皇帝的官员似乎从教会和其他公共场所将圣像移除，但似乎并未对圣像崇拜者真正进行迫害。"⑥ 事实上，这场运动，特别是利奥三世时期，其仅限于取缔在教堂内陈列圣像和不恰当地崇拜圣像，而并未像教会史家所陈述的那样惨烈，也不像我们认为的那样宏大和广泛。

第三，教会史家著述中自相矛盾之处，也说明当时利奥三世并未对圣像进行破坏。如前所述，《编年史》中本以"破坏"καθαιρέσεως一词表明这是利奥三世发起的一场毁坏圣像的运动，已遭到个别学者的质疑，而《编年史》中的进一步矛盾论述，又反过来证明了这一质疑的合理性。《编

---

① T. E. Gergory, *A History of Byzantium*, Blackwell Publishing, 2005, p. 190.
② C. Mango and R. Scott (ed.), *The Chronicle of Theophanes Confessor: Byzantine and Near Eastern History AD 284 – 813*, Clarendon Press, 1997, pp. 559 – 563.
③ Cyril Mango, *Nicephoros Patriarch of Constantinople Short History*, p. 129.
④ L. Brubaker and J. Haldon, *Byzantium in the iconoclast era c. 680 – 850: A History*, p. 82.
⑤ 李继荣、徐家玲：《"破坏圣像运动"误区考辨》，《理论月刊》2016年第11期。
⑥ T. E. Gergory, *A History of Byzantium*, pp. 190 – 191.

年史》中载道:

> The populale of Imptrial city were much distressed by the new fangled doctrines and meditated an assault upon him. They also killed a few of the emperor's men who had taken down the Lord's image that was above the Great Bronze Gate, with the result that many of them were punishecl the cause of the true faith by mutilation, lashes, banishment ancl fines. (皇城的民众对新的教义深感忧虑,并打算袭击他,他们还杀死了一些从大铜门上卸下上帝像的皇帝的侍从,结果他们中的很多人被处以断肢、鞭打、流放和罚金的处罚)。①

从《编年史》的记载看,首先,利奥三世皇帝并未进行所谓的"破坏"或"毁坏";其次,利奥三世标榜自己是上帝在人间的代表,下令破坏圣像似乎也不合理;再次,双方矛盾的起因是皇城民众对新教义的不满,但是冲突的直接原因是民众打算袭击皇帝,杀死了皇帝的侍从,按照法理,这属于谋反罪,这一点从很多人受到了"断肢""鞭打""流放和罚金"也可看出,虽然没有被处以死刑,但这些惩罚与之后的《法律选编》一致。

(三) 因经济矛盾

关于尼基福鲁斯和赛奥法涅斯所记载的希腊军区因"圣像破坏运动"的发起而发生反叛,其实也是后世作家附会之作。这里不能说反叛与禁止圣像崇拜不无关系,但二者之间并不能构成直接的因果关系。如前所述,726年利奥三世发布法令进行大规模破坏圣像的说法本身不可靠,即使在塞拉岛附近的火山爆发后,利奥三世可能将其归因于圣像崇拜惹怒上帝所致,但其表现也仅仅是而将"大铜门"上的圣像以圣十字架取代,须知圣十字是自君士坦丁大帝以来基督教最重要的标志(后文会有叙述),所以希腊军区竟因此而讨伐利奥,另立新帝,如此之大的反应似乎有些不符合常理。

在这里,有一些细节描述可能需要引起我们的反思:赛奥法涅斯提及725年,当利奥三世告知罗马主教格里高利要移除圣像时,主教的反应是立即"扣除了意大利和罗马的赋税"。这可以给我们提供一些启示,那就是军区的反叛可能并非因为宗教原因,而是源自税收之争。这种因为税收

---

① C. Mango and R. Scott (ed.), *The Chronicle of Theophanes Confessor: Byzantine and Near Eastern History AD 284–813*, Clarendon Press, 1997, p. 559.

第四章　成因：《法律选编》成书与时代环境的互动　215

利益而发生的反叛并非仅此一次。无独有偶，731 年因为利奥三世"强加给西西里和卡拉布利亚 1/3 的人口人头税"①，而引发了这些地区的反叛。所以，无论是皇帝与罗马主教的分歧，还是军区对皇帝的反抗，隐藏在背后的根本原因是经济问题。

关于这一问题，其实也符合当时的历史状况，众所周知，利奥三世在登基以后，在财政方面进行了重大改革，加大了征税力度，特别是针对教会地产、希腊地区以及小亚一些受战争影响较小的地区，为了弥补东部地区因战争而损失的税收，这些地区就承担起了更高的赋税，所以，事实上，这一时期罗马主教的不满，一些军区的叛乱，与所谓的"破坏圣像运动"并无多大关系，更多的是财政方面的原因。

（四）《法律选编》并无涉及"破坏圣像运动"的条款

在拜占庭史上，利奥三世不仅是所谓的"破坏圣像运动"的发起者，还是一位著名的律法改革者，《法律选编》就是其代表性立法活动。如前所述，该法典更为难能可贵的是，它是唯一没有被教会史家销毁的法律文献，其能留存完全出于后世史家将其归于马其顿王朝皇帝颁定而流传下来，其客观性、公正性自不待言。

按照传统史家的观点，既然 726 年利奥三世皇帝已经将"破坏圣像运动"的法令颁布于整个帝国，发起了轰轰烈烈的一场千古铭记的运动，自然会将其载入法典，以供后世谨遵先皇的金言谕令。但是读遍这部颁布给拜占庭帝国所有基督徒臣民的法典全文，却找不到任何关于"破坏圣像运动"的痕迹，唯一涉及教会的，也仅限于规定教会应有收容、抚育和监护孤儿的义务，规定如下：

> 教会将有监护权，在我们这座神佑之城、孤儿院、其他的施恩院及教堂将担此责任。在行省的主教辖区，修道院及教堂将担起照顾未成年继承者的责任，直到其成年并结婚。如果他们拒不结婚，施恩院、修道院及教堂将继续负责照管这些遗产，直至继承者年满 20 周岁，他们务必要将遗产交予继承者。最重要的是，如果监护人要么极力将其责任推卸给其他人，要么耗尽继承者的遗产，要么给出理由进行抱怨，这些都会使上帝不悦。当然，施恩院、上帝的教堂以及对客人热情欢迎的他人财产的受托人，据上帝圣言，他们应该对保护孤儿

---

① C. Mango and R. Scott (ed.), *The Chronicle of Theophanes Confessor: Byzantine and Near Eastern History AD 284–813*, Clarendon Press, 1997, p. 568.

的遗产做了更为充分准备，且会在恰当时间将遗产送还他们①。

所以，学界所认为的利奥三世发起的声势浩大的"破坏圣像运动"，却在《法律选编》中受到冷遇，无论从逻辑上、还是情感上都似乎不合情理，值得我们对该运动的发端及利奥三世对该运动的态度做进一步的深思。

三　真相辩解考

所谓的"破坏圣像运动"的发起，其实源于6—8世纪的偶像崇拜的混乱。众所周知，查士丁尼去世以后，6—8世纪的拜占庭帝国内忧外患，战乱灾祸不断，至578年意大利北部的大部分地区已经被伦巴德人占领；多瑙河流域不断受到阿瓦尔人的骚扰；巴尔干半岛则面临斯拉夫人源源不断的侵袭；东部波斯人势力刚被削弱，阿拉伯人又开始崛起，埃及、叙利亚和巴勒斯坦先后为其所占，加上天灾的不断发生，帝国人民开始寻求一种新形式的保护，于是对上帝、圣母及殉道者的图像崇拜就逐渐开始流行。

伴随着圣像崇拜，帝国很可能也出现了一大批占卜、巫术等秘仪，可能在当时已经达到非常猖獗的程度。这些秘仪的传播者可能借助当时的圣像崇拜到处招摇撞骗，成为社会的一种不安定因素，对刚刚稳定的社会造成了诸多不良影响。关于此，在《法律选编》中便有所折现，如第17章第43条规定："江湖巫士和投毒者以祈求恶魔之术蒙骗他人者，将处以剑刑"；第44条规定："咒符的销售者如果使他人相信，他们可以通过卑鄙贪婪的手段获得财富，那么他们的财产要被没收，并被处以放逐之刑。"②

可见至伊苏里亚王朝建立，这种以圣像崇拜为幌子的骗取钱财，甚至谋害他人性命的行为，已经严重影响到了帝国民众的生活和国家的安全。所以，在此背景下，皇帝是希望从国家安全和稳定的角度，对混乱的宗教崇拜进行整顿。

史料中记载的，725年利奥皇帝曾对罗马主教提出："将圣像移除"，726年"认为火山爆发是上帝之怒的标志"，随即"将大铜门上的圣像取下"③，甚至有"有破坏圣像"的想法，其实都是利奥三世对以圣像崇拜

---

① Ludwig Burgmann, *Ecloga das Gesetzbuch Leons III und Konstantinos V*, p. 198.
② Ludwig Burgmann, *Ecloga das Gesetzbuch Leons III und Konstantinos V*, p. 240.
③ C. Mango and R. Scott（ed.）, *The Chronicle of Theophanes Confessor: Byzantine and Near Eastern History AD 284–813*, Clarendon Press, 1997, pp. 558–559.

为幌子而进行招摇撞骗、谋财害命者的憎恨的外在表现。关于这一点，其实我们在教俗史料中都没有找到一个有说服力的证据，来表明其确是颁布法令来发起"破坏圣像运动"，便足以说明这一点。他所憎恨的并非圣像本身，而是与圣像崇拜交织在一起的一系列秘仪，所以他才会有"圣像取下"，保留十字架的举动。

对于十字架的崇拜，在拜占庭帝国也是有传统的。自君士坦丁大帝在米尔维安桥之战前夕看到天空中出现了火舌般的十字架，告知他"你将以此制胜"，最后君士坦丁大帝真的取得了胜利，十字架便在基督教中占有重要地位。611年波斯人攻陷耶路撒冷，将"真十字架"掠走，这使得拜占庭人在精神上深感奇耻大辱，教俗人士纷纷捐钱出物支持希拉克略皇帝征讨波斯人，最终希拉克略取得对波斯的巨大胜利，当其凯旋之时，大教长携全体教俗人士，手捧橄榄枝和蜡烛，夹道欢迎其归来，因为"他不仅彻底将波斯人从其土地上赶走，还夺回了基督受难的十字架，并将其于630年3月21日以极大的喜悦之情重新立于耶路撒冷"①，也反映出十字架对帝国具有重要意义。726年的火山爆发是一个很好的契机，利奥三世认为该火山爆发是圣像崇拜行为的混乱，导致上帝愤怒所致，所以要求将圣像移除，以圣十字架取而代之，恢复基督教原本的纯正信仰，原则上这种具有传统先例的要求不应该会引起轩然大波。

除了上述的东部教会史家的著述，西方教会的一些文献史料也值得关注，其中与圣像破坏联系较为紧密的是一封书信。这封书信是罗马主教格里高利二世写给君士坦丁堡大主教日耳曼努斯的，现存于787年的第七次基督教大公会的法规中。虽然该信件的一些内容已经被篡改，但有些提法还是比较有价值的，如"十字架是基督胜利的主要标志，正如在君士坦丁大帝时一样，圣母也发挥了同样的作用"，也从侧面说明，十字架崇拜是一种比较常见的传统崇拜方式；另外，该书信中对接受者在战胜敌人教会中所发挥作用的大加赞扬，称其为"近来收到的喜讯"②，表明至少在利奥三世在位时期，东西方教会或圣像破坏与偶像崇拜者之间的冲突并未像教会史家所描述的那样激烈。

但随着利奥的去世和君士坦丁五世的执政，移除圣像才随着皇帝法令的颁布而逐渐演变成一场破坏圣像的运动。746年一场瘟疫的暴发，促使君士坦丁五世像其父亲利奥一样，将这场灾难归于惹怒上帝所致，但与其

---

① G. Ostrogorsky, *History of the Byzantine State*, p. 93.
② L. Brubaker and J. Haldon, *Byzantium in the iconoclast era c. 680-850: A History*, p. 91.

父不同，他从神学的角度解释了该瘟疫的暴发，并下令将所有的图像从教会的神龛前移除；之后这场运动的规模越来越大，754年君士坦丁五世皇帝下令在希里亚（Hiereia）召开了其所谓的"基督教主教大公会议"（这次会议后来为宗教界否认），也就是在这次会议上，圣像物品和崇拜首次被官方认定为非法的崇拜行为。赛奥法涅斯载道，"在最神圣的日耳曼努斯……被开除教籍后，皇帝将罪恶的主教君士坦丁和其他的主教召集在广场，当众宣布他们（偶像崇拜者）为异端"①。

自此以后，君士坦丁五世皇帝采取了一系列措施反对圣像崇拜，对"修道院、修士以及愚昧的偶像崇拜者和喜爱者展现出极为不能容忍的态度"②，甚至要求修士还俗，强迫修女与修士结婚，等等。一位小亚的总督曾将修士与修女召集到以弗所，并对他们说："每一位服从皇帝意愿者，请立即穿上白袍，选择一位妻子，否则他将会被刺瞎，流放至塞浦路斯，不久很多人在当天就殉道了。"③ 关于这件事，可能有教会史家夸大的成分，但也表明君士坦丁五世的某些政策确实引起了很多教会人士的不满，甚至招致怨恨，但是若是结合当时的历史背景看，君士坦丁五世此举也是针对教会对人口的控制，可能会引发新的军事和财税危机，而采取的措施，根本目的还是要保证帝国的秩序与稳定。

只是在所谓的"破坏圣像运动"接近尾声或结束后，后世的教会史家便把这种怨恨完全展露到其作品中，不仅肆意地夸大这场运动的规模和受迫害程度，还给利奥三世和君士坦丁五世安上了"暴君"的名号，并误导后世学者将伊苏里亚王朝时期确定为"黑暗时代"，殊不知这种所谓的"黑暗"，恰恰是因为这些教会史家大量焚毁这一时期的各种官方文献造成的，更何况从一些学者的研究发现，这一时期的文化、艺术、军事和经济，不仅没有衰退，实际上取得了较高的成就④。

而《法律选编》作为伊苏里亚王朝偶然留存至今的唯一一部官方法律文献，其客观性与公正性要比教会史家的史料更具权威性和说服力。也就是说，《法律选编》作为法律文献，其比"破坏圣像运动"下"黑暗时

---

① C. Mango and R. Scott (ed.), *The Chronicle of Theophanes Confessor: Byzantine and Near Eastern History AD 284 – 813*, Clarendon Press, 1997, p. 592.

② A. A. Vasiliev, *History of the Byzantine Empire*, p. 262.

③ C. Mango and R. Scott (ed.), *The Chronicle of Theophanes Confessor: Byzantine and Near Eastern History AD 284 – 813*, Clarendon Press, 1997, p. 614.

④ A. R. Bellinger, "The Coins and Byzantine Imperial Policy", *Speculum*, 31 (1956), p. 71; R. Jenkins, Byzantium: the Imperial Centuries AD 610 – 1071, University of Toronto Press, 1987, p. 88.

代"这一观点构建的史料来源更为可靠,这一方面解释了在《法律选编》中没有提及"破坏圣像运动"的原因,因为所谓的"破坏圣像运动"并未达到学界所认为的"破坏程度",更何况"破坏"并非皇帝们的目的,其初衷是要求臣民遵守摩西十诫中"禁止偶像崇拜"的规定,并无意将其列入帝国主法《法律选编》之中,这一点也从《法律选编》的附录之一《摩西律法》得以印证,严格遵守"摩西十诫"才是所谓"破坏圣像运动"的本来面目,从这一点上来讲,《法律选编》已然成为重新审视"破坏圣像运动"及其导致的所谓的"黑暗时代"的重要视角了。

小 结

法律是经济发展到一定阶段的产物,受经济基础的决定,属上层建筑的范畴。但因法律的目的是规范社会中人与人之间的关系,维护有利于统治阶级的社会关系和社会秩序。因此,法律的形成深受政治、经济、文化、社会等诸多因素的影响,即法律的规范会因社会大环境的变化而变迁,社会环境中诸因素的联动变化,引发了历史上法律规范、法律制度、法律文化和法律原则的不断改革,《法律选编》的颁布,正是在与6—8世纪拜占庭帝国大环境的互动中形成的,其"仁爱"与"严苛"统一理念的形成便是这种互动的结果。

文化东渐是3—8世纪拜占庭帝国的总体发展趋势,其主要伴随着政治与经济重心转移而发生的,同中国古代史上的经济重心东移和南移类似。戴克里先"四帝共治"治策下,在东部建立尼科米底别苑和君士坦丁大帝建立王朝,在博斯普鲁斯海峡上建立新罗马,均加速了帝国政治文化的东移的进程。476年西罗马被蛮族人取而代之,西部城市在长期的战乱中衰落下去,而东部以君士坦丁堡、亚历山大里亚、耶路撒冷、安条克等城市群则犹如新星冉冉升起,这里位于东西方的交会处,是拜占庭帝国文明的依托之地,更是诸多古文明的诞生之地。

自古东地中海世界便是文明群的发起之地,古埃及、两河、希伯来和希腊文明均汇集于此,亚历山大东征之后,对东地中海文明进行了融合,开启了长期的"希腊化"时代,这里不仅延续了古希腊文化传统,还成为希伯来文明发挥自身"优势"的舞台。罗马人在成为整个地中海世界的霸主之后,又将罗马的法制传统引入,3—8世纪的东罗马帝国所展现出的至少有希腊文化、希伯来文化和罗马文化的影响因素,而前两种文化因素不断地对罗马的传统文化进行着改造。

特别是随着 6 世纪之后，拜占庭帝国西部拉丁文化的渐去，其核心文化区域集中在了希腊化深厚的东部地区，东部文化优势得以发挥，加快了希腊哲学中的人本主义和仁爱思想，希伯来信仰中的家庭伦理和上帝权威原则对帝国立法制度的渗透，《法律选编》中"仁爱"与"严苛"统一理念的形成，与这一时期帝国文化东渐关系密切，是与文化东渐这一历史背景互动的结果。

政局的稳定与否会对帝国的经济和社会产生巨大的震动，进而影响帝国法律制度的变迁。3—8 世纪是帝国政局发生剧烈变动的时期，在"3 世纪危机"和蛮族的侵扰下，罗马帝国的西部地区衰落下去，东部则在经历了君士坦丁的力挽狂澜之下逐渐得以恢复。但在查士丁尼大帝穷兵黩武和大兴土木之后，也陷入军事、财政和边疆恶性循环的危机之中，人口减少—赋税枯竭—军事薄弱—边疆告急，外敌频频来犯，人口减少所引发的财政和军事危机，正在动摇着帝国的根基，这一时期频发暴发的瘟疫、地震等自然灾害又进一步诱发了帝国的阵痛，加剧了帝国的混乱。

宫廷政变的频发和天灾人祸的降临，也诱发了帝国内部社会结构的变化，大批的贵族在战争或政变中被杀，贵族元老阶层衰落，元老院沦为了皇帝的咨询机构，平民阶层则在这一过程中，或因赋税，或因军事需要，地位不断上升，甚至成为皇帝合法性得以认可的重要力量，王权需要得到平民的支持，在政策上就需要对平民大众进行一定的维护与倾斜。

帝国战乱之际，引发了教育的衰落和法律的不公，进而引发众人因申诉无门而走上道德败坏的犯罪道路，强奸、通奸、杀人和愚昧巫术等犯罪行为在这个荒乱的时期非常猖獗，严重扰乱了整个社会的秩序，加剧了社会的混乱。人口减少影响帝国根基，需要皇帝对百姓行"休养生息"之策，于是《法律选编》以肉刑代替死刑，留犯罪者性命，彰显其所谓的"仁爱"思想。民众平民成为王权的重要依靠，需要皇帝对平民施"笼络照拂"之策，于是《法律选编》追求法律的公平，维护大众利益，彰显其所谓的"公正"思想。社会无序成为帝国稳固的明显障碍，需要皇帝对罪人进行"有罪必惩"之策，于是《法律选编》追求严格执法，违法严惩，彰显其所谓的"严苛"思想。因此，《法律选编》中所讲的"仁爱"与"严苛"，未必是皇帝真的"仁慈"或"公正"，而是为维护自身统治和帝国稳定不得已做出的选择，是与帝国安全互动下产生的一部法典。

内忧外患与政局动荡造成了拜占庭帝国境内农业的萧条，这一方面是因为大量人口死亡，导致很多田地无人耕种；另一方面则是因为大量农民因破产而逃亡。农业作为帝国的基石，农业危机所引发的将是帝国的全面危机，导致帝国的经济出现了恶性循环，帝国的内外矛盾加剧。

早在5—6世纪，帝国农民破产的现象就非常严重，查士丁尼为此曾下令禁止农民流动，结果无济于事。伴随着帝国边疆危机的日益加剧，为了有效抵抗波斯人、阿拉伯人的进攻，帝国开始了军事化的改革历程，从6世纪的总督制，到7世纪形成了军区制，通过推行军役土地和屯田的方式，让士兵战时为兵，闲时农耕，不仅稳固了拜占庭社会各阶层，使无组织状态的人口流动得到控制，还极大地缓解了帝国面临的士兵来源短缺和财政枯竭的困境，促进了帝国经济的恢复，增强了帝国军队的御外能力。

军区制改革下，士兵分得土地，用于家庭生计和战士装备，于是在帝国形成了一支农兵阶层，该阶层战时为兵，闲时为农，对于土地可以永久占有，在其长子或长孙继续服兵役时，其他子孙则承担耕种的责任，形成了真正意义上的小农力量，众多军区中的小农围绕军区建立起大批"小农家庭"，成为7—10世纪拜占庭帝国社会的基本单位。

"小农家庭"的稳定关系到拜占庭帝国的稳定，但是小农家庭本身所拥有抗风险能力较弱的特点，促使皇帝在立法过程中必须尽可能维护"小农家庭"的利益，以维护小农家庭的秩序与稳定，进而促进整个帝国社会的稳固。因此，《法律选编》一方面非常重视婚姻家庭法，以"仁爱"的理念，提升女性的地位，维护弱势群体的利益，实际上是对战乱背景下，小农家庭极有可能因丈夫战死而导致家庭破败而做出的回应；另一方面，《法律选编》严格明确家庭成员间的责任与义务及家庭与家庭的债权关系，实际上也是以此明确规定，减少因纠纷、矛盾或冲突而导致的家庭不和或破裂。军区制改革背景下的"小农家庭"需要《法律选编》以"仁爱"与"严苛"统一的理念维护家庭的利益与稳固。

罗马帝国初期，虽然也允许有"万神"崇拜，但统一帝国建制的形成与分散多神的宗教崇拜之间也形成了一对矛盾体，在意识形态领域逐渐形成了一神教与多神教之间的争论与交锋，多神教最初的对手是犹太教，但是因犹太教上帝"选民"与"弃民"、割礼等思想原则限制了其发展的范围，这为1世纪起源于犹太教的基督教的发展提供了机会。

早期的基督教继承了犹太教"一神教"的思想和犹太教经典，由于初期没有健全的教会组织和完整的教义，一度被认为是"异教"而被罗马官方进行迫害。但是随着其借鉴希腊哲学和犹太教教义，不断完善自己的宗教理论，将希腊哲学中的"至善"与犹太教中的"公正"思想引到自身的教义中，寻找到一条与罗马帝国"王权"与"统一"相一致的路径之后，逐渐开始了与罗马王权的相互支持。

311年的"伽勒里乌斯宽容敕令"和313年的"米兰敕令"成为基督教发展史上的转折点,获得合法宗教地位,在狄奥多西王朝获得国教地位,查士丁尼时期进一步将其融入帝国社会,到717年伊苏里亚王朝建立后,拜占庭帝国已经成为一个基督教帝国,基督教的"仁爱"与"严苛"的思想已经成为其待人接物的价值尺度,《法律选编》作为第一部官方颁布的基督教化的法典,其中拥有"仁爱"与"严苛"统一理念也就不足为奇了。

正如著名拜占庭学者瓦西列夫所言,"基督教和异教希腊文化确实逐渐交融,形成了基督教—希腊—东方文化,后被称为拜占庭文化,它的中心就在罗马帝国的新都——君士坦丁堡"[①],"仁爱"与"严苛"统一理念出现于《法律选编》之中,便是对拜占庭文化最好的回应与缩影。

当然,在审视《法律选编》所呈现出的贯彻"仁爱"与"严苛"理念的伊苏里亚社会,自然无法回避学界普遍接受的"破坏圣像运动"下"黑暗时代"观点的挑战。这种矛盾点也引发我们重新审视伊苏里亚王朝的这段历史。但是无论从"破坏圣像运动"本身的考证,还是从《法律选编》相应附录条款的佐证,都表明所谓的"破坏圣像运动"不过是教会史家因个人憎恨而对伊苏里亚王朝过于夸张的描述,"破坏圣像运动"并未达到"破坏"的程度,"黑暗时代"也就无从谈起,《法律选编》中所描述的友好与公平的社会才更为接近历史真相,否则在这么"黑暗"的历史时期,怎么如此快速地将拜占庭的历史推到马其顿王朝的全面复兴时期呢?

---

① A. A. Vasiliev, *History of the Byzantine Empire*, p. 43.

第五章 延续:《法律选编》与拜占庭立法的关系

《法律选编》"仁爱"与"严苛"的统一理念并非横空出世,也未突然消亡,而是作为拜占庭法律史上的重要一环,上承查士丁尼的《民法大全》,中及同时期的《决议》《摩西律法》《农业法》《士兵法》和《罗得海商法》等立法,下启马其顿王朝的法典,占据承上启下之地位。

第一节 接续前世之法
——《民法大全》

纵观人类文明史,文明具有传承性和延续性特征。法作为人类文明的组成部分,其孕育、出台也并非孤立的历史和文化现象,而是对前时代或同时代法律制度和习惯的借鉴与发展。《法律选编》作为《民法大全》颁布后的第一部官方法典,在保留《民法大全》精髓的同时,也努力使《民法大全》发扬光大。

一 《法律选编》对《民法大全》的继承

《法律选编》在其序言中已经明示,法典是"选自查士丁尼大帝的《法典》《学说汇纂》《法学阶梯》和《新律》,提升了'仁爱'情怀"[①],这里在交代了《法律选编》来源之时,也表明其延续了《民法大全》"仁爱"的思想。实际上在《法律选编》中的"仁爱"使用的是比较级"φιλανθρωπότερον"形式,意为"更仁爱"或"进一步提升仁爱",此处

---

① Ludwig Burgmann, *Ecloga das Gesetzbuch Leons III und Konstantinos V*, p. 160.

的用法表明,《法律选编》主要是针对《民法大全》已有的原则进行改革。

虽然查士丁尼的立法并未像《法律选编》明确提出了"仁爱"的概念,但实际上其在立法思想和司法执行的过程中已经在向"仁爱"的方向努力了。以罗马社会中最为低等的奴隶为例,查士丁尼的立法中,已经明确要求或延续之前法令中主人善待奴隶的规定。从查士丁尼的《法学阶梯》中可以看出,早在2世纪之前,帝国统治者为了缓解奴隶主与奴隶之间的矛盾,就已经颁布了诸多法令限制奴隶主残酷对待奴隶,如安东尼·皮乌斯(Antoninus Pius,138—161年在位)就曾颁布宪令,"毫无理由地杀害自己的奴隶的人,如同杀害他人的奴隶一样,应受到同样处罚"①。

查士丁尼认为这种将奴隶置于主人权力之下的律法源于万民法,"因为我们可以注意到,无论哪个民族,主人对奴隶都有生杀之权,奴隶所取得的东西,都是为主人取得的"。查士丁尼认为这是不合理的,规定"处于本皇帝统治下的人,都不准许在没有法律上所承认的原因时,用暴力对待自己的奴隶,或过分地虐待自己的奴隶","我将严厉地处罚他的违抗行为"②。虽然查士丁尼继续延续了之前"把这些奴隶出卖,使他们不再回到它们主人的权力之下",但与让主人将奴隶肆意虐待而死相比,已经表现出了对奴隶本身的"仁爱"之举了。

在对奴隶的释放方面,查士丁尼的立法中也践行了"仁爱"的原则。不仅放宽了释放的条件,比如主人可以在任何时候释放奴隶,甚至在长官去浴室或剧院的途中也可以释放奴隶,还取消了被释自由人之间的区别对待,在古罗马时期,被释奴被分为三个等级:被释奴者有时获得完全自由而成为罗马公民;有时获得不完全自由,根据犹尼·诺尔滂法而成为拉丁人;有时获得更低级的自由,根据埃里·森提法而列为降服者。查士丁尼将其进行了简化合一改革,"对于一切被释自由人,不问被释放者的年龄、释放者的权益或释放方式,一律给予罗马公民资格","奴隶可以获得自由连同罗马公民资格的许多其他方式,罗马公民资格现在是唯一的一种自由"③。

再如在家庭的关系中,虽然查士丁尼的立法依旧坚持将妻子儿女置于"家长权"的严格约束之下,带有明显的男权主义倾向,但是很明显,查士丁尼的立法已经受到基督教思想的影响,认为"婚姻是男与女的结合,

---

① J. B. Moyle, *Institutes of Justinian*, p. 11.
② J. B. Moyle, *Institutes of Justinian*, pp. 11 - 12.
③ J. B. Moyle, *Institutes of Justinian*, pp. 8 - 9.

包含有一种彼此不能分离的生活方式",在一定程度上也默认了女性的权利与权益,在继承和监护方面获得了一些有限的权利,以收养为例,在古罗马时期,处于家长权之下的妇女无权收养,因为即使他们自己的子女也不处于她们的权力之下,查士丁尼则规定,"由于皇帝的仁慈,在亲生子女去世后,他们可以被准许收养,以资慰藉"①。

在刑法处罚方面,虽然在"仁爱"方面还无法与《法律选编》相较,但是与古罗马法相比已经有明显进步,除了在杀亲罪等犯罪上还保留有皮袋的惩罚方式外,对多数犯罪"有时处以极刑,有时处以较轻的刑""关于朋党罪的犹里法,关于渎职罪的犹里法,关于谷物罪和侵占公物罪的犹里法。这些法律适用于某些特种案件,对犯法的人不处以死刑,而是处以较轻的刑罚"②。

查士丁尼的立法在彰显"仁爱"理念之时,也在尝试将罗马法进行明确化、系统化整理,体现法律的权威。因此,《民法大全》拥有比较完善的概念体系,在帝国甚至外族已经获得认可。故《法律选编》并未对法律中的一些重要术语和概念进行创新,而是直接援引自《民法大全》中的相关术语,不同之处,仅限于将原本的拉丁文直接译为希腊文。如订婚:sponsalibus 和 μνηστεία,借贷:faenore 和 δανείον,抵押:hypothecariam 和 ενεχυρον等,都是希腊化的拉丁语术语,在此窘于篇幅不做更多列举。

因此,《民法大全》的一整套体系化与系统化的立法规则被《法律选编》所借鉴。例如在契约方面,包括合伙、借贷、买卖、保管、租赁、抵押等形式,直接借用自《民法大全》中的相关规定。《法律选编》第 9 章关于买卖,涉及当事人权利与义务、协议的缔结、价格确定及订金的数额,直接源自《法学阶梯》第 3 卷第 23 篇的买卖协议。第 10 章关于借贷与抵押部分,则是将《法学阶梯》第 3 卷第 14 章相关内容进行了梳理,将借贷与抵押进行了直接挂钩。而关于合伙的部分,合伙人之间的利益及亏损分配,则是源自《法学阶梯》第 3 卷第 25 章的内容。第 11 章关于寄托的条款,涉及寄托人与受托人的权利义务及赔偿原则,其源自《法学阶梯》第 3 卷第 14 章的内容。此外,《法律选编》中关于婚姻与嫁资的问题,部分源自《学说汇纂》第 23 卷。利息、证据则援引自《学说汇纂》的第 22 卷。另,还有很多条款出自《法典》《新律》,甚至附录中的一些关于法理和对异教徒的惩处也源自《民法大全》的相关规定,窘于篇幅,

---

① J. B. Moyle, *Institutes of Justinian*, pp. 12, 17.
② J. B. Moyle, *Institutes of Justinian*, p. 207.

此处不做一一列举。

查士丁尼立法的系统化目的是希望帝国法律能够有法可依，以法律明确社会中的各种关系，减少司法中的争论和确保司法的公正，这一点从其立法原则也可以看出。在《法学阶梯》的开篇，查士丁尼首先对正义进行了定义，"正义是给予每个人他应得的部分的这种坚定而恒久的愿望"，认为"法学是关于正义和非正义的科学"，因此，法律要践行的基本原则便是"为人诚实，不损害别人，给予每个人应得的部分"①。可见查士丁尼在立法中也坚持立法的正义趋向，让古代混乱的罗马法律更为规范化。

实际上，与古法相比，查士丁尼的《民法大全》已经凸显了"简明"的特点，只是在查士丁尼之后，混乱的社会背景下，加之语言上的障碍，各种纷繁解释的出现使得其立法更显"大部头"。但无论如何，查士丁尼想让帝国立法更加体系化，司法过程更加规范化，法律条文规定更加明确化，执法过程更加公正化，这些思想原则对《法律选编》强化"严苛"律法的理念有深刻影响。

二 《法律选编》对《民法大全》的发展

如前所述，从罗马—拜占庭法律史的角度看，任何一部法典的出现，都不会是凭空问世，更不是单纯复制，而是结合当时帝国形势发生的巨大变化，在法律方面做出的相应调整。《法律选编》亦是如此，它在尽可能吸收《民法大全》养分的同时，也对其进行了进一步发展。主要体现在编纂体系和立法原则两方面。

（一）进一步明确编纂体系

如前所述，《民法大全》编修的初衷是希望将帝国自王政时期以来浩繁的立法进行搜集、整理和重新编修，以此达到帝国立法的系统化、体系化与明确化目的，为帝国司法审判与执行提供强有力的立法保障。如《民法大全》是以卷、章、节、条编纂体系编排成册，目的是便于查找，方便司法审判。如《学说汇纂》（23.1.1.）关于订婚内容："订婚是对将来缔结婚姻的提议和相应的允诺"②，其编排体系为第23卷，第1章，第1条。再如《法学阶梯》（1.10.2.）关于兄妹之间禁止结婚的规定："兄弟与姐妹之间，无论他们是同父母所生，还是出自父母的一方，他们当然被禁止

---

① J. B. Moyle, *Institutes of Justinian*, p. 3.
② Alan Watson, *Digest of Justinian* Vol. 2, p. 198.

结婚"①，表示该条款存在于第 1 卷，第 10 章，第 2 条。这种编排方式相较于之前的律法，包括《狄奥多西法典》，更展现出逻辑性、体系化与全面性。

但是《民法大全》修订完之后，也产生了一些问题：第一，为了追求全面性而导致的繁杂性，《民法大全》编修的目的是要让帝国臣民和司法机关有法可依，但结果是《法典》《法学汇纂》《法学阶梯》和《新律》在总量上依旧繁杂，不便于司法活动的顺利进行，在一定程度上也阻碍于"正义"的践行；第二，过分依赖于法学权威的解释而导致一些条款内容不明确，在《民法大全》中，关于同一个法律问题，会列举几个法学家的意见，而不做绝对的结论，这很容易引起司法审判中的混乱或不公。还是以订婚为例，《民法大全》并未对订婚做出明确界定，只是列举了几位法学家的意见，包括"乌尔比安的意见，彭波尼的意见，保罗的意见及盖尤斯的意见等"②。所以在具体的操作中，法官并无明确的法律条款作为审判或量刑的确切依据，而需要在一段课文中，一个案例中，要人们概括出规则来，大大降低了司法的效率。

《法律选编》并未完全照搬《民法大全》的范式，而是在继承《民法大全》要将帝国立法系统化和明确化的初衷基础上，进一步简化了编纂体系，在《民法大全》按类分别的原则上，摒弃之前按时间顺序编排的原则，而是按照前后逻辑关系将诸法学家的意见进行了融合，将其以统一的格式分列于简化的各章条中。

这样编排的好处有两个：

第一，法律条文更为明确，司法审判更为规范，有利于"严苛"司法的执行。以《法律选编》第 17 章第 8 条为例：

> 任何人如果保管（扣押）他人之牛，使其饥饿致死，或以其他方式致其死亡，那么他要被处以双倍赔偿金③。

前文所述，该法条也已经完整包含了法的 3 个基本要素：如果保管（扣押）他人之牛，是假定条件；致其饿死或以其他方式致其死亡，为行为模式；赔偿双倍赔偿金则是法律后果。其本身内在的固定逻辑结构和明

---

① J. B. Moyle, *Institutes of Justinian*, p. 13.
② Alan Watson, *Digest of Justinian* Vol. 2, p. 198.
③ Ludwig Burgmann, *Ecloga das Gesetzbuch Leons Ⅲ und Konstantinos Ⅴ*, p. 228.

确统一的法条规定,大大提高了司法效率。

第二,循序渐进的条款间的逻辑顺序便于对相关法律条文的寻找。《法律选编》在条文的选择和编排上不再遵循之前按时间顺序将相关条文汇集的方式,而是将专门调整同一社会关系或在同一社会领域中发挥效力的法律规范,以前后递进的逻辑关系进行了编排,如关于婚姻的法律规定就是按照订立婚约、解除婚约、结婚、离婚和再婚的方式编排的,在提高司法效率的同时,也促成了部门法雏形的出现,对后世司法影响巨大,查士丁尼所言的法律的"正义"原则也容易得以实现。

(二) 进一步调适立法原则

关于立法原则,《法律选编》体现出自己的特色,下面将主要从婚姻法的角度简要述之。婚姻法在《法律选编》中占有重要位置,18 章中,有 3 章是专门涉及婚姻的,还有若干章节是关于家庭的。总体来看,婚姻法中《法律选编》在继承了《民法大全》中关于婚姻的概念和一些基本原则外,延续了《民法大全》提升女性地位的"仁爱"之举,也从维护家庭和睦的角度,提高了妇女的地位。

如前所述,查士丁尼并未打破"父权"和"夫权"之上的原则。《法学阶梯》中规定:"你和你妻子所生的子女是处于你权力下的"。故在对待子女的婚姻问题时,"无论他们是家长或家子,如系后者,则必须取得对他享有权力的家长的同意"①。可见在一个家庭中,不光子女要受家长管制,就连家长之妻也无话语权,要顺从家长的安排,夫妻之间在法律地位上明显不平等。

而在《法律选编》中,在涉及子女婚姻的规定方面,较《民法大全》,表述却有了区别:"男女双方要达到法定年龄……双方渴望并要获得其父母的同意,要以契据或口头形式订立协议。"② 从该条文可看出,尽管子女仍处于家长的监管之下,但是双方需获得"父母"同意。这一措辞看似变化细微,却有重要意义,因为从法律角度看,这就意味着,在正常的婚姻家庭中,夫妻之间的关系已经从之前的绝对服从,逐渐趋于平等,起码对子女的婚姻问题,由原来的家长一人决定转变为夫妻双方共同参与,妻子的家庭地位有了明显提高。

另外在监护、继承和收养等方面,甚至在对待子女的权益方面,也体现出进一步维护弱者的"仁爱"思想,前文已有述及,在此不做赘述。

---

① J. B. Moyle, *Institutes of Justinian*, p. 12.
② Ludwig Burgmann, *Ecloga das Gesetzbuch Leons* Ⅲ *und Konstantinos* Ⅴ, p. 170.

《民法大全》中关于奴隶权益的保护和被释奴利益的维护也进一步深化，如不仅进一步放宽了被奴役人员的释放条件，还严格限制将自由人卖为奴隶和再次奴役被释奴的行为。如17.16规定，"任何人抓捕自由人并将其卖为奴隶，他要被处以砍手之刑"。8.1中则规定，如果被释奴再次沦为奴隶，可以向教会求助，在获得被释放的证明后，便可获得自由①。

在刑罚处罚方面，《法律选编》也进一步延续了《民法大全》中减少酷刑的趋势，不仅废除了类似于皮袋处罚等残忍处罚方式，还多以肉刑代替死刑，展现出了其"仁爱"的一面，不过如前所述，对于性犯罪、叛国罪等罪犯的惩处上，也进一步加强了惩处的严苛性，这种严苛性主要体现在对男性犯罪者几乎等同的处罚，如劓刑和死刑，对投敌的奴隶，将处以终身为奴的处罚。

除此之外，在反对歧视，扩大禁止近亲结婚的范围，强调同罪同罚的原则等方面，《法律选编》在继承了《民法大全》中的一些"仁爱"与"严苛"的理念之后，融入基督教和希腊文化因素，将其进一步发扬，开启了罗马—拜占庭法律史的新篇章。

第二节 传续当世之法
——《决议》《农业法》《罗得海商法》《士兵法》《摩西律法》与《摘编附录》

从《法律选编》的内容来看，这部官方法典并非完整的立法，其关注于婚姻家庭立法，但对帝国非常重要的农业、商业、军队等方面的规定却有缺失。须知帝国的农业与商业共同构成了帝国财政收入的主要来源，据学者研究，在查士丁尼时期，"帝国庞大的官僚机构和军队每年所需的供给和俸禄因商人的活动而有了保障"，而"帝国90%—95%的税收来自土地"②。如此重要的部门法规定却未列入《法律选编》，拙著认为这是因为当时帝国早已通行几部私人修法《农业法》《罗得海商法》《士兵法》，《法律选编》颁布后这几部"民间法"获得官方认可，且又补充了《决议》《摘编附录》和《摩西律法》作为《法律选编》的附录，使其相互之间构成了"整体性"的法律规范。

---

① Ludwig Burgmann, *Ecloga das Gesetzbuch Leons III und Konstantinos V*, pp. 200, 230.
② A. H. M. Jones, *The Decline of Ancient World*, Longman, 1980, p. 310.

一 《决议》

《决议》的全称为《关于对入赘为婿的士兵的决议》(*Krisis peri gambron stratioton*),学界一般认为是利奥三世与君士坦丁五世为共治皇帝时颁布的,文本内容非常简短:

> 吾虔诚与公正之帝颁布如下虔诚之法:无论何时,若士兵入赘,所带物品,无论是皇家的赠礼,或是自己的剑,抑或是薪金,均要带至岳父家,而岳父必须将其用于女婿的所有支出——如军备武器和衣服的花费进行详细记录。总之,要对为女婿购买的东西和支出进行登记①。

在诸多稿本中《决议》被标为"第19章",常作为《法律选编》的附录出现,《法律选编》共18章,《决议》被标为"第19章",说明该法律条款很可能是《法律选编》颁布后的第一个补充条款,这一点从内容也得到了证实。因此,有学者将其颁布的时间大致确定在741年3月至同年6月利奥去世之间的时间内②。《决议》内容涉及的问题与《法律选编》第16章第2节类似,具有补充性。《法律选编》16.2中规定,父母去世后,服军役的儿子要与家中儿子进行协议分割遗产,若没有达成一致,且共同生活10年及以内,那么财产平分;生活在一起10—13年,士兵可以先获得其战备后,剩余财产进行平分;13年以上,士兵可以获得其交给家里和个人存储所有财产③。

《法律选编》中关于军人田产的规定,是希望构建起士兵与家庭成员之间的平衡关系。如前所述,军区制是拜占庭帝国军事化改革的重要举措,产生出大批的农兵阶层,促进了小农家庭的形成,士兵是帝国军事力量的基础,向军人颁发田产确实激发了军人的积极性。保护军人的军役田产很重要,但需要注意的是,这些军人的田产或土地多由家中的其他兄弟进行耕种,军人的装备需要家庭劳动力的支持。因此在继承的过程中,还要注意调动和保护家庭成员供养家中服役人员的积极性,以更为合理与人

---

① M. T. G. Humphreys, *Law, Power, and Imperial Ideology in the Iconoclast Era c. 680 – 850*, pp. 78 – 79.

② M. T. G. Humphreys, *Law, Power, and Imperial Ideology in the Iconoclast Era c. 680 – 850*, p. 137.

③ Ludwig Burgmann, *Ecloga das Gesetzbuch Leons III und Konstantinos V*, pp. 220 – 222.

道的方式，尽量避免农兵家庭内部矛盾的出现。

《法律选编》并未涉及士兵入赘情况下财产分配问题，故而《决议》中内容便起到了补充性的作用。《决议》与《法律选编》在法律原则上是一致的，明确了赘婿与岳父之间的责任与义务：同其他的小农家庭一样，入赘进入岳父家之后，岳父有责任为女婿提供武器、花费和衣物，而女婿要以薪资和劳力作为回报，赘婿一旦要离开——离婚或其他原因——可以带走其所有的物品与财产，包括薪资、战利品和皇家赏赐之物，而岳父在获得其相应的薪资和劳力之外，不能觊觎其军役田产和物资。

虽然两者均是关于士兵与家人之间的财产纠纷问题，包括后者要向前者提供支持及开支费用。但就其本身而言，《决议》的出现可能是针对一个具体案例或问题做出的对《法律选编》内容缺失的回应。当然，《决议》文本也进一步加强了皇帝的象征意义，印证了其是由利奥三世与君士坦丁四世颁布。《决议》还强调虔诚的特质，表明皇帝对"虔诚与正义"的偏爱。这一思想延续了《法律选编》中的内容，将"仁爱"作为最重要的帝国属性。当然这也成为确定文本颁布时间的关键因素之一，因为稿本明确表明了《决议》与《法律选编》的关系，这两部法律均阐述了同一种形式的军事招募，严格限定军人的私产，为了激发家庭对军事招募与武器的支持，还为家庭提供一定的补偿。

我们还要注意的问题是，伊苏里亚王朝的皇帝在立法与裁决问题上的激进主义很明显与军事背景有关。因为常年从事战争的缘故，伊苏里亚人的皇帝认为解决赘婿与岳父的权利与义务纠纷是一件重要之事，希望通过立法与司法决议将其规范化。

这个文本的重要性体现在两个方面：第一，进一步印证了《法律选编》中的内容，即拜占庭军队的主体部分主要通过赋予某些特权作为回报的方式获得家庭的支持。这一点很重要，因为它反方面印证了，拜占庭帝国是如何在使自己不破产的情况下供养大量的军队来反击更为强大的哈里发，守卫帝国的疆域的。本质而言，军队装备的部分花费直接落到家庭之中，而家庭则要求从军人的财产和收入中获得补偿以及税收减免等特权。这不仅缓解了帝国财政困难，还将国家、士兵与家庭的利益捆绑在了一起。第二，《决议》表明伊苏里亚王朝是立法的积极行动者或者是法律秩序的积极建立者，《法律选编》并非孤本，而是在不断被增加和完善，而《决议》就是其进行完善的重要举动之一。

总之，《决议》在内容上延续了《法律选编》中的"仁爱"与"严苛"统一理念的基础上，进一步补充和完善了《法律选编》中的不足，开启了对《法律选编》的补充和增添的序幕。

二 《摘编附录》

《摘编附录》（Appendix Eclogae）（后简称《附录》）也经常附在《法律选编》之后，虽然文本本身并未留有其颁布的时间和颁布者的名讳，学界对其颁布时间还未有定论，但多被归于利奥三世和君士坦丁四世名下，因为多数学者认为这个《附录》也是对《法律选编》的补充，是君士坦丁五世对其父利奥三世立法工程的延续，将其颁布时间大致划定在 8 世纪 40 年代末至 50 年代之间[①]。

《附录》的稿本多属 10 世纪之后的文本，其中还夹杂着其他法律文本，如《农业法》《士兵法》和《罗得海商法》等，之后学者们将其进行考证与整理，分为 14 个章（题），1—10 章，每一章的标题，拥有固定格式，"关于……"，如第一章的标题为"关于担保与责任"，11—14 章无标题，表明《附录》可能是对一些关联的手稿的延续，通过对相关稿本的研读，可知 1—10 章是其核心内容，常与《士兵法》编订在一起，而 11—14 章中的内容涉及的内容更为广泛，常与各种不同的文本相附，不具有稳定性，这一现象可能是前者有标题，后者没有的原因造成的。

学者通过对《附录》文本书献的梳理，发现其与查士丁尼的立法关系非常密切，除了第 2 章第 5 条和第 3 章第 20 条与《法典》没有确定的对应关系外，其他内容均直接或间接地源于查士丁尼的立法[②]，如第一章关于担保与责任源自《法典》，第二章关于土地边界划定源于《法学汇纂》，第八章关于血亲等源于《法学阶梯》。最为重要的是，在每一条条款前都会注明或故意提及其查士丁尼的立法来源，这与《法律选编》仅在标题中提及的编排方式不同。

正是由于《附录》的这一"特殊"形式，可能表明其来源与《法律选编》的来源相似，即 6 世纪的"先行者"为了教学方便留下的大量《查士丁尼民法大全》的希腊文翻译与评注本，只是《法律选编》进行了整合，而《附录》的来源则几乎"照搬"。例如《附录》第 5 章第 3 条和 4 条的分别注明其源于对"先行者"阿塔纳修斯·斯库拉斯提库斯和约翰·

---

① M. T. G., Humphreys, *Law, Power, and Imperial Ideology in the Iconoclast Era c. 680 – 850*, p. 139.

② M. T. G., Humphreys, *Law, Power, and Imperial Ideology in the Iconoclast Era c. 680 – 850*, p. 98.

科比达斯的著作①。不过由于现今已无法看到这些"先行者"著述的全貌，无法精准判定《附录》在多大程度上重复了当时存世的文本。

从《附录》内容看，按照顺序，其涉及了债务中的担保、土地中的边界、宗教中的异教、等级中的婚姻、邪术中的伤害、异教徒的奴役、血亲中的亲等、婚姻中的子女、司法中的法理、审判中的证人、家庭中的继承和奴役中的逃亡。这些内容与家庭、教会、国家及社会的规范集合在一起，将血亲关系、圣经戒律、地产边界等文本内容糅合在一起，特别凸显教会与修道院的经济问题。

虽然《附录》的内容看起来有些混乱，多数来自查士丁尼的立法，但是若与《法律选编》相比较，其在立法原则和内容上还是与《法律选编》基本一致，除了第14章，其他章节均能找到与《法律选编》相一致的内容，并在此基础上进行了进一步补充，将其"仁爱"与"严苛"的理念进行了进一步延伸。如《法律选编》第17章第52条中规定对摩尼教和米坦努斯派（Montanist）处以死刑，《附录》中将其进一步扩展到犹太教以及基督教中的异端也要接受严苛惩处，如基督徒改宗异教、撒玛利亚人或犹太人劝诱基督徒改宗和改宗基督教的摩尼教徒未与摩尼教徒断绝联系均要处以死刑②。总体来看，《附录》在宗教方面的规定与《法律选编》相比，涉及的范围更广，处罚的力度更为"严苛"，是对《法律选编》"严苛"理念的拓展。

《附录》的5—7章在延续《法律选编》第17章第42—44条中关于反对投毒者与术士的内容，对巫术行为造成的死亡要处以死刑的同时，也进一步加大了对巫术犯罪的打击力度。在《法律选编》第42条中，若有人被证明给他人一剂药造成他人死亡的，要被处以剑刑；43条也规定，巫师与投毒者以恶魔之术蒙骗他人者处以剑刑③。《附录》则在第6章和第7章中对其进行了进一步细化和拓展：一方面，除了继续对故意或蓄意使用药物杀人者、坚持异教者必须严格处以死刑外，还加大了对制造、销售药物、从事巫术活动和向巫术请教者的惩处力度，如制作或持有禁止献祭之物，要被处以斩首之刑，巫术师要被投给野兽，一位御夫或此类人若向术士请教，也要被处以死刑，甚至对制作和宣传巫师药剂的书籍，一旦发现

---

① M. T. G., *Humphreys, Law, Power, and Imperial Ideology in the Iconoclast Era c. 680 – 850*, p. 98.
② M. Humphreys, *The Laws of the Isaurian Era: The Ecloga and Its Appendices*, pp. 92 – 96.
③ Ludwig Burgmann, *Ecloga das Gesetzbuch Leons Ⅲ und Konstantinos Ⅴ*, p. 240.

要被全部销毁①，足见《附录》对《法律选编》"严苛"理念的进一步深化。

当然在"严苛律法"的同时，《附录》第 5 章和第 6 章也对术士和毒害本身进行了界定和分类，比如对于因无心之过，"一个女人并未有意作恶，但因药物而造成伤害，要被处以流放之刑""在无恶意的情况下，将一剂药方交给一名妇女助其怀孕，但造成其死亡，那么这个人要被处以流放之刑"②，可以看出，这种按照具体情况的分类处罚，改变了《法律选编》中"一刀切"的规定，是对《法律选编》"仁爱"理念的继承与延伸。

《附录》第 9 章和第 10 章则是对《法律选编》第 2 章中对合法婚姻家庭成员间的关系的界定。但总体而言，《附录》进一步规范和补充了《法律选编》关于家庭中婚生子女与非婚生子女的权利，如第 10 章中对没有嫁妆的妇女的子女，拥有同等继承父亲财产的权利，父母离婚后，子女要成为父母的继承人，父亲要为子女提供住所，在母亲未再嫁的前提下与母亲一起生活，若父亲未提供住所，子女要跟父亲住在一起，但若父亲贫穷，则子女要由母亲抚养，无论婚前还是婚后出生的子女，均为合法子女，非婚生子女已有权根据情况继承父亲的部分遗产或全部遗产③。这些补充规定，明确了婚生与非婚生子女权利，在减少可能会发生的纠纷的同时，也进一步体现出了《法律选编》"仁爱"和"道义"的一面。

不过为了维护家庭的稳定，《附录》也延续了婚姻家庭中对乱伦、通奸等性犯罪的打击。在《附录》第 4 章中进一步阐明了《法律选编》中关于叔嫂结婚的明确禁令。规定即便有皇帝的特许，也不允许迎娶兄弟的妻子或姐妹的女儿，任何妇女与奴隶发生关系，一旦发现，妇女要被处以死刑，若有子女，子女要被剥夺继承权，奴隶则要被处以火刑④。这种编排方式对应于《法律选编》第 17 章第 21—22 条关于男性与自己奴隶发生关系的处罚，进一步充实了这一主题，但与对女性的惩处更为严酷，对男性相对仁慈一些。

《附录》第 1 章的债权担保中也进一步明确了担保人的责权关系，一旦成为担保人，便必须受到担保责任的限制，即便是被担保人也无权将其豁免，但是在担保过程中，对担保人的义务的完成则充满了人道的原则，

---

① M. Humphreys, *The Laws of the Isaurian Era: The Ecloga and Its Appendices*, pp. 101 – 102.
② M. Humphreys, *The Laws of the Isaurian Era: The Ecloga and Its Appendices*, pp. 97 – 101.
③ M. Humphreys, *The Laws of the Isaurian Era: The Ecloga and Its Appendices*, pp. 105 – 106.
④ M. Humphreys, *The Laws of the Isaurian Era: The Ecloga and Its Appendices*, pp. 96 – 97.

在债权关系期限刚满，债权人不得立即要回债务，而应该在双倍的期限内，若没有收回借贷，才能要求担保人完成责任，在债务的追讨过程中，首先应该向债务人索取，在无法从债务人那里获取时，才可以向担保人索要①。这里也彰显出《附录》对《法律选编》仁爱与严苛统一理念的继承与运用。

在第 2 章土地边界的划定中，《附录》对毁坏古代标界者处以没收财产和流放的惩处，对移动界标者则处以死刑，而那些强行闯入他人土地的，无论最终造成哪一方的人员伤亡，闯入者都要被处以斩首之刑②，表明《附录》对小农对农业纠纷的重视和对合法小农家庭的保护，彰显其在施以仁爱之时，对犯罪行为则贯之以严苛的原则。《附录》第 12 章中进一步增补了《法律选编》关于证人的规定，第 11 章则运用查士丁尼的立法对《法律选编》法理方面的原则进行了回应。

总体而言，《附录》并未有太多的与《法律选编》重复的内容，而是对《法律选编》进一步扩展和体系化的法律文本。这部文献出现的原因大概有三：首先，受到《法律选编》立法的影响，拥有一支带薪的立法团队，可以对查士丁尼的立法残篇进行分门别类；其次，在司法实践中，法律部门在具体案件的审理中若碰到《法律选编》无法解决的案例，便会寻找新的法律引导，做出相应调整和改进；再次，为了继承其父的威望和进一步起到宣传的作用，君士坦丁五世要进一步发展其父的立法伟业。

当然这几个因素之间的权衡状况很难研判，《附录》中的内容也仅具有暗示性③。第一，第 2—8 章中主要关注的是惩罚。这些章节与《法律选编》第 17 章的思想一致，对各类犯罪的惩罚进行了简化，目的是要形成统一的司法与立法体系。第二，第 3 章中反对异教，第 4 章中要求将"恶魔的祈祷者"扔给野兽，第 6—7 章中对堕胎和堕胎药剂的制作者的惩处等，表明该法律文本拥有明显的道德与神学的规划意图。第三，这些内容作为纠正和威慑力量，深化了《法律选编》的说教方面的意图。

从长远看，这一王朝的策略是将 8 世纪 40 年代的伊苏里亚人塑造为一股拥有正统与虔诚圣军的形象和力量。但是这一时期是较为短暂的，之后随着 742—743 年的内战、746—747 年的瘟疫以及希里亚会议上偶像崇

---

① M. Humphreys, *The Laws of the Isaurian Era: The Ecloga and Its Appendices*, pp. 89 – 90.
② M. Humphreys, *The Laws of the Isaurian Era: The Ecloga and Its Appendices*, pp. 90 – 91.
③ M. T. G. Humphreys, *Law, Power, and Imperial Ideology in the Iconoclast Era c. 680 – 850*, p. 149.

拜者的责难①，已经严重地威胁到了伊苏里亚人的正统地位，需要即刻进行反击。特别是君士坦丁五世的正统性和虔诚性在这一时期不断被质疑和挑衅，这也成为《附录》最初文本颁布的"沃土"，特别是第3章中对异端（教）的归类与惩处，有助于君士坦丁五世加强自身的合法性与正统性，坚持反对异端的传统和惯例。

总之，从《附录》的内容可以看出，《附录》同《法律选编》一样，支持《查士丁尼法典》的至上重要性，将其当作回答各种当世立法问题的源泉。伊苏里亚人并未被要求颁布新法，而是要重申和提升查士丁尼立法的可及性。这也暗示着它一方面要对查士丁尼立法的进行延续，但也意识到必须对之前的立法进行改造，坚持基督教的思想，对非正教者要接受惩罚，接受约束，将异教的行为——巫术和占卜进行清除。换言之，就是皇帝运用法律进行支持和调节，或者被认为是支持和调节其臣民的生活，特别是在道德层面彰显这一时期立法中所坚持的"仁爱"与"严苛"思想的有效统一。

三 《士兵法》

据希腊文本意，《士兵法》应为《军事处罚法》（Περί Στρατιωτικών Ἐπιτιμίων），但因内容中涉及对军人的军纪规范和相关的惩罚措施，而被学者们称为《士兵法》（Soldier' Law），是研究拜占庭中期军队组织与管理及军事法律沿革的重要文献。尽管因《士兵法》常与中世纪拜占庭的《罗得海商法》和《农业法》一起作为《法律选编》附录的形式存在，导致学界常将《士兵法》与《罗得海商法》和《农业法》置于一处进行讨论。但从稿本形式看，《士兵法》也经常会作为《附录》的一部分，常位于《法律选编》之后，《附录》第3—4章文本之前②，因此这可能表明《士兵法》诞生的（获得官方认可）时间要早于其他两部法律。

由于《士兵法》中并未标注颁布者名讳和发布日期，故对这部法律的属性和日期学界并无统一定论，有些学者甚至认为《农业法》《海洋法》和《士兵法》三部小型法典"无一可认定是伊苏里亚诸帝的作品"③。不过学界大多数学者认为这三部法典是大约600—800年的立法，基本认为

---

① M. T. G. Humphreys, *Law, Power, and Imperial Ideology in the Iconoclast Era c. 680 – 850*, p. 149.
② M. T. G. Humphreys, *Law, Power, and Imperial Ideology in the Iconoclast Era c. 680 – 850*, p. 152.
③ A. A. Vasiliev, *History of the Byzantine Empire*, p. 249.

是伊苏里亚王朝的立法①。不过笔者认为，这三部法律的确切时间无法确定，但结合 600—800 年的社会背景看，由于这一时期的帝国的社会混乱、军阀混战、农业荒废和贸易风险增加，在帝国政府立法与执法无力的情况下，出现了三种因社会所需编修而成的关于军纪、农产和航海的三部民间法律汇编，在经历了百余年的民间使用在之后，随着伊苏里亚王朝皇帝稳定局势，将这三部民间私法进行了官方认可，作为《法律选编》的补充，使其形成了一部较为全面的法典，这也是这三部立法经常成为《法律选编》附录的原因，也是未注明编修者和颁布时间的原因。

关于《士兵法》的研究文本整理和研究，自 1865 年德国学者林根绍尔在其编著的《希腊罗马法》中发布了其第一个希腊文本的《士兵法》②始，距今已有 150 多年的历史。之后希腊学者孟非拉图斯于 1889 年根据雅典的《法律选编》文本的附录整理出了一份《士兵法》的文本③，1926 年阿布什内尔则根据六个不同的抄本进行整理发表了 56 条的希腊文本④，在译本中主要有 1926 年的阿布什内尔 56 条本和 1968 年布兰德本的 65 条本⑤，阿布什内尔的英译本最为简洁，但是依然有相互重复的条款，学者汉弗莱斯，进一步将其整理，出版了 53 条的《士兵法》⑥文本，本书中便是在汉弗莱斯的文本基础上进行翻译研究的。

从文本的内容来看，分为 4 个部分。第一个标题为"关于选自鲁弗斯和塔克提先对士兵的惩处"，标题之后分为 15 章，几乎是逐字句地借用了产生于 6 世纪晚期的莫里斯皇帝的《战略》。第二个标题为"军事的惩罚"，紧跟 14 个无编号的条款，一般认为，这些条款出自《法学汇纂》或《法典》中的相关章节。第三个标题为"关于士兵的地位"，后接 2 个无编号的章节，也标注出了相关的出处为《法典》。第四个标题为"选自《法学汇纂》第 49 卷，标题 16 中进一步涉及士兵的地位"⑦，包含 22 个无编

---

① M. T. G. Humphreys, *Law, Power, and Imperial Ideology in the Iconoclast Era c. 680 – 850*, p. 152.
② K. E. Zachariä von Lingenthal, *Jus Graco-RomanumPars*. Ⅳ, T. O. Weigel, 1865, pp. 138 – 141.
③ A. Monferratos, *Ecloga Leonis et Constantini cum Appendice*, Typis Fratrum Perri, 1889, pp. 55 – 58.
④ W. Ashburner, The Byzantine Mutiny Act, *The Journal of Hellenic Studies*, 46 (1926), pp. 80 – 109.
⑤ C. E. Brand, *Roman Military Law*, University of Texas Press, 1968
⑥ M. Humphreys, *The Laws of the Isaurian Era: The Ecloga and Its Appendices*, pp. 80 – 88.
⑦ M. T. G. Humphreys, *Law, Power, and Imperial Ideology in the Iconoclast Era c. 680 – 850*, p. 155.

号和无文献的章节。

从这几部分的结构看，反映出《士兵法》的形成是经历了多重校订或修订的结果。第一部分摘录了《战略》中的条款，也就是说这一部分是在《战略》颁布后产生的，标题中还提及了"来自鲁弗斯和塔克提先"，不过关于鲁弗斯的身份我们还不得而知。本质上而言，这一部分是对《战略》的修订，剔除了重复的内容，将条文进行了更为合理的排列。因此《士兵法》：第1—4章是关于"不服从"，第5—6章是关于"违令出走"，第7—10章是关于"战场外的犯罪"，第11—15章是关于"战场上的无序"。有意思的是，这里并未摘录《战略》中关于"向士兵发放津贴用于购买武器"的条款，表明该内容形成的时间是在希拉克略皇帝616年废除津贴制之后①。

从《士兵法》的具体内容来看，这部文献是关于士兵的军纪与法律、士兵与平民关系的立法，故而可以认为这部文献大约产生于军事或法律改革的时期。这个文本是在接受了普遍认可的观点和立法管理的原则后形成的一部复合型法律文献，涉及从士兵逃亡到抢夺土地等主题。最初为私人法律汇编，时间应该可能在7世纪中后期，至伊苏里亚王朝的士兵皇帝尝试对军事纪律进行重申和补充后，将其认定为官方立法。

《法律选编》对军事法已经有所关注，但是篇幅较少，覆盖范围也不全。《法律选编》中最后一个重要的变革涉及军事事务。按照其出现的顺序来考察，主要体现在第8章第2节中，如果被赎回的战俘无法向赎者支付赎金，那么他们要沦为受雇的仆役来偿还赎者的赎金，这也就为罗马人愿意为战俘出赎金提供了一种动力。第4节第1条中规定，对于一个抵抗敌人，最终逃回的奴隶要即刻还其自由，而对那些什么都没做，只是成功逃回的奴隶，要继续为奴5年。第2条进一步延伸了对奴隶的惩处，对于自愿投敌的奴隶将彻底取消其被释放的机会②。这种规定的目的是在鼓励奴隶积极抵抗入侵者，防止外敌入侵时，奴隶或者不抵抗，或者投降敌军。这3条规定并无先例，反映出帝国经常受到入侵的困扰，需要防止任何不利国家安全的情况出现。

士兵与财产也是法典持续关注的问题。在第12章第6条，禁止士兵参与任何基于永佃权的租赁契约，或者受雇于他人，或者在他人家中提供服

---

① C. E. Brand, *Roman Military Law*, pp. 132–136.
② Ludwig Burgmann, *Ecloga das Gesetzbuch Leons* Ⅲ *und Konstantinos* Ⅴ, p. 202.

务①。因为他们唯一的职业便是为国抗击敌人。这些规定很明显继承了查士丁尼的立法，其颁布拥有相同的目的：防止士兵滥用自己的职权，确保他们能专注于保护国家，而非为了中饱私囊，为那些给予其费用者提供保护。在一个更为军事化的社会，由于士兵与纳税人之间的关系更为紧密，故这些规定可能比在查士丁尼时期更为重要。

《法律选编》第16章对士兵的财产权进行了规定。在第1条中规定，士兵即便仍处于"父权"之下，依旧有权订立遗嘱，这条规定也从侧面证实，罗马法中的一些古怪的规定保留了下来，即便"父权"在其他方面的影响力已经减弱，但是父亲在世期间对其后代财产的控制还继续存在。第2条则是8世纪社会环境下的独特产物，涉及士兵兄弟与非士兵兄弟间继承父母遗产的问题，很明显，在一个家庭中，有一个儿子服兵役，其他儿子守在家中的状况是常见的②，皇帝的立法不仅是维护小农家庭及稳固和保护农兵阶层，也是在保护军人个体的权利，小心地平衡家庭与个人的关系，希望以此能获得家庭的支持，保证家庭与个体都能积极支持国家对士兵的招募。

最后一部分是关于军人在服役和征战中的问题。在《法律选编》第17章第10条中，对于在营帐或行军中盗取武器的罪行要处以鞭打之刑，若偷窃马匹则处以砍手之刑，要比《法学汇纂》中的惩处更为严苛。第53条对逃兵则处以死刑。然而《法律选编》第18章中关于战利品的分配是其最为原创性的条款。从其标题到所放位置，都表明拜占庭社会的军事化特征。在这一章中，确定的分配原则为5/6的战利品应平均分配。可以不倾向于军官群体，因为军官获得的额外薪资是完全充足的③。这表明伊苏里亚人有意用战利品激励士兵，也表明军官的薪资完全可用来满足其需求，这至少是一支职业化的军事力量。

总体而言，关于士兵与战事的规定有几点值得注意：首先伊苏里亚人将自己塑造为军人福利的保护者。由于军队是罗马帝国的重要力量，是维持帝国内外权力的根基，故而这几乎不算伊苏里亚人的独创之举。但是由于利奥是通过军事政变登上皇位的，其之后统治的延续也基于此，一方面此举有效地阻止了阿拉伯人的侵袭；另一方面，与此相伴的是获得威望，表明自己继承大统的合法性。因此，他希望将自己塑造成为军人权益的守

---

① Ludwig Burgmann, *Ecloga das Gesetzbuch Leons Ⅲ und Konstantinos Ⅴ*, p. 212.
② Ludwig Burgmann, *Ecloga das Gesetzbuch Leons Ⅲ und Konstantinos Ⅴ*, p. 220.
③ Ludwig Burgmann, *Ecloga das Gesetzbuch Leons Ⅲ und Konstantinos Ⅴ*, pp. 228, 242, 245.

护者。其次《法律选编》第 18 章的规定表明皇帝经过深思熟虑试图激发军队抗敌的积极性，第 8 章也以简短的篇幅尝试激发更广泛的拜占庭社会力量的积极性以抗击入侵者。

但是《法律选编》第 18 章中最显著的元素是其使用的修辞和展现的思想。开篇介绍战争这一主题需要基督徒的虔诚与智慧，继而引入《旧约·箴言》（24：6）中的释义内容表明"上帝之援助被给予谋士之内心"，然后引入《马加比书 I》（3：19）中的内容阐释"战争的胜利并非因为人数众多，而是因上帝之力"。这两句话可以说是对《法律选编》的总结，也是伊苏里亚人的核心思想，《法律选编》中的所有法条都是要实现这一目标，赢得上帝的认可，获得上帝的助力，确保在战争中能够取胜。实际上《马加比书》为伊苏里亚人提供了一个强有力的圣经模板，即军人与教士双管齐下，与异教进行战斗之时，恢复臣民的纯洁，恢复与上帝的契约。这里提及《马加比书》是想告诉臣民，他们并非征服者，而是解放者，与这样一个更为强大的敌人进行战斗，不只是为了道德改革和重建以色列，而是为了生存。

实际上，《法律选编》和《附录》表明，伊苏里亚王朝的皇帝非常关注军事法，利奥三世与君士坦丁五世时期为了应对时局进行了一系列军事改革，这也是《法律选编》颁布的时代背景，但是《法律选编》"笼统"的规定并未涉及对军队系统化和组织化的管理规定，更未提及对士兵诸多违法情况的详细规范。《士兵法》作为一部专门的军事法进一步补充了《法律选编》和《附录》中的不足，并将"仁爱"与"严苛"的理念引到了《士兵法》之中。

在"仁爱"方面，尽管《士兵法》常会对之前的法律进行缩减，但沿袭了《法律选编》"仁爱"的原则，在法条中明确提出了"仁爱"。如《士兵法》第 21 条规定，"如果被派往皇宫的守卫擅离职守，要被处以极刑"，这是对《查士丁尼法典》中关于宫廷守卫疏于保护要被处以极刑的规定的沿用。但是《士兵法》对其做了"仁爱化"修订，认为"若值得获得'仁爱'的考虑，要被处以鞭刑和流放之刑"[①]。

第 32 条又一次重复了这一主题，主要列举了士兵面对战争时的各种逃避行为的惩处，包括逃跑、逃离营帐、丢掉武器和出售武器等，《法律选编》中为了调动军人与家属的积极性，对军人与其家属之间的关系进行了"平衡化"的规范，但并未对战场上军人表现不佳，影响战局的行为作

[①] M. Humphreys, *The Laws of the Isaurian Era: The Ecloga and Its Appendices*, p. 83, n. 27.

出明确的处罚规定。而《士兵法》参照《查士丁尼法典》中的内容进行汇编，逃跑、逃亡与售卖武器均要处以死刑，这是对《法律选编》关于士兵处罚的细化和严苛。但《士兵法》中亦再次提出"若是值得考虑'仁爱'，其将处以遭受鞭刑，并在军队内部转变职位"①的惩处新规。

但是只有人数而无战斗力也是危险的。因此，从《士兵法》的条文中也能看到其严苛军纪的一面，对于谋逆的定罪，《士兵法》在重申《法律选编》死刑规定的基础上，还补充了财产充公和死后遭受诅咒的惩罚。《士兵法》第30—31条还规定禁止士兵从事其他职业或牵扯到私人事务中，否则要被遣散，失去军人的特权。士兵从土地上敲诈的钱财要双倍返还②。实际上这是要维持军队作为一个独立的社会阶层，使其处于皇帝或帝国的控制之下，不受其他经济团体的阻碍与干扰，保证军队的特权。但严格禁止军人对平民的骚扰，也是贯彻了《法律选编》中希望在军人与平民中构建起一种"平衡状态"的原则。

对叛国或叛乱罪，《士兵法》在《法律选编》的基础上进行了进一步严格的规定，主要集中在第17—18、22、24、25、36、37、39条等，延循《法律选编》对此类罪行处以死刑的规定，如叛逃外邦、销售武器，处以死刑，泄露罗马军队机密和破坏和平者，处以死刑等，在处罚方式上，对叛逃者除了斩首外，《士兵法》中一度还恢复了将罪犯扔给野兽或处以绞刑的酷刑惩处。即便如此，《士兵法》还是遵守了《法律选编》"仁爱"的原则，如对涉及引发混乱或煽动叛乱，根据情节处以极刑或流放，对叛乱的处罚也要分类处理，激怒或煽动士兵产生严重暴乱的，鼓动者要被处以死刑，但是若仅在军队中进行抱怨或牢骚，对鼓动者予降级处分③。

《士兵法》与《法律选编》相关联主题还有对通奸行为的关注。《法律选编》十分注重对通奸罪的惩处，多以剜鼻进行惩罚。《士兵法》中也有所体现，如第41条强调，通奸罪被列入等同于公共罪，认为犯有通奸罪者是没有资格应征入伍的。而在第52条规定，若士兵对他人与自己妻子的通奸行为进行原谅，这名士兵要被遣散④。表明皇帝希望能塑造一支纪律严明，作风正气的军队，这与《法律选编》中对性犯罪的惩处理念是一致的。实际上这些规定主要是以剥夺军人特权的方式，希望达到震慑和纯净军人道德精神的目的，维护军队的稳定，提升军队的战斗力。

---

① M. Humphreys, *The Laws of the Isaurian Era: The Ecloga and Its Appendices*, pp. 85, 86.
② M. Humphreys, *The Laws of the Isaurian Era: The Ecloga and Its Appendices*, pp. 83, 85, 86.
③ M. Humphreys, *The Laws of the Isaurian Era: The Ecloga and Its Appendices*, pp. 83-86.
④ M. Humphreys, *The Laws of the Isaurian Era: The Ecloga and Its Appendices*, pp. 87-88.

尽管《士兵法》的内容与《法律选编》中的内容拥有相同的基础，但是很少重复，而是进行了扩展和阐明。整体而言，《士兵法》所关注与涉及的问题，让学者更认为它是一部军事法典，包括了逃跑、违令、无纪律，与非军人间的关系、士兵的犯罪行为等，其反复强调的内容是维护军纪和士气，在对士兵与平民进行区分之时，进一步维持两个群体之间的关系。从处罚措施来看，很明显士兵的特权对士兵而言还是很重要的，否则也不会以遣散作为对士兵的一种威胁。

因此，《士兵法》试图重申皇帝或帝国对军队、军纪和虔诚的控制，建立一支忠诚而神圣的军队保护拜占庭帝国的"选民"。《士兵法》是《法律选编》之后的重要文献。这部文献很明显具有保守性，其在收集后进行了修订和有限的改编，并无实质性的改变。有人甚至将此描绘为一种"百科全书式尝试"，类似于同时代哈里发与加洛林王国的运动。实际上编修这些著述的主要动因可能是希望借此广泛改善8世纪中期以来拜占庭帝国的社会经济状况，为"文化复兴"的出现奠定基础，这一点可以通过历史著述的再现与破坏圣像运动争论的复杂化得到证明。

更为特别的是，法制中的核心惩处内容已经由《法律选编》构建起来，这也成为《士兵法》颁布的动力，使其以附录的形式成为《法律选编》的重要补充。这也是一个非常好的历史比较视角，查士丁尼《民法大全》是在特里波尼安的主持下通过对之前法律文献的编修而成一部新的著作，而《法律选编》只是进行了一定程度的简化，没有达到这样类似的效果。《士兵法》表明，帝国中心在进一步立法方面具有高度的灵活性和积极性。军队作为利奥和君士坦丁五世皇帝所依赖的维护帝国安稳的重要依靠，将仁爱与严苛理念贯穿其中也是时代之所需。

四 《摩西律法》

《摩西律法》（Nomos Mosaikos）涉及宗教主题，亦经常作为《法律选编》的附录出现。但正如其标题所示，这部律法与其他附录中的律法不同，其并非摘选自查士丁尼的立法，而是《圣经》中摩西的律法。从留存稿本来看，《摩西律法》仅有2个文本，学界通常将其命名为A本和B本，这两个文本均分为50章，唯一的不同是，B本中的第8章第1条出现了两次，导致A本为70条，B本为71条，但本质上两个文本没有差别。

从整体结构来看，《摩西律法》与《法律选编》有诸多相似性。首先，标题很相似。虽然它们摘取的来源不同，但是格式一样，《法律选编》的题目是"由虔诚睿智的皇帝利奥与君士坦丁编修的一部简明法律节选集，其选自查士丁尼大帝的《法学阶梯》《法学汇纂》《法典》和《新律》[1]，而《摩西律法》则为"选自上帝借摩西之口向以色列人制定的法律条文"[2]。在具体章节之前，《法律选编》和《摩西律法》均各自有一个"目录"，表明它们是有组织、可视化的文本，是一个连贯性的整体。与《附录》相比，《摩西律法》是一个更为稳定的法律，部分原因是其依赖的文献《圣经·旧约》相对比较稳定。

可以确定的是，这部法律编修的时间晚于《法律选编》，与《摘编附录》编修的时间大约相同。这主要是基于稿本证据基础上得出的结论。伯格曼对稿本38进行了列表，其中有8个与《法律选编》有重要联系，3个与改写本有关，17个与《附录》有关。如果只考虑世俗法稿本而非教会法稿本的话，这种联系已经很强了。事实上，在早期它经常作为《法律选编》的附录，之后逐渐拥有了更为独立传播的特性。因此，近代学界也认为"在8世纪末9世纪初《摩西律法》最终也作为附录的一部分将其共同附在《法律选编》之后"[3]。

从标题语言来看，虽然《摩西律法》表明是选自《圣经·旧约》，但其与《法律选编》拥有很高的一致性，这主要体现在一些词汇的使用上。比如"$\varphi\theta o\rho\varepsilon\acute{u}\varsigma$"一词，意为"腐化或堕落"，主要用于女性，出现在《摩西律法》第25章，《圣经·旧约》的主要文本中并未有这一词，反而出现在《法律选编》的第17章第29条的目录词条和28—30条的正文中。"乱伦"($\alpha\iota\mu o\mu\iota\kappa\tau\varepsilon\varsigma$)这一词出现在《摩西律法》的第30章，《圣经·旧约》中也没有这个词，但在《法律选编》第17章第33条的目录词条可找到这一词汇。因此《摩西律法》的题名源自《法律选编》，但是对《法律选编》仁爱与严苛理念的宗教阐释，两者之间的主题关联性也非常相近（见表5-2-1）。

表5-2-1　《法律选编》与《摩西律法》主题关联性的对比

本A	法律选编	本B
1—6：公正、正义与孝敬父母	序言：公正	1—2 = 本A中的1—2：正义

---

[1] Ludwig Burgmann, *Ecloga das Gesetzbuch Leons III und Konstantinos V*, p.160.
[2] M. Humphreys, *The Laws of the Isaurian Era: The Ecloga and Its Appendices*, p.143.
[3] M. Humphreys, *Law, Power, and Imperial Ideology in the Iconoclast Era c. 680-850*, p.172.

续表

本 A	法律选编	本 B
7—8：公正地对待劳动者和孤儿寡母	1—3：婚姻	3 = 本 A 中的 11：借贷与利息
9：度量公平	4—7：财产与遗嘱	4 = 本 A 中的 7：公正地对待雇佣劳动者
10：继承	8：自由与奴役	5 = 本 A 中的 12：抵押
11—12：借贷、利息与抵押	9—11：协议、借贷与抵押	6—7 = 本 A 中的 13—14：牲畜
13—15：牲畜	12—13：租赁与期限	8.1：誓言
16—17：被释自由人	14：证人	8.2 = 本 A 中的 8：寡妇与孤儿
18—21：农业	15：契约的解除	9 = 本 A 中的 9：度量公平
22—43：婚姻与性犯罪	16：士兵的财产	10 = 本 A 中的 3：亵渎神明
44—49：杀人与证人	17：犯罪与惩罚	11 = 本 A 中的 10：继承
50：巫师与异教徒	18：战利品	12—16：农业；17—19：孝敬父母；20—21：被释自由人；22—43：婚姻与性不道德；44—49：杀人与证人；50：巫师与异教

资料来源：M. T. G. Humphreys, *Law, Power, and Imperial Ideology in the Iconoclast Era c. 680–850*, p. 175.

图表中表明了这两部法律之间的共通性主题，包括涉及财产、农业关系、婚姻法、性犯罪和契约法等内容。这也表明 A 本要比 B 本与《法律选编》关系更紧密，结构更集中。《摩西律法》中的主体内容与《法律选编》更为紧密一致，特别是与《法律选编》第 17 章（题）中的内容。这是合情合理的，《法律选编》不断地使用和支持引用《旧约》中的精神和思想，而《摩西律法》的第 25 题（章）关于强奸罪中也进行了强调，引用 3 条《圣经·申命记》中的内容，打破了原来文献中的顺序，以《法律选编》式的方式进行了编排。当然，《摩西律法》也并未完全照搬《法律选编》的主题与顺序。它依然是一个独立的文本，源自一种特殊的文献，拥有自身内在的目的与逻辑。但是当仔细考证稿本以及各题的语言，很明显《摩西律法》和《法律选编》之间拥有非常紧密的联系。而考虑到 A 本远比 B 本拥有的传播性以及 A 本比 B 本更具有法理学而非宗教学的稿本，有理由相信，A 本就是最早的文本。

　　对于这种假设还有一个证据。A 本中包含有对《摩西五经》的 70 处引用，分置于 50 个章中，而 B 本有 71 处引用。B 本多出来的一处为第 8 章的第 1 条，是一处较长的摘选，涉及婚誓与遵从父母。这一条内容并非出自《圣经》，与第 2 条关于热情对待孤儿寡母的主题也不具有关联性。这一条似乎是人为地加上去的。但是根本而言，这人为增加的一条破坏了 A 本完美的条款数字，因为在《圣经·旧约》中 70 是个重要的数字，代表着 10 倍的 7，而 7 是上帝之数。70 还与摩西有直接的关联，他任命了 70 位长老，这 70 位长老成为犹太高等法院的先驱。《创世纪》中源于挪亚子嗣的 70 个邦国，而耶稣则派 70 位训诫师前往各邦国为其到来做准备。70 还表明了《摩西律法》的来源文献 70 字圣经文本。因此，对于世界和古法而言，70 这个数字是一种象征符号，象征着上帝通过摩西将律法赋予以色列人，成为以色列人与上帝建立的契约的基础。50 这个数字也是一个基础数字，如犹太人 50 天的"五旬节"是教会的一个重要节日。50 这个数字还与立法有关联，如《法学汇纂》为 50 卷，约翰·斯库拉斯提库斯将其教会法纲要编纂为 50 卷，等等。这里的 70 应该也是出于这样一种象征性的编排。

　　考虑到《摩西律法》与《法律选编》中有不断重复的圣经典故，对这个文本的最简单和最可能的解释就是，它是一部伴随法。从其稿本与《法律选编》和《附录》的共同点来看，《摩西律法》颁布的时间很可能是在 8 世纪中后期，其时这一政体极力希望通过《圣经·旧约》内容来证明自身的合法性。因此，《摩西律法》是一个经过深思熟虑后出现的文本，在思想上起到支撑和支持《法律选编》的作用，在语言与形式上与《法律选编》相呼应。

　　如图表所显，《法律选编》与《摩西律法》在主题上基本是一致的，包含了婚姻、家庭、继承、遗嘱、证人、借贷、押金等诸多方面，从具体条款内容来看，更是体现出这两部法律的相互扶持。《法律选编》序言中宣传的仁爱与公正的理念，在《摩西律法》的第 1—2 章中表现为对《圣经·旧约》的《出埃及记》《利未记》《申命记》和《摩西十诫》关于公正的引用和重申，如第 1 章要求"不可屈枉正直，不可看人的外貌，也不可受贿，因为贿赂能叫智慧的人眼变瞎，又能颠倒义人的话"[①]。

　　《法律选编》中也注重维护家庭成员的和谐，注重家庭伦理，要求子

[①]《圣经·旧约》，第 182 页。

女要孝敬父母，坚决处罚殴打父母及对父母出言不逊者①，《摩西律法》的各章均出自《圣经》，如第 6 章则进一步加重了对不尊敬父母的惩处，"凡咒骂父母的，总要治死他；他咒骂了父母，他的罪要归于他身上"，"殴打父亲或母亲的必须被处死"。不过这对于 8 世纪的拜占庭帝国而言，处死是不太可能的，可能更多的是宗教道德方面的约束与震慑，这一点也体现在对家庭中弱势群体的保护上，在《摩西律法》的第 8 章中，"不可苦待孤儿寡母，若是苦待他们一点，他们向我一哀求，我总要听他们的哀声，并要发烈怒，用刀杀你们，使你们的妻子为寡妇，儿女为孤儿"②。

在社会的和谐方面，《摩西律法》也进一步加强了对《法律选编》保护平民，关爱平民和构建平民时代的支持，第 7 章规定"不可欺压你的邻舍，也不可抢他的东西，雇工的工钱不可在你那里过夜到早晨"，这一点也体现在第 11 章的借贷、利息与抵押的规定中，"我民中有贫穷人与你同住，你若借钱给他，不可如放债的向他取利；你即或拿邻居的衣服做抵押，必在日落前还给他；因他只有这一件当被盖，是他盖身的衣服，若是没有，他拿什么睡觉呢"③。

在性犯罪方面，《摩西律法》也是关注较多的，从第 25—43 章均是关于这类犯罪的，只不过与《法律选编》不同的是，《摩西律法》中沿用了犹太人更重的处罚，奸夫淫妇要被处以死刑；除此之外在作伪证、故意杀人等方面，《摩西律法》也延续了《法律选编》严苛的规定。

总之，《法律选编》中已经明确表示要从先知那里延续拜占庭的法律，还要继续证明其提升"仁爱化"原则的合法性。《摩西律法》强调《法律选编》及其与之相应的拜占庭立法是新以色列人与上帝之间订立的新契约，设计的目的是要改变臣民，粉碎罪恶，以确保上帝对其"选民"的保护。因此，《摩西律法》以《圣经·旧约》中讲求律法的公正性原则为基础，进一步对《法律选编》中坚持的仁爱与严苛的理念进行了宗教道德方面的援助，在遵从《法律选编》仁爱原则的基础上，进一步加大了对性犯罪、杀人罪和虐待父母行为的处罚力度。但是如前所述，《摩西律法》摘选这些条款，主要是顺应了 8 世纪拜占庭帝国基督教化的现实，在当时死刑的处罚不太可能，但是对于基督教臣民而言，其道德上的威慑力要远远大于其惩罚上的残酷性，让人们从精神上更加注重自身修养的提高，严格

---

① Ludwig Burgmann, *Ecloga das Gesetzbuch Leons III und Konstantinos V*, p. 188.
② 《圣经·旧约》，第 74、113 页。
③ 《圣经·旧约》，第 74、112 页。

遵守宗教律法，进而达到纯净社会和维护帝国稳定的期许。

五 《罗得海商法》

《罗得海商法》（Nomos Rhodion Nautikos），因产生于拜占庭帝国的航海贸易中心罗得岛而得名，主要涉及海事赔偿、海损分担、海难救助等，对后世海商法的发展产生了重要影响。作为专门针对海上贸易和航运而编修的律法，《罗得海商法》也经常作为《法律选编》的附录存世，补充了《法律选编》海上活动法律规范的不足。

从留存的稿本情况看，《罗得海商法》也是拜占庭律法中最受欢迎的法律之一。在数个世纪中，地中海世界发现了其完全或部分稿本有50多个，表明《罗得海商法》是一部非常成功的著作，在数个世纪中一直在被使用。国外较早对《罗得海商法》进行整理和评注的有莫卡提（1897年本）和达瑞斯特（1905年本），之后英国学者在对30个左右的《罗得海商法》的手抄本进行比较和鉴别的基础上，于1909年出版了一个较为可靠且完整的希腊文校勘本，还附有英文译本①，最新的英译本为汉弗莱斯的文本②。

按照阿什布内尔的校勘本，《罗得海商法》共计66条，不过需要注意的是，阿氏本将其划分为了三部分，第一部分由传说组成，可以肯定是后世的添附，几乎不被学界使用和认可，主体部为第二部分与第三部分，第二部分由第1—19条组成，第三部分由第20—47条组成，王小波也对第二部分和第三部分的主体内容进行了译注，不同的是将这两部分合二为一，进行了顺承译注③。

第二部分第1—7条主要对船上不同职责船员的薪资进行了规定；还有一些一般规定，包括对乘客行李所占空间的规定和对船只价值的计算。这些在很大程度上是规范、准则或习惯，而非法律。第二部分最接近法律特征的条款是第17—19条，涉及借贷，尽管这里的列举有些含糊不清，但是似乎所提及的内容表现出了罗马普通法与海商法在借贷方面的差异规定。这里还提到了"罗得法"，将其作为权威，很可能这是一个普遍认可的指示物，是被人们普遍接受的习俗或习惯，而非一个实在的文本。

第三部分则完全是不同的，内容更长，结构更好。尽管某些章节是强

---

① W. Ashburner, *The Rhodian Sea Law*, Clarendon Press, 1909.
② M. Humphreys, *The Laws of the Isaurian Era: The Ecloga and Its Appendices*, pp. 113 – 128.
③ 王小波：《〈罗得海商法〉译注》，《古代文明》2010年第3期。

行插入的,但是阿什布内尔还是将其统一的结构进行了分辨。第三部分的多数条款涉及在船上,或海上活动的情景。在设想一旦发生盗窃或毁坏、订金或海事后的责任①等问题。林根绍尔引证了所有例证表明第三部分与《法律选编》的关联性,阿布什内尔也认为这很好地再现了其对查士丁尼立法的延续性②。在这里,《罗得海商法》与《农业法》和《士兵法》一样,属于专门法,主要涉及船员、商人和从事海上活动的人或事。

虽然这部海商法在拜占庭史上非常重要,但同其他几部律法一样,《罗得海商法》文本仍很晦涩。如著者的信息、编修的时间、内部三部分的关系、多次修订的可能性,与《帝国法典》的关联、实际使用的情况等,无论是从史料的角度,还是从法律的角度,都充满争议。这种争论还会一直持续下去,除非有新的修订本出现,能够在学术性方面取代阿什布内尔的文本。

基于《法律选编》的稿本经常会附带这几部立法,从它们之间具有立法共性看来,林根绍尔认为《罗得海商法》是一部由利奥三世或君士坦丁五世颁布的官方立法,同《农业法》和《士兵法》一起融合到《法律选编》之中。阿布什内尔则认为林根绍尔的观点只是表明了《罗得海商法》与查士丁尼的立法几乎没有不同,而非其在《法律选编》中的独特性。故认为这部法律是一部私修法律,编修时间在 600—800 年③,否定了《罗得海商法》与《法律选编》之间的延续性,基于对大量稿本出现于 10 世纪和 11 世纪,阿布什内尔还认为,《罗得海商法》应该完成于公元 800 年之前,这种解释已经被学界普遍接受④。

但是学界关于其成文日期与性质的争论,实际上是将出现与颁布进行混淆的结果。从稿本与内容来看,《罗得海商法》出现于 600 年前后。因查士丁尼之后,帝国内外形势严峻,官方无暇关注立法,但是民间海上贸易需要有法可依,这为民间私法汇编的出现提供了条件,于是其最初是私人将若干世纪的航海习惯和贸易积累与查士丁尼关于海上的律法进行汇编而形成的,产生之初应该属于民间私法汇编的性质,在之后的一个多世纪中被不断传播、修订,日益成熟,成为地中海世界海上贸易的重要法律规

---

① M. Humphreys, *The Laws of the Isaurian Era*: *The Ecloga and Its Appendices*, pp. 120 – 127.
② M. T. G. Humphreys, *Law*, *Power*, *and Imperial Ideology in the Iconoclast Era c. 680 – 850*, p. 189.
③ W. Ashburner, *The Rhodian Sea Law*, Clarendon Press, 1909, pp. cxii – xiv.
④ L. Burgmann, "Die Nomoi Stratiotikos, Georgikos und Nautikos, Zbornik Radova", *Vizantološkog Instituta*, 46 (2009), pp. 53 – 55.

范，这一点从其流传的大量抄本以及抄本间的变化也可以看出。

伊苏里亚王朝建立后，随着帝国社会的稳定，海上贸易的进一步恢复和发展，利奥三世和君士坦丁五世皇帝也必定注意到要规范海上立法，但是通行一百多年的民间《罗得海商法》已经非常完善，并为地中海世界来往的商人们所接受，若重立新法，不仅耗费人力、物力和财力，还未必能够获得商人的普遍认可。因此，民间《罗得海商法》经过修订，在741—800年获得官方认可，便成为《法律选编》的重要组成部分之一。

在《罗得海商法》与罗马古法的关系上，从《罗得海商法》几乎找不到其与查士丁尼的立法有什么矛盾之处。相反《罗得海商法》被有意构设，用于支持查士丁尼的立法原则，这一点同《法律选编》是一致的。《罗得海商法》出现于《法律选编》之前，颁布于《法律选编》之后，其构想中不只是局限于船只，还有法庭，用以息争止讼，在诸多方面是对《法律选编》立法原则的补充与拓展，表现出《罗得海商法》与《法律选编》之间理念的紧密联系。主要表现在以下方面：

（一）明确权责关系

在《罗得海商法》第2部分的前15条，均是涉及船上全体人员的基本规范和权利义务的规定，包括船长、水手、厨师的薪水，乘客在船上所能占用的空间和禁止做的事情，船长、船员和乘客应承担的责任和履行的义务，如第14条规定，如果一位乘客携带金币上船，他要将金币交给船长保管。但是如果他没有将金币寄存，之后声称金币或银币丢失了，那么他无法主张金银币的所有权①。

第3部分的第9—11条涉及海难责任的问题，也体现了责权关系的明确原则，第9条称，遇到海难时，如果船长决定抛弃货物，要询问携带货物的乘客意见，若同意，则要对货物进行估价，最后获救的物品也按比例进行摊还。第10条规定，如果因船长和船员的疏忽导致损失，船长和船员要对货物的损失进行赔偿；但如果是商人的疏忽，则由商人承担损失，如果都无过失，才进行共同海损分摊②，这一点在第3部分的第26、27条也得到了进一步体现。

（二）强调书面契约

实际上，在帝国兵荒马乱，社会混乱的情况下，书面契约是相对有效保障权益的方式，《罗得海商法》非常注重契约的书面签订。根据笔者不

---

① M. Humphreys, *The Laws of the Isaurian Era: The Ecloga and Its Appendices*, p. 114.
② M. Humphreys, *The Laws of the Isaurian Era: The Ecloga and Its Appendices*, pp. 119 – 121.

完全统计,《罗得海商法》总共 66 条规定中,明确提及要签订书面契约或严格遵守契约进行责任承担的至少有 19 条,主要由第 2 部分的第 17、18、19 条和第 3 部分的第 12、13、14、17、20、21、22、23、24、28、29、30、32、33、39 条和第 42 条组成①。

在具体案例中,《罗得海商法》非常强调对书面协议或契约的签订,特别是针对一些数额较大的合作,如第 3 部分第 12 条,明确规定,在交付船舶订金之时,除了要有 3 个证人在场外,在涉及较大数额的款项时,必须以书面的形式订立,这一规定在第 20 条又进行了重申,在租借船舶时,契约必须以书面形式签订且各方都要签字,否则无效。经协商同意,契约可以写上罚则。

对书面契约的注重还体现在对纠纷的处理上,根据《罗得海商法》的规定如果船长与商人之间有书面契约,应共同遵守,即便没有明确罚则,如果承租人违约,则支付一半的运费给船长,船长违约,则支付一半的运费给商人,如果出现海难,则根据谁过失谁负责的原则进行处理或分摊。根据《罗得海商法》第 2 部分第 21 条的规定,如无书面契约,仅有口头约定,一旦出现船只受损,受损者只能获得获救财产的 1/4。②

(三) 彰显"仁爱"精神

虽然《罗得海商法》非常重视书面契约,但也就书面契约的合理性进行了指导,比如第 2 部分第 17 条对于用什么样的物品进行抵押有严格限制,对于用陆地上的财产偿还海上借款的书面契约,法典拒绝承认其有效性③。这并非因为该法典是规范海上纠纷的专门法,而是因为债务人既然想要追求高利率回报,就必须承担比陆地上风险更大的海上高风险。因此,债务人可以用船舶或货物作为抵押,而不能是无风险或风险很低的陆上财产作为抵押,任何畸轻畸重的责权利约定都不被承认,这体现了海上借贷中的公平与人道的原则。

这一原则也体现在《罗得海商法》第 2 部分第 18 条,如果一个人对借款已经支付了 8 年的利息,但是之后因财产损失、火灾或异族侵害,债务人可以停止支付利息,当然如果债务人一直都没有付利息,即便其遭受巨大损失,也必须按照书面契约的规定履行债务义务④。

在对海上犯罪行为的处罚上,《罗得海商法》也呈现出更为仁爱化的

---

① M. Humphreys, *The Laws of the Isaurian Era: The Ecloga and Its Appendices*, pp. 114 – 127.
② M. Humphreys, *The Laws of the Isaurian Era: The Ecloga and Its Appendices*, p. 123.
③ M. Humphreys, *The Laws of the Isaurian Era: The Ecloga and Its Appendices*, p. 114.
④ M. Humphreys, *The Laws of the Isaurian Era: The Ecloga and Its Appendices*, pp. 114 – 115.

趋势，其处罚方式主要为鞭刑和罚金。以第 3 部分第 1—7 条为例，盗窃船锚者，要被处以鞭刑和双倍赔偿金的处罚，盗窃船上的用具或正在使用的物品，要处以两倍赔偿的处罚，船员或船长盗窃，不仅要被打一顿，还要赔偿双倍损失给被盗者。即便是船上的打架斗殴，打人者所要接受的惩罚是支付医疗费、赔偿金和误工费等，只有在被打者死亡，攻击者将会面临谋杀罪的审判[1]。甚至《法律选编》第 17 章第 2 条中对发伪誓和作伪证要处以割舌的惩处[2]，在《罗得海商法》中降低为处以两倍罚金和赔偿[3]。可见，《罗得海商法》在第 3 部分开始的数条内容就列举了盗窃及其惩处措施，而这部法律与《法律选编》的共性，就是认为盗窃行为需要予以足够的重视，但是对犯罪者的惩处更显仁爱化了。

（四）弥补法典缺失

整体而言，《罗得海商法》弥补了《法律选编》中的缺失。如《法律选编》第 17 章第 11 条规定，对于初犯盗窃者处以赔偿罚金的处罚，若无法赔偿罚金，则处以鞭刑，若是再犯，则处以砍手。《法律选编》第 17 章第 10、12—17 条也阐述了这一核心主题的多种案例或可能，如第 13 条规定，初次盗牛者处以鞭刑，二次盗牛者，处以流刑，三次盗牛者处以砍手之刑[4]。但是《法律选编》中并未有涉及海上盗窃的行为处罚，如《罗得海商法》对偷窃船锚所带来的生命与财产安全的可能性以及各自应承担的责任进行了规范，因此《罗得海商法》第 3 部分的第 1—3 条以及第 38 条，是对《法律选编》的扩展和补充，当然《罗得海商法》也并未对同一人的多次海上盗窃有明确规定，如此《法律选编》的规定也是对《罗得海商法》的具体参照。

同样，《法律选编》第 17 章第 45 条规定杀人罪要被处以死刑，第 46 条将用剑造成的伤害等同于蓄意杀人，而第 47—48 条则涉及在争斗中因用武器而导致的非故意杀人的惩处。但在《罗得海商法》第 3 部分第 6 条中涉及用武器进行正当防卫导致先动手者的死亡，正当防卫者并不被处罚[5]，这也是对《法律选编》第 17 章中杀人罪定罪的有效补充。

《法律选编》第 17 章第 48 条规定，"在争斗中，如果一个人用拳头袭击他人并致死，这个人要被处以鞭刑和流放之刑，因为他并非故意杀人"，

---

[1] M. Humphreys, *The Laws of the Isaurian Era: The Ecloga and Its Appendices*, pp. 118–119.
[2] Ludwig Burgmann, *Ecloga das Gesetzbuch Leons III und Konstantinos V*, p. 226.
[3] M. Humphreys, *The Laws of the Isaurian Era: The Ecloga and Its Appendices*, p. 121.
[4] Ludwig Burgmann, *Ecloga das Gesetzbuch Leons III und Konstantinos V*, pp. 228–230.
[5] M. Humphreys, *The Laws of the Isaurian Era: The Ecloga and Its Appendices*, pp. 119, 242.

而《罗得海商法》第 3 部分第 7 条规定，在争斗中，一个人将另一个人致盲，那么他要给被致盲者支付医药费和 12 个金币，进而若一个人踢另一人导致脱肠，他要支付被打者 10 个金币，若被打者死了，那么打人者要被以杀人罪论处①。因此，在《罗得海商法》中关于在船上一个人对另一人殴打，对受伤者的赔偿的规定，是《法律选编》并未涉及的内容。实际上，查士丁尼的立法体系中也将造成他人身体的损伤作为一种违法行为，而根据规定伤人者要向受伤者支付医药费和误工薪酬，这一点在《罗得海商法》第 3 部分第 5 条也有相关规定。

逻辑上而言，第 5 条和第 7 条还是有区别的。主要区别在于第 7 条的处罚方式为医药费和误工费；第 5 条的处罚为明确的金币数额。究其根本原因是二者针对的对象有所差异。经常前者规范船员之间的争斗，强调的是同船船员间，自然他们是要住在一处（船上），故而惩处的方式为打人者向受伤者支付误工薪酬（容易计算）。而后者涉事人员可以是船上的任何人，也就是说争斗双方并非固定人员，或者双方当事人也只是短暂在一起，也就意味着确定性的惩处要更为便利（不易计算），于是规定了明确的金币数额。这样一种惩处的特性与《法律选编》将惩罚措施明确列出的原则是一致的。

《罗得海商法》展现了伊苏里亚王朝世界的三个维度：第一，文本中包含有关政治和有关实践的思想，《旧约》的话语与思想悄然融入，例如第 3 部分第 5 条来源于《出埃及记》（21：18—19），还被包含在《摩西律法》的第 45 条中②。很明显，这与当时的社会和立法中强调《圣经》的思想与修辞有关。第二，同样的条款中规定，"如果船员之间发生争斗，先让其进行口头争辩，不要让其动手打架"表明了第三部分的原则，维持法律与秩序，犯罪与惩罚，和平地解决争斗，特别是侵权行为占主体。最后，从法律话语来看，这是对律法的持续汇编与呈现，特别是以一种实用的形式以及对过往权威的提及来展现自身的合法性。

总之，《罗得海商法》是对《法律选编》及其附录的进一步扩展，而且以一种新的形式来展现一个专业的主题，在这一主题中，其延续了《法律选编》"仁爱"与"严苛"的理念与原则，对后世海商法的发展产生了深远影响。

---

① M. Humphreys, *The Laws of the Isaurian Era：The Ecloga and Its Appendices*, pp. 119, 242.
② W. Ashburner, *The Rhodian Sea Law*, Clarendon Press, 1909, p. lxxv.

六　《农业法》

《农业法》（Nomos Georgikos）是拜占庭中期涉及村庄组织、农村土地、农民权益和村民纠纷的一部法典①，规范了农庄中居民的生产生活行为，反映了这一时期拜占庭农村经济的发展状况，是研究拜占庭农村、农民和农业生产状况的极为珍贵的法律文献。《农业法》经常作为《法律选编》的附录而存在，但是没有哪一部立法文献能像《农业法》这样备受学者们关注，形成如此大的争议。但集中起来依旧是如下几个问题：颁布日期、颁布者和律法性质。

关于《农业法》的编修时间，学界争论很大，前文已有述及，此不赘述。笔者认为，这部法典与《罗得海商法》和《士兵法》一样，经历了由民间法律汇编向官方认可法典转变的过程，而作为事关农业发展的立法，与《法律选编》的关联度很大，这一点体现在《农业法》的诸多稿本中，在有日期标注的最古老的稿本中，《农业法》与《法律选编》的关联度最高，11个稿本中，有9个稿本与《法律选编》相关联②。

目前学界《农业法》的最古老的修订本中，由阿布什内尔构建，梅德韦杰夫进一步论证的85条文本，标题为"摘选自查士丁尼律法书的农民法"。在《农业法》第23条之前就出现了"关于牧人"这样的小标题，各章节之间的关联性，根据主题内容可划分为如下模块：

第1—22条：关于土地所有权和日常耕种的问题
第1—2条：关于财产权
第3—5条：关于土地交换或置换
第6—8条：关于所有权的争议
第9—10条：关于分益租约
第11—17条：关于租赁土地
第18—19条：关于邻居对荒废土地使用权和赋税责任
第20—21条：关于土地使用的纠纷
第22条：关于对偷盗农具的惩处
第23—29条：关于牧人

---

① 学界普遍将其译为《农业法》，但从内容看，似乎译为《农村法》更合适，不过《农业法》的译法已成惯例，本书依惯例译为《农业法》。
② M. Humphreys, *Law, Power, and Imperial Ideology in the Iconoclast Era c. 680 – 850*, p. 202.

第30条：关于对偷盗牲畜铃铛的处罚

第31—33条：关于树木（树木侵权与偷盗果实）

第34—35条：关于偷盗羊奶或秸秆的行为

第36—55条：关于侵害或偷盗牲畜的行为

 第36—37条：关于租牛的行为

 第38—40条：关于造成他人牲畜死亡的行为

 第41—42条：关于偷牛的行为

 第43条：关于意外造成他人牲畜死亡的行为

 第44—45条：关于杀死丛林中迷路的牲畜的行为

 第45—47条：关于对奴隶非法处理牲畜的行为

 第48—53条：关于牲畜的侵权行为

 第54—55条：关于故意伤害动物的行为

第56—66条：关于损害非动物类的财产

 第56—58条：关于纵火行为

 第59—61条：关于偷盗农作物的行为

 第62—63条：关于偷盗或损坏农具的行为

 第64—66条：关于毁坏建筑的行为

第67条：关于租赁土地的利息

第68—70条：关于盗窃与不公行为

 第68—69条：关于从储存器中进行偷盗的行为

 第70条：关于不公正的度量器

第71—77条：关于动物的侵权行为

第78—79条：关于收割初期的纠纷

第80—84条：关于有磨坊的土地的纠纷

第85条：关于牲畜侵权行为

  首先，从编排来看，《农业法》进行了合理有效的组织，类似的案件被编排在了一起。从所有权的问题的纠纷和土地的使用权，到关于动物或牲畜的纠纷，最后是对于非动物类财产受损的规定。当然，《农业法》的编排规则并非主题性的，并未按照一定的法律思想与规则，但其编修和设计本身就不是要将其编目成册。这并非就意味着《农业法》是一部新法或者普通法，相反它是对制定法的汇编，特别是那些有意或无意的，甚至是无契约的侵权行为，其在农村生活中是非常普遍的现象。因此，《农业法》采用的将类似或关联案件放在一起进行编修的方式，是一种最为实用的编排方式。

　　这种关联原则有助于解释《农业法》中的一些特殊安排：例如，第22条关于"偷盗农具行为"中，这里并未对盗窃进行一般性的种类划分，而是将其置于涉及土地所有权和使用权等一系列规定之后；再如，第30条关于"偷盗牲畜铃铛"的行为，其将这一偷盗行为放在了涉及牲畜和牧人等一系列的侵权行为之后，而第33条涉及"偷盗果实的行为"①，也是放置在关于树木纠纷的规定之后。这种关联原则还经常使用在两个主题的过渡部分。比如，第34条关于偷盗羊奶和秸秆的规定，为后面第35—55条涉及动物的内容做铺垫和前序。多数条目的前后排列过渡自然，直至第70条，这种有序的组织开始变得具有重复性，不过整体而言还是保持着关联原则。如果我们将这种现象与《士兵法》和《罗得海商法》进行比较的话，其具有很强的相似性，特别是结尾的一些条款，表现出松散与重复的特点。这种现象出现的原因，可能是后来的修订本只是在其结尾处增加了额外的材料，而并非将其插到文本中间。也可能是编修者选用了多种文献，只是将各种文献集中在一起，而非将其融为一个文本。但从《农业法》《罗得海商法》和《士兵法》的受欢迎程度看，其相对简明扼要的语言，关联原则的编排方式，容易找出合适的法条或惩罚等特点，增加了使用过程中的实用性和便利性。

　　这部实用性的法律著作非常关心一个问题是村民间，特别是"农民或耕种者"间的财产关系问题。在《农业法》中，"农民"这个词并未特指或专门含义，用于指代职业和身份。例如，第1条、第18条和第19条，都提及了一个"农民"耕种"自己的土地"，可以认为在7世纪和8世纪的拜占庭农业中，无论在拥有土地的数量上，还是拥有土地的比重上，小农（自耕农）都占据最大比重。不过，"农民"这一术语还用于农民耕种他人土地的情况（无论是分益租约或对分分益租约），以与"土地所有者"相区分。

　　《农业法》中还出现了一系列的职业，从牧民和牧羊人到守林人和奴隶。这里所展现的并非一个理想化的农村集体，而是充满多样性和复杂性的农村集体，包括了贫富农、佃农和地主，还有专门出卖劳动力赚钱的无产者、奴隶，村里的土地既有公共土地，也有私人田产。《农业法》还出现了一些潜在的"局外人"，如"承租人"以及"仲裁人"。《农业法》第7条涉及村庄间的争端，而其他条款则涉及对公共土地的侵占行为，如第

---

① M. Humphreys, *The Laws of the Isaurian Era: The Ecloga and Its Appendices*, pp. 132, 133.

80 条规定反对在村庄的公用之地上建私人磨坊。不过有意思的是,村庄(χωρίον)的出现,涉及了为数不多的司法部门的直接干涉,但这部法律并非为村庄而设,其更为关注村庄中的个体。正如潘柯臣所言,村庄集体的唯一表象就像一个处于审判中的司法人士和一个诉讼者①。《农业法》的主要内容涉及反对侵犯私人财产,包括侵犯者和被侵犯者。因此,《农业法》并未对拜占庭社会进行严格的界限划分,而是覆盖了农村中经常出现的一些纠纷与问题,尽管主要涉及农村中个体之间的关系,但也包含了一系列的角色与情况。

《农业法》包含的主题可以大致分为三个层面:土地法与契约、关于损毁财产与伤害个人的侵害法和刑罚。这些案例依据关联原则进行编排,关于土地法与契约的规定集中在第 1—21 条以及第 67 条。不过第 67 条是个例外,因为这一条是关于租借利息的。拜占庭法很少涉及这一内容,伊苏里亚王朝的立法更是对其慎之又慎,《法律选编》根本就没有提及,《摩西律法》更是反对。因此,将借贷置于毁坏与盗窃私产的中间,将《圣经》的攻击引向第 70 条的不公度量器,很明显是一种故意为之的做法。侵权与罪行被按照主题进行混合编排,包含 40 条侵权和 23 种罪行。考虑到所有的侵权行为均是毁坏财产,而罪行主要是盗窃和纵火,可以认为《农业法》更为关注财产,每一条单个法律都以某种形式与财产相关。正如很多学者所认为的,《农业法》与中世纪早期西方的"蛮族"法律更为相似,这并非指它们之间确实存在的关系,而是指农村生活的条件与规范是相似的。《农业法》中分类的各种案例,即便在今天的农村,也依旧适用,其穿越时间长廊和空间区域,广受欢迎也就不足为奇了。

尽管财产问题是农业社会的一个大问题,但《农业法》也并非一部完整的立法文献,《农业法》并未包含所有的相关涉及土地与耕种者的纠纷问题,农村中的民事与刑事案件中,除了第 28 条有关于作伪证行为的惩罚外,并未提及农村中的杀人或强奸等触犯刑律的罪行。契约法似乎也只是勉强拼凑而成,更高级别的租约类契约并没有提及。即便是广泛关注的盗窃罪亦未有明确的禁令来反对盗窃或者有专门针对盗窃的行为进行规范的条款,如提到了狗与狗之间的撕咬纠纷,但没有提及人与人之间争斗的处理。

实际上《农业法》并非孤立存在,它宣称摘选自查士丁尼的立法,以此获得立法的权威性的同时,还与《法律选编》保持了标题上的统一。从

---

① M. Humphreys, *Law, Power, and Imperial Ideology in the Iconoclast Era c. 680 – 850*, p. 206.

稿本而言，它经常与《士兵法》和《罗得海商法》一起出现，但是这几部律法在执行中都缺乏法律与司法的基本框架，这也就是为何这几部律法是以组合的形式附录于《法律选编》，并将《法律选编》作为核心与根基。《士兵法》和《罗得海商法》都遵循了《法律选编》的立法思想和伊苏里亚人的政策与信仰。《农业法》与其也有类似的紧密关系，《农业法》之所以没有明确提及界碑的移除争端的处理，是因为《摘编附录》的1—5条已经援引了查士丁尼的立法的规定，可见《农业法》与其他律法是互为一体的。这将意味着《农业法》与《附录》大约产生于同一时期，或者稍后，或者大家对查士丁尼立法中关于此主题的规定非常熟知，故修编者觉得没有必要在文本中进行收录和体现。

关于《法律选编》与《农业法》在条款方面补充吻合，而非进行重复的第2个例子是盗窃牲畜罪。关于盗窃牲畜在罗马法中有明确规定，《法学汇纂》第47卷第14章规定，对于盗窃公牛的初犯者，将被视为普通盗窃进行处罚，但如果是多次盗取或盗取多头牛者将被盗牛惯犯，要被处以死刑。《法律选编》第17章第13条规定，初次偷牛要被处以鞭刑，第二次偷牛要被处以流放，第三次则要被处以砍手之刑，盗牛者还要对牛的主人进行赔偿①。《法律选编》对这一犯罪行为进行了更为人性化的调整，将死刑变为了砍手之刑。初看确实像阿布什内尔认为的那样，《农业法》与查士丁尼立法的关系远比《法律选编》更为紧密，但是仔细研究后会发现，情况并非如此。

例如《农业法》第41条，一个人盗窃了一头牛或驴，除了要接受鞭刑，还要接受两倍的偿金处罚；第42条，一个人试图从牛群中偷牛，但是结果是将所有的牛惊散，最后还丢失了，那么盗牛者要被处以剜目之刑②。这并非仅是所谓的"盗牛罪"，而是一种更为严重的盗窃行为，所以惩罚上也要比之前的法律更为重一些。严格来讲，《农业法》只有46—47条涉及了"盗牛罪"，而且是关于奴隶的盗牛行为，要被处以绞刑。处于严格的罗马法下，无论是奴隶还是自由人，非初犯者均要被处以死刑。这里只有奴隶违反了规定或造成了额外的损失要被处以绞刑。实际上，《农业法》并未对"盗牛罪"的"常规"处罚做出规定，因此，《农业法》不仅与《法律选编》第17章第13条的内容一致，且没有《法律选编》的规定《农业法》也不完整。《法律选编》与《农业法》的细微差别在于，后

---

① Ludwig Burgmann, *Ecloga das Gesetzbuch Leons III und Konstantinos V*, p. 230.
② M. Humphreys, *The Laws of the Isaurian Era: The Ecloga and Its Appendices*, p. 134.

者将前者的规定通过实际案例的方式予以补充,对普通盗窃与盗窃牲畜(第41条)、因普通盗窃引发的额外损失(第42条)以及奴隶盗牛的案件(第46—47条)进行区分,使得《法律选编》没有涉及的农村日常生活中的问题得到进一步细化和具体化。

《法律选编》与《农业法》的一致性还体现在立法程序上。罗马法建立的原则是"矫正",讲求以合法与合理的方式解决纠纷。如果有人在司法裁决做出之前强行获取了财产,即便他处于正当的一方,也将丧失对土地的所有权;若他的最初诉求是不合理的,他还要赔偿等同土地价值的偿金,也就是说要对其以盗窃罪论处。《法律选编》第17章第5条继承了这一原则,规定若有人因物品而与他人发生争斗,未向法官求助,而是强行将物品据为己有,即便他是正当的一方,也不能获得这一物品,如果他是不合理的一方,还要被以盗窃罪论处,处以鞭刑,之后要向另一方进行赔偿①。《农业法》并未明确提及这一原则,但在一些条款中有所体现。最为明显的是第6条,如果一块土地还处于司法裁决中,但是一个人违背播种者的意愿,强行进入土地,宣称自己的所有权,收割庄稼,即便他的要求是合理的,也要丧失对土地上的收益权,如果被证明是无理的,他要被以盗窃罪论处,缴纳所收割庄稼价值的两倍赔偿金②。

《法律选编》与《农业法》的不同之处在于,前者需要处以鞭刑和与所盗之物等值的偿金,而后者则需要双倍赔偿金。这些惩罚不仅存在于这两部法律文献中,也存在于查士丁尼的立法之中。实际上,最初可以选择用肉体的惩罚替代双倍的偿金,而且很明显还要依赖于法的裁决。在这里我们可以看到,尽管惩处是基于一定的原则的,但是其更偏向于一些更容易实现的惩罚,其目的是用一种更为合适的处罚来平息因为所有权而引发的纠纷,而非为了没收土地本身。当有人在争斗中故意毁坏财产,如第66条和第80条将其称为"目无法纪者"(ανάρχος),《法律选编》则将其称作"法外之徒"(εκδίκος),这样的人要接受砍手之罚。

这里并非有矛盾之处,因为《农业法》处理的是一些蔑视司法且更为严重的案例,在处罚方面自然比《法律选编》更为苛刻。《法律选编》第17章第5条与《农业法》第6条的区别是普通律例与专门律例的区别,专门律例更为细节化,但并不否定普通律例。诸案例中,很明显《法律选编》和《农业法》都延续了查士丁尼的立法精神。

---

① Ludwig Burgmann, *Ecloga das Gesetzbuch Leons Ⅲ und Konstantinos V*, p. 228.
② M. Humphreys, *The Laws of the Isaurian Era: The Ecloga and Its Appendices*, p. 130.

对罗马法相关原则做出重要改变的内容是土地所有者的财产①。这主要集中在《农业法》的第1—2条。条款规定，在他人土地上进行播种或耕作将无法获得土地收益。第21条规定，一个农民在他人的土地上修建了房子或种植了葡萄，土地所有者不能简单地推倒房屋，而是必须接受一块等值的土地，若无法获得等值的土地，则可依法推倒房屋或毁坏葡萄。第66条进一步规定，在没有得到允许的情况下，擅自推倒他人房屋，要被处以砍手之刑。可见《农业法》并未违背罗马法的核心原则，深化了保护个人财产的合法性原则。《农业法》在平衡集体的合法诉求之时，也在保护个体的费用支出。

关于租赁法，《法律选编》列出了永租和普通租赁两种形式，最长租赁期为29年。这两种租赁都对租赁的细节进行了规定，包括不同形式下租赁者的资格，特别是对于官员和士兵的租赁契约的限制以及对租赁者权利的规定。第13章还涉及了皇室和教会土地的租赁问题②。虽然《农业法》中并未提及租赁的期限，但是"对分分益"和"什—分益"的土地租赁的规定进一步细化了租赁法③。《农业法》亦未提及销售权。因为既然土地是私产，与未分配的公共土地共存，就肯定存在着土地售卖的权利，尽管可能实践中土地所有者只要不侵害邻居的权利且按时交税，也可以这样做，但是《农业法》并无关于此项的明确规定。笔者对于这一困惑的解释是，《农业法》并非运行于一个法律的真空地带，而是罗马司法的一部分，这里无须对普通的契约法进行罗列，因为其已经存在于其他律法之中了。

关于侵权行为，《农业法》在很多方面与《法律选编》形成关联或者说其立法来源一致。《法律选编》第17章第7条规定租借他人马匹，行程超过了规定的范围，由此而造成的受伤或死亡，承借者有责任给予马主人赔偿④，这是对查士丁尼立法中认定超出契约范围的行为将被视为偷盗原则的"再现"。《农业法》的第37条亦如此，一个人租借了一头牛而且牛死了：如果死于分内工作，则租借者无罪，如果死于非分内工作，承借者要给予牛主人同等价值的赔偿⑤。

---

① J. B. Moyle, *Institutes of Justinian*, p. 41.
② Ludwig Burgmann, *Ecloga das Gesetzbuch Leons Ⅲ und Konstantinos Ⅴ*, pp. 209 – 212.
③ M. Humphreys, *The Laws of the Isaurian Era: The Ecloga and Its Appendices*, pp. 130 – 131.
④ Ludwig Burgmann, *Ecloga das Gesetzbuch Leons Ⅲ und Konstantinos Ⅴ*, p. 228.
⑤ M. Humphreys, *The Laws of the Isaurian Era: The Ecloga and Its Appendices*, p. 134.

《法律选编》第 17 章第 41 条是与查士丁尼的立法最为紧密的一条译文①，列举了一些恶意纵火罪，如在城中纵火要被处以火刑，在城外纵火要被处以剑刑；在自家田地焚烧而导致的意外损毁，若因粗心大意，那么要接受法律的制裁，但若做好了预防，则可以不用担责②。《农业法》第 56 条对此进行了简化，规定如果有人大风之日在自家的林地或田地点火，火势蔓延造成他人损失，要被宣判有罪。这一条的简化具有重要意义，从本质而言是将之前的"粗心大意"转变为具体的法律界定，这种改变适应了伊苏里亚王朝企图将具体犯罪行为的惩罚更为精确化，进而便于对司法行为的援助与管理。第 58 条进一步补充了纵火罪的规定，对烧毁他人葡萄园栅栏者，要被处以鞭刑、烙刑和双倍罚金的惩罚③。因此，《农业法》在《法律选编》的基础上，对其进行了详细补充。

《农业法》的最后一个主题是盗窃，《法律选编》亦有涉及。第 17 章第 10 条规定，若有人在营帐或行军中盗取武器，要被处以鞭刑，但是若是盗取马匹则要被处以砍手之刑，第 11 条则规定，有人在帝国其他地方进行盗窃，初犯者，若为富裕的自由民要偿付两倍的罚金，若为穷人则要被处以鞭刑和流放，再犯者则要被处以砍手之刑④。《农业法》则排除了军事法相关的基本原则，将其修订或扩充为更为实用性的法律条文。如第 22 条要求，若有人在翻耕时节偷盗农具，要按照日 12 弗里斯的价值进行赔偿，因为盗窃行为已经窃取了工具的使用权。《农业法》并未规定，若是盗窃者没有进行赔偿要遭受什么样的惩罚，或者若是再犯会有什么样的惩处，实际上这些情况已经出现在了《法律选编》第 17 章第 11 条的规定中了，"12 弗里斯罚金原则"则在第 63 条涉及偷盗犁具中进行了细化。

因此，在坚持统一立法的基本原则的前提下，《农业法》对一些细微和特殊的案件的惩罚进行了扩展与修订。由于农村生活的复杂多样与细微差别，各法律之间的相互补充的现象普遍存在于伊苏里亚王朝立法体系中。因此，很明显 8 世纪的百姓并未感受到这些法律文献之间的巨大差异，相反，《法律选编》与《农业法》之间，不仅以共同的基本原则和思想为指导，且后者还是对前者的细化与扩展。实际上，若没有《法律选编》，《农业法》是没有办法对未包含的一些盗窃行为进行惩处的，反之若没有《农业法》，《法律选编》亦是不完整的。

---

① M. T. Humphreys, *Law, Power, and Imperial Ideology in the Iconoclast Era c. 680–850*, p. 216.
② Ludwig Burgmann, *Ecloga das Gesetzbuch Leons III und Konstantinos V*, p. 240.
③ M. Humphreys, *The Laws of the Isaurian Era: The Ecloga and Its Appendices*, pp. 135–136.
④ Burgmann, *Ecloga das Gesetzbuch Leons III und Konstantinos V*, p. 228.

《农业法》和《法律选编》一样,也倾向于对身体或肉体的惩罚。有21条涉及鞭刑或者残肢,与此形成对比的是,仅有2条涉及罚金,3条涉及死刑。正如前文探讨《法律选编》时所讲到的,身体或肉体的惩罚是古罗马法惯用的惩处方式,古代晚期的立法又大量引入,《法律选编》中尤为凸显,《农业法》亦是如此,表明其为当时的一种普遍惩处原则。类似的还有司法对誓言证词的关注,被发现做了伪誓者,要被处以割舌之刑。这些规定虽然不能证明两者之间的关系,但可以表明这两部立法在时间上是相近的。

因此,在一个复杂的农村社会,再加上帝国强制性的税收政策,出现纠纷也是正常现象。从《农业法》中也可以看到,政府与平民之间的互动,这不仅是国家凸显权力和维持控制的一种手段,也是对自身合法性的一种阐释。在法律、社会与国家组成的网格中,《农业法》还融入了《圣经》的训诫。文中的句子和概念与拜占庭社会的各个方面以及语体风格混合在一起。

作为一部由民间上升为官方认定的法律文件,其将伴随着特殊的政治意蕴而得到进一步加强与推广,这意味着伊苏里亚王朝的皇帝依靠国家和中央的权威,通过规范这样一种法律体系,以强加于社会各个阶层。皇帝亦希望将这部法典塑以《圣经》内核,并颁行于天下。因此,《农业法》便是一种宣传工具,亦是更广泛的律法改革的一部分,皇帝认定和修订《农业法》的目的是以此促进帝国的恢复与道德的觉醒。这与《法律选编》中所述的目的是一致的,表现出的是伊苏里亚王朝的更大的目标计划。因此,《农业法》应该被看作《法律选编》的补充,是伊苏里亚王朝复兴计划的重要组成部分,而"仁爱"与"严苛"统一的理念也自然成为《农业法》必须坚持的核心原则。

总之,《决议》《附录》《摩西律法》《士兵法》《罗得海商法》和《农业法》都有一个共同的职能,那就是对《法律选编》的进行补充与扩展,这几部立法合在一起才是一部完整的帝国法典。不过如前文所述,这些文本最初均是独立和专门的立法文本,各自因社会所需而起源,成为被人们普遍接受的并行或单列文本,而非《法律选编》的附录。因这些文本以实用性和简明性,产生了大量的抄本,逐渐各自成体,专事一项,形成专门之法,加之都宣称自己摘选自大家公认的权威而成为权威之法,《农业法》或《罗得海商法》如此,《摩西律法》更是由上帝的圣诫所组成,在伊苏里亚王朝颁布《法律选编》之后,这几部立法自然也为帝王所用,经皇帝允许成了官方法典《法律选编》的附录,辅之以官法通行于帝国。

尽管这几个文本很明显产生于同一时代，相互之间拥有很多相似性，但是其"命运"是极为不同的。在之后的法律传承中，《农业法》和《罗得海商法》将《士兵法》融入进来，重构为广受认可的"一部法律"，几乎成为之后的所有立法手册的附录，而《摩西律法》则被剔除了出来。因为尽管《农业法》《罗得海商法》和《士兵法》都是对《法律选编》的补充，这在一定程度上表明缺其不可，实际上也确实充斥着8世纪的文法与思想，加之它们主要是实用性的法律文本，拥有"完美"查士丁尼的立法权威。《摩西律法》是一部比《罗得海商法》和《农业法》更为独立的法律，有明确的主旨结构，源自与拜占庭思想相关联的权威文献。但是它与伊苏里亚人的思想，特别是《法律选编》的思想联系极为密切。很明显，它是伊苏里亚人按照摩西立法的模型进行立法的结果，这样一种立法的意图使得《摩西律法》成为一个孤立的文本，其在后来的传播中逐渐被"冷落"。

换言之，《农业法》《罗得海商法》和《士兵法》形成并非自上而下，而是自下而上。因为，查士丁尼大帝去世后，面对外敌入侵，斯拉夫人内迁，拉丁语不通等新局面，政府无暇顾及立法活动，但农商兵作为帝国的支柱，又不得不做出适时调整。所以，法律的汇编或摘录落入民间某一私人群体手中，于是这三部法典最初的形式，《农业法》是民众在日常生活中为解决纠纷而依据一些习惯达成的共识；《罗得海商法》则是海上贸易者为解决因海事问题而发生的纠纷而依据惯例制定的海上通行原则；《士兵法》则是将官们在实际操作中，借鉴之前立法基础上，依据当时的状况对服役士兵权利与义务做出的具体规定。

正是由于这些法律文献最初由民间习惯法汇编而成，所以在法典中一些条款，无论从其语气、立法风格、格式，都体现出其"民间性"特征。这也就不难解释为何很多学者会认为"《农业法》是一部调节农村民事纠纷的习惯法汇编"[1]，而《罗得海商法》则是一部"由不同时代、不同地域的习惯法文献，经非官方途径编纂而成的律法"了。但是这几部法律文献在6—8世纪，也经历了不断摘录、修订和完善的过程，融入了一些官方法典的内容，也正因为此，奥斯特洛格尔斯基等学者又会将《农业法》归为"查士丁尼二世的官方立法"[2]。

随着帝国局势的稳定和这几部法律文献自身的成熟，其逐渐被一些法

---

[1] A. A. Vasiliev, *History of the Byzantine Empire*, p. 246.

[2] G. Ostrogorsky, *History of the Byzantine State*, p. 82.

学家进行汇编成册,至伊苏里亚王朝建立时,这几部法律汇编就已经形成。因此,出现于6世纪末,发展于7世纪,成书于8世纪初,应该这几部法律形成的基本过程。《法律选编》颁布之前这三部法典已经编辑成册,通行于帝国,之后成为受到官方正式认可,而《决议》《摘编附录》和《摩西律法》等附录则是对《法律选编》颁布之后出现的新情况做出的进一步补充。

第三节 影响后世之法
——《法学手册》与《法学导论》

从拜占庭帝国官方的应用情况看,《法律选编》及其附录产生于伊苏里亚王朝建立,结束于马其顿王朝建立后,在帝国大致通行了百年有余。虽然马其顿王朝的皇帝不断强调要废除和消灭《法律选编》的影响力,但从该王朝颁布的《法学手册》和《法学导论》看,其并未脱离《法律选编》的"影子"。可见《法律选编》对马其顿王朝乃至之后各朝的立法均直接或间接地产生了深刻影响,成为后世立法的典范。因此,下文将对《法律选编》与马其顿王朝的两部法典《法学手册》和《法学导证》的关系进行阐述。

一 《法学手册》

在伊苏里亚王朝皇帝们的励精图治之下,拜占庭帝国在马其顿王朝建立之时,疆域扩展、人口增加,已经逐渐恢复了繁荣景象。故而,一方面,伊苏里亚王朝以休养生息、恢复生产的立法原则已经不适应不断强大的马其顿王朝的社会状况,颁布新的法典以适应日益强大的帝国需要提上日程;另一方面,因伊苏里亚王朝破坏圣像运动的政策,马其顿王朝的皇帝对前朝皇帝十分憎恨,故希望废除《法律选编》,用新典消除利奥三世和君士坦丁五世在帝国法制改革史上的影响力。

虽然瓦西里一世出身贫寒,但其却有着恢复罗马帝国的理想和重建罗马法的抱负,所以著名拜占庭史家奥斯特洛格尔斯基称其为"编纂法律的时代",而马其顿王朝也被称为"拜占庭帝国的黄金时代"[①]。瓦西里最大的理想是将查士丁尼的立法希腊化,以适应希腊化帝国的现实,所以他的宏伟

---

① G. Ostrogorsky, *History of the Byzantine State*, pp. 187, 207.

目标是要编纂一部希腊语的查士丁尼修订版《民法大全》，并附有最新敕令，称之为《古法纯净》（ἀνακαθάρσις τῶν παλαιῶν νόμων）①。

瓦西里的《古法纯净》是一项巨大工程，而王朝建立之初，内外局势还不是很稳定，对内有激烈的教派斗争，对外有阿拉伯人的不断骚扰，故颁布如此大部头的法典条件也不成熟。但是瓦西里，一方面要稳定社会，恢复帝国秩序；另一方面要消除前朝皇帝的影响，树立自己的权威，所以权宜之计就是颁布一部小型的法学手册，以作过渡之用，于是《法学手册》（ο πρόχειρος νόμος）应运而生。

《法学手册》以瓦西里一世、君士坦丁和利奥三位皇帝的名义共同颁布，其颁布的时间还有争议，大约在870—879年，同《法律选编》一样都是为了方便帝国司法实践而编订的一部实用型法律小册子，根据其序言所述，"仅依靠它，就能达到所罗门所谓的'民族兴旺'"。虽然瓦西里等皇帝在《法学手册》序言中一再对《法律选编》进行刻薄的评论，强调破坏圣像的皇帝利奥三世与君士坦丁五世"破坏了良好的法律，对帝国毫无益处"②。但无论从结构，还是从内容，都能看出《法律选编》对《法学手册》的影响。

首先，《法学手册》延续了《法律选编》的体例结构与主题。《法律选编》包含序言和正文两部分，正文按照主题的形式分门别类，凝结为18章，以私法为主，公法为辅，章下设具体条款。《法学手册》也采用了这一体例结构，分为序言和正文，按主题分为40章，每章又分为若干具体条款（见表5-3-1）。

表5-3-1　《法律选编》与《法学手册》结构与章节示意图

《法律选编》结构与主题	《法学手册》结构与主题
序言	序言
第一章 订婚协议的签订与解除	第一章 订婚
第二章 基督徒的结婚协议与解除	第二章 订婚中的订金
第三章 未偿付的嫁资与嫁资法	第三章 订婚中的赠予
第四章和五章 结婚	第四章 简单赠予

---

① A. A. Vasiliev, *History of the Byzantine Empire*, p. 340.
② E. H. Freshfield, *A Manual of Eastern Roman Law*: *The Procheiros Nomos Published by the Emperor Basil I*, Cambridge University Press, 1927, pp. 51, 52.

第五章　延续：《法律选编》与拜占庭立法的关系　265

续表

《法律选编》结构与主题	《法律手册》结构与主题
第六章 婚前赠予	第五章 无遗嘱能力人
第七章 禁婚群体	第六章 无遗嘱继承物和遗产及因忘恩而丧失继承权者
第八章和九章 嫁妆	第七章 孤儿及其监护权
第十章 夫妻间赠予	第八章 自由人与奴隶
第十一章 离婚	第九章 书面与非书面的买卖与寄存
第十章 书面与非书面的借贷及抵押	第十二章和十三章 赠予的成立与废止
第十一章 寄存	第十四章 买卖
第十二章 永久与有限的租佃权	第十五章 永佃权
第十三章 租赁契约	第十六章 借贷与抵押
第十四章 哪些人可以成为证人	第十七章 租赁与租用
第十五章 契约的成立与无效	第十八章 寄存
第十六章 士兵、修士与官员财产	第十九章和二十章 合伙及解散
第十七章 对犯罪者的惩罚	第二十一章 遗嘱
第十八章 战利品分配	第二十二章 私产
—	第二十三章 被释奴及其遗产
—	第二十四章 教会财产
—	第二十五章 无效遗嘱
—	第二十六章 家长及权利
—	第二十七章 证词
—	第二十八章 主教及牧师的任命
—	第二十九章 遗嘱补充附录
—	第三十章 遗嘱或无遗嘱继承
—	第三十一章 未成年孩子财产的归还
—	第三十二章 遗产分配原则
—	第三十三章 继承权的丧失
—	第三十四章 自由与奴役
—	第三十五章 遗产
—	第三十六章 受托人与监护人
—	第三十七章 债权人对已故债务人的债券

续表

《法律选编》结构与主题	《法律手册》结构与主题
—	第三十八章 新建筑与边界
—	第三十九章 犯罪与惩处
—	第四十章 战利品分配

资料来源：M. Humphreys, *The Laws of the Isaurian Era：The Ecloga and Its Appendices*, 2017, pp. 45 – 77；E. Freshfield, *A Manual of Eastern Roman Law：The Procheiros Nomos Published by the Emperor Basil I*, Cambridge University Press, 1928, pp. 53 – 158.

从表中可见，《法学手册》较《法律选编》在章节上是进行了翻倍，但仔细对比不难发现，两者涉及的主题基本一样，坚持民法为主、刑法为辅的原则下，主要涉及婚姻、继承、监护、借贷、租赁、合伙、寄存和刑罚等方面，稍有不同的是，《法学手册》在顺应社会所需增添了教会财产和牧师任命条款的同时，对《法律选编》中的一些章节进行了细化，比如关于订婚，《法律选编》仅在第 1 章中以 2 条 4 款的形式进行了规定，而《法学手册》则用了 3 章的篇幅进行了更为细致的规范；再如关于遗嘱，《法律选编》在第 5 章和第 6 章中规范了立遗嘱人的条件、无遗嘱的遗产及遗嘱的时效等问题，而《法学手册》则分列为第 25 章、第 29 章和第 30 章对遗嘱的问题进行了明确细致的规范。

在法律条文的内容方面，虽然《法学手册》的前 21 章主要来自查士丁尼的《法学阶梯》，第 21 章之后引用了大量《法律选编》中的内容，但是因为《法律选编》的一些内容也是对查士丁尼立法的引用与改编，故而《法学手册》整体与《法律选编》的内容重合率很高。如婚姻法中，《法学手册》第 7 章第 28 条有"继父与继女，公公与儿媳，女婿与岳母，兄弟与新娘，也就是兄弟的妻子；同样还有父子与母女，两兄弟与两姐妹禁止结婚的规定"，源自《法律选编》的第 2 章第 2 条；《法学手册》第 21 章第 3 条中关于"14 岁以上男性和 12 岁以上的女性"[1] 才能成为遗嘱能力人的规定，则来自《法律选编》的第 5 章第 1 条[2]。如果说前 21 章还主

---

[1] E. Freshfield, *A Manual of Eastern Roman Law：The Procheiros Nomos Published by the Emperor Basil I*, pp. 72, 107.

[2] 条款略有改动，《法律选编》的规定为：15 岁以下的男子和 13 岁以下的女子为无遗嘱能力人，见 M. Humphreys, *The Laws of the Isaurian Era：The Ecloga and Its Appendices*, p. 53; Ludwig Burgmann, *Ecloga das Gesetzbuch Leons III und Konstantinos V*, p. 188。

要以《法学阶梯》为参考,只有一小部分源自《法律选编》,那么后 19 章则基本上处处是《法律选编》"的影子",特别是第 39 章关于刑事处罚的规定,基本上都是源自《法律选编》第 17 章中的内容。如《法学手册》第 39 章第 10 条:"为了预防审判者因对某人有怨恨,而将被控告者被处以死刑,而后又以被控告者诋毁皇帝之名为自己辩解,权宜之计是将被控告者羁押于安全之地。对其控诉则要将其带到皇帝面前由皇帝亲自审问,由皇帝对其量刑"①,该条出自《法律选编》第 17 章第 3 条。这样的例子不胜枚举,窘于篇幅不进一步展开。

《法学手册》还沿用了《法律选编》的法条格式。在前文中对《法律选编》开创的三个基本要素的发条格式进行了论述,假定条件、行为模式和法律后果三个基本要素,其简洁与明确的立法规范有助于提高司法效率,《法学手册》的很多条款也采用了这一格式,以第 34 章第 7 条为例:

> 如果有人有一个女奴,在适当的情况下将其释放,而后又再次沦为奴隶,那么我们认为其所生的孩子是自由的②。

这一条为再次沦为奴隶的妇女所生孩子是自由人进行了明确规定,同《法律选编》一样是提高了司法效率和司法公正。

在立法原则上,《法学手册》也延续了《法律选编》"仁爱"与"严苛"的思想。在《法学手册》的序言中,开篇讲道:

> 诸事扰心,我们向我们的圣主耶稣·基督祈祷,想要寻找和促进对圣主委托给我们的臣民的有益和有利之事,特别是将诸事中最重要和最好的公正奉献于令人敬畏和无限荣光的圣主。圣言道,公义使邦国高举,罪恶是人民的羞辱。你们要洗濯、自洁,从我眼前消除你们的恶行;要止住作恶,学习善行,寻求公平,解救受欺压的,给孤儿申冤,为寡妇辩屈……我们亦渴望将圣律以简明的形式告知每一个人,让百姓知晓圣律是多么有益……我们决定承担起颁布律法书的任务③。

---

① E. Freshfield, *A Manual of Eastern Roman Law*: *The Procheiros Nomos Published by the Emperor Basil I*, p. 153.

② E. Freshfield, *A Manual of Eastern Roman Law*: *The Procheiros Nomos Published by the Emperor Basil I*, p. 139.

③ E. Freshfield, *A Manual of Eastern Roman Law*: *The Procheiros Nomos Published by the Emperor Basil I*, p. 153.

从颁布律法目的来看,《法学手册》与《法律选编》是一致的,虽然未提及"仁爱"一词,但是思想中无不彰显着颁布者想要代上帝"放牧"百姓,以"仁爱"治理帝国的理念,实现取悦上帝的办法就是践行有益和有利之事,表现在以公正治邦,使邦国"高举",以公平断案,禁止凌强欺弱现象的发生,对欺压者的恶严厉打击和对势弱者的申冤辩解用"公正"予以连接,展现了《法学手册》对《法律选编》"仁爱"与"严苛"统一理念的接受与深化。

在具体的条文中,以第 39 章的犯罪与惩处为例,除了涉及叛国、投敌和巫术等行为要被判处死刑外,多数条款依然以砍手、致盲、剜鼻、流放和罚金为主,体现出了其延续了《法律选编》的"仁爱"思想,但是对于犯罪行为的细致规范,又体现了其"严苛"的一面。比如,第 2 条对制毒和售毒行为及第 8 条对煽动谋害他人行为均要被处以死刑,体现了《法学手册》对伤害罪的"严苛"处罚规定。但是第 4 条对因防卫而杀死一个夜间的偷盗者,可不用遭受处罚。又可见《法学手册》具体问题具体对待,表现出"仁爱"处理案件的原则。

总之,虽然《法学手册》一再中伤和贬低《法律选编》,但从其结构和法律条文看,《法律选编》都是其编订的重要来源,而《法律选编》也借助《法学手册》的传播与影响,为后世所了解,对拜占庭后世立法起到了重要作用。

二 《法学导论》

随着马其顿王朝的不断强大,瓦西里一世也将其恢复罗马法的宏大计划,纳入实际运行之中,《古法纯净》的计划开始提上了日程。故而瓦西里统治末期,在命法学家收集和整理法律文献的过程中又编修了一部名为《法学导论》($E\pi\alpha\nu\alpha\gamma\acute{\eta}$)的 40 章的新法学著作。根据《法学导论》的序言,其编纂于瓦西里一世时期,是《古法纯净》计划下 40 卷本大型法典的导论①,所以有些学者认为该法典只是一个草稿,并未正式颁布,但是也有学者认为该法典是正式颁布的法典。

关于《法学导论》的编纂目的及提及的 40 卷大型法典的具体内容我们不得而知,这里也仅能做一些"合理"的推测。可能瓦西里修订完《法学导论》后,进而希望在此基础上修订完成 40 卷本的大型法典,但 879 年其最为喜爱的长子,加冕为共治皇帝的君士坦丁英年早逝,无疑给了瓦

---

① A. A. Vasiliev, *History of the Byzantine Empire*, p. 341.

西里一个沉痛打击,使他一直未能从丧子之痛中恢复过来,加之东方战事吃紧,瓦西里未及编著完毕便去世了。不过利奥六世皇帝继承了父亲的遗志,将 40 卷大型法典的计划进行了扩展,最终形成了 60 卷的《帝国法典》,《法学导论》便成了一部精简版的法典。虽然更大规模的法典还存在争议,但是 40 章的《法学导论》却是真实存在,且该法律著述无论是作为导言,还是作为独立的法律著述,都体现了其与《法律选编》间的千丝万缕的联系。

《法学导论》是以瓦西里、利奥和君士坦丁三位皇帝的名义颁布,大体颁布于瓦西里统治晚期。这部法典与《法学手册》在贬斥伊苏里亚王朝皇帝的立法上是一致的,序言中批判《法律选编》是"伊苏里亚王朝皇帝们的荒唐之言,企图反对神圣的教义、破坏神圣之法"[①]。所以,有些学者就错误地认为《法学导论》是对《法学手册》简单的修订与补充。实际上《法学导论》为适应社会之需,进行了较大范围的修订与补充,体现出了与《法学手册》和《法律选编》的诸多不同之处,如涉及了皇权、教权及其他行政与宗教官员的权力,清晰地描绘了帝国的行政和社会结构以及教会与国家的关系,认为"世俗首脑的职责是统管保证臣民拥有较好的物质生活,而宗教首脑的职责则是统管臣民的精神世界","其共同职责就是为人类的福祉密切和谐地协作"[②]。但其亦如《法学手册》一样借用和继承了《法律选编》的诸多内容。

首先,在框架结构上,《法学导论》依然没有摆脱《法律选编》的影响。虽然《法学导论》的前 9 章增添了新内容,但是编排方面延续了《法律选编》的体例。整部法典分序言和正文,正文共计 40 章,每一章下设立具体条款,在主题上也以婚姻家庭法为主,刑法为辅,具体见下表(表 5 - 3 - 2):

表 5 - 3 - 2 《法学导论》的主题与章节

第 1 章 关于法律与公正
第 2—3 章 关于皇帝与大教长
第 3—7 章 关于各级官员
第 8—9 章 关于主教、长老和修饰等

---

① A. A. Vasiliev, *History of the Byzantine Empire*, p. 341.
② G. Ostrogorsky, *History of the Byzantine State*, p. 214.

续表

第 10—11 章 关于教会的租佃与租约
第 12 章 关于证人
第 13 章 关于合同
第 14—22 章 关于婚约、嫁妆、赠予及解除等
第 23—27 章 关于买卖、租约、订金、社会及契约的解除等
第 28 章 关于债务与担保
第 29—30 章 关于遗嘱的订立、无效遗嘱及无遗嘱能力人等
第 34 章 关于病婴与弃婴
第 35 章 关于债权人对已故债务人的债权
第 36 章 关于遗产
第 37—39 章 关于自由人与被释奴、监护人与保佐人等
第 40 章 关于刑罚

注：此表依据文献整理而成，参见 C. E. Zachariae a Lingenshal edi., *Collectio Librorum Juris Greaco-Romani*: *Ecloga Leonis et Constantini*, *Epanagoge Basilii Leonis et Alexandri*, Lipsiae: Sumtibus J. A. Barthii, 1852, pp. 53 - 235.

可见，《法学导论》同《法学手册》一样，都在体例和结构上沿袭的《法律选编》的编排方式，使法律著述呈现出简约、集中和逻辑化的特点。不同之处在于《法学导论》将《法学手册》和《法律选编》的主题结构进行了补充、修订和细化，比如除了对《法律选编》中的孤儿有相应关注外，还进一步对病婴及弃婴的情况进行了法律上的关照，而对皇权、教权和各级官员权力的增补，则体现了其对《法律选编》和《法学手册》的进一步深化。

其次，在格式上，虽《法学导论》根据查士丁尼的立法有了一定的调整，每一章的第一条是对该章主题的解释性条款，如第一章"关于法律与正义"的第一条便讲到，所谓的"法律就是共同的秩序、智者的学说、自愿和非自愿罪人的纠错之纲、城市的共同契约"①。但是《法学导论》的诸多条款也延续了《法律选编》的三要素：假设条件、行为模式和法律后果，让法律条款更加简洁和明确，利于司法实践。如根据第 39 章第 20 条：

---

① C. E. Zachariae a Lingenshal edi., *Collectio Librorum Juris Greaco-Romani*: *Ecloga Leonis et Constantini*, *Epanagoge Basilii Leonis et Alexandri*, Lipsiae: Sumtibus J. A. Barthii, 1852, p. 65.

如果强行在邻居的墙上凿窗，那么凿窗者无论如何要将墙恢复到原样①。

邻居的墙体是假设条件，有人在墙上凿窗户是行为模式，凿窗户者将墙体复原是法律后果。直观明确的规定，无论对审判者，或是普通百姓，都能迅速对犯罪行为有精准的认知，不仅有利于审判的速度与准确，还可以达到警示性的作用。

在内容方面，这部法典虽然也对查士丁尼的立法表现出极大的忠诚，但同《法学手册》一样，或者说比《法学手册》有过之而无不及地大量引用了《法律选编》及其附录中的内容，第40章关于犯罪与惩处中最具有代表性。

第1条规定"帮助敌人或背叛罗马人者将被处以死刑"②，这一条是对《法律选编》附录《士兵法》第37条"逃向敌军而后返回者要被处以酷刑后扔给野兽或绞刑处罚"③的引用；而第19条"臭名昭著的强盗将会立刻被吊死在其犯罪的地方，这一命令既可以震慑其他犯罪者，也可以慰藉被他们杀死之人"④，这一条则来自《法律选编》第17章第50条"埋伏起来蓄意杀人的强盗将被在其所擒获之地被吊死"⑤。除此之外，继承、借贷、抵押和契约等条款都直接或间接地借用了《法律选编》的规定，有的甚至是原文照搬，窘于篇幅不做过多赘述。

最后，当然在立法原则上，《法学导论》也彰显了"仁爱"与"严苛"的原则，在序言中强调，法律对人们的生活至关重要，"法律与正义构成了真正的幸福与天堂般的幸福，正如没有呼吸就无法生存一样，没有法律就没有真正的幸福"，"虽然上帝是公正的，我们却花费了很长的时间来了解他的这一'绰号'，看到他做的所有事情都是在公正下完成的，实现律法面前人人平等，每个人得到了应有的待遇"⑥。可见《法学导论》也是

---

① C. E. Zachariae a Lingenshal edi., *Collectio Librorum Juris Greaco-Romani*: *Ecloga Leonis et Constantini, Epanagoge Basilii Leonis et Alexandri*, p. 201.
② C. E. Zachariae a Lingenshal edi., *Collectio Librorum Juris Greaco-Romani*: *Ecloga Leonis et Constantini, Epanagoge Basilii Leonis et Alexandri*, p. 208.
③ Ludwig Burgmann, *Ecloga das Gesetzbuch Leons Ⅲ und Konstantinos Ⅴ*, p. 242.
④ C. E. Zachariae a Lingenshal edi., Collectio Librorum Juris Greaco-Romani: Ecloga Leonis et Constantini, Epanagoge Basilii Leonis et Alexandri, p. 209.
⑤ Ludwig Burgmann, *Ecloga das Gesetzbuch Leons Ⅲ und Konstantinos Ⅴ*, p. 242.
⑥ C. E. Zachariae a Lingenshal edi., *Collectio Librorum Juris Greaco-Romani*: *Ecloga Leonis et Constantini, Epanagoge Basilii Leonis et Alexandri*, p. 63.

秉承"公正"的理念,以其为纽带,将"仁爱"与"严苛"统一于法律著述之中。

因此,瓦西里一世一再强调的《古法纯净》因各种原因并未问世,但是产生了两部小型法律手册,这两部法律手册延续了《法律选编》的主题、体例与内容。瓦西里的宏伟图志被其子利奥六世继承,颁布了一部希腊文的《帝国法典》,所以很多学者经过比对,认为"该法典正是瓦西里一世酝酿并准备已久的《古法纯净》"①,其意图是"回到查士丁尼的立法原则上去"②,但是其立法中也有《法律选编》的影子。不过可惜的是,虽然《帝国法典》是拜占庭法学和文献领域的巨著,地位仅次于查士丁尼的《民法大全》,但是它仍是尚未展开研究的法学著述,对于这部著述的科学研究无疑将展示出拜占庭律法的一个新领域,有助于拜占庭法制演进史的研究。

由此可见,《法律选编》虽然遭受后世皇帝的斥责,但是其体现出的立法精神和内容却是适应了历史潮流,符合当时拜占庭的社会现状。瓦西里一世从政治和宗教上蔑视伊苏里亚王朝的利奥三世和君士坦丁五世皇帝,甚至还为此贬低《法律选编》,但是其又不得不在实际操作中将其视为实现其恢复罗马法梦想的重要"瑰宝"。瓦西里的矛盾心理和做法正好说明,《法律选编》所代表的是拜占庭史和拜占庭法发展的基本方向,其成为马其顿王朝乃至后世立法的典范也就不足为奇了。

总之,《法律选编》既有对《民法大全》"仁爱"思想的继承与发展,也有根据现实社会状况做出"严苛"理念调整,实现了"仁爱"与"严苛"思想的统一,而这一思想对于同时期的立法以及马其顿王朝的立法也产生了深远的影响。

小　结

法是对人与人关系的调节和人们日常生活行为的规范,一部法律的产生与消亡具有借鉴性与延续性,是对前时时代立法的借鉴与变革,对当时时代立法的反映与规范和对后时代立法的传递与影响。作为伊苏里亚王朝

---

① 王小波:《〈罗得海商法〉研究》,中国政法大学出版社2011年版,第141页。
② D. E. Geanakoplos, *Byzantium Church Society and Civilization Seen Through Contemporary Eyes*, Chicago University Press, 1984, p. 80.

正式颁布的唯一一部官方希腊文法典,《法律选编》并非孤立存在和横空出世。纵向而言,《法律选编》与前时查士丁尼的《民法大全》和后时马其顿王朝的《法学手册》和《法学导论》一脉相承;横向而言,《法律选编》与当时的《决议》《摘编附录》《摩西律法》《士兵法》《罗得海商法》和《农业法》互为补充,前者为后几部法律提供了合法性来源,后几部律法则进一步延伸和拓展了前者,形成了统一的整体,而"仁爱"与"严苛"统一理念成为《法律选编》与其他立法的共性,是将其连接为整体的重要纽带。

在学界,3—8世纪也被称为"古代晚期",是拉丁罗马帝国逐渐退出历史舞台和希腊拜占庭帝国日渐形成的时期。诚然很多学者强调,8世纪的拜占庭帝国才可以算是完全的希腊帝国,但是查士丁尼的一系列政策为希腊帝国的形成奠定了基本模式,正如拜占庭学者徐家玲所言,"查士丁尼是一个助产者"①。虽然这位伟大的"助产者"在其宏伟的立法过程中并未明确提及"仁爱"与"严苛"思想,但确实已经把握住了时代的脉搏,在《民法大全》中已开始践行这一理念。

查士丁尼颁布《民法大全》的初衷与利奥三世颁布《法律选编》的初衷具有一致性,主要是为解决帝国司法混乱问题,对法律进行系统化、简明化和实用化整理,实现帝国司法审判过程中的有法可依与律法统一。但不同的是,查士丁尼是从主动维护帝国统一和加强王权的角度,而利奥三世则是从被动解决长期混乱造成的帝国危机的角度,查士丁尼希望律法能够关注到东西帝国的方方面面,而利奥三世则希望律法能迅速恢复帝国百姓稳定生活的目的。于是造就的结果是,虽然查士丁尼的律法实现了系统化、简明化和实用化,但是法律的体量依旧是浩瀚繁杂,而《法律选编》在继承了《民法大全》系统化、简明化和实用化的原则的基础上,根据社会的需求,将庞杂烦琐法律进行了精简,成为一部便于使用的法律手册。

具体内容而言,查士丁尼的立法也开始关注奴隶的生存状况,适当放宽了对奴隶的限制,减少了对奴隶的酷刑,简化了奴隶释放的条件。在家庭婚姻立法中,查士丁尼的立法也适当地关注妇孺,在继承和监护等方面也减弱了"父权"对女性的控制。在刑罚方面还取消了一些酷刑。可见查士丁尼的立法已经凸显出了"仁爱"的理念,编修法典本身也体现出了其追求有法可依,执法必严的司法精神,虽然其去世后,浩瀚的立法又使司

---

① 徐家玲:《早期拜占庭和查士丁尼时代研究》,第157页。

法陷入混乱，但历史地看，查士丁尼的立法内容已经体现出了一定的进步性，这些思想与原则被《法律选编》进一步继承和延伸，成为《法律选编》立法原则的核心内容。

当然在继承查士丁尼立法内容与精神之时，《法律选编》也进一步深化了《民法大全》的体系、思想与原则。首先是进一步完善了律法的编纂体系，抛弃之前按时间顺序编排的原则，按照前后逻辑关系将诸法学家的意见进行了融合，将其以统一的格式分列于简化的各章条中，真正实现了《民法大全》想要系统化、简明化而未能实现的目标；其次进一步调适了相关立法原则，明确提出了司法与执法中要坚持"仁爱"与"严苛"的理念，促进社会公平，维护帝国稳定。

虽然《法律选编》是帝国官方颁布的一部法典，但是从其内容来看，具有很明显的"缺陷"。比如只关注家庭、婚姻、继承、借贷和监护等内容，却对关乎及帝国安危的农业、军事、商业和宗教的内容少有涉及。因此，在《法律选编》颁布后不久，或大约同一时期，一方面，帝国皇帝将几部流行已久的私修法律汇编《士兵法》《罗得海商法》和《农业法》修订后，进行官方认可，附于《法律选编》；另一方面，针对新的问题进行补修了《决议》《摘编附录》和《摩西律法》几部律法，最终形成一部涉及民、农、商、兵等诸方面的"完整"法典。

《决议》和《士兵法》主要涉及对军人权利与义务的保护与规范，条文中既有对军人纪律的严格要求，对违反军纪之人处以严苛的处罚，也贯彻着维护军人财产与特权的思想，在维护军纪的同时，也注意以仁爱激发军人的积极性；《摘编附录》涉及的主题比较多，可能是在《法律选编》颁布后，直接针对《法律选编》本身做出的补充，涉及担保、投毒、巫术和异教等诸多方面，特别是加大了对异教、投毒和巫术等犯罪的处罚力度，不过在一些具体的条款中，也体现着《法律选编》"仁爱"理念的深入影响；《摩西律法》摘录了《圣经·旧约》中的诸多内容，讲求律法的公正性和严苛性，但是其目的还是希望维护上帝与皇帝所颁布法律的威严性，希望借《旧约》中的严苛处罚，起到震慑与教化作用。

《罗得海商法》则主要针对海上活动的一系列行为规范，其强调书面契约、明确责权关系和补充《法律选编》不足等方面的特征，是对《法律选编》"仁爱"与"严苛"理念的深入继承与海上活动的践行；而《农业法》作为专门关注农民、农业和农村的立法，也讲求遵循"仁爱"与"严苛"的理念管理农事纠纷，以达到和谐邻里的目的，促进小农经济的发展与繁荣，进而维护帝国的根基不动摇。

随着伊苏里亚王朝在政治、军事、法律等方面的改革,帝国局势日益稳定,为后世马其顿王朝的"中兴"奠定了基础,但是由于伊苏里亚王朝皇帝发起所谓的"破坏圣像运动"和将"犹太"思想引入立法,致使马其顿王朝的皇帝认为伊苏里亚王朝的律法是"不经之谈",要对其进行"纯净",以达到清除伊苏里亚王朝皇帝的立法影响的目的,但是对马其顿王朝流传下来的两部法学手册的主题、结构、体例和内容等方面的考察后发现,其大量引用了《法律选编》中的条款,《法学手册》的前21条源自查士丁尼的立法,而21条之后的部分却引用了《法律选编》中的内容;《法学导论》亦在恢复查士丁尼法律条款的同时,也顺应时代的潮流将《法律选编》的主体与内容引入,可以说这两部法律册子均将《法律选编》中"仁爱"与"严苛"统一理念进行了延续。

第六章 评介:《法律选编》的历史地位与影响

作为贯彻"仁爱"与"严苛"统一理念的法典,《法律选编》并非只停留在法律条文上,而是在经历了伊苏里亚王朝长时间的司法实践后,达到了维护家庭和睦、促进社会有序和稳定帝国局面的效果,在对异族法律制度的构建和伊苏里亚王朝历史原貌的"还原"上,具有重要实践与理论价值。

第一节 稳定拜占庭帝国局势的"良剂"

《法律选编》是在帝国经历了巨大创伤后,在形势稍微好转,百废待兴的大历史背景下,应时代之要求而颁布的一部法典。颁布者的初衷是使帝国在经历了天灾人祸后,能够迅速恢复和实现帝国复兴的伟大理想。《法律选编》的颁布也确实促进了帝国局势的稳定,成为"医治"帝国创伤的良剂。

一 和睦家庭、减少犯罪

拜占庭作为一个中央集权制帝国,在经历了军区制改革后,农—兵阶层出现,小农家庭成为帝国税收和兵源的基础。作为其基本构成单位,家庭稳定与否,直接对帝国的安稳有很大影响。为了维护家庭的稳定,《法律选编》在章节安排方面具有两方面特点:一方面,以很大篇幅涉及婚姻法,或者家庭法,基本宗旨就是保护合法的婚姻;另一方面,加大对性犯罪的打击力度,维护家庭的稳定。

(一)提高妻子地位

关于提高妻子地位的论述,文中已在第三章从"仁爱"理念进行了内容性阐释,此处仅做简要回述,重点探讨这一理念的输出对家庭关系的影响。在伊苏里亚王朝小农家庭占据主体地位的背景下,夫妻关系成为维系小农家庭的重要纽带。因此《法律选编》在婚姻法中对妇女的地位、继承和监护权都给予了很大提高。如在对待子女的婚姻时,妻子也具有发言权;对待家中财产时,夫妻之间可以相互继承;在丈夫死后,妻子有权利,也有责任对子女进行监护。这些新的规定,确实提高了妇女的地位,但最重要的还是使婚姻本身得到更多保护,对维护家庭的和睦与平衡非常重要。

妻子在家中的地位是由其拥有的权利决定的,以监护为例,在之前的立法中,妻子与子女同处于丈夫的监护之下,是作为丈夫的"附属"存在的,但是《法律选编》规定,丈夫先于妻子而逝,妻子可以作为一家之主对整个家庭和子女进行监管。这样可以达到,如下积极效果:第一,妻子作为独立的个体存在,夫妻关系中不再处于完全的"被动地位",夫妻间因地位趋于平等而考虑家庭利益关系,提升了离婚的"门槛";第二,因为该规定明确了丈夫去世后监护权落到了妻子的身上,故而不会因寻找监护人或为了争夺监护权而产生争论和矛盾;第三,母亲作为子女最近的血亲,会比较尽职尽责地履行监护权。继承方面亦如此,《法律选编》规定,丈夫先于妻子而亡,在无子女的情形下,妻子可以有优先继承丈夫财产的权利。这一规定也更多地考虑到了家庭关系的实际情况,使丈夫与妻子真正成为两个利益关系紧密相连的统一体,进一步维护了家庭中的夫妻关系,避免因财产纠纷而引起的夫妻关系不和与家庭破裂。

可见,《法律选编》对女性地位或妻子地位的提高,平衡了家庭关系,保护了合法婚姻,让婚姻稳定促进社会的稳定性。

(二) 严格限制离婚

第三章论及女性地位提升时,也谈到了对离婚行为的严格限制。限制离婚是婚姻家庭走向破裂的最后一道防线。如前所述,罗马法中关于离婚的条件经历了一系列演变过程,从《十二铜表法》规定将妻子赶出家门便可宣称离婚,到帝国初期丈夫只要宣称与另外一个女人结婚便可结束前一段婚姻,都体现出早期罗马立法在离婚方面对男性的偏袒。查士丁尼时期,对离婚行为进行了一定程度的限制,但是在与传统习惯的较量中,被后世皇帝废除[①]。而《法律选编》则对离婚状况做了极为严格的限制,除

---

① 李继荣、徐家玲:《拜占庭伊苏里亚王朝女性地位探析》,《新史学》第 24 辑,大象出版社 2019 年版。

非妻子有如下行为,丈夫可以休妻:与人通奸;以任何方式谋害亲夫,或者作为帮凶,且未告知他;是一个麻风病患者①。对丈夫亦规定"婚约缔结已满三年,但男方不能与妻子完成婚嫁;如果丈夫以任何方式谋害妻子性命,或作为帮凶且未告知她,如果他是一个麻风病患者"②。

可见皇帝不再仅仅将婚姻看作夫妻生活在一起的一纸协议,而已经上升为上帝赋予的神圣仪式。这种将婚姻神圣化的解释,就是要保护当时因为天灾人祸所引起的家庭破裂不和的现状,使人们认识到婚姻不是儿戏,要遵从上帝的意志小心经营。根本而言,《法律选编》严格限制离婚是拜占庭社会转型的需求所致,罗马时期的社会是以"家族式"的大家庭结构,维护父权的大家族利益是罗马法的根本出发点,小家庭作为其中的一个基本单位,夫妻关系的合与离对大家族并未有实质性影响,仅表现为权利在家族内部的转化,比如丈夫去世,家中的各权利会转移到家族的"家长"手中。但是随着罗马社会的发展和之后的军区制改革,拜占庭帝国以小农为基础的小家庭结构成为帝国存在的根基,夫妻间的合与离成了小农家庭能否存续的前提,故而《法律选编》极力地维护小农家庭的稳定,也就是在维护帝国社会的稳定。

(三) 打击性犯罪

打击性犯罪是《法律选编》的一个显著特点,在本书第三章具体的条款分析中,足见《法律选编》对性犯罪的"严苛"性。实际上,打击性犯罪与前述两点形成了严密的内部逻辑关系,可能对性犯罪的严苛惩处,深层次的原因在于维护家庭的完整性。因此,《法律选编》在小心维护家庭和睦的同时,还要严厉打击性犯罪。这一点主要体现在第 17 章中的刑罚内容中:"一个已婚男士犯有通奸罪,他将被处以 12 鞭刑以纠其过;且不论富贫均要交罚金;一个未婚男子犯有私通罪,他将被处以 6 鞭刑;如果一个已婚男子与妻子的侍女交往,并发生关系,那么该侍女要被带至地方法官面前,为了帝国,她要被卖为奴役,所得售金为帝国所用;任何人与他人的仆人发生关系,如若他是富有者,要向仆人的主人偿付 30 诺米斯马塔的罚金;如果他是贫穷者,他要被处以鞭刑,且要尽其所能偿付与 30 诺米斯马塔成比例的罚金"③ 等。而对与修女或处女发生关系的人,要处以剐刑,若有帮凶,帮凶要被流放。法典中关于此类的法条就有 20 多条。

---

① Ludwig Burgmann, *Ecloga das Gesetzbuch Leons Ⅲ und Konstantinos V*, p. 182.
② Ludwig Burgmann, *Ecloga das Gesetzbuch Leons Ⅲ und Konstantinos V*, p. 182.
③ Ludwig Burgmann, *Ecloga das Gesetzbuch Leons Ⅲ und Konstantinos V*, pp. 230 – 232.

对于通奸、强奸等性犯罪的打击，主要是出于防止家庭关系因此遭受破坏。一方面，因通奸等罪可以允许离婚，所以对通奸的严厉惩处，也是对可能发生的离婚事件的预警；另一方面，该警示性惩处，也是为了防止第三者插足一个家庭，导致家庭的破裂，损坏了家庭中夫妻本为一体，不可分离的原则，进而导致国本的动摇。

另外还有关于子女要善待父母，父母要尽心抚养子女等规定，也是为了维护婚姻的神圣性，保护家庭的稳定性，前文有阐释，在此不作进一步阐述。但是《法律选编》以人为本，注重家庭的立法原则，确实对于维护当时的家庭关系，树立一种和谐的社会道德风尚起了非常重要的作用，这一点颇类似于我国《礼记·大学》中关于修身、齐家、平天下的理念："古之欲明明德于天下者，先治其国；欲治其国者，先齐其家；欲齐其家者，先修其身；欲修其身者，先正其心；欲正其心者，先诚其意；欲诚其意者，先致其知，致知在格物。物格而后知至，知至而后意诚，意诚而后心正，心正而后身修，身修而后家齐，家齐而后国治，国治而后天下平。"对于当时的拜占庭帝国也一样，只有当时百姓安居，才能换来帝国的久安。

二 增长人口、发展经济

如前所述，6—8世纪的动乱对帝国造成的最大影响就是人口减少，进而导致经济衰退与城市衰落。《法律选编》以提高"仁爱"为立法原则，就是为了能使帝国百姓能休养生息、增长人口，发展经济，恢复帝国昔日的风采，这主要体现在惩罚和贷款等方面。

（一）以断肢代死刑

在第三章涉及《法律选编》"仁爱"理念的具体表现时，谈及了以断肢取代死刑的内容。死刑，作为世界上最古老的刑罚之一，其积极作用在于严惩犯罪者，保护受害者，但是其消极影响在于残酷和不人道。早期的罗马法死刑种类繁多，有些方式极为残酷，不过从《法律选编》的刑法内容看，53条惩罚条款中涉及死刑、断肢、鞭刑、放逐和罚金5大类（表6-1-1），死刑仅占15%，方式仅有剑刑和绞刑两种，且对使用范围做了严格的限制，只有故意纵火罪、投毒罪、杀人罪、抢劫罪、投敌罪及信奉等重罪才使用死刑，其他的罪责只是以断手、剜鼻、致盲等断肢的方式，以鞭笞与罚金等警示的方式予以惩罚的条文已经占据85%，这些惩罚措施是"查士丁尼《民法大全》所没有提到过的"，其"关于残害肢体和可怕的肉体惩罚揭示出真正的东方影响"①。的确，这些惩罚看起来极为严酷，但其用身体刑罚代替死刑，尽量减少死刑的判决，确实要比前任皇帝们的立法要仁慈和进步很多。

表 6-1-1　　　　　　　各惩罚出现的频次及所占比重

刑罚	死刑	断肢	鞭刑	放逐	罚金	总量
数量（次）	12	22	18	12	14	78
百分比	15%	28%	23%	15%	18%	—

但从更深层次的原因看，这与6—8世纪因天灾人祸导致的人口锐减有关。以"查士丁尼瘟疫"为例，其在君士坦丁堡横行3月有余，造成平均每天大约5000人死亡，死亡总数在65万，更为重要的是瘟疫属于周期性、多城市暴发，给拜占庭帝国造成了巨大损失②。地震也是造成帝国人口急剧下降的原因之一，根据学者唐尼的统计，"拜占庭帝国自324—1453年的1100余年间，君士坦丁堡及其周边的地震共55次，而仅6—8世纪（525—740）就有15次"，其中"君士坦丁堡发生了12次""第三大城市安条克遭受的重大地震也至少有7次"③。作为帝国第一大都市，君士坦丁堡人口密集，每次大地震必然会造成"民众的大量死亡以及由此带来的巨大恐慌"④，而安条克城在526年地震中死亡的人口"大约30万"。除此之外，连年的战争也使得人口锐减，在查士丁尼时期"拜占庭军队总数达到65万，但是到了其统治末期，这一数字大幅下降至15万"，其后的"希拉克略能够投入其重大战事——波斯战争的兵力只有区区6000人而已"⑤。

伊苏里亚王朝建立之初，帝国急缺人力资源，为了促进人口增长，增加税收来源，是皇帝需要考虑的现实问题。故而在经历了巨大人口损失后，以"休养生息"之策治理国家成为伊苏里亚王朝早期皇帝的既定国策，以断肢和鞭刑等较轻的方式对犯罪者进行处罚，既可以达到对犯罪分子的警示与震慑，也可以留其性命，保证家庭的完整性和人口出生率的稳

---

① G. Ostrogorsky, *History of the Byzantine State*, p. 141.
② 李继荣：《拜占庭〈法律选编〉"仁爱"化原因探微》，《历史教学问题》2016年第2期。
③ G. Downey, "Earthquake at Constantinople and Vicinity AD. 324 – 1453", *Speculum*, 4 (1955), pp. 597 – 598.
④ C. Mango and R. Scott (ed.), *The Chronicle of Theophanes Confessor*：*Byzantine and Near Eastern History AD 284 – 813*, Clarendon Press, 1997, p. 322.
⑤ 陈志强：《"查士丁尼瘟疫"影响初探》，《世界历史》2008年第2期。

定性，进而达到维持帝国税收，促进经济发展的目的。更为重要的是，因人口不足所体现出来的对人的生命的尊重和仁爱的法律原则，最终融入了帝国的内外政策中，对人口的增长起到了极为重要的推动作用。因此，《法律选编》作为帝国当时最高的立法准则，无论直接或间接，都有利于推动帝国人口的不断增长，为帝国的稳定、经济的繁荣及马其顿王朝繁荣局面的出现奠定了基础。

(二) 为孤儿寻求庇护

在6—8世纪社会动乱背景下，战争、瘟疫和地震等天灾人祸，不仅导致帝国人口的急速减少，还诱发了严重的社会问题。一方面，大量人口的死亡，引发了众多家庭的破裂；另一方面，破碎后的家庭留下的是大批流离失所的儿童。在查士丁尼的《民法大全》中涉及了监护和保护内容，但多为正常家庭子女的监护和保护问题，而对孤儿的监护问题却没有认真对待。《法律选编》对此有了新的调整：一方面，《法律选编》将正常家庭子女的监护问题，统一纳入婚姻或家庭法中，将其作为一个整体，涉及监护和继承等问题；另一方面，在其第7章专门设一章来规范孤儿监护权的问题，旨在保护孤儿的基本权益。

《法律选编》规定：

> 若父母去世时未给未成年子女留有遗产，但以书面或口头的形式指定了监护人，该遗嘱有效；若他们没有这样做，教会将担负起监护权，在神佑之都，孤儿院、施恩院和教堂要担此责任；行省辖区，修道院和教堂要担负起监护未成年继承人的责任，监护时效及至成年婚配。如果他们不结婚，施恩院、修道院和教堂要继续负责监管其遗产，但在其年满20周岁时，务必要将遗产交给继承者。要强调的是，若监护人将责任极力推诿给他人，或耗尽了继承者的遗产，或找各种理由进行抱怨，均会使上帝不悦。施恩院、上帝的教堂及对他人热心的受托人，据上帝圣言，他们对保护孤儿的遗产做了更为充分的准备，会在恰当的时间将遗产交还他们①。

虽然法条内容不多，但对于孤儿监护人的遴选资格、主要职责、主要机构等均做了详细划分与规定。因此，《法律选编》除了对于犯罪者以身体刑罚取代死刑来确保帝国人口增加的措施，利奥三世还希望积极关注孤

---

① Ludwig Burgmann, *Ecloga das Gesetzbuch Leons Ⅲ und Konstantinos Ⅴ*, p. 198.

儿的生活，以达到增加人口，维护帝国稳定的目的。这也是情理之中的做法，毕竟内忧外患中除了大量人口丧生，社会上也现了大批孤儿，解决孤儿成长问题也是促进帝国人口增长的重要途径，这一时期对孤儿的收养成为全社会关注的问题，很多被收养的孤儿成长故事也体现在了一些圣徒的传记中，比如根据记载圣徒安苏萨（Anthousa）就收养了很多孤儿①，可见，收养孤儿这一问题既关系到帝国的稳定，也关系到帝国人口增长，如果能将孤儿的监护和抚养问题妥当处理，将会起到一箭双雕的作用。

当然这一条款也体现出基督教影响的元素，6—8世纪帝国内忧外患下，"面对死亡的惊吓、生活的流离、苦难的不断，民众在精神方面遭受了巨大创伤，在无能为力的情况下将希望寄托在了基督教身上"②。而基督教宣扬普世之爱，所有基督徒皆兄弟，以关爱弱者为己任，其建立的社会慈善团体也在不断地影响着帝国民众的生活，6世纪后其慈善行为更为普遍"教会开始建立收容所、医院、救济所等专门的慈善机构"③。这些原则与机构成为皇帝稳定民心、抵御外敌的手段，也成为民众抚慰心灵、医治创伤的药剂，将孤儿的监护权交给他们，人人放心。

鉴于此，利奥三世才在法典中规定，如果没有指定监护人，那么君士坦丁堡的宗教或孤儿收容所将承担起照顾孤儿的职责，在行省、教区、修道院及教会将要承担起该职责，且其职责一直要到孤儿结婚为止，其间这些机构还必须保证孤儿的遗产不会有所损减。因此，在这些专门措施的保护下，也有利于帝国人口和财富的增加。

（三） 无息借贷与寄存

借贷与寄存也是古代时期人们经常发生的行为，合理利率范围内的借贷和权责分明的寄存有利于保障双方的利益，但是高息借贷占有他人寄存物的④可能会引发借贷者陷入贫困，查士丁尼的立法中，将寄存与消费借贷归为一体，主要指以物的形式缔结的债务契约⑤。《法律选编》在借贷与寄存方面也体现出了"仁爱"关怀。

《法律选编》的第10章涉及借贷问题，前文也有所探讨，不过此处要注意的是借贷中并未出现利息的内容，借贷的发生主要靠三步程序：第

---

① A. M. Talbot, *Byzantine Defenders of Images*, *Eight Saints' Lives in English Translation*, Dumbarton Oaks Reseach Library and Collection, 1998, p. 23.
② 李继荣：《拜占庭〈法律选编〉"仁爱"化原因探微》，《历史教学问题》2016年第2期。
③ J. F. Haldon, *Byzantium in the Seventh Century*, p. 292.
④ 古代的寄存，需要寄存者给予收存方以抵押的。
⑤ J. B. Moyle, *Institutes of Justinian*, p. 130.

一，双方当事人达成协议条款；第二，借出方提供借款，借用方要提供抵押品；第三，借用方还清借款，借出方要返还抵押品①。可见《法律选编》以欠款的方式作为了借贷发生的条件之一。一旦发生违约行为，本金（借款/物）与抵押品便成了双方履行各自责权的"筹码"。若借用人按照协议的规定返还了借款，那么借出方不能以任何理由扣押抵押品；若借用方未按照协约偿还借款，借出方要对借用方发出 2—3 次警示，无果的情况下，可将抵押品评估售卖，所得部分用于偿还借款。若还有剩余，要交还借用方，若不足，则由借用方继续偿还剩余部分。

在寄存方面亦是如此，《法律选编》认为寄存是一个人对另外一个人的财物保管行为，但是一旦出现了财物的损失，要分情况明确权责问题：如果以撒谎的方式，想要占有被保管人的财物，要对保管人处以双倍财物的处罚；但如果非故意造成的财物损失，保管者可免受责罚②。

可见，《法律选编》的"仁爱"，第一体现在借款的无息，第二体现在收款的柔和与公正，第三体现在寄存的责权关系明确。这些"仁爱化"的规定主要是在当时帝国局势刚刚稳定，经济萧条，百姓贫苦，高利贷剥削等情况严重的情况下所作出的调整，其目的有二：第一，鼓励一些富有者与贫穷者之间以借贷的方式，渡过难关或发展农业或商业，促进经济发展，使他们不至于因为高利息盘剥的后顾之忧，而继续陷入贫困，甚至无以生计；第二，打击自 6—8 世纪以来，一些不法分子，趁战乱之际，以随意发放高利贷或非法占有别人寄存物的行为，不至于使百姓因压榨，导致很多家庭支离破碎，进而促使社会上很多不安定因素的出现。当然《法律选编》接受了基督教的一些基本理念，在借贷与寄存方面也深受其影响。

所以，《法律选编》在其第 10 章关于借贷的条款中，对于借贷，只有关于在借贷无法偿还的情况下，或者对其抵押物进行评估进行偿还，或者在无抵押物情形下，如何追责赔偿的问题，并无涉及借贷需要偿付利息的规定；在第 11 章关于寄存的条款中，也是仅就寄存物遗失的问题，对寄存人和保管人及如何进行赔偿的问题进行了规定，而无寄存利息的规定。更为重要的是，这两章条款在追责时，无论受损方，还是被委托方，都坚持谁过错，谁承担的公平原则，权责关系非常明晰。

因此，这种坚持公平和无息的借贷与权责明确的寄存原则，对于恢复

---

① Ludwig Burgmann, *Ecloga das Gesetzbuch Leons III und Konstantinos V*, pp. 204–208.
② Ludwig Burgmann, *Ecloga das Gesetzbuch Leons III und Konstantinos V*, p. 208.

百姓生活，鼓励发展农商贸易，促进帝国经济发展，都起到了十分重要的作用。

三 关注官兵、赏罚分明

士兵是 8 世纪拜占庭帝国稳定局势与收复失地的重要力量。休养生息和与民为善的政策大大促进了帝国人口的增长，为帝国士兵的招募提供了来源。而《法律选编》中重视官兵，赏罚分明的举措，则为鼓舞官兵士气，促使他们为帝国开疆扩土与维护边疆稳定起到了重要作用。

（一）保护士兵财产

关于军人特有产业，罗马法早有述及，《法学阶梯》规定"授予某些人以军人特有产业，允许他们中的某些人，甚至在处于权力下时，以遗嘱对之处分"[1]。此处所谓的"权力"是指"父权"，换言之，军人特有产业意味着家父权力的丧失，作为军人的家子从家父的权威下解放出来了。但这里对其具体内容并未做进一步详述。随着 6—8 世纪军事力量在帝国稳定中的作用增大，特别是帝国军区制的改革，促使一支农兵阶层力量的逐渐形成，帝国法典对军人特有财产的规定也做了进一步细化。

《法律选编》对于士兵的财产，规定："一位仍旧处于父母或祖父母权力之下的士兵，其来自服役期间所得财产，可以据其意愿进行处置，即使其处于驻守期间，同照此律"，该"士兵可以以遗嘱的形式放弃或全权处理其遗产，其父母去世后，士兵的财产不能被归为祖辈遗产处理，而是要将其作为士兵的私产"。而对于父母兄弟姐妹，在分割一些财产时，也明确限定"士兵从他的薪酬中已经积攒了一些积蓄，他将继续保存并为其所有；据上天旨意，士兵从参军始所得积蓄将也属于其独有，并受保护，以防贪婪者和贪心者占有"[2]，不能成为兄弟姐妹共同分割的财产。

除此之外，在之后的补充性条款《决议》中规定："吾虔诚与公正之帝颁布如下虔诚之法：若士兵以女婿之身份入赘，无论是皇家赠礼，或是自己的剑，抑或是薪金，均要带至岳父家，岳父必将其用于女婿的所有支出"[3]，表明士兵的财产是随着士兵本人身份与地位的变动而变动的，任何人不得以任何理由侵占其所得财产。

可见，《法律选编》十分注重保护军人的特有财产，其目的就是要使

---

[1] J. B. Moyle, *Institutes of Justinian*, p. 65.
[2] Ludwig Burgmann, *Ecloga das Gesetzbuch Leons Ⅲ und Konstantinos Ⅴ*, pp. 220 – 222.
[3] M. Humphreys, *The Laws of the Isaurian Era: The Ecloga and Its Appendices*, pp. 78 – 79.

军人在处理财产方面,能够比较简单、快捷,避免因财产纠纷问题使军人在服役期间有后顾之忧,提升士兵们的战斗力。

(二) 论功行赏的原则

对士兵行为的规范,大部分条款应该参照其附录《士兵法》,《法律选编》涉及的内容很少,仅在第18章中以战利品的分配为题规范士兵们的行为。也正是因为这个原因,才能更体现出,皇帝对一些专门法规的重视程度。关于战利品分配原则,能以单独章节出现在该法典的主题部分,说明帝国皇帝对于希望调动士兵积极性的迫切希望。《法律选编》第18章总共1条,条文虽短,但分量却很重。

内容摘录如下:

> 对于这些人而言,他们参加战斗抗击敌人,远离恶言与恶行,时刻铭记上帝,向我主祈祷,以智慧策略安排战事,以智慧之心理解上帝助佑。因为战争的胜利并非来自数量上的优势,而是上帝之力。因此,在上帝赋予我们胜利后,恰当的做法是,战利品的1/6归国库,剩余部分在所有人之间平等分配,无论职位高低。对于将军而言,固定的薪资已经足够,但是如果其表现极为优秀英勇,也可以从归于国库的1/6的战利品中获得适当的奖励,根据规定,军队中的后勤兵也可以享有同参加战斗的士兵一样的战利品分配份额①。

从规定看,战利品的分配原则,基本体现了论功行赏、注重公平的原则,主要考虑到士兵公平的利益,有利于提高士兵的积极性;同时对于将领的压制,其目的是防止他们骄傲自大、势力过大状况的出现。但是明显《法律选编》也注意到这也可能挫伤将领的积极性。因此,为了在一定程度上提高将领的积极性,故而法典又规定,"优秀的将军可以从属于国家的1/6的战利品中获得一部分酬劳,以资奖励";而为了顾及整个队伍的协调性和共同作战的战斗力,体现公平分配原则,其又规定,"在军队中的后勤兵,也可以像成功的将军一样分得战利品"。

可见,该章条款仅有一条,且内容很短,却在士兵、将军之间构成了一条非常巧妙的奖励原则,使官兵们看到,只要为国努力战斗,取得军功,都会获得国家相应的奖励,就连后勤兵也不会因为自己做的后勤工作而被忽视,无法获得相应军功奖赏,在每个士兵的价值都被法典所认可之

---

① Ludwig Burgmann, *Ecloga das Gesetzbuch Leons III und Konstantinos V*, p. 244.

后，论功行赏，兼顾公平的原则，自然会得到士兵们的拥护，英勇杀敌，保卫帝国的安全与稳定。

(三) 恩威并用的治兵方略

既然军事力量在这一时期至关重要，从严治军是当时帝国军事管理的主要原则，因为只有这样才能不断提高士兵的作战能力和遵守纪律的意识。关于这一点，主要体现在《法律选编》及其附录《士兵法》中。《法律选编》中涉及军纪的仅有第17章第53条，规定"逃兵，也就是投奔敌军者，要被处以剑刑"①，这一条规定犹如《士兵法》的"引子"一般与《士兵法》的规定形成了呼应。作为附录的《士兵法》对军人的行为规范进行了详细规定，如《法律选编》仅是规定投敌者要被处以剑刑，但是并未展开，《士兵法》则分了类：第一类是既成事实的投敌罪，与《法律选编》规定相似，但相比处罚更为严苛，第37条规定"如果叛逃敌军又返回，要接受拷问，或者扔给猛兽或者处以绞刑"；第二类为有叛逃的打算但没有践行的投敌罪，第36条规定同样"要被处以死刑"；第三类帮助敌人的投敌罪，第22条规定"找借口前往外族（敌人）那里，向敌人出售武器，或任何铁，也要被处以死刑"；第四类向敌人泄密的投敌罪，第25条规定"侦察兵向敌军告知了罗马的密谋计划，要被处以死刑"②。

除此之外，《士兵法》还对士兵的战时行为和平时行为进行了严格规范。在战时，士兵要英勇杀敌，但不能鲁莽行事，如第12条规定"在集结或战斗期间，无理由溃退，最先溃逃和前列溃逃的士兵，要被执行十一抽杀律"，而第11条则规定"打乱队形、抢夺被杀者衣物或鲁莽追敌，要被处以死刑"③。可见，在敌人虎视眈眈的背景下，服从命令和严格军纪成为《士兵法》的核心内容，唯有如此才能打胜仗，求生存。

在平时，士兵也要严守纪律，执行长官命令、不可擅离职守、不可通奸、不可殴打他人等，否则均要面临重刑。如军人家庭人员严禁犯有通奸罪，第41条规定"通奸者及犯有其他公罪者，都不能入伍当兵"，第52条补充道，"士兵与妻子的情人达成妥协，该士兵要被遣散"，可见诚信与品性是征募的重要条件；盗窃罪要受到降级处分，第38条规定"士兵偷盗他人武器者，要受到降级处分"，而对于发现一些有价值的财物而未向其长官告知者，将以盗窃罪论处；一些冲动的行为，如第44条"攻击长

---

① Ludwig Burgmann, *Ecloga das Gesetzbuch Leons III und Konstantinos V*, p. 242.
② M. Humphreys, *The Laws of the Isaurian Era: The Ecloga and Its Appendices*, pp. 84–86.
③ M. Humphreys, *The Laws of the Isaurian Era: The Ecloga and Its Appendices*, p. 82.

官,要处以死刑"①。可见《法律选编》及附录《士兵法》贯彻了"严苛"的理念,展现出了帝国危机背景下治军的威严。

但是帝国维系军队的战斗力并非仅靠一味的"严苛"就能实现,也需要怀柔之策激发军人为国征战的积极性。因此《士兵法》也并非仅靠苛刻的要求来治军的,其也有比较仁爱的一面,这一点亦与《法律选编》的基调一致,前述《法律选编》第18章在战利品分配方面对士兵的"照拂",《决议》及其他相关法律条款对军人私产的保护和对军属利益的兼顾等,都体现出了军纪中的"仁爱"一面。另外,从对士兵惩罚的条款来看,除非前述一些涉及危害到国家利益的重罪要被处以死刑外,其他违纪行为多以身体的惩处为主,如罚款、降级、鞭刑等也体现了其"仁爱"的理念。甚至对于一些重罪有时也会法外开恩,如第21条"一个被指派为皇宫守卫的人,疏于职守,他应该被处以极刑,或者出于人道,对其处以鞭刑,并解除其看守之职"②。可见《士兵法》中在以严治军的同时,也提倡"仁爱"原则。以"严苛"与"仁爱"的理念,对士兵采用恩威并举的管理方式,既确保了士兵自身素质的提高,也不会使将士们因过度严酷的管理而对军营生活产生厌倦,有利于帝国军事训练和管理。

综上,在《法律选编》"仁爱"与"严苛"统一理念的贯彻之下,拜占庭帝国的政治、经济、文化和人口有了巨大的恢复和发展,以人口为例,由于6—8世纪帝国受地震、瘟疫和战争等灾害的影响,人口数量急剧下降,这直接影响到帝国的农业发展、财政收入和士兵招募(见表6-1-2)。

表6-1-2　457—1025年拜占庭帝国土地、人口、财政与军力变化图

日期	领土 (百万平方公里)	人口 (百万人)	收入 (百万诺米斯马, 相当于1/72磅纯金)	军队规模 (千人)
ca. 457	1.27 (100%)	16.0 (100%)	7.8 (100%)	335 (100%)
ca. 565	2.07 (163%)	19.5 (122%)	8.5 (109%)	379 (113%)
ca. 641	1.15 (91%)	10.5 (66%)	3.7 (47%)	129 (39%)
ca. 668	1.07 (84%)	10.0 (62%)	2.0 (26%)	129 (39%)
ca. 775	0.69 (54%)	7.0 (44%)	1.9 (24%)	118 (35%)

① M. Humphreys, *The Laws of the Isaurian Era: The Ecloga and Its Appendices*, pp. 86-88.
② M. Humphreys, *The Laws of the Isaurian Era: The Ecloga and Its Appendices*, p. 83.

续表

日期	领土 （百万平方公里）	人口 （百万人）	收入 （百万诺米斯马， 相当于1/72磅纯金）	军队规模 （千人）
ca. 842	0.79（62%）	8.0（50%）	3.1（40%）	155（46%）
ca. 959	0.85（67%）	9.0（56%）	3.9（50%）	179（53%）
ca. 1025	1.20（94%）	12.0（75%）	5.9（76%）	283（84%）

资料来源：〔美〕特里高德：《拜占庭简史》，崔艳红译，上海人民出版社2008年版，第263页。

但按照拜占庭学者特里高德的研究，查士丁尼之后至750年，帝国各方面均进到了一个持续下降的过程，而且大约750年人口、疆域、收入和军队降至最低，当然这与"阿拉伯人征服了大量拜占庭土地"[1]有关，但自750—1050年帝国人口呈稳步增长的趋势，到马其顿王朝时期达到新的高度，775—1025年，帝国人口由约700万增长到约1200万，上升了大约20%，疆域几乎达到457年的水平，兵力也有明显增强，国家税收稳步提升。这一趋势的出现，除了与帝国本身局势稳定有很大的关系，但也与《法律选编》推行"仁爱"与"严苛"统一的立法原则，不轻易处以死刑，休养生息、维护家庭与社会稳定的政策有关。

在《法律选编》"仁爱"与"严苛"统一理念的趋势下，人口数量得以稳步增长，人口的增长有助于税收的增加和军人来源的充足，税收的增多有助于加强军队的装备，提升军人的作战能力，军人作战能力提升有助于增强帝国的疆域和社会的稳定，进而又为人口的增加提供了稳定的环境，使帝国的人口、财政、军队和疆域之间形成了良性的循环。

《法律选编》以维护家庭和谐、追求社会公平原则，以休养生息、增加人口、发展经济的目标，以关心官兵，强大军事实力的宏志，加之《农业法》《罗得海商法》《士兵法》《决议》等附录部分强调妥善处理农事关系、海上贸易规则，共同促进了帝国政治、经济、文化的快速发展，使帝国在8世纪中期以后，逐渐走上了恢复与稳定的阶段，为后来马其顿王朝的黄金时代的到来奠定了坚实的基础。

---

[1] Warren Treadgold, *A History of the Byzantine State and Society*, Stanford University Press, 1997, p. 8.

第二节　伊琳娜成功称帝的法理依据

伊琳娜（Irene，约752—803年）是拜占庭史上唯一以男性身份自诩的女性皇帝，亦是欧洲史上的首位女皇，堪称西方历史上的"武则天"。纵观伊琳娜一生，虽称帝仅5年（797—803年在位），但若从其摄政算起，则有20余年，对帝国历史产生了深远影响。在一个以男性为中心的拜占庭皇统传承体系中，伊琳娜是如何做到冲破固有伦理的束缚成功称帝，是值得我们深思和讨论的问题。女性称帝涉及的因素很多，包括其个人素养、决策能力及社会环境等诸多方面①，但在一个严格地沿袭罗马的法制传统的帝国，伊琳娜称帝这一重大事件能获得皇室和社会的认可，是在东西方文明交往互动中，拜占庭修订了立法中一些"不合时宜"的内容，融合了东方文明中的积极立法元素，体现在《法律选编》对帝国女性地位的提高的条款，为伊琳娜成功称帝准备了法理依据。

一　《法律选编》使女性地位得以提升

前文已花费重墨对伊苏里亚王朝时期女性法律地位的提升进行了较为清晰的勾勒，认为纵观整个罗马—拜占庭法律史，就妇女地位而言，基本呈不断提高之势。如罗马法的集大成者《民法大全》在继承、监护及申诉等方面均给予了妇女较多便利，但在罗马—拜占庭史上真正从法律角度将妇女地位推上一个新阶位的却是《法律选编》。只有妇女地位的提高才能为伊琳娜以女人身份称帝提供可能，不过从夫妻关系、监护原则和继承条例来看，其提升女性地位的理念是融入了大量犹太——叙利亚立法思想的结果，为了便于阐释，文中先从对比《民法大全》与《法律选编》在提升女性地位的表现方面进行"老生常谈"，而后分析犹太——叙利亚立法思想在《法律选编》提升女性地位条款中的"借用"元素。

古罗马时期，女性地位相对较低。"家庭的首脑——'家父'是唯一为法律所承认的完人"②，是一家之主，家族其他成员均处于其监管之下。这种"父权"被罗马人视为自己特有的制度，并被延续。查士丁尼时期的

---

① 李继荣：《拜占庭伊琳娜女皇称帝原因新探》，《西北大学学报》（哲学社会科学版）2021年第6期。
② 〔英〕巴里·尼古拉斯：《罗马法概论》，第69页。

法律对"家父"的权力有所限制,但"父权"至上的根本性原则却未改变,如《法学阶梯》规定,妻子、子女、孙子女和曾孙子女均处于父权之下,同样儿子与其妻子所生的子女,即孙子孙女,也处于父权之下;曾孙子孙女及其他卑亲属亦同。又如:"妇女不可进行收养,因为即便其自己的亲生子女也不在其权力之下",故在对待子女的婚姻问题时,享有决定权的既非婚姻当事人,也非母亲,而是"对他享有权力的家长……"① 夫妻关系处于极为不平等的状态。

在监护权方面,虽各时期法律对监护制度不断修缮,使其日趋完善,特别是帝政后期随着法学的进步,法律对妇女监护的苛刻规定有所松弛。如查士丁尼时期规定,"在特殊条件下,妇女可以成为自己子女等直系卑亲属的监护人或保护人,前提是必须宣誓不再嫁"②。然而"妇女包括母亲均不得成为监护人这一原始规则一直没有松弛过"③。这是因为监护被视为父权在社会中的继续,是男人的特权。妇女不但没有监护权,就连她们自己也被置于监护之下。如《十二铜表法》第5表第1条规定:"我们的祖先认为,即使已成年的女子,但因其生性轻佻,应予以监护……唯独灶神的女祭司例外,我们的先人尊重其圣职,故彼等可免受监护。"④ 又如在《法学阶梯》规定:"在大多数场合,享有继承利益的人应承受监护的负担。我们说'大多数场合',因为如果一个妇女释放了未成年的奴隶,尽管作为保护人,她获得继承资格,但监护人却并非她,而是另外一个人。"⑤ 可见妇女的监护权还是被严格限制,况且即使妇女在某些情况可以行使监护权,但在诸多苛刻条件的限制下,能真正实现这一权利的恐怕寥寥无几。

关于继承问题,罗马法也倾向于男性继承。罗马法中的继承权,包括人格继承和财产继承双重因素,其实现的方式主要由遗嘱继承和无遗嘱继承两种。遗嘱继承是以情感纽带为基础的继承方式,家长为绵延家祀,实

---

① J. B. Moyle, *Institutes of Justinian*, pp. 12, 24.
② 周枏:《罗马法原论》上册,第146页。
③ 〔英〕巴里·尼古拉斯,《罗马法概论》,第97页。
④ 此处翻译参考了陈筠及周枏两位前辈的译文,但也发现了问题。两位在译文中将 Virginibus Vestalibus 分别译为了"贞女尼姑"和"威始塔修女",笔者认为尼姑和修女都不准确,尼姑是中国文字中通用的对于出家修佛之女性的称呼,不适用于其他宗教;修女是基督教特有语境中的中文称呼,也不符合罗马时代的社会背景。故笔者认为将其译为"灶神的女祭司"较妥。参见陈筠《十二铜表法》,《东北师范大学科学集刊》1956年第6期;周枏《罗马〈十二表法〉》,《安徽大学学报》(哲学社会科学版) 1983年第3期。
⑤ J. B. Moyle, *Institutes of Justinian*, p. 24.

践中一般会指定男性为继承人；至于法定继承，最初是由宗亲来继承，而宗亲是指由父亲一方联系起来的血缘亲属关系，这种继承"在男性之间，宗亲关系，不问亲等远近，产生相互间的继承权。对女性而言，只有姐妹才能根据父系血族之关系继承遗产，但其男性宗亲，可以不管亲等的远近继承她们的遗产"①。可见，这种遗产继承方式把女性几乎一律作为家外人而加以排斥，显然极不公平。

查士丁尼时期对女性的继承方式有了一些宽松的规定，先是在《法学阶梯》中规定，"具有法定身份者，即男系卑亲属，无论男女，一律可以按亲等的远近主张在无遗嘱情况下获得法定继承权，不能因其不具有姐妹所拥有的父系血族权而将其排除在外"②。之后又在"公元543年和548年以第118号和第127号新敕，把罗马法的继承制度作了彻底修改，完全以血亲作为继承的基础，宗亲继承制度从此废止"③。可见，查士丁尼的这些规定扩大了女性的继承范围，在一定程度上提高了女性在继承方面的地位，但总体而言，"在实践中，第二顺序男性继承人仍然优先于第一顺序女性继承人"④。虽然《民法大全》也延续了大法官关于"在被继承人没有合法继承人时，由配偶继承其遗产"⑤的规定，但在实际生活中依旧以"如果丈夫去世或离婚，遗孀所得到的份额（以及妻子在离婚情况下应得到的份额，这后一种份额更为至关紧要）是通过丈夫履行返还嫁资或部分嫁资的义务予以保障"⑥的规定为主，可见，女性的继承权依旧极为有限。

至8世纪，随着帝国与东部地区法律联系的日益增强，犹太—叙利亚立法思想对帝国的法律产生了深远影响。仅就女性的家庭地位而言，伊苏里亚王朝的《法律选编》展现出了深刻的犹太律法元素来源。在夫妻关系方面，《法律选编》认可了母亲在子女婚姻问题上的重要性，强调除了适龄男女的婚约外，还必须"获得其父母的同意"⑦，这很明显是对《圣经·旧约》中"神就照着自己的形象造人，乃是照着他的形象造男造女"⑧的法律阐释，表明神造男女是相互补足的平等关系，故其在法律地

---

① J. B. Moyle, *Institutes of Justinian*, p. 109.
② J. B. Moyle, *Institutes of Justinian*, p. 110.
③ 周枏：《罗马法原论》下册，第492页。
④ 陈志强：《拜占廷皇帝继承制特点研究》，《中国社会科学》1999年第1期。
⑤ *Institutes*, 3.9.3.
⑥ 〔英〕巴里·尼古拉斯：《罗马法概论》，第267页。
⑦ Ludwig Burgmann, *Ecloga das Gesetzbuch Leons III und Konstantinos V*, p. 168.
⑧ 《圣经·旧约》，第1页。

位上亦应如此。

这一点似乎在女性监护权上体现得更为明显。与昔日罗马法中对女性的监护权的严格限制不同，《法律选编》强调："如果丈夫先于妻子而亡，且留有子女，作为孩子的母亲，妻子将作为一家之长的身份监管其嫁妆及丈夫的所有财产"，同时子女也需要听从母亲的安排，"不得取代其家庭位置或向其索要遗产，而要听从上帝的旨意，对其绝对服从和尊敬"①。这与犹太教中关于子女的监护问题颇为相似。虽然犹太社会亦是以男性为主导，但在家庭中丈夫要给予妻子应有的尊重，"因为家中的一切幸福都有赖于妻子"。妻子在家庭中扮演着重要角色，"有其母必有其女"②，即使父母离异，母亲依旧有监护子女之责，而作为子女，要同尊敬自己的父亲一样，孝敬自己的母亲。

《法律选编》也承认了女性在财产继承上的权利，规定"如果丈夫先于妻子而亡，且并无子女，那么妻子的所有嫁妆则转归自己所有，且她可以获得丈夫1/4的财产，剩余部分则转归丈夫遗嘱中指明的继承者，如果没有遗嘱，则由其近亲继承"③。可见，虽然子女仍是第一顺序继承人，但在无子女的情况下，允许夫妻相互继承财产，且继承顺序要先于其他近亲属，这一新规定在一定程度上保护了女性的利益，使妇女在继承方面的权利达到一个新的高度。

无论是监护或继承，归根到底都涉及家庭中女性与其他成员间关系的问题，在受东方叙利亚——犹太文化的影响下，《法律选编》强调妻子拥有与丈夫同样的权利，妻子不再是夫权统治下的臣仆，而是独立的个体，她与丈夫共同分享治家的权力和财产。妇女可以监护子女、掌管家事、继承财产，可以像男性一样从事一些社会活动，这极大地提高了妇女参与社会事业的积极性和自信心，同时也易为社会所接受。故《法律选编》为伊琳娜提供了良好的契机和社会基础，使其登上皇位具有了可能性。

二 《法律选编》使伊琳娜称帝拥有了合法性依据

除了前文所述《法律选编》极大提高了拜占庭帝国妇女地位，为伊琳娜称帝提供了良好的社会基础外，对相关法律条文的解析还可看出，《法

---

① Ludwig Burgmann, *Ecloga das Gesetzbuch Leons III und Konstantinos V*, pp. 174 – 176.
② 赛妮亚编译：《塔木德》，第 105—107 页。
③ Ludwig Burgmann, *Ecloga das Gesetzbuch Leons III und Konstantinos V*, pp. 172 – 174.

律选编》亦为伊琳娜称帝提供了合法性依据。诚然《法律选编》大多是私法条文，涉及处理人际关系、家庭事务等内容，但拜占庭作为一个中央集权制帝国，一个"家天下"的帝国，"国亦家、家亦国"，大小有异，道理却相通，家是国的微缩，国是家的放大和延伸。家中地位、监护和继承，从家庭的角度是涉及家庭管理与财产分配，从国家层面就是国家治理与皇位继承。因此，伊琳娜称帝虽然是一个国家事件，却与《法律选编》中的相关规定并不相悖。

首先，皇室就是国家，就是中国古代常讲的所谓"天家"，利奥四世和伊琳娜作为皇帝和皇后，在家中便是夫妻。因此，根据《法律选编》中"夫妻平等"的原则，伊琳娜作为利奥四世的妻子，在家庭中必定享有较高权利，换言之，她在宫廷中应该享有很高地位，甚至可能已经达到了可以培育亲信、干预政治的地步。据载"一日，利奥在其妻子的枕头下发现了两个圣像，看到后，他便对［宫内］进行了搜查，发现宫内督领侍太监及其他主要人员均持有该圣像，他对他们进行了拷问和处罚。对其妻子，则进行了严厉训斥"。可见，在利奥四世在世时，伊琳娜就已经在宫中培植亲信，关于此举是出于宗教信仰还是政治目的，我们不得而知。但可以确定的是，她在宫中的势力已经很大，已经使利奥皇帝感到了威胁的存在，发现圣像只是借口，"清除伊琳娜在宫中的势力才是其真正目的"①。由此可见，《法律选编》中"夫妻平等"的原则，不仅为她参与政事提供了便利，也是她日后能成功上位的基本前提。

其次，在罗马—拜占庭法律史上，妇女监护权的获得是经历了一个长期曲折的过程，甚至到查士丁尼时期，其监护权依旧被严格限制，伊苏里亚王朝此状况才有所改观。如前所述，根据《法律选编》的规定，丈夫去世，妻子可以以家长的身份处理家中一切事务，包括掌管财产，和监护子女，而子女必须听从母亲安排，不得忤逆。将此规定放于皇家层面，利奥四世死后，君士坦丁六世冲龄践祚，伊琳娜作为遗孀，成了一家之长，她不仅可以监管自己的嫁妆和利奥四世的所有财产，而且自然而然可以对小皇帝进行监护。因此，她是小皇帝的摄政者和共治者、整个帝国和小皇帝的真正监护者——小到皇室琐事、婚配嫁娶，大到内政外交，政策制定，无不在其实际监控之下。可见，伊琳娜对帝国治策的修订，对君士坦丁六世婚姻及其他方面的干涉，虽颇为专权，却也是有法可依的。这种权力的

---

① Lynda Garland, *Byzantine Empresses: Women and Power in Byzantium, AD 527 – 1204*, Routledge, 1999, p. 75.

使用，不仅有利于她扫清向上攀升的道路上的障碍，也为她最终称帝奠定了法制基础。

再次，伊琳娜称帝也是符合《法律选编》中的继承原则的。拜占庭皇室一向也有遗孀继位的先例，如利奥王朝①皇帝芝诺（Zeno，474—491年在位）的皇后阿利阿德尼（Ariadne），便于芝诺死后择婿承位，但此继承与伊琳娜继承有本质区别：第一，阿利阿德尼是利奥一世（Leo I, 457—474年在位）之女，本身就属皇族，无论从皇家继承原则还是罗马法精神的角度，身处第一等继承顺序，在无其他继承人的情形下，她以选夫继位的方式均合情合法；第二，虽然她继承了皇位，拥有奥古斯塔（Augusta）之名分，但帝国的实权是掌握在其所择夫君阿纳斯塔修斯（Anastasius）手中，后者之合法性，归因于女方的皇族血统，故不能称之为严格意义上的皇帝，就此而言，择婿承位也正好说明在继承方面女子地位依旧远远低于男子。伊琳娜则不同，作为一个非血亲的外姓人，若按《民法大全》相关条文规定，即使作为皇帝的妻子或母亲，她的所作所为均不合法，但是《法律选编》的一些新规定为其提供了合法性。780—797年，君士坦丁六世是第一继承人，伊琳娜是监护人，符合丈夫去世，妻子要承担监管家庭与子女职责的规定；伊琳娜继位之时，君士坦丁六世被刺瞎，其叔伯被割舌，帝国再无健全的男性继承人，故其称帝又符合在无子女继承和无遗嘱继承状况下，夫妻间可以相互继承财产的规定。

最后，拜占庭帝国是一个崇尚法治的帝国，法律是处理帝国内部各种关系的基本原则，上至皇室贵族，下及黎民百姓，均要受法的制约和规范。伊琳娜称帝作为一个重大的国家事件，自然也需要符合法律的相关规定。虽然据帝国传统伦理，并未有外姓女人继承皇位的先例，但当时通行了50余年的《法律选编》则为女性执掌国家最高权力提供了法律支撑：女性地位的极大提高，为其称帝提供了可能；而关于继承、监护等方面的新规定，则使这一结果的出现具有了合法性。事实上，在伊琳娜去世后很久，特别在马其顿时期，女性参与朝政的传统仍然存在，由此而出现的是外戚权贵掌政的现象。但这已经不是本书讨论的内容了，不过伊琳娜称帝现象的出现，是伊苏里亚王朝《法律选编》"仁爱"与"严苛"统一理念提升女性地位和保护女性权益实践的结果。

---

① 457—518 年统治拜占庭的一个王朝。

第三节 东欧新兴族群立法的参借

孟德斯鸠认为，制度的发展、个体选择的空间和地理状况存在着很强的关联性①。这就涉及地缘文化视角。所谓地缘文化是指"同一空间区域内的社会群体因受其所处的地理环境影响而形成的具有共同内容和特征的文化系统"。地缘文化虽受地理环境影响较大，但从人类诸文明发展的规律看，地缘文化具有开放性特征，主要表现为"几个乃至诸多民族在同一地理空间环境内相互融合、交错杂居、综合分布，其文化呈现出开放交流、互相影响和博弈碰撞"②的态势。故而，拜占庭帝国作为当时欧洲重要的文明中心之一，对周围相对落后的民族产生了重要影响，体现在经济、政治、法律、宗教等各个领域，其中拜占庭以期健全的法律制度对其影响尤为明显，对东欧异族立法产生了深远影响。

一 《法律选编》外传的时代背景

《法律选编》自（740）741年颁布一直通行至马其顿王朝建立后，前后百年有余，一些立法原则和条款还为后世所继承。与此同时，随着帝国对外交流的频繁，该法典在外族中的传播和影响也非常广泛，而其之所以能在如此短的时间内就产生如此巨大的影响，笔者认为这与当时的时代背景紧密相连。

在6—8世纪是欧洲历史上战乱不断、社会动荡不堪，人口下降，经济衰落的时期，同时也是各种社会力量重组，新的经济因素不断成长的大变革时期。在这场大变革中，宗教是矛盾争论的焦点，政治冲突，文化抵制伴随其中，于是伴随着各方力量的论战，至9世纪逐渐形成三股相互斗争和牵制的力量——教皇、法兰克国王和拜占庭皇帝。

众所周知，宗教争论在拜占庭历史上有着特殊的地位，影响着帝国历史发展的方向。4—6世纪帝国经历了3次宗教大争论，分别是阿里乌之争、聂斯托利之争和一性论之争，其主要围绕基督的"性"和"三位一体"的问题展开讨论。这三次争论奠定了基督教正统教义的基础和东西方教会分裂的趋势。但是总体而言，由于这一时期皇权力量的强大——如君

---

① 〔法〕孟德斯鸠：《论法的精神》，张雁深译，商务印书馆2009年版。
② 张继国：《论地缘文化》，《社科纵横》2011年第9期。

士坦丁大帝召集第一次全体基督教主教大公会议,解决阿里乌斯派争端,颁布《尼西亚信经》;狄奥多西二世召集第三次全体基督教主教会议,解决聂斯托利之争;马尔西安皇帝召开卡尔西顿会议解决一性派纠纷——和诸位皇帝统一罗马世界的梦想,都使得这一时期,虽然争论不断,但帝国无论在宗教上,或政治上,皇权都具有很强的控制力,帝国依然是以罗马—拜占庭为中心的统一的罗马帝国,其在整个欧洲世界依然具有很强的震慑力。

但是"查士丁尼逝世后的地中海世界,是充满各种内外矛盾的世界"①。内外政局动荡不定,疆域不断缩小,文化差别进一步扩大,而宗教争论的进一步升级又加速了东西方之间的分裂。希拉克略皇帝于638年颁布了所谓的"信仰告白"(Ecthesis),承认基督兼有人性与神性,统一于一个志(θέλημα),以此平复东方民众因宗教上对立的情绪而产生的不满,但是此令不仅没有达到预想,反而引起罗马教宗的不满,激化了东西方矛盾。但其孙子康斯坦斯二世为了能确保在意大利的势力范围,颁布了所谓的"信仰告示"(Τύπος)宣布禁止一切关于基督"性"和"志"的争论,以此希望得到罗马教宗谅解。

但是教宗马丁不仅未承认康斯坦斯的这则敕令,还称其是"邪恶的",皇帝震怒之下,命人将马丁押送至君士坦丁堡受审,之后被流放克里米亚半岛上的克尔松城。"据说,马丁在克尔松城连面包也吃不到,不久客死于此。"②虽然该事件迫使罗马教宗与君士坦丁堡的皇帝及牧首达成最后谅解,成为拜占庭帝国的皇帝最后一次对罗马教宗实行绝对的君权控制,但也为后来的纷争埋下了隐患。

查士丁尼二世继位后,希望效仿查士丁尼大帝,严格控制教会事务,并主持召开了第五六次全体基督教主教会议,通过了诸如"允许教会的执事和长老结婚、禁止在礼拜六戒斋"等几项罗马教宗根本不可能接受的决议。在决议被罗马教宗否定后,查士丁尼二世也效仿康斯坦斯下令将教宗押送君士坦丁堡受审,但结果不仅没有将教宗逮捕,还因此次事件引起的宫廷政变,使自己丢了皇位;在第二次登基后,他吸取了教训,"请教宗到君士坦丁堡为自己加冕,十分顺从地跪在教宗面前,亲吻其靴子,完全表现得像个仆人"③。至此,拜占庭皇权对罗马教廷的控制就此结束,罗马

---

① 徐家玲:《拜占庭文明》,第64页。
② A. A. Vasiliev, *History of the Byzantine Empire*, pp. 222 – 224.
③ A. A. Vasiliev, *History of the Byzantine Empire*, pp. 225 – 226.

教宗逐渐走上了独立发展的道路。

利奥三世反对圣像崇拜的做法,已经引起了罗马教宗的不满,而君士坦丁五世更为激进的做法,将教俗争权的斗争引向新高度。754年,君士坦丁五世也召开宗教会议,宣布皇帝对教会的绝对领导权,皇帝与教宗的矛盾越来越大,从而促成了教皇国的成立及其与法兰克人的结盟。

因此,约在同一时期,随着伦巴德人完全占领拜占庭在意大利的领土,彻底切断了罗马地区与拜占庭帝国之间的联系。而罗马教宗斯塔凡二世转而向法兰克王"矮子"丕平大献殷勤,并获得了法王援助,他不仅顺利解除了伦巴德人的威胁,还在"丕平献土"的背景下建起了教皇国,促使罗马教区的教宗上升为教皇的地位。

而随着西欧加洛林王朝诸王的悉心经营和对外扩张,法兰克王国也逐渐成为地中海世界又一支重要力量,774年占领了整个伦巴德王国;785年,萨克森公爵威德金特宣布臣服于查理。而此时拜占庭皇帝与罗马教宗的矛盾,又恰恰使教宗和法兰克王都看到了彼此可以相互利用,并可以此削弱拜占庭帝国的时代契机。因此,781年,丕平的儿子查理宣布教皇为这些地区的最高统治者,而公元800年,查理则在罗马被教皇利奥三世加冕为帝,史称查理大帝。至此,地中海世界已经不再独属于拜占庭帝国,还有教皇国引领下的基督教精神世界和法兰克国王以"罗马人的皇帝"身份统治下的西欧世界。这三股力量为了争得土地和藩国,开始了长期的宗教传播政策。

9世纪中期以后,随着"破坏圣像运动"的风波刚刚平息之际,拜占庭皇帝便派出传道使团前往巴尔干半岛及黑海沿岸的斯拉夫部族和地区传播东派基督教,主要包括塞尔维亚、保加利亚和格鲁吉亚等地,比较著名的是西里尔兄弟①的传教活动,他们在斯拉夫人中的传教活动,在东正教传教历史上写下了重要篇章。他们根据希腊字母,按照斯拉夫语发音,创造出了斯拉夫文字,并将大量拜占庭宗教、法律文献翻译为了斯拉夫文字,对斯拉夫人产生了重要影响。

而以教皇和法兰克王联盟的西欧世界,也派出使团进行传教。他们的活动范围主要在匈牙利、波兰和捷克等中欧地区,而双方为了争夺教区,也多有矛盾发生。如862年,摩拉维亚在摆脱了德意志人的控制后,正式

---

① 西里尔兄弟是拜占庭学界对拜占庭帝国史上著名的帝国文化传播音美多德(Methodios)和西里尔(Cyril)的简称此兄弟二人于864年受皇帝之命前往斯拉夫地区传教。帮助其斯拉夫人创造文字,编修法律,对斯拉夫文明产生了深远影响。

皈依东正教，但是后来由于摩拉维亚内部政局发生了剧变，支持天主教的势力不断壮大，西里尔兄弟的门徒们被排斥和迫害，并禁止他们传教，西里尔的兄弟美多德则被"监禁达一年之久"①。最终摩拉维亚被迫成为拉丁天主教会的重要教区之一。

三股势力的角逐，虽然源于教区之争，但是传教活动中，通过翻译，将帝国的文化、法律、习俗传播开来，促进了这些地区政治、经济和文化的发展，对于这些地区的文明进步起到了巨大推动作用，而《法律选编》正是在这一角逐过程中，被传播到了更为遥远的地方。

二 保加利亚王国与《法律选编》

保加利亚人的祖先可追溯至古代的保加尔人。"保加尔人原是突厥人的一支，与匈奴人有较近的血统，原居于多瑙河东北，曾臣服于匈奴人。"② 7世纪初，曾与拜占庭联盟抵制来自东方的阿瓦尔人，受拜占庭文明的影响，这支游牧民族发展迅速。679年，拜占庭皇帝君士坦丁四世对保加尔人发动了一场战争，但以失败告终。因此，681年，拜占庭皇帝不得不承认第一保加利亚帝国的建立，并最终签订割地赔款的和约，保加利亚王国开始在帝国北部渐渐崛起。

虽然保加利亚王国以军事著称，擅长攻城略地，但是由于其发展时间较短，在文化和法制方面还略显薄弱，特别是681—814年（约相当于拜占庭伊苏里亚王朝时期），在经历了三次大规模保加利亚战争之后，第一保加利亚帝国虽已成为拜占庭帝国北部的主要劲敌，但仅限于军事上的争霸，保加利亚王国依然较少关注国内教育文化事业的发展。但是随着其与拜占庭帝国交往的加深，保加利亚王国一些贤明的君主开始注意到拜占庭高度发达的宗教与法制体制，故而希望可以向拜占庭学习、借鉴和使用。

第一位注意到拜占庭文化重要性的是鲍里斯（Boris I，852—889年在位）。鲍里斯的"尊名与保加利亚人改宗基督教紧密联系在一起"③。864年，该君主"接受了来自拜占庭帝国传教士的洗礼，并按照拜占庭皇帝的名字取名米哈伊尔，尊拜占庭皇帝为教父"④。在此背景下，西里尔兄弟受命开始在保加利亚王国传教，受鲍里斯之邀，西里尔兄弟在翻译宗教经典的同时，也将帝国的法律文献进行了翻译。据说当时鲍里斯曾向君士

---

① 徐家玲：《拜占庭文明》，第377页。
② 徐家玲：《拜占庭文明》，第176页。
③ A. A. Vasiliev, *History of the Byzantine Empire*, p. 282.
④ G. Ostrogorsky, *History of the Byzantine State*, p. 204.

坦丁堡大主教寻求法律文献，但似乎大主教提供的法律受到了保加利亚贵族们的反对，所以才会在给大主教的信中反复强调"反叛的博雅思（Boyars）们控告他，给他们带来了一部不好的法律"①。我们并不清楚该法律文献的具体情况，应该说这次寻求拜占庭法律的尝试似乎以失败告终，但为后世君主向拜占庭帝国学习法律提供了借鉴。

第二位向拜占庭寻求法律知识的保加利亚君主是西蒙大帝（Simon Ⅰ，893—927年在位）。西蒙是鲍里斯一世的第三子，年幼之时便被鲍里斯送往东地中海的文化和经济中心君士坦丁堡研习拜占庭文化。西蒙就读于君士坦丁堡大学，孜孜不倦地学习了拜占庭文化，但主修宗教与哲学。在看到拜占庭庄严的教堂、健全的法制和先进的文化时，西蒙大为震撼。因此，西蒙在登基后，大力引进拜占庭文化，发展东正教，健全法制，力图使保加利亚王国可以像拜占庭一样强大富足。于是在向拜占庭帝国要求东正教典籍的同时，也向其发出翻译法律文献的请求。

也就大约在此时，《法律选编》被翻译并传播到保加利亚王国，并最终为西蒙大帝所改编，形成了当时保加利亚王国极为重要的法典《审判法》（Zakon Sudnyi Ljudem）②。不过这部法典的最初起源可能在摩拉维亚，是拜占庭帝国皇帝为了回应拉斯提斯大公对"良法"寻求，下令由西里尔兄弟颁布此法。但是由于870年拉斯提斯大公被推翻，西里尔兄弟的门徒被驱逐，最终其门徒将这部法典带入保加利亚，经过改编后，成为对保加利亚王国影响深远的法典③。《审判法》是一部古老的斯拉夫法律集成，主要涉及刑法，是西蒙大帝为了适应封建化的要求，维护封建所有制，保护封建主的特权而编纂的一部法律汇编，"是目前所知的最古老的斯拉夫语法律集成，现在学界一般将其归功于西里尔兄弟"④。该法典的一些稿本被发现于莫斯科，"时间从13世纪至16世纪，被包含于各罗斯教会法集成《罗斯法典》的各印刷本中"⑤。

从《审判法》的内容来看，共有33章，主要涉及"异教惩处、证言

---

① Dimitri Obolensky, *The Byzantine Commonwealth*: *Eastern Europe*, *500 – 1453*, Praeger Publishers, 1971, p. 315.

② H. W. Dewey and A. M. Kleimola, *Zakon Sudnyj Ljudem* (*The Court Law of the People*), Ann Arbor, 1977.

③ H. W. Dewey and A. M. Kleimola, *Zakon Sudnyj Ljudem* (*The Court Law of the People*), p. xiv.

④ Clarence Gallagher, *Church law and Church Order in Rome and Byzantium*: *A Comparative Study*, Ashgate Publishing Limited, 2002, p. 95.

⑤ Clarence Gallagher, *Church law and Church Order in Rome and Byzantium*: *A Comparative Study*, p. 106, n. 4.

证人、战利品分配、性道德、婚姻关系、纵火罪、盗窃罪、非法奴役及主人对其奴隶所应承担的责任"[1]等诸多问题，也是一部"杂糅"的法律汇编，这一点与《法律选编》及其附录相似。第1章宣称上帝律法至上和对异教徒的惩处；第2章主要关于证人的证词；第3章主要关于战利品的分配；第4—15章主要关于性道德、婚姻关系；第16—17章主要关于纵火；第18章主要关于在教堂中寻求庇护；第19章主要关于未按照司法程序解决争端的规定；第20章关于什么人不能为证人；第21章关于战俘的买与赎；第22章关于道听途说不能成为证词的规定；第23章关于如何处理沦为战俘期间改宗，但之后返回故土者的规定；第24、25、28章关于借用他人马匹或其他牲畜的规定；第26、27、29、30章关于盗窃的惩处；第31章关于非法奴役；第32章关于诱骗和隐藏他人奴隶；第33章关于离婚的规定。

仔细对比会发现，这部法典实际上是在《法律选编》第17章关于刑罚和第14章关于证人的内容的基础上，结合保加利亚王国当时的实际情况进行修订而成，在对《法律选编》"仁爱"与"严苛"统一理念继承的同时又进行了深化，使其法律朝着更为人道的精神原则发展。

在审判过程中，《审判法》亦强调和宣扬执法的公正，注重证人与证词的可信性。《法律选编》提升"仁爱"的表现，首先就是皇帝要对上帝的信众以公正的律法待之，"公正"成为表现"仁爱"的重要举措。《审判法》开篇便讲道，要"先谈及上帝的公正"，所以无论是王公或法官，要认真对待每一个指控，指控中必须有证人到场，"对一些重要的指证，证人数量要在11个以上，一般的指控，证人数量需7—3个，但不能低于3个"。对于没有足数"证人的指控，不得进行案件的审理"[2]，但法官必须认真耐心地进行调查。这实际上是对《法律选编》第5章关于遗嘱继承和第14章关于继承中证人人数的借鉴。

但是与《法律选编》不同的是，《审判法》除了对证人有数量上和地位上的规定，还有补充了对证人品质上的要求，要求无论富穷，"证人必须是为人正直、敬畏上帝和品性良好的人，既不能是对案件当人事有敌意的，也不能是有诱骗的、憎恨的、抱怨的或争执的，而是会因为敬畏上帝和公正，进行如实作证的人"。《审判法》中的"传闻证据不足为信，即

---

[1] J. V. A. Fine, *The Early Medieval Balkans: A Critical Survey from the Sixth to the late Twelfth Century*, University of Michigan Press, 1983, p. 129.

[2] H. W. Dewey and A. M. Kleimola, *Zakon Sudnyj Ljudem (The Court Law of the People)*, pp. 3, 5, 7.

使有公证人的证实，但偿清债务的传闻证据另当别论"① 是对《法律选编》中 "提供传闻证据的证人的证据：某人因另外一个人欠债或摆脱债务。这样的证据不能被接受，即使该证据经公证人证实" 这一条款的进一步发展。

在家庭关系中，《审判法》也进一步维护家庭中弱势者的利益，维护家庭的和谐。如《审判法》严禁丈夫娶两个及以上的妻子或第三者插足别人婚姻，规定 "如果有人有两个妻子，年纪较轻的妻子及其子女要被赶出家门，他自己则要接受鞭刑和 7 年的戒修"，但是若是丈夫有谋害妻子性命或麻风病等，也可以离开丈夫②，妻子在子女的婚姻问题上也就有了一定的权利。

在关于盗窃和性犯罪的规定上，《审判法》也延续了《法律选编》严格的处罚原则，但与《法律选编》不同的是，《审判法》似乎减少了断肢的处罚方式，除了第 7 章涉及男子与教母结婚和第 13 章涉及男子与已订婚的处女发生关系要被处以劓刑外③，其他的多处以卖为奴隶或财产赔偿的惩罚。以盗窃罪为例，《法律选编》第 17 章第 10 条规定，任何人，或在军帐，或在行军途中偷盗武器，将被处以鞭刑；如若所盗之物是一匹马，则要处以砍手之刑，第 17 章第 14 条规定，盗墓者要处以砍手之刑④。《审判法》中规定，"如果有人在战斗中进行盗窃，若盗窃的是武器，其要被处以鞭刑，若盗窃的是马匹，则要被卖为奴隶" "如果有人在墓中盗取死尸，要被处以卖为奴隶的处罚"⑤。即便是对作伪证者，《审判法》也将《法律选编》中的割舌处罚，改为了卖为奴隶的惩处。这种改变可能是受基督教思想的影响，在某种程度上，减轻了刑罚的残酷性。

在死刑的处罚上，《审判法》也进行了调整。以纵火罪为例，《审判法》规定："如果有人在城中纵火，要处以火刑；在城外纵火则处以剑刑；但根据教会法的规定，他要被处以为期 12 年的戒斋。"⑥ 很明显该法条是出自《法律选编》第 17 章第 41 条 "这些人恶意或为了劫掠而在城中纵

---

① H. W. Dewey and A. M. Kleimola, *Zakon Sudnyj Ljudem* (*The Court Law of the People*), pp. 5 - 6, 19.
② H. W. Dewey and A. M. Kleimola, *Zakon Sudnyj Ljudem* (*The Court Law of the People*), pp. 13, 15, 23.
③ H. W. Dewey and A. M. Kleimola, *Zakon Sudnyj Ljudem* (*The Court Law of the People*), pp. 11, 13 - 15.
④ Ludwig Burgmann, *Ecloga das Gesetzbuch Leons III und Konstantinos V*, pp. 228 - 230.
⑤ H. W. Dewey and A. M. Kleimola, *Zakon Sudnyj Ljudem* (*The Court Law of the People*), p. 21.
⑥ H. W. Dewey and A. M. Kleimola, *Zakon Sudnyj Ljudem* (*The Court Law of the People*), p. 15.

火,将被处以火刑;如果他们并未在城中,而是或者在乡间,或者在田地,抑或在乡间住户故意纵火,将被处以剑刑"①。教会人士拥有一定特权。

再如《审判法》第10章规定:"任何人,在未获得其父母的同意的情况下,与一位纯洁的处女发生关系,且之后被发现,如果引诱者愿意娶女孩为妻,并获得父母同意,那么该婚姻将生效。但是如果引诱者不愿意与该女孩成婚,且他是一个富有者,那么他要给予被引诱女孩1磅重的黄金。如果他是一个穷者,他要将财产的一半给予女孩。但如果他没有财产,且无法支付罚金,那么他要被处以鞭刑和流放之刑,他还要完成我们所描述的为期7年的斋戒。"②这项规定基本是源自《法律选编》第17章的第29条,细微的差别在于,《法律选编》规定,对于无法支付罚金者,除了鞭刑和流放的处罚外,有削发之刑,而无斋戒的惩罚。

而对于一般的纠纷,《审判法》则继承了《法律选编》以赔偿的方式进行补偿的原则,如"如果有人将他人的牲畜关了起来,而且将其饿死,或者以某种方式将其杀死,他要被判处双倍的赔偿惩罚""如果有人借了一匹马前往指定的地方或者将其送到指定的地方,马突然就受伤或者死了,借马者可以免受处罚,但是必须对马的主人进行赔偿"③。这在《法律选编》中也有类似的规定,第17章第7条,任何人如若租用马匹前往一个指定的目的地,但其牵马或送马均超越了指定地,很自然他要向马主赔偿损伤费或死亡赔偿金。第8条,任何人保管(扣押)他人牲畜,且使其饥饿致死,或以其他方式致其死亡,那么他要被处以双倍赔偿金④。

可见,直译内容反映出《法律选编》对保加利亚王国具有强大适用性;改编的条款反映出两种趋势:第一,对于一些严重的罪行,用断肢(割鼻、致盲)代替奴役,这些在拜占庭法令中有明文规定。第二,除了世俗法相应的惩罚措施,还要以长时间戒斋的方式受教会的惩罚;新增的内容是保加利亚王国根据自己特有的情况所做出的调整,不仅便于新法典的推行,也有利于《法律选编》的传播,这对保加利亚王国的法制建设,推动保加利亚王国的强盛起到了巨大作用,而《法律选编》"仁爱"与"严苛"统一的理念也成了《审判法》中的核心思想。

---

① Ludwig Burgmann, *Ecloga das Gesetzbuch Leons* III *und Konstantinos* V, p. 240.
② H. W. Dewey and A. M. Kleimola, *Zakon Sudnyj Ljudem* (*The Court Law of the People*), p. 13.
③ H. W. Dewey and A. M. Kleimola, *Zakon Sudnyj Ljudem* (*The Court Law of the People*), pp. 19 – 21.
④ Ludwig Burgmann, *Ecloga das Gesetzbuch Leons* III *und Konstantinos* V, p. 228.

三 古罗斯与《法律选编》

古罗斯人属于东斯拉夫人，由于气候和环境等因素的影响，其成为欧洲较晚启蒙的民族之一。6世纪时，在第聂伯河流域形成了以波利安人为中心的东斯拉夫部落联盟，因其多居于支流罗斯河附近，而被称为罗斯人。9世纪末之前，由于其处于原始军事民主制社会，故虽然与拜占庭已有往来，但主要是以军事掠夺和民间交换为主，其所依据的法律也主要是部落习惯法①，而无明确的法律制度和规范。

根据《往年纪事》记载，882年奥列格率兵远征，一路南下进入基辅地区建立基辅公国，并称"让本基辅成为罗斯诸城之母，瓦兰人、斯拉夫人以及其他人都来觐见，他们获得了罗斯人的称号"②。基辅罗斯的建立，标志着罗斯人的发展水平进入一个新的阶段，其在拜占庭的外交和贸易史的影响越来越大。罗斯人由原来的掠夺和民间交换，逐渐转变为与拜占庭帝国之间官方的交流，而伴随着双方之间的征战贸易，双方在907年、912年、945年、971年均签订了一系列贸易合约，"标志着拜占庭帝国和年轻的罗斯公国之间正常贸易的开始"③。

但是仔细研读这些"条约"，我们会发现，其已经不仅仅局限于经济贸易领域，而是"包含凶杀、举证、刑罚、继承等"④诸多领域。所以一些学者认为"很多迹象表明10世纪的罗斯和拜占庭所签订的这些条约均非寻常文献，有很多是拜占庭帝国早已生效的法律规定"⑤。可见这一时期，伴随着贸易和摩擦，拜占庭帝国的法律已经开始对罗斯产生影响。

拜占庭文明对罗斯人的最重要的影响莫过于弗拉基米尔受洗这一历史事件。罗斯在与拜占庭帝国的接触过程中，早已对拜占庭帝国的宗教和文化产生了浓厚的兴趣，弗拉基米尔的祖母奥丽加于955年在君士坦丁堡接受了"皇帝和大牧首共同为她举行的洗礼"⑥。到了弗拉基米尔时期（980—1015年在位），他通过对东正教、罗马公教、犹太教及伊斯兰教的考察，最终对东正教产生了很大兴趣，并于988年在迎娶了拜占庭公主安

---

① 〔俄〕拉夫连季编：《往年纪事》，第9—10页。
② 〔俄〕拉夫连季编：《往年纪事》，第17页。
③ G. Ostrogorsky, *History of the Byzantine State*, p. 229.
④ 〔俄〕拉夫连季编：《往年纪事》，第37—43页。
⑤ J. Shepard, "Some Problems of Russo-Byzantine Relations c. 860 – c. 1050", *The Slavonic and East Ruropean Review*, 2 (1974), pp. 10 – 33.
⑥ 〔俄〕拉夫连季编：《往年纪事》，第49页。

娜后，接受了洗礼，从此罗斯正式成为东正教世界的一员，拜占庭文明开始全方位渗入罗斯人的生活中。《法律选编》也借此机会开始进到罗斯人的法典《罗斯法典》中。

《罗斯法典》产生于11—12世纪，也就是弗拉基米尔及以后的时期，是古罗斯国家法律汇编集成。该法典是在罗斯国家司法实践的基础上，结合拜占庭帝国法典《法律选编》和《法学手册》编订而成的一部适应古代罗斯封建制度基础的重要法律文献，不仅涉及罗斯国家土地所有制状况，还包含大量关于商贸关系的法律条文，是研究古代罗斯社会、经济和贸易的重要参考文献。从结构来看，《罗斯法典》分为简编《罗斯法典》和详编《罗斯法典》两种。简编又分为《雅罗斯拉夫法典》和《雅罗斯拉维奇法典》，详编也分为两部分，分别是第1—52条和第53—121条的《摩诺马赫》法规。

虽然关于《法律选编》对其是直接影响，还是通过保加利亚的《审判法》的间接影响，目前学界还有争论，但是可以肯定的是，《罗斯法典》确实大量借鉴了《法律选编》中的条款。

对于家庭关系方面，《罗斯法典》也呈现出了保护弱者的法律倾向。例如，如果妻子在丈夫去世后，打算留在家中与子女共同生活，子女不能反对或拒绝，"应按照她的意愿办，而不按孩子的意愿办，允许她同丈夫生前给她的财物，或者自己得到的那一份遗物一起继续留在家里"，可见这里的规定，继承了《法律选编》中提升女性家庭地位的规定，但是这种提升也不是无限制的，对于耗尽家中财产又选择改嫁的，母亲要支付子女的全部费用。而子女连同家中的财产全部由孩子的最亲近的亲属进行监护，直至孩子成年，在监护人将原本属于孩子的遗产归还后，自己可以获得这些资产带来的盈利[①]，这一规定既保证了子女能顺利成长，继承遗产，也对照顾这些子女的监护人予以保障，提高了其监护的积极性，与《法律选编》中的婚姻家庭法的理念是一致的。

在对待奴隶方面坚持了《法律选编》善待奴隶的原则。如关于奴隶盗窃的行为《罗斯法典》中有规定："如果霍洛普盗窃，或者是王公的霍洛普，或者博雅尔的霍洛普，或者是修道院的霍洛普，王公对他们一律不可处以罚金，因为霍洛普不是自由人。可是，对于霍洛普的这种行为，主人应向原告人支付二倍赔偿"[②]，这条法规直接源自《法律选编》第17章第

---

① 王钺：《〈罗斯法典〉译注》，兰州大学出版社1987年版，第119、120页。
② 王钺：《〈罗斯法典〉译注》，第80—81页。

12条对奴隶偷盗行为的规定："对于一个盗窃奴隶的主人而言，如若他想保留奴隶，那么他要对奴隶所盗之人进行赔偿。如若他不愿意保留该奴隶，那么该奴隶将被交予被偷者而遭受永久奴役。"① 虽然这里可以看出主人对奴隶的这种行为要担负很大责任，但是与以往随意杀死奴隶的做法相比，这种惩罚已经表现出对奴隶生命的"仁慈"。

在其他的盗窃惩处方面，《罗斯法典》也基本遵循了《法律选编》的"仁爱"与"严苛"的理念。如，"如果偷盗绵羊、山羊和猪，即便是十二个贼合伙盗窃了一只山羊，每人也要向王公交纳六十列查那的罚金"，"如果偷盗牧草，支付九库纳；盗窃柴火，支付九库纳"②。这与《法律选编》第17章第13条中，任何人从他人的牛群偷窃牛，初犯者，处于鞭刑；第二次者，处以流放；第三次者，处于砍手之刑③；当然偷牛者要将所偷之牛（偿金）返还给牛的合法拥有者的惩处是一致的，这里只是用罚金代替了肉刑。

关于作证的问题，《法律选编》第14章第2条规定："奴隶或被释奴不能成为目击者，亦不能控告主人"，因为"身份尊贵和供职国家的证人，或者有显赫的职位，或者家庭富有，他们的言辞将是可信的"④，可见受时代局限性，规定奴隶不可以为证人，主要是基于其没有独立的人格；《罗斯法典》也规定："霍洛普不允许作证人证言，如果他还不是自由人的话，可是在必要时，博雅尔的基温可以作证人证言，而其他非自由人不允许作证人证言。一般性诉讼案件，必要时债农可以充任证人。"⑤《罗斯法典》继承了《法律选编》的立法思想，而债农可以有条件地做证人的规定，是根据当时罗斯的实际进行了调整，对《法律选编》的相关规定进行了进一步人道化的处理。

还有对卖自由人为奴的规定，《法律选编》第17章第16条认为："任何人抓捕一个自由人并将其卖为奴隶，要被处以砍手之刑"⑥；《罗斯法典》则规定："如果主人把债农出卖为完全的霍洛普，那么债农也就从全部的债务里解脱，而主人因这种不法行为支付12格里夫纳的罚金。"⑦ 这

---

① Ludwig Burgmann, *Ecloga das Gesetzbuch Leons Ⅲ und Konstantinos Ⅴ*, p. 230.
② 王钺：《〈罗斯法典〉译注》，第37页。
③ Ludwig Burgmann, *Ecloga das Gesetzbuch Leons Ⅲ und Konstantinos Ⅴ*, p. 230.
④ Ludwig Burgmann, *Ecloga das Gesetzbuch Leons Ⅲ und Konstantinos Ⅴ*, p. 214.
⑤ 王钺：《〈罗斯法典〉译注》，第100页。
⑥ Ludwig Burgmann, *Ecloga das Gesetzbuch Leons Ⅲ und Konstantinos Ⅴ*, p. 230.
⑦ 王钺：《〈罗斯法典〉译注》，第97页。

里只是将"自由人"变为"债农",但主要原则均是防止自由民或债农的奴隶化,这也是为《罗斯法典》所借鉴,按照当时的实际情况进行了修订的立法。

在刑罚处罚方面,《罗斯法典》将《法律选编》中"砍手"等断肢惩罚用"罚金"和变为"霍洛普"进行了替代,如主人无教殴打债农要向债农支付罚金。债农进行偷盗的,主人要为其承担责任,在帮助债农还清偷盗之物后,可将其变为王权的霍洛普,若将其卖了,在偿还其所盗之物后,剩余卖金归主人所有。即便是杀人罪,也多以偿命金的方式进行处罚,"如果是王公的勤务,或马夫,或伙夫被杀害,那么罚四十格里夫纳"①。其实在《罗斯法典》中并未有死刑的规定,甚至连体罚都很少使用,《法律选编》中绝大部分惩罚措施,被借用到罗斯后,就变为"罚款"的惩处,也体现出了其对《法律选编》仁爱思想的进一步拓展。

总之,9世纪后,以教皇、拜占庭皇帝和法兰克国王为代表的三股势力借争夺控制区域之际,促使拜占庭帝国积极发展域外东正教统治区域,以传教为媒介,拜占庭帝国的政治、经济、文化、宗教、法律逐渐渗到周边异族,《法律选编》就是在这一背景下被翻译和借鉴,并趁保加利亚王国和罗斯公国受洗和加入东正教之际,传入这些国家和地区。在经过这些地区君主的修订和改编过程中,融入了《法律选编》"仁爱"与"严苛"相统一的理念与思想,最终形成出适合本土实际情况的新法典《审判法》和《罗斯法典》,对当地法制建设起到了重要作用。

第四节 伊苏里亚王朝立法原则的古今互鉴

法律作为调节人与人之间关系,规范人们日常行为的准则,是生产力发展到一定阶段后因生产关系发生的变化而在上层建筑领域做出的调整。《法律选编》所体现的立法原则是今人观察古人的一种视角,也是古人给今人的一种借鉴。因此,"仁爱"与"严苛"统一的理念成为沟通古今的一扇窗户。

伊苏里亚王朝是拜占庭帝国最终脱离古典罗马传统,步入一种崭新文明态势的时期,也是国内外拜占庭学界研究最为薄弱,认知最为模糊的时期。除了"破坏圣像运动"这一著名事件之外,多数人似乎对这一时期并

---

① 王钺:《〈罗斯法典〉译注》,第56、97—99页。

无更多的认知，有些学者甚至将这一时期归入"黑暗时代"，有人将黑暗定义为原始史料的匮乏，也有人认为是文化艺术与社会生活的全面倒退，但无论如何这一时期宗教的大争论引发的人人自危和社会动荡，加剧了我们对这一时期认知的难度，"黑暗"成为一些国内外学者对其特征的描述。

半个多世纪前，著名拜占庭学者瓦西列夫就曾称，"至今尚未有伊苏里亚王朝的全史面世，这个时期的许多重大问题仍然没有解决"①。但是由于这一时期确实留存文献很少，时至今日，关注伊苏里亚王朝的学者依然相对较少。虽然也有学者开始对"黑暗时代"这种论断进行反思，着重对文学和艺术等领域文献的补充考察，提出了这一时期虽然历史文献较少，但世俗艺术获得了极大发展②，经济与军事方面也有长足发展③的观点，但是近年来大多数学者依旧围绕着破坏圣像运动而展开着政治、经济、神学、教育、外交等方面的研究，有意思的是，几乎鲜有人关注法律。

但是从法律的角度对这一时期社会与历史的研究是最客观公正的，一方面因为法律主要是从实际需求，顺应社会变迁的制度规范；另一方面其被误认为是马其顿王朝立法而偶然存世，表明其本身并没有被篡改或加工过。从《法律选编》"仁爱"与"严苛"的理念来看，虽然帝国确实经历了内忧外患，甚至是"黑暗时代"，但是这一理念所展现的是，要构建或者已经构建了（与之前混乱时期相比）一个政府公正、小农安居、友好互爱、社会平等、家庭和谐的帝国繁荣的景象。这个帝国中妇孺权益得到保护，残酷的惩处遭到减少，败坏的性犯罪得到严处，法律的正义得以维护，其所表现的并非"黑暗"，而是休养生息与百废待兴的向荣景象。长期以来的部分学者的"黑暗时代"理论，在法律层面的分析下，或许会再次引发我们的深入思考，起码在对待伊苏里亚王朝的历史，或许没有我们一直以来所认为的那么"黑暗"，而是一个充满"仁爱""严苛""公平"与"正义"的时代。从这一角度看，《法律选编》"仁爱"与"严苛"统一的理念，确实为我们重新认知这一时期打开了一扇窗。

反观之，《法律选编》"仁爱"与"严苛"理念的统一，也为后世，特别是今日立法提供了借鉴。《法律选编》中的"仁爱"与"严苛"分为两个层面，一方面集中于道德层面；另一方面集中于法制层面。从道德层面而言，就是尽量维持人们内心的"正义"，这种正义表现为"爱人"，

---

① A. A. Vasiliev, *History of Byzantine Empire 324 – 1453*, p. 271.
② A. R. Bellinger, The Coins and Byzantine Imperial Policy, *Speculum*, 31 (1956), p. 71.
③ R. Jenkins, *Byzantium*: *The Imperial Centuries AD 610 – 1071*, University of Toronto Press, 1987, p. 88.

在家庭中的夫妻之爱、父母与子女之爱,在社会中的人与人之间的互助、邻里之间的和谐,在国家中的皇帝与臣民、贵族与大众的平等。

因此,《法律选编》中"仁爱"首先是从道德和精神的层面规范人们的行为规范,如构建相对平等的夫妻关系,减少平民间的矛盾纠纷,弱化贵族与平民间的差异对待,就是希望将道德规范内化为精神信仰,维护家庭稳定、促进社会公平,保障帝国繁荣,构建"爱"的社会与国家,减少社会矛盾,维护和平衡社会关系与利益,才能对帝国的恢复发展产生积极的影响,这一点从伊苏里亚王朝至马其顿王朝出现复兴局面可以证实。

从法制层面而言,用道德规范进行内化,并不能快速有效地产生立竿见影的效果,甚至一味地用"仁爱"进行规范,也可能走向不公的极端。因此,在"仁爱"理念的前提下,也需要发挥法律的强制性与权威性,那就必须用严苛之法进一步规范人们的行为,以《法律选编》中的性犯罪为例,这是一种极具扰乱社会秩序的犯罪,特别是在经历了社会动乱之后,只靠"仁爱"的理念是无法改变这一混乱的社会局面的,故而《法律选编》对这类犯罪进行了详细的惩处规定,其旨在对此类犯罪进行威慑,进而达到使法律内化为道德伦理的作用。

"仁爱"与"严苛"理念统一于《法律选编》之中,互相配合,相互扶持,既有利于严格执法的顺利进行,也有利于社会矛盾的持续弱化,为帝国的稳定提供了坚实的法律保障的同时,也为帝国社会关系的和谐稳定带来了依据,对推动帝国的繁荣发展具有积极作用。而这种"仁爱"与"严苛"的对立统一,或许对今天我们的立法也具有一定的借鉴意义。

小　结

仁爱与严苛如一对矛盾的统一体贯穿《法律选编》的每一个条款中,在经历了内忧外患之后,这种理念既成为帝王改造整个帝国的指导思想,也成为帝国立法的核心源泉,面对破败的城市、稀少的人口、积弱的边防和混乱的社会,对刚刚有所稳定的伊苏里亚王朝而言,似乎只有选择和贯彻"仁爱"与"严苛"的理念,以休养生息和关爱生命的方式,才能够让这个帝国恢复生机,历史证明《法律选编》做到了。

内忧外患,天灾人祸导致的直接的结果便是人口大规模减少。由此进而引发的军事与税收危机,成为加剧帝国不安稳因素激增的重要原因。但是《法律选编》在"仁爱"与"严苛"统一理念的贯彻下,一方面,平衡家庭成员地位、限制离婚、打击性犯罪，减少了犯罪案件，促进了家庭的和睦；另一方面，以残肢代替死刑、加大对孤儿的保护和限制高额利息的借贷，促进了人口增长，维护了社会稳定；此外，坚持恩威并施的治兵原则，赏罚分明，保护军人权益，调动了军人积极性，有利于帝国边防军力的增强，这一理念是应时代之需而产生的，也为这个时代的局势稳定做出了贡献。

人类文明史已有几千年的历史，但是女权的概念也仅是法国大革命之后才出现的，在古代漫长的历史中，女性地位是相对较低的，拜占庭帝国亦是如此。但是因各方面因素的影响，女性在帝国各个时期的地位也不尽相同。《法律选编》中给予母亲或妻子监管家庭与子女的权利，妻子享有继承丈夫部分遗产的权利，离婚后保障妻子生计的规定等，都表明在"仁爱"与"严苛"理念的影响下，伊苏里亚王朝的女性地位获得了极大的提升，最为突出的案例便是这一时期诞生了拜占庭帝国史上第一位女皇帝伊琳娜，而其之所以能够监国和继承皇位，与《法律选编》给予女性继承与监管家中事务有很大关联性，这部法典为其成功称帝提供了法理上的依据。

"仁爱"与"严苛"统一的立法理念，并非只对拜占庭帝国的历史有很大影响，也随着帝国与东部其他民族的文明交流互动，对其他异族的立法产生了影响，特别是在9世纪，随着查理大帝的加冕，罗马教宗与皇帝的联合，导致东西方罗马文化的差异和分歧越来越大，拜占庭皇帝开始加强了与东部异族王国的联系，彼时的摩拉维亚和保加利亚王国的王公以及罗斯王公纷纷向拜占庭寻求"良法"，而西里尔兄弟成了这些地区宗教、法律文化的传播者和制定者，《法律选编》"仁爱"与"严苛"也借此机遇传到异族立法之中，《审判法》和《罗斯法典》成为其理念深入影响外族立法的最具代表性的两部法律汇编。

作为法典，其"仁爱"与"严苛"统一理念，对帝国、异族均产生了深刻影响。而作为历史文献，其依然是沟通古今的一缕阳光。传统观念下，伊苏里亚王朝在一些学者看来具有"黑暗时代"的传统印象，与《法律选编》"仁爱"与"严苛"统一理念的构建的"公正"和"平等"的帝国面貌完全不同，可以说法典本身为我们重新审视和客观认识这一段时期的历史提供了新的视角，而"仁爱"与"严苛"统一思想在帝国社会、家庭和国家的稳定中所起的巨大作用，或许对今日之立法也具有一定的启发意义。

结　　语

一　构建与反映的帝国社会

如前所述，法律作为反映社会现实的一面镜子，其所具有的客观性是很多史料无法比拟的，《法律选编》作为伊苏里亚王朝唯一因偶然因素保存下来的官方法律文献，再现和反映了伊苏里亚王朝的历史与社会状况。

6世纪末至8世纪初，由于帝国战争不断、社会动乱，在挣扎中求生存的帝国百姓中，鲜有出现书文治史者，帝国进入"黑暗时代"；及至8世纪伊苏里亚王朝建立，帝国渐复安定，但因所谓的"破坏圣像运动"的发生，使后世俗教王室贵族对该运动的发起者憎恨至极，其著书立说也被付之一炬，致使后世部分学者将伊苏里亚王朝的历史与6—8世纪初的"黑暗时代"相提并论，国内外学者在谈及这一段历史时，除了对其王朝更替、皇位继承和破坏圣像运动论述比较清晰外，其他方面的论及可谓是少之又少。

《法律选编》作为当时一部留存下来的官方法典，对我们进一步认识这一所谓"黑暗时代"的社会状况具有重要参考价值，理由有二：第一，作为唯一一部官方法律文件，且是偶然得以流传的结果，其客观性和公正性，不仅弥补了教会史家作品中的偏颇阐释，且通过与不同著述的比较，也可以达到正史的效果；第二，法典主体虽有"缺失"，但其所包含内容的广泛性要超过同时代其他史学著述，加之其与附录所构建起来的"完整性"法典，对我们能比较清晰勾勒出这一时期的社会现实状况大有助益。

通过对婚姻法和继承法的分析可知，"家父"的"家长权"受到限制，在对待子女婚姻的问题上，不再是"家父"一言堂，妻子也有权参与其中；同时妻子还获得了对子女的监护权和对丈夫财产的继承权范围，夫妻之间可以互相继承财产。可见在伊苏里亚王朝，妇女和孩子的权利得到了充分的扩大，尤其是妇女的地位已经上升到一个很高的高度，已经不再是丈夫的附庸，而是独立的个体。以此，也就不难解释，为何在一个具有优良法制传统的帝国，会允许像伊琳娜这样的外姓女子顺利称帝，因为是《法律选编》在提高妇女地位方面所做出的努力，恰恰为其称帝提供了法理方面的依据。

无论在序言中，还是具体条款中，《法律选编》都体现出拜占庭是基督教帝国这一现实。婚姻合同是基督徒的婚姻合同；婚姻要坚持凡是上帝结合的，就不可分开的原则，对于插足他人婚姻的第三者严惩不贷；对于异教徒、犹太教徒等其他非基督教徒，或死或残的苛刻要求，都反映出伊苏里亚王朝的拜占庭帝国已经完全褪去了古典时代的特征，蜕变为一个真正意义上的中世纪基督教（东正教）帝国。基督教已经完全融入帝国的方方面面，成为帝国百姓的精神支柱和人民待人接物的价值取向。

除此之外，法典中减少死刑和无息贷款的规定，说明人口的减少和经济的下滑，严重影响了帝国稳定，表明伊苏里亚皇帝希望以休养生息、发展人口的方式促进经济增长，恢复帝国的繁荣；而法典强调法律的平等与公正，同罪同罚，说明之前司法的混乱引起的社会不公，使皇帝决心在司法方面做出改革；对奴隶释放条件的进一步宽松化和对农民土地纠纷的规范，表明这一时期，奴隶制经济已经不再适应当时社会发展的要求，统治者已经注意到封建土地所有制关系的形成，并就此在法律方面做出了新的调整；作为附录的《罗得海商法》《士兵法》等专门规定，也都是对 8 世纪伊苏里亚王朝社会经济生活的真实反映，"仁爱"与"严苛"的理念不仅成为伊苏里亚王朝立法的重要原则，也是对这一时期帝国思想的最好总结。

二 法制链条上的重要一环

作为上层建筑的重要组成部分，法的内容自然是对所处时代社会和经济关系的反映，但其产生与出台也是社会发展到一定阶段的必然要求。纵观罗马—拜占庭法律史，我们发现，任何一部法典的问世都与其时代背景紧密相连，《法律选编》自然也不例外，作为拜占庭帝国第一部希腊化官方法典，在罗马—拜占庭法制史上占有重要地位。

众所周知，拜占庭帝国严格沿袭了罗马的法制传统，自君士坦丁大帝始，各朝皇帝都以最高立法者为己任，积极投身于帝国立法当中，产生了一大批名垂千古的法律典籍，这些法律典籍之间的关系，既非标新立异，也非单纯复制，而是在继承的基础上，根据各自的时代需求，进行增减修订，所展现出来的都是代表各自时代特征的立法。古典时期，罗马的立法来源具有多样性，皇帝的敕令、元老院的法令、执政官的律令等，都可以具有法律效力。君士坦丁大帝统一帝国，登上帝位之后，随着其皇权的加强，皇帝的敕令就逐渐成为法律的主要来源，但君士坦丁大帝的一些敕令仍具有古典时代罗马法的特征。

君士坦丁大帝去世后，帝国复又陷入其几位子侄的分而治之的混乱状态中。至狄奥多西大帝时虽结束了这种分裂局面，但是其395年将帝国一分为二由阿卡迪和霍诺留东西分治的敕令，不仅加速了东西方政治、经济和文化差异的扩大，为帝国的最终分裂埋下祸根，也使帝国法令出现了混乱之局。在此背景下，狄奥多西二世登基后，其主要面临的问题，就是恢复帝国统一，使政令能顺利下达到帝国的各个角落，为此他成立立法委员会，修订了著名的《狄奥多西法典》。该法典是皇帝法令的汇编，既是皇权不断加强的表现和结果，也是皇帝希望以此达到罗马帝国统一的手段。

但是狄奥多西的愿望并未能如愿以偿，476年伴随着西罗马的灭亡，帝国西部疆域落入蛮族手中，这些蛮族们在西罗马的土地上，继承了罗马拉丁文化的传统，建立起一些拉丁蛮族小国，而东部帝国的希腊文化则逐渐由民间向上层复兴，甚至皇室也逐渐出自东方，帝国东西方之间的文化差异越来越大。但是这种形式在查士丁尼大帝凭借强有力的政治家手腕，在"一个帝国、一个教会和一部法典"的梦想支撑下，通过数年的南征北战，又将东西方统一在一起，地中海再次成为罗马帝国的内湖。一个统一强大的罗马帝国，自然也需要有一部统一的帝国法典与之陪衬，于是查士丁尼大帝召集立法委员会，用数年时间编订出《民法大全》这部举世宏著，该著作也成为帝国拉丁文化的最高水平的代表。

查士丁尼以武力统一的帝国注定是不会长久的，其去世后不久，帝国复又陷入征战与内乱中，至伊苏里亚王朝建立时，帝国人口、疆域、经济等都出现了大规模下滑和衰落，西部疆域几乎丢失殆尽，所剩余地区多为希腊化程度较深，民族成分复杂的地区，因此帝国所面临的首要问题是生存问题。而在法律方面，就需要一部能反映希腊文化，促进经济恢复，确保社会安定的实用性法典来规范帝国百姓生活的方方面面。在这样的现实状况下，《法律选编》就成了帝国皇帝们的最终选择。

之后，随着帝国经济的复苏，社会的稳定，至马其顿王朝建立，帝国再次迎来了黄金时代，特别是在马其顿皇帝们南征北战中，帝国疆域又进一步扩大，小亚的奇里乞亚、叙利亚的安条克、地中海上的塞浦路斯、克里特等复归拜占庭帝国，帝国逐渐出现了繁荣昌盛的局面。在此背景下，原来的法律小册子《法律选编》自然不能适应帝国发展的要求，故而才会出现罗马法的希腊化法典《帝国法典》。

可见，在帝国发展史上，法典的出现与帝国命运紧密相连，帝国每一次的重大立法，都是帝国状况发生巨变的情形下发生的。虽然《法律选编》是对《民法大全》的摘选，在很多方面不仅继承了民法大全的立法思想和术语，甚至还将合伙、借贷、买卖等契约内容直接引用过来，但是该法典无论从内容，还是结构安排上，都不如其他法典的浩瀚，而是将其进行了精简。但正是其简短精致的特点符合了伊苏里亚王朝社会发展之所需。一方面，帝国疆域的缩小，管理体制的精简，使帝国不像其他繁荣时期那样拥有复杂的司法体制，所以，皇帝将法条简化，就是为了取缔繁杂程序，提高司法效率；另一方面，该法典的内容关乎百姓生活的方方面面，将编排体系简化，有利于律师和百姓寻求法律依据，而不必诉诸浩瀚的法律文献。

《法律选编》在继承和发展《民法大全》的同时，还将基督教的"仁爱"这一普世价值观进一步融入相关条款中，虽然其目的是增加人口，发展经济和适应帝国已经基督教化现实，但是在客观上却促进了该法典的影响和传播。在帝国内部，对《法律选编》一度嘲讽和贬低的皇帝瓦西里一世，在其两部立法文献《法学手册》和《法学导论》中却无一不大量引入《法律选编》的条款和延续发展"仁爱"与"严苛"原则。这种现象的出现，不是因为马其顿王朝的皇帝偏爱，而是《法律选编》中的这些原则适应了当时社会发展的要求，表明"仁爱"与"严苛"是法制发展的方向。不仅如此，这部法典还在异族中有广泛流传，保加利亚王国的《审判法》是以《法律选编》第17章和14章为基础，编订而成的保加利亚法，罗斯人的《罗斯法典》则也大量引用了《法律选编》中的内容。这些异族之所以比较喜欢《法律选编》，而舍弃当时浩瀚的《民法大全》，除了有语言方面的限制这一因素外，本书认为，结合这些异族当时社会发展状况看，《法律选编》的实用性和普世性以及"仁爱"与"严苛"理念适应了周边民族的社会需求，才是其选择该法典的根本原因。

因此，无论从帝国法律史上，还是异族法律史上，简短的《法律选编》凭借其实用性的特质，"仁爱"与"严苛"的核心理念，对以拜占庭文明为中心的东正教文化圈都产生了很重要的影响，它不仅继承了《民法大全》的立法原则和思想，也创建了很多新的规定，特别是提升"仁爱"与"严苛"的立法理念，开启了拜占庭法律史上的新篇章，成为拜占庭—东欧社会法制链条上的重要一环。

三　《法律选编》的历史局限

既然法是因时代要求而出现的，那么很自然其也受所处历史环境的制约，也就是说，法具有历史局限性，上至《十二铜表法》，下至查士丁尼《民法大全》均是如此，处于罗马—拜占庭法律史上的重要环节《法律选编》也不例外。主要体现在以下两个方面：

第一，个别法条过于简化。

如前所述，《法律选编》是在《民法大全》的基础上，择需而成的一部法律汇编，其最大的特点就是根据时代要求，将查士丁尼立法中的一些繁缛条款进行了简化，更具有了实用性。但是这种简化的做法，在某些条款中却出现了比较"过火"的情况。以合意之债中的合伙契约为例，《法律选编》中只涉及合伙契约达成后，获利后的分配和亏损后的债务承担问题，而无对一些具体情况做出规定。如合伙解散的问题，当一个合伙人，为了独吞继承的遗产宣布退伙，应该如何对待？当他通过继承以外的途径取得的财产，如发现埋藏物，又该如何处理？如果合伙人的某个合伙人死亡，合伙契约是否还要维持？对于这些重要的问题，《法律选编》均未涉及；再以租赁为例，《法律选编》仅有一条涉及租赁，只是对租赁期限，出租者和承租者、租赁的对象范围等内容进行了规定，但是对于租金问题，承租人在租期内死亡，如何解决承租关系等问题都没有做出详细规定，使得该法典看起来过于简化，也给执法活动带来诸多不便。

第二，存在若干消极条款。

法是统治阶级意志的体现，是统治阶级用于镇压被统治阶级的工具。虽然《法律选编》一直声称坚持"仁爱"与"严苛"的理念，但作为拜占庭帝国的一部官方法典，自然也是统治阶级用于维护其统治地位的工具，因此难免会存在一些消极因素。以惩罚措施为例，《法律选编》中以断臂、割舌、刿鼻和挖眼等残肢的刑罚措施代替死刑，减少死刑判决，也因为此，很多学者认为该措施代表了伊苏里亚皇帝们在立法方面所展现出来的仁慈原则。但是需要注意的是，《法律选编》减少死刑的目的，并非完全出于仁慈，而是要保留劳动力，以增加人口，确保税收和发展经济。而且这些措施虽然留人以性命，但残肢这种方式本身所体现出来野蛮与残忍也是显而易见；再如《法律选编》的确在一定程度上提高了妇女的地位，但在某些方面还是对妇女有比较严苛的规定。以通奸罪为例，对于淫妇要处以劓刑，沦为娼妓，之后要与丈夫分离；而对于奸夫的处罚是，对其处以劓刑，但不能与自己的妻子分离，可见同样状况下，妇女还处于极为不利地位；奴隶的状况与之前相比可能有所好转，但是从对偷盗他人奴隶者，要送还奴隶或赔偿与奴隶等价的偿金来看，奴隶依旧可以被作为商品进行估价，其还处于比较低的地位。

总而言之，同其他人类法律史上的任何一部法典一样，尽管《法律选编》存在或这样或那样的历史局限，但是它在史学和法学中的价值是不可否认的。史学方面，在6—8世纪拜占庭史料极为匮乏的情形下，它作为一部难得的官方原始文献，为我们提供了6—8世纪活灵活现的拜占庭人社会生活图，让我们清楚地了解到了这一时期的婚姻、家庭、继承、买卖等各种各样的社会关系，为我们进一步研究和补充这一时期历史事实提供了重要文献来源；法学方面，它是拜占庭帝国及其文化辐射范围内法律史链条上的重要一环。它上承查士丁尼大帝的《民法大全》，在继承的基础上，根据拜占庭帝国社会生活的实际情况进行了重大发展，拉开了拜占庭中世纪希腊化帝国立法的序幕；它下启后世《法学手册》《法学导论》等重要法典，其所确立的基督教、希腊化和仁爱化等立法原则和思想被继承和发扬，某些立法的影响甚至远及保加利亚王国和罗斯公国。值得注意的是，当希腊—罗马法在西欧逐渐退出历史舞台时，其在东欧却一直保存至今，成为巴尔干半岛很多国家的立法基础。例如一战后，当比萨拉比亚（Bessarabia）被割让给罗马尼亚之时，当局发现《法律选编》的一些内容还在该公国使用，并被强行推行至1928年6月；希腊独立后，国王奥托（Otto）也下令将《法学六书》和《法律选编》中的相关内容集结为法典，直至新法典颁布才停止使用。由此可见，作为拜占庭帝国的一部重要法典，《法律选编》当之无愧可称为拜占庭"黑暗时代"后的一缕晨曦，驱散迷雾，迎接美好的未来。

附录一 《法律选编》译文*

一 《法律选编》

序 言

《法律选编》是由虔诚睿智的皇帝利奥与君士坦丁编修的一部简明法律节选集，其选自查士丁尼大帝的《法学阶梯》《学说汇纂》《法典》和《新律》，提升了"仁爱"情怀；该法典编修于创世的 6248 年的 3 月 9 日①。

以圣父、圣子和圣灵

---

* 该译文以伯格曼和孟菲拉图斯校本为底本，参考了扎哈里亚校本及弗雷士菲尔德和汉弗莱斯的英文译本（Herausgegeben Von Ludwig Burgmann, *Ecloga das Gesetzbuch Leons III und Konstantinos V*, Lowenklau-Gesellschaft, 1983; A. G. Monferratus, *Ecloga Leonis et Constantini Cum Appendice*, Typis Fratrum Perri, 1889; Cura J. Zepi et P. Zepi, *Jus Graecoromanum*, Vol. 2, ed. by C. E. Zachariae A. Lingenthal, Scientia Aalen, 1962.; E. H. Freshfield, *A Manual of Roman Law the Ecloga Published by the Emperors Leo III and Constantine V of Isauria at Constantinople A. D. 726*, Cambridge University Press, 1926.; M. Humphreys, *The Laws of the Isaurian Era: The Ecloga and Its Appendices*, Liverpool University Press, 2017.）。文中出自《圣经》中的内容，参考了中文译本（《新旧约全书》，南京爱德华印刷有限公司 2013 年版）。附录主要对《法律选编》及其部分附录进行了译注，部分附录包括《决议》《士兵法》《摘编附录》《罗得海商法》和《农业法》，考虑到《摩西律法》出自《圣经·旧约》，属于常见的条款，故附录中未收入译注。另，有些《法律选编》的文本附录中还包括了《伊琳娜新律》，但是考虑到该新律仅是个别版本收录，且与《法律选编》的关联性不大，故亦未将其收录于本附录的译注中。

① 孟菲拉图斯稿本中对时间的记载为"世界纪年 6234 年，3 月，第 9 个小纪（ἐν μηνὶ μαρτίῳἰδν. Θ' ἔτους ἀπο κτίσεως κόσμου ςσλδ）"，为 726 年；扎哈里亚本则为"世界纪年 6248 年，3 月，第 9 个小纪（ἐν μηνὶ μαρτίῳἰδν. Θ' ἔτους ἀπο κτίσεως κόσμου ςσμή）"，为 740 年或 741 年。笔者认为 740 年或 741 年为该法典颁布的大致时间。

虔诚的皇帝利奥与君士坦丁之名。

我们的神、上帝、造物主创造了人，赋予其自由意志。如先知所言"授其法度"① 以助之，使其明了万事中何可为，何不可为，使他可以选择前者成为被救赎者，摒弃后者而避免成为受惩者；没有人可以置身圣戒之外，不遵守或藐视圣戒者，便会因其行为受到报应。对于会有这样的结局，上帝早已言明，人之行为是其价值尺度，其话语的权威是永恒的，正如《马太福音书》所言，"上帝的圣谕的权威将不会过时"②。

因此，上帝将帝国统治权交付于朕，而我们要如其所愿，向其表示敬畏之爱。正如上帝吩咐十二使徒之首的彼得一样，上帝命令我们"放牧"③ 他最忠实的"羊群"：我们想不出能比用"公平与公正"④ 照管主托付于我们的信徒的更合意或更重要的方式来感恩于主。因此，从今往后，"不公的绳索将被松开，强制的枷锁将被解开"⑤，罪人的攻击将被粉碎。因此，主以万能之手，用胜利击败我们的敌人，我们的头上才可以被加冕以圆形王冠，我们的王位才可以稳固、才更显弥足珍贵和无上荣耀，我们才能尽享和平，我们的国家才能根基稳固。

据此，我全心投身于此，以不眠之心发现使主愉悦和益于国家利益之事。我们更喜欢选择正义之神于世间万物，犹如其已赋予天国诸事。要反击敌人，尊服于上帝的正义之神的力量比刀剑更锋利。此外，众所周知，先皇们颁布的法令已编于诸册，但朕意识到其对有些人，其意艰涩；对其他人，则不知所云；对非居于我神佑帝都者尤为如此。故朕召集最卓越的贵族、刑事推理及最著名和最显赫的领事官和监察官，还有一些敬畏上帝者将所有送入皇宫的法律册本进行了仔细审阅，上至先帝们法令所载诸本内容，下至朕所颁法令条文。我们认为这样做正确的，对一些案件的判决、契约法以及各种犯罪的惩处进行更为清楚精确的重申，以确保圣律的基本含义易于被理解，以便于对有争论的案件做出正确判决，以确保对犯罪者的合理起诉，进而达到抑制并纠正喜欢干坏事人的行为。

朕劝诫所有被任命的执法者，命令他们要排除所有人性情感，以恰当的理解能力做出真正公正的判决，既不鄙视贫者，亦不能让有权势的罪人

---

① 《圣经·旧约》，第666页。
② 《圣经·新约》，第31页。
③ 《圣经·新约》，第263页。
④ 《圣经·旧约》，第331、667页。
⑤ 《圣经·旧约》，第721页。

逃脱惩罚。他们也不能以表面行公平和公正之辞为虚晃，暗地里却行不公、贪婪之勾当。当两人涉入一个案件，其中一人贪婪地以迫使另外一人沦为贫者为代价获得财富，公平起见，要从前者那里没收等同于后者不公正地丧失的财富返还后者。因为有些人内心深处并不珍藏真理与公正，他们因财富而堕落，因友谊而偏袒，因个人不和而深藏仇意，因惧怕权力而屈膝遵从。他们无法做到公平，引用赞美诗中对其生活的描述："世人啊！你们的言辞公正吗，你们施行裁决真合公义吗？不！在你们心中，怀揣不公，你们亲手在人间推行强暴。"① 正如智者所罗门以寓言的方式谈及关于不公正的衡量与权重的争论时说："权重或大或小均令主厌恶。"②

对诸类此事，朕已公开颁布法令提出警告：对于那些明知对错却歪曲真相者以及那些因缺乏判断力而无法寻到公正且完全无法对每一件事实行公正者，那就让他们听听西拉之子耶稣的训诫，"不要向上主求做大官，也不要向君王求荣位；不要谋求做判官，怕你无力拔除不义"。只让那些富有判断力、理性和清楚地知道何为真正公平者公正地进行审判，冷静地对每一个案件据实执行。因为我主基督耶稣，力量与智慧之神，赐予他们更多审判知识及揭露难以发现之事的能力。当所罗门在两个妇女间争夺儿子的审判中，主赋予正在寻求公正的所罗门以真智慧，赐予其公正和正确进行审判的能力。由于这两位妇女所说已无法证实。"他下令此案不得不向上天求助，准备以此来找出真相。由于对孩子冷漠的妇女接受命令，镇静地接受了杀死孩子的命令，而亲生母亲出于母爱本性，无法接受此案的判决。"③

让那些由我们虔诚的皇帝任命的法官来审理案件的人，让那些由我们虔诚的皇帝委任找出我们庄严法律的真正标尺的人，都要认真思考此事，以律律己。因此，朕将依此事努力维护上帝交付于朕手中的帝国权杖，以此武器并借上帝的万能之力，我们希望能坚定地抵御仇敌，并用我们的善行，以基督的圣十字起誓，争取让人们的幸福感达到最高。通过这些方式，我们希望恢复帝国古老司法之公正标准。

我们的主耶稣基督告诫我们："切莫据表象来断案，要据公正判断是非。"④ 审判也不要受回报礼物偏爱的干扰，以《阿摩斯书》中如是载

---

① 《圣经·旧约》，第 549 页。
② 《圣经·旧约》，第 622、630 页。
③ 《圣经·旧约》，第 322—323 页。
④ 《圣经·新约》，第 113 页。

"为图回报，而不秉公裁决，阻碍谦卑之人的道路"①，且"将义人的义夺去，他们的根必像朽物，他们的花必像灰尘飞起；因为他们不愿履行耶和华律书"②。因礼物与捐赠蒙蔽了智者的双眼③。因此为了及早终止此类不义所得，我们决定将由国库④向最负盛名的刑事推事、督监⑤及受雇于司法机构的其他官员偿付薪金，希望他们不会接受任何人的任何东西，不论谁都可以交由他们审判。希望先知所说之事不会遍布我们中间："他因金钱出卖了公平"⑥，亦希望我们不会因为罪人违犯主的戒律而招致主的愤怒。

新立法章目⑦

第一章

1. 关于订婚协议的签订与解除
2. 关于书面订婚协议
3. 关于延迟婚约的未婚夫
4. 关于未成年人的订婚婚约与悔约
5. 关于当事人未成年期间的订婚婚约在成年后的悔约

第二章

1. 关于合法的婚姻
2. 关于被禁止的婚姻和订婚
3. 关于婚姻及其书面婚约
4. 关于配偶去世无子女情况下的婚姻与继承
5. 关于配偶去世有子女的情况下的再婚与财产分配
6. 关于非书面婚姻的结合与解除
7. 关于与贫穷女性的婚约和继承权
8. 关于第二次婚约及夫妻间的赠予、子女的守孝期和双方子女的继承问题

---

① 《圣经·旧约》，第897页。
② 《圣经·旧约》，第663页。
③ 《圣经·旧约》，第182页。
④ 国库（sakellion）已经从皇帝的个人私产演变为帝国的一个财务部门，其官员与皇帝更为亲近，向司法人员发放薪金，其目的就是要强化皇帝对帝国司法的监控。
⑤ Ἀντιγραφεύς是一种负责对案件进行审核、监督的官员（Liddell & Scott, *Greek-English Lexicon*, Martino Publishing Mansfield Centre, CT, 2013, p. 77. ［后文简称 *GEL*］）
⑥ 《圣经·旧约》，第897页。
⑦ 所谓的"章目"就是该法典的章节目录（pinax），出现在《法律选编》的诸多稿本中，其目的就是便于使用者能很快地寻找到想要参考的章目，故而参考诸文本后将其置于此处。

9. 关于因妻子方的原因导致的婚姻解除
10. 关于因丈夫方的原因导致的婚姻解除。

第三章

1. 关于嫁妆和未兑现的嫁妆的协议
2. 关于妻子的嫁妆将不能作为偿还债务的财产

第四章

1. 关于简单赠予的非书面协议
2. 关于赠予的书面协议
3. 关于死后以遗嘱形式进行的赠予
4. 关于赠予的撤销

第五章

1. 关于无能力遗嘱人的界定
2. 关于书面遗嘱的订立
3. 关于非书面遗嘱的订立
4. 关于遗嘱订立时的证人数量
5. 关于遗嘱中未提及的子女和遗嘱订立之后出生的子女
6. 关于忘恩子女继承权的剥夺和善心陌生人的继承权的获得
7. 关于继承者继承份额的延缓或推迟
8. 关于垂死之际遗嘱的订立

第六章

1. 关于无遗嘱继承
2. 关于无子女和无家庭亲属的继承
3. 关于遗产
4. 关于继承与债务的抵偿
5. 关于继承人或遗产受赠人隐瞒遗嘱
6. 关于无遗嘱继承人和要求继承遗产者
7. 关于因不孝而丧失合法继承权的子女

第七章

1. 关于被遗弃的孤儿及其监护人

第八章

1. 关于自由与沦为奴隶
2. 关于奴隶在葬礼上佩戴自由之帽的行为
3. 关于奴隶与自由女性结婚并获得了主人或继承者的神圣洗礼
4. 关于从敌人那里被赎回自由人

5. 关于自由人因忘恩负义而再次沦为奴隶

6. 关于沦为战俘的奴隶从敌人那里返回的行为

第九章

1. 关于买卖

2. 关于订金

第十章

1. 关于借贷与抵押

2. 关于债权人可以获得抵押的行为

3. 关于妻子没有义务为丈夫偿还债务

4. 关于书面或非书面的合伙契约

第十一章

1. 关于各种寄存

第十二章

1. 关于永佃和租赁中对土地所有者造成伤害

2. 关于永佃权及其转让

3. 关于对租佃者的合理驱逐

4. 关于禁止对圣所缔结永佃权、未被禁止的不动产及交换

5. 关于有限的永佃权

6. 关于无法缔结永佃或有限永佃的人

第十三章

1. 关于书面或非书面的租约

第十四章

1. 关于可信与不可信的证人

2. 关于父母、子女与奴隶作证

3. 关于被强迫证人的证词

4. 关于对远距离证人的传唤

5. 关于一审判决与再次起诉

6. 关于道听途说的证词

7. 关于公证人的公证

8. 关于刑事案件中的证人

9. 关于对证人的召集

10. 关于否认债务或对债务数额的争论

第十五章

1. 关于协议的签订

2. 关于未成年人签订的协议
3. 关于不正当的协议

第十六章

1. 关于父权下的士兵财产
2. 关于士兵与农民兄弟拥有共同财产而后分家的情况
3. 关于士兵的权益
4. 关于神职人员或国家公职者的赠予
5. 关于公职人员的薪水
6. 关于子女的一般私产
7. 关于子女对遗产的继承

第十七章

刑法处罚

1. 关于寻求庇护
2. 关于作伪证罪
3. 关于谋反罪
4. 关于在教堂或礼拜中用手拍打牧师的行为
5. 关于侵犯他人财产且并未向法官申诉的行为
6. 关于放弃基督教而皈依伊斯兰教的行为
7. 关于将一匹马带到租赁时规定的范围之外的行为
8. 关于扣押他人牲畜的行为
9. 关于公羊与公牛相斗致死的行为
10. 关于在营帐中偷盗的行为
11. 关于富者与穷者的盗窃行为
12. 关于奴隶的盗窃行为
13. 关于盗窃牛的行为
14. 关于盗墓的行为
15. 关于在教堂偷盗的行为
16. 关于绑架他人的行为
17. 关于非法获得他人奴隶的行为
18. 关于伪造货币的行为
19. 关于已婚男子的通奸行为
20. 关于未婚男子的通奸行为
21. 关于已婚男子与自己女奴通奸的行为
22. 关于任何人与他人女奴的通奸行为

23. 关于任何人与修女通奸的行为
24. 关于任何人占有修女或处女的行为
25. 关于任何人与其教父或教母结婚的行为
26. 关于任何人与其教父或教母通奸的行为
27. 关于奸夫与淫妇
28. 关于拉皮条的行为
29. 关于堕落的行为
30. 关于强奸女孩的行为
31. 关于任何人强奸未成年少女的行为
32. 关于任何人强占他人未婚妻的行为
33. 关于任何人进行乱伦的行为
34. 关于任何人与母女通奸的行为
35. 关于任何人有两个妻子的行为
36. 关于妇女有意堕胎的行为
37. 关于任何人与亲属有非法性行为的行为
38. 关于同性间性行为的行为
39. 关于任何人的兽奸行为
40. 关于任何人在他人林地纵火的行为
41. 关于任何人有意或无意的纵火行为
42. 关于任何人无论以什么样的借口致人喝完药剂后受伤或死亡的行为
43. 关于巫术者和投毒者
44. 关于咒符
45. 关于蓄意谋杀他人的行为
46. 关于任何人用剑袭击他人的行为
47. 关于在打斗争中致人死亡的行为
48. 关于用拳头致人死亡的行为
49. 关于主人抽打奴隶致其死亡的行为
50. 关于强盗
51. 关于诽谤的行为
52. 关于摩尼教徒与孟他努派
53. 关于叛逃者

第十八章

1. 战利品的分配

第一章 关于订婚契约的签订与解除

1. 基督徒的订婚协议，需双方当事人年满 7 周岁及以上，基于订婚双方当事人意愿，并获得双方父母和亲属（监护人）赞同，未被列入禁婚的行列，用订婚礼物①达成了合法契约——也就是"替换物"②——或者书面协议方可缔结有效。如果男方当事人赠予了订婚礼物，但打算违约或不结婚，那么他的订婚礼物不予退还；如果女方当事人毁约，她要返还等同于订婚礼物价值的双倍，也就是不仅要返还订婚礼物，还要再追加一份订婚礼物给男方③。

2. 如果男方当事人与一个女孩缔结了书面订婚契约，但想要悔约，那么男方当事人要据书面契约对女方给予补偿；如果想要毁约的是女方当事人，又没有令人信服的法律依据，那么订婚的男方当事人也有同样权利获得在书面契约中同意提供给女方补偿的同等补偿，男方当事人在契约中要承担的其他责任，也将全部豁免。

3. 如果一个男人与一个女孩订立婚约，因不喜欢或其他原因，致使结婚推迟，女孩有义务等他两年；而后女方要在证人在场的情况下向男方要求举办婚娶。男方应允自然好；如果男方拒绝，那么女方有权利与其所倾慕的任何人结婚，且她可以获得订婚契约中规定的任何属于她的东西④。

4.1 对于孤儿，不论男女，如果他人为其订了订婚契约，但后来他们改变了想法，只要年满 15 周岁，便可解除订婚契约，因为当其是孤儿时，并不知道什么对自己有利。

4.2 在其已达到法定成人的前提下签订的订婚契约，则不可打破，因为他们已达到责任年龄，知道自己在做什么。

---

① 这种礼物被称为 αρραβων，原是指普通契约中的押金或预付订金（如 E. 9. 2），但是自 4 世纪起逐渐具有了订婚礼物这一特殊含义 [参见 A. Kazhdan et al., *The Oxford Dictionary of Byzantium* (Vol. 1), Oxford University Press, 1991, pp. 185 – 186. （后文简称 *OBD*）]。

② υποβολη 这个词主要出现在 9、10 世纪的利奥六世的新律中，这里主要是用该词表示结婚时新郎给予新娘的礼物，对等于新娘的嫁妆（参见 *ODB*, Vol. 2, p. 965.）。但查士丁尼的立法中礼物是用 "progamiaia dorea" 来表示的，如在《法律选编》第 2 章第 3 条便用了这一词，因此这里的 hypobolon 的具体含义还有待进一步考察，但其整句的含义是清晰的："订婚主要靠礼物的赠予或书面契约的签订而产生有效性。"

③ 同参照《查士丁尼法典》中的规定（J. F. H. Blume, *The Codex of Justinian*: *A New Annotated Translation with Parallel Latin and Greek Text*, Cambridge University Press, 2016, p. 1089）。

④ J. F. H. Blume, *The Codex of Justinian*: *A New Annotated Translation with Parallel Latin and Greek Text*, p. 1087.

第二章 关于允许和禁止的婚姻、头婚与再婚、书面与非书面婚姻及解除

1. 基督徒结婚婚约，无论是以书面还是非书面的形式，男女双方要婚龄，即男子达到 15 周岁，女子达到 13 周岁，双方愿意，并获得双方父母的同意。

2. 以下的婚约是要被禁止的：他们之间有神圣的救赎——洗礼关系，也就是受洗者（教父）与他的教女或教女的母亲，受洗者（教父）的儿子与教女或教女的母亲；他们之间被认为有血缘关系，也就是父母与子女，兄弟与姐妹，兄弟姐妹的子女，也就是堂兄妹（姐弟）以及他们的子女；他们之间有婚约关系相连者，也就是继父与继女，公公与儿媳，女婿与岳母，兄弟与新娘，也就是兄弟的妻子；同样还有父子与母女，两兄弟与两姐妹。这些人之间的订婚契约是不被认可的。

3. 一份结婚婚约要在三个可信的证人面前以书面的嫁妆契约形式签订。根据现行的虔诚法令，男方当事人要同意会一直保护并确保妻子的嫁妆不会缩减。与此相宜的是，男方对嫁妆的增添要被记录在婚约当中，如果将来没有子女，那么添加额的 1/4 部分要保留在嫁妆之中。男女双方要签订三份契约文件，两份同等效力的契约涉及妻子的嫁妆，第三个契约确定男方给予女方赠予物。赠予女方等同于嫁妆数目的赠礼将不能被以口头协议或转让完成①。

4.1 如果妻子先于丈夫而亡，且并无婚生子女，那么丈夫将获得妻子 1/4 的嫁妆，剩余的部分则要给妻子遗嘱中所列受益人，或者若无遗嘱，则由最近的亲属继承②。

4.2 如果丈夫先于妻子而亡，且无婚生子女，那么妻子所有的嫁妆将归自己，丈夫遗产的 1/4 也归妻子所有（相当于嫁妆的价值），剩余部分遗产则给予丈夫遗嘱中的受益人，若无遗嘱，则归其最亲近的亲属。

5.1 如果丈夫先于妻子而亡，且有婚生子女，那么妻子作为子女们的

---

① Stipulatio 相当于希腊语的 "eperotao"，是罗马法中的一种基本契约形式，基本采用问答的形式构建的一种交换契约。这种契约最初有口头协议的特性，与之相伴的还有要进行"记录（katagrapho）"，所以有人将其翻译为"不能是口头上的承诺或不能书面的承诺"，但是从文本上下文看，这里应该强调的是，这种契约能仅靠口头承诺的无效性，故应译为"不能进行口头承诺或转让"。实际上这里《法律选编》沿用了查士丁尼时期关于"结婚礼物等等同于嫁妆"的规定。

② 同参照《新律》中的规定（D. J. D. Miller and P. Sarris, *The Novels of Justinian: A Complete Annotated English Translation*, Cambridge University Press, pp. 266 - 268）。

母亲，可以以一家之主的身份掌管其嫁妆以及其丈夫所有的遗产。她要将丈夫所有财产及其丈夫留下的遗产仔细清点，以清单的形式制定一个公开记录。这份清单中还要包括嫁妆中的财产，如果有任何嫁妆之外的财产，她要提供有效的证据，说明这些财产是怎样来到丈夫家中，在丈夫去世时有哪些留存了下来。子女不得忤逆母亲的意志，也不得向其索要父亲留下的遗产，而要遵从上帝的旨意，对其完全顺从和尊敬①，可以说是上帝选定了她，因为作为母亲，她适合于承担起教育子女，为子女订立婚约，陪送嫁妆的责任，因为她可以做出决断。但是如果她改嫁，那么其子女将可以获得所有父亲遗产及母亲带给父亲的所有嫁妆。她可以获得的份额，是丈夫在其嫁妆中的添加额。

5.2 如果妻子先于丈夫而亡，且有婚生子女，作为子女的父亲，丈夫将可以管理妻子所有财产，包括协议之外的财产。他将是家庭和房子的监护人，子女们不得反对他，也不得向其索要母亲的遗产，而要对其完全地尊敬和服从。根据圣经所言："以言以行尊敬你的父母，以使他们的祝福可以降临于你。因为父亲的祝福，巩固子女的家庭，反之母亲的诅咒，拔除其家庭的根基。"圣徒保罗也说道："作为子女，要尊主之意听从父母"，且"作为父母，不要惹儿女生气，要遵照主的教训和警戒，养育他们"②。如果父亲再婚，子女还未成年，那么他将保护他们母亲的财产不会减少，当他们成年之后，且要求继承权，那么他要将遗产交与他们。

5.3 婚姻中的幸存者，无论丈夫还是妻子，并未缔结第二次婚姻，禁止解除对其未成年子女的抚养义务，而要保护他们并为他们安置一个家。如圣徒所言，"一个有子女和孙子女的寡妇首先要做的是照料家庭，在主看来，这才是正道"③。如果子女们已成年，有自己生活的能力和照顾家庭的能力，父母中的任何一个幸存者希望解除对他们的抚养，他将被授予这样的权利，此外，子女将获得父母的财产，一个孩子获得的份额要根据子女多少来定④。

6. 如果任何人因贫穷或身份低微而无法订立一份书面婚约，但双方当事人很诚恳地订立了口头誓约，双方同意，并获得父母的同意，那么

---

① 《圣经·旧约》，第72页。与《摩西律法》第2章第5条中的内容也一致。
② 《圣经·新约》，第219页。
③ 《圣经·旧约》，第236页。
④ 根据《法律选编》第5章第6条的规定，除了诸如"不孝或忘恩"这种特殊情况外，合法子女都具有继承其父母财产的权利，份额的多少取决于子女的数量。

该婚姻将在教会的祈福中或朋友的见证下被认可。如果任何人将一位自由的女人带回家，让其管理家庭事务，并与其同居，那么这将被视为口头结婚婚约。如果以其不能生育子女为借口，而无其他合法理由便将其家中赶走，那么很自然她将可以带走带入丈夫家中的财产及丈夫的 1/4 财产①。

7. 如果男女缔结了合法婚姻，在无子女或继承者的情况下，丈夫去世，丈夫的财产高达 10 磅黄金，那么因无子女，她可以获得丈夫财产的 1/4 份额；如果丈夫的黄金多于 10 磅，妻子也不能获得更多，多出的部分将给予丈夫的近亲属。如果丈夫并无遗嘱，也无近亲属，那么多出的部分将交与国家②。

8.1 未被列入禁止婚约范围者，可以以书面或口头的形式缔结第二次婚姻。如果他们并无子女，那么双方也要遵守上述所列条款；如果男方缔结第二次婚姻有子女，他不能以任何理由显示其慷慨，将相当于一个子女从第一任妻子那里获得的财产份额给予第二次婚姻中的妻子。同样一个女人在其丈夫去世 12 个月后想要缔结第二次婚姻，也要遵从上述规定。若丈夫去世未满 12 个月就再婚的，妻子不能从死去丈夫那里获得任何遗产。如果她超过了上述所定时间，那么她将可以获得自己的嫁妆及前任丈夫给予她的增添物。同样的道理，如果丈夫在妻子死后不足 12 个月结婚，那么他也不能获得妻子的任何遗产。如果他们有子女，且未成年，那么丈夫要保护他们的财产直到其成年，当他们达到成年，将获得母亲留下的遗产；如果丈夫与第二任妻子生有孩子，且丈夫去世了，那么两个妻子所生的孩子将有同等继承其父亲财产的权利。反过来也是如此。

8.2 如果女人要缔结第二次婚约，且在第一次婚姻中有子女，那么在缔结第二次婚约之前，她要为寻找到一个监护人。如果她没有这样做，那么她的财产及第二任丈夫的财产将要用于满足子女们对其父母合法财产的要求③。

---

① 同参照《新律》中的规定（D. J. D. Miller and P. Sarris, *The Novels of Justinian: A Complete Annotated English Translation*, pp. 549–550）。
② 同参照《新律》中的规定（D. J. D. Miller and P. Sarris, *The Novels of Justinian: A Complete Annotated English Translation*, pp. 455–456）。
③ 在罗马法中，监护人的主要职责之一保护和监管未成年者的财产，只是到了古代晚期遗孀才可以担任其子女的监护人，不过前提是该遗孀不再婚。这里潜在的风险是，母亲在获得了对财产的监管权后，若再婚，就可能将其财产转移到新组建的家庭中。所以，为了防止这种可能的发生，头婚所生子女可以宣称自己对其父母财产的继承权，包括对继父财产的继承权。

9.1 智慧的造物主及所有人类的创造者教导我们，婚约将那些生活在一起、敬畏上主者连接在一起，而不能被拆散。造物主以自存之物，创造未存之物，正如他所做的那样，他并未以创造男人的方式那样创造女人，而是取自男人。因此，他以妙不可言的智慧下令通过无法分割的婚姻将两个人统一为一个肉身。当妻子受到大毒蛇的引诱，说服丈夫尝食禁果，与丈夫违反神的旨意时，神并没有将其分离。神对其罪过进行了惩处，但并未打破他们的婚姻关系①。此法令被主重申，当法赛利人问主"一个男人以任何理由抛弃妻子，这合法吗？"主回答道："这些人通过主结合在一起，不能分离，除非因通奸。"② 我们将追随主的足迹并遵从主的旨意，不再规定其他或更多。但是我们将其计入人间现有法律中，因为据现有法律这些人以婚姻的形式结合，但还是能被分离，因为很多人习惯于堕落的生活方式，他们不能快乐地一起生活，以许多借口离婚。

9.2 如果妻子有如下行为，丈夫可以休妻：如果妻子与人通奸；如果妻子以任何方式谋害亲夫，或者作为帮凶且未告知他；如果妻子是一个麻风病患者。

9.3 如果丈夫有如下行为，一个妻子也能离开丈夫。婚约缔结已满三年，但男方不能与妻子完成合房礼；若丈夫以任何方式谋害妻子性命，或作为帮凶且未告知她，若他是一个麻风病患者。

9.4 但若在婚后，配偶精神失常，在此情况下，他们不能分开。希望通过这些众所周知的理由，婚姻不会被打破，因为正如《德训篇》中所言："由神结合在一起的人将不会分离。"③

第三章 关于未兑现的嫁妆契约和关于嫁妆的法律规定

1. 如果一个男人以书面或口头的形式同意接受嫁妆，但并未获得，结婚 5 年后，且男方已经达到 25 岁以上，可以向女方提出要求给予全部嫁妆，女方的父母要履行他们的契约中的嫁妆承诺；如果他没这样做，且并未获得嫁妆，那么他有责任给予女孩其在契约中允诺女方的礼物份额④。如果结婚时，他未满 25 岁，那么在达到 25 岁后，他将有 5 年时间收回所应有的嫁妆；逾期而未能采取行动收回者，如前所述，他将有责任给予女

---

① 《圣经·旧约》，第 2—3 页。
② 《圣经·新约》，第 23—24，52 页。
③ 《圣经·新约》，第 24，52 页。
④ 也就是男方应给予女方的等同于嫁妆价值的礼物，可参见《法律选编》第 1 章第 1 条和第 2 章第 3 条的规定。

孩相应嫁妆。

2. 如果妻子为其丈夫带来嫁妆，丈夫或遭受了损失，或欠了国家或私人的债务，而后去世了，那么在偿清妻子的嫁妆之前，国家和个人都不能进入其房屋获取任何东西，在偿清妻子的嫁妆后，剩下的部分才可以在债权人之间按比例分割①。

第四章 关于简单赠予，也就是直接让予财产的使用权和所有权，或者只是所有权，或者死后遗赠；关于简单赠予契约的废除

1. 如果赠予者达到法定年龄，在有5个或3个目击证人在场的情况下，将自己的财产以口头的形式赠送给受赠人，那么该赠予有效。在居民区要找到5个证人，在荒郊之地要找到3个证人。

2.1 如果一个赠予者达到法定年龄，在如前所述的3个或5个证人在场的情况下，宣布并签署了制定的赠予契约，那么该赠予有效。

2.2 如果一个赠予者打算赠予受赠者一个礼物，但是希望该赠予在自己死后才生效，那么该赠予要在5个或3个目击证人在场的情况下制定书面契约②。

3.1 如果捐赠者知道大限将至，做出了死后赠予的决定，那么该赠予也应该在如前所述的3至5个证人在场的情况下，制定书面契约③。

3.2 如果遗赠者并未在遗嘱中说明会撤回或取回遗赠物，那么遗赠者将无权取回，除非协议中有所表述，且遗赠者亲笔签字。

4. 若因以下理由，赠予契约将被废除：若受赠者是一个忘恩负义的人，或对赠予者粗暴无礼，或对其进行殴打，或对其极为仇视，或力图置其于死地等。在这些情况下，无论是书面，还是口头赠予，都将无效，如被证明犯有其中任何一条，如前所述，该赠予将被废除④。

第五章 关于无遗嘱能力人及书面和非书面遗嘱

1. 下列人员为无遗嘱能力人：因疾病而精神错乱者；未成年人，即

---

① 同参照《查士丁尼法典》中的规定（J. F. H. Blume, *The Codex of Justinian: A New Annotated Translation with Parallel Latin and Greek Text*, p. 2093）。
② 同参照《法学阶梯》中的规定（J. B. Moyle, *Institutes of Justinian*, p. 5）。
③ 同参照《法学阶梯》中的规定（J. B. Moyle, *Institutes of Justinian*, p. 5）。
④ 同参照《查士丁尼法典》中的规定（J. F. H. Blume, *The Codex of Justinian: A New Annotated Translation with Parallel Latin and Greek Text*, pp. 2249 – 2251）。

15 岁以下男性和 13 岁以下女性；疯子；战俘；没有财产，在父母的监管之下者；耗尽父母提供的嫁妆等东西者；先天聋哑者；不过因疾病而虚弱，但是能读能写之人，只要能亲笔书写，就可以订立遗嘱①。

2. 一份书面遗嘱要由立遗嘱者以立遗嘱的目的，召集 7 位证人，并在证人面前制定完成，还要签字盖章；无论是其亲笔，还是有能力的文书代笔，立遗嘱者务必写下继承者的名字；他没有义务将遗嘱的内容透露给证人，即使他们要求他这样做②。

3. 口头遗嘱也是有效的，如果立遗嘱者召集了 7 位证人制定了口头遗嘱③。

4. 如果立遗嘱者制定了书面或口头遗嘱，但无法找到 7 个证人，即使只有 3—5 个证人，该遗嘱也生效；但是若不足 3 个证人，该遗嘱将无效④。

5. 当父母按照前述合法方式制定了一份遗嘱，但遗嘱中并未提及其合法子女，或漏掉了其中的某一个，那么仲裁官⑤将会进行调查，如果他们发现子女们经常奚落或不公地对待父母，那么父母的遗嘱将有效；如果遗嘱制定后，有子女降生，那么履行职责的子女将获得其遗产，新生儿也将与其他继承者一起分享遗产。

6. 如果父母有一个儿子，但儿子不公地对待他们，且在其年老时忽视他们，而某个陌生者到来，并照顾他们，如果他们希望以立遗嘱的方式让该陌生人成为遗嘱继承者，以显示对其善心的报答，那么他们的遗嘱将有效⑥。

7. 书面或口头遗嘱中的任何继承者，妨碍或延迟执行遗嘱中规定的条款超过一年，若他是立遗嘱者的儿子或孙子，那么他们将只获得其合法份额；对有 4 个子女的情况，合法份额将占遗产的 1/3，对有 5 个子女及以

---

① 同参照《法学阶梯》中的规定（J. B. Moyle, *Institutes of Justinian*, p. 6）。
② 同参照《法学阶梯》中的规定（J. B. Moyle, *Institutes of Justinian*, pp. 60 – 61）。
③ 同参照《法学阶梯》中的规定（J. B. Moyle, *Institutes of Justinian*, p. 63）。
④ 同参照《查士丁尼法典》中的规定（J. F. H. Blume, *The Codex of Justinian*: *A New Annotated Translation with Parallel Latin and Greek Text*, pp. 1525 – 1527）。
⑤ Ἀκροατής 本意为倾听者，此处译为仲裁官，很明显这一术语具有圣经的范式，也是《法律选编》中的三类审判者之一，另外两类分别是"大法官"（archontes）和"审判官"（dikastai），这三者之间有所差别，不过"仲裁官"应该是从大法官分化出来的，最开始作为旁听出现，之后成为常设官职，而审判官是由大法官派出的审判"使团"（*GEL*, p. 30.）。
⑥ 同参照《新律》中的规定（D. J. D. Miller and P. Sarris, *The Novels of Justinian*: *A Complete Annotated English Translation*, pp. 757 – 758）。

上的情况,则占 1/2。若他属于其他亲戚,他将完全丧失遗嘱中的权益,其份额将由其他共同继承人、遗产受赠人和其他亲属继承;如果遗嘱继承者是一个陌生人,且并未按时执行遗嘱中的规定,那么遗产的继承权将给予另外一个人。

8. 若有人在战争或旅途中受伤,在濒临死亡时希望立一份遗嘱,但是既无法找到一名公证人,也找不到其他能书写之人,那么他可以在 7 个或者 5 个或者 3 个证人面前立口头遗嘱,如果只能找到 2 个证人,其证词也将被仲裁官接受①。

第六章 关于无遗嘱继承及因不体面行为而丧失继承权者

1. 如果一个人死亡时未留遗嘱,那么其留下来的子女或孙子女将继承其遗产;如果已故者的子女或孙子女尚存,即使他的父亲或母亲,祖父或祖母仍健在,他们也不能继承其遗产。如果已故者无子女或孙子女,其父亲或母亲、祖父或祖母这些最近的亲属将继承遗产②。

2. 如果一个儿子或女儿去世时无子女,亦未立遗嘱,但父母健在,且还有同父母的兄弟姐妹,继承权要给予其父母,兄弟姐妹将无权继承;如果无父母,只有祖父母,其遗产将由其祖父母和同父母的兄弟姐妹分割。如果已故者既无祖父,也无祖母,也无同父母的兄弟姐妹,那么父母中一方的兄弟姐妹将有权继承。如果父母无兄弟,只有亲属,那么其最近的亲属将获得继承权。如果并无亲属,而死者有妻子,那么妻子将可以继承其一半的遗产,另一半则交与国库;如果死者并无妻子,那么在无遗嘱的前提下,其遗产将归国家所有③。

3. 如果遗嘱人明确要将遗产赠送,那么受赠者将获得遗产,继承人将不能以任何理由处理遗产,而要将遗产交给受赠人。

4.1 如果继承者已明确遗产的数量,也知道遗产中的债务数目,那么他要在可信的证人面前制作一份遗产清单,宣布遗产总额。首先债权人有权收回债务,剩余部分则归继承者所有④。

---

① 同参照《查士丁尼法典》中的规定 (J. F. H. Blume, *The Codex of Justinian*: *A New Annotated Translation with Parallel Latin and Greek Text*, p. 1493)。

② 同参照《新律》中的规定 (D. J. D. Miller and P. Sarris, *The Novels of Justinian*: *A Complete Annotated English Translation*, pp. 788 – 789)。

③ 同参照《新律》中的规定 (D. J. D. Miller and P. Sarris, *The Novels of Justinian*: *A Complete Annotated English Translation*, pp. 789 – 791)。

④ 同参照《查士丁尼法典》中的规定 (J. F. H. Blume, *The Codex of Justinian*: *A New Annotated Translation with Parallel Latin and Greek Text*, pp. 1575 – 1585)。

4.2 如果继承者鲁莽轻率地接管了遗产,但遗产只能偿还部分债务,那么由于其没有探知遗产中债务的数目,故有责任偿还剩余部分。

4.3 如果债务数额巨大,继承者并不知情,那么他将在证人面前或发誓证明自己所得遗产数额,而后将遗产与债权人分割,债权人不能再向其要求更多。

5. 如果一个继承者或一个遗产受赠者隐瞒了遗产或遗嘱,之后被发现,那么继承者将失去继承权,受赠者将失去受赠遗产①。

6. 如果一个人去世时,在未有书面遗嘱或证人的情况下将财产和管理权留给予他的继承人,而此时有其他人宣称该遗产已为死者赠予自己,但无法通过证人或其他方式予以证明,那么继承者的话将被遵从②。

7. 有下列情形的子女将因忘恩负义而丧失合法继承权:殴打父母者;残酷折磨父母者;诬告或诽谤父母者;亲自投毒或与利用他人投毒谋害父母性命者;与继母或父亲的情妇通奸者;父母被捕入狱,儿子并未对其呼救迅速做出回应者;忤逆父母为其寻找的合法良缘,而愿意过一种邪恶生活的女儿;子女因父母疯癫,并未对其担负照顾义务者。

第七章 关于孤儿及其监护权

1. 如果父母去世时将遗产留给未成年子女,且以书面或口头的形式为其指定了监护人,那么该遗嘱将有效;如果他们没有这样做,在我们这座神佑之城,教会将有监护权,孤儿院和其他的施恩院及家喻户晓的教堂将担此责任。在行省,则由主教辖区、修道院及教堂将担起照顾未成年继承者的责任,直到其成年并结婚。如果他们不打算结婚,施恩院、修道院及教堂将继续负责照管这些遗产,在继承者年满20周岁时,他们务必要将遗产交给继承者。如果监护人要么极力将其责任推卸给其他人,要么吞并继承者的遗产,让他们乞讨街头,这些都会使上帝不悦。当然施恩院和教堂遵循上帝的圣律,关心他人,对陌生人热情,故而他们应该对保护孤儿的遗产做了更为充分准备,且会在恰当时间将遗产送还他们③。

---

① 同参照《查士丁尼法典》中的规定(J. F. H. Blume, *The Codex of Justinian*: *A New Annotated Translation with Parallel Latin and Greek Text*, p. 1619)。

② 同参照《查士丁尼法典》中的规定(J. F. H. Blume, *The Codex of Justinian*: *A New Annotated Translation with Parallel Latin and Greek Text*, pp. 1645 – 1647)。

③ 同参照《新律》中的规定(D. J. D. Miller and P. Sarris, *The Novels of Justinian*: *A Complete Annotated English Translation*, pp. 897 – 898)。

第八章 关于自由与奴役

1.1 当主人在教堂或当着召集的 5 个朋友的面公开将奴隶释放,那么奴隶将获得自由;如果不足 5 个证人,3 个亦可,但他们要据其所知在公共备案材料上签署自己的名字;主人还可通过一封签署有 5 个或 3 个证人名字的信件释放奴隶;自由还可以以书面遗嘱的形式被授予。

1.2 奴隶用死者遗嘱或经继承者的同意,头戴自由帽参与死者的葬礼,那么他也将可以被授予自由。

1.3 如果主人让他的奴隶与一个自由人结婚,那么该奴隶将获得自由。

1.4 如果奴隶的主人或女主人或主人的子女(获得父母的同意的情况下),成为其神圣救赎洗礼的教父(母),那么该奴隶将获得自由;如果一个奴隶在其主人知晓或同意的情况下成为一名牧师或修士,那么如前所述,他将即刻获得主人给予的自由。

1.5 前述的奴隶在主人的直接许可及上述的条件下会获得自由。一个已经获得自由的奴隶,若再次沦为奴隶,他可以向神圣的教会求助,在向相关大法官证明其被释放这一事实之后,他将重获自由。

2. 如果一个自由人沦为战俘,被他人从敌人那里赎回,救赎者可将被赎者带至家中,如果被赎者可以偿付赎金,那么他将可以获得自由;否则,救赎者可以将被赎者雇佣为仆人留在家中,直到其还清赎金为止。偿还给救赎者的数额要在证人在场的情况下由仲裁官进行年度核算,并获得双方同意①。

3. 即使被释者已成为国家官员,如犯有以下任意一个过错,将会被法官宣判恢复奴隶身份:袭击给予其自由的主人或其子女,或者侮辱他们,会对其傲慢无礼,或因琐碎小事,而冒犯他们,或密谋反对他们,大法官或审判官要对此进行查证。

4.1 如果一个奴隶沦为了敌人的战俘,且在为了保卫国家反击敌人而表现出英勇行为,要在其返回后即可释放;如果没有表现出这样的英勇,那么他返回后将继续保持奴隶身份 5 年,在此之前不能被释放。

4.2 如果一个奴隶自愿投敌,后又后悔并返回,那么因其自愿投敌背弃国家的行为而将终身为奴。

---

① 同参照《摩西律法》中的规定(M. Humphreys, *The Laws of the Isaurian Era: The Ecloga and Its Appendices*, p. 151)。

第九章　关于书面或口头的买卖协议及订金

1. 一份书面或非书面协议，无论用于出售，还是购买，在双方当事人诚心协商并达成合意价格的前提下，可以达成契约。因此，一旦买卖的价格确定且卖者同意卖给买者，那么双方当事人的任何一方均不能因改变想法而取消买卖。在协议签订之前，买方当事人要将买卖物品进行仔细询问调查，而后进行协议的签订是理所当然的。但是如果买卖完成后，买家发现其所购买之物为一个自由人或疯子，那么买者可以要求退货。

2. 如果协议中有关于缴纳订金的条款，缴纳订金的买家因疏忽未能履行契约，那么订金将归于卖家；但若是因卖家的固执造成契约未能履行，那么其不仅要归还买家订金，还要加倍赔偿。

第十章　关于书面或口头借贷协议及抵押

1.1 如果有人以书面形式或口头形式，在陆地上或大海上向他人借取金钱、银子或其他类似之物，那么根据双方当事人达成的契约条款，出借方将会收回其所应有部分，借用方不得为了不想还或延迟偿还债务而编造任何理由非法辩护，如受到敌人侵犯、海上失事，或其他类似的借口。如果借用方为了借贷而给予出借方抵押，只要借款偿还，则他便可收回自己的抵押品，持有抵押品的出借方不能以任何轻率的辩护理由——如他已经丢失了抵押品，或以任何其他类似的理由——拒绝返还给借用方，当然，除非他能证明，因灾祸致使抵押品及他自己的财物都遭受了同样的不幸与损失，关于此，仲裁官要进行调查①。

1.2 如果有人借给他人债务，借用方并未在指定的日子偿还债务，期限已过后，出借方可以向借用方正式提出归还要求，如果在要求并抗议2—3次之后，借用方既未作出承诺，亦未给予偿金，那么持有抵押品的出借方将有权利要求公证员②公开对抵押品进行评估，并以书面形式记录在公共登记簿上，然后将其出售，收益将用于偿还债务，当然若有任何剩余，将交与借用方。如果此销售，未能抵偿借用方的全部债务，那么他可

---

① 同参照《罗得海商法》中的规定（M. Humphreys, *The Laws of the Isaurian Era: The Ecloga and Its Appendices*, pp. 114 – 115）。

② Taboularios Defensor 为合成词。根据《市政官法》中的记录，Taboularios 是君士坦丁堡行会的成员，也拜帝国的一种官职，主要是负责文件的准备；Defensor 是古代晚期最低级别的司法人员，这里很明显其职责已经发生了变化，主要是负责文件的记录。

以要求借用方偿还剩余部分债务。

2. 如果出借方获得抵押品，而后又逮捕了借用方的孩子，并出租他们外出做苦力，那么债务将作废，孩子将被释放，出借方要以债务的总量及其增值部分对抓捕的孩子及其父母进行补偿①。

3. 如果借用方已婚，且无法偿还借款，那么他的妻子将没有义务用其嫁妆偿还借款，除非她与丈夫缔结了有偿还债务责任的契约②。

4. 一份口头或书面合伙契约的制定：两个人及以上组成，要想获利，他们或者提供一样的资金，或较小份额的资金；抑或者一些人提供资金，另一些提供劳力，他们共同出工出力。如果获利，除去本金，剩余部分则要按照他们投入的比例进行分配；如果有亏损，那么每个参与者都要承担填补亏损之责，承担的多少，要根据入股的份额多少决定。

第十一章　关于寄存③

1. 任何人因某种原因或担心而将财物交给他人保管。如果发生这样的情况：保管人否认自己接受过其财物，并被证明撒了谎，那么他要返还给寄托者双倍财物。但是如果由于灾祸，或被烧毁，或被偷窃，寄托者的财物和保管者的财物都受损，那么对财物的损失，裁决官将免除保管者的责任，因为该损失并非故意为之。

第十二章　关于长期与有限的租佃

1. 永租权要基于不动产和双方租赁协议一年基础之上，恪守协议规定，并执行契约相关内容方能生效。任何管事、公职或其他人员，如果发现其以任何方式做了对不动产的主人有害的行为，那么其职位将被终止，契约也将无效。

2. 如果有永佃权的承租者每年能按时缴纳租金，且尽力完成义务，对不动产进行悉心照料和维护，那么其租佃权不仅不会被剥夺，还可以将其传给继承人。他可以以嫁妆，或转让，抑或出售的方式予以安排。在出售过程中，不动产的主人有优先购买权。如果主人不愿意购买，那么在告示贴出两个月后，承租人可以将租赁权出售给任何健全之人，且他们也依附于土地。如果继任的承租者是合适人选，那么主人要将永租权以书面形式

---

① 同参照《新律》中的规定（D. J. D. Miller and P. Sarris, *The Novels of Justinian: A Complete Annotated English Translation*, p. 915）。

② 保护妻子的嫁妆体现了《法律选编》仁爱化的一面。

③ 同参照《法学阶梯》中的规定（J. B. Moyle, *Institutes of Justinian*, p. 131）。

授予他。如果承租者未能遵从这些条款,他将丧失租赁权。

3. 如果永租地属于修道院,但三年未获得租金,且不动产被恶劣地对待,那么主人有权收回不动产的永佃权,当然还有所欠租金。在其他地方的一些租地,承租者三年未交租金,且疏忽管理,其永租权也将被收回①。

4. 皇城最神圣的教堂②及其宗教房舍、孤儿院、贫民区及济贫院的不动产禁止转卖,除非其被毁,且只能转让给皇家。行省的神圣教堂和修道院的房舍及皇城修道院的房舍被允许签订永佃契约。

5. 有限的租佃可由教会或皇室抑或其他人以契约的形式订立,但亦如前文提及的实行年租为基础,在连续世代中至多允许三代人以遗嘱或无遗嘱的方式继承。契约开头要规定:利益的 1/6 将要上缴;第三代的最后一位继承者,不能强求续约,因为租赁权不能以此方式而被永久延续。

6. 以下人员不得获得长期或短期的租佃:皇帝和教会的管事,朝臣,税务官及亲属不能接受长期或短期的租赁,也不能担任中间人;行政长官和士兵不能成为长期或短期的租赁的当事人;士兵也不能成为有此目的契约的当事人,也不能因承担其民事义务而陷入难堪境地;士兵不能成为当事人,不能协助或参与家中或他人租赁事务,因为他们唯一要做的事是确保国家免受敌人侵害③。

第十三章 关于租赁契约

1. 不论是书面的还是口头的,租赁契约是建立在指定年限上的一种契约,不能超过 29 年。就国库、皇室和圣所,他们可以接受或承担责任的方式获得财产、庄园、土地及小地产的租赁。根据出租者与承租者达成的契约条款,每年承租者要向出租者缴纳租金,契约签订后不满一年,出租者和承租者不能撤销租赁协议,除非有关于此的专门合同④。

---

① 在查士丁尼的《新律》中规定,若是租佃者 2 年未交租金教会有权收回租佃权,这里延长至 3 年 (D. J. D. Miller and P. Sarris, *The Novels of Justinian: A Complete Annotated English Translation*, p. 810)。

② 圣索菲亚大教堂。

③ 同参照《士兵法》中的规定 (M. Humphreys, *The Laws of the Isaurian Era: The Ecloga and Its Appendices*, p. 85)。

④ 即契约的履行要超过一年,未满一年不能撤销合约。根据《查士丁尼法典》的规定,契约双方均不能在一年之内取消合约,除非有一方的权利被取消 (J. F. H. Blume, *The Codex of Justinian: A New Annotated Translation with Parallel Latin and Greek Text*, p. 1077)。

第十四章 关于可信与不可信的证人

1. 身份尊贵、供职于国家之人，或者拥有显赫的职位之人，或者家庭富有之人可优先认为其为可信之人。如果证人被发现不知实情，或证词有争议，那么审判官将会对其进行核实，并通过盘问方式探知证词的真实性。

2.1 父母与子女之间的相互指证将不能作为证词。

2.2 奴隶或被释奴证明或反对其主人的证词也是不可取的。

3. 强迫证人反对自己的证词也是不可信的。

4. 被传唤至庭前提交证据的证人，首先其递交的证据会在未宣誓的情形下被审查 2—3 次。如果发现他们所说与被审查事件有任何关系，则要求其进行宣誓。

5. 如果证人生活的地方较远，他们不是必须出现在公堂之上，但是要通过调查委员会进行作证。

6. 如果有人要求一位证人支持他的诉讼，而该证人也被要求在另一起诉讼中出庭指控同一个人，那么证人不能拒绝传唤。除非有证据证明证人与被告之间有敌意，或者在这个案件中有人以礼物或承诺贿赂证人。

7. 如果双方同意由初审审判官进行审判，但并未服从判决，而是希望向另外一个法庭提起诉讼，那么他可以请求出庭第一次审判中的证人到庭，他们也不能拒绝。如果以此方式被召集，一个证人去世了，那么第一次递交的证据将被允许以誓词的形式被公开。如果再次上诉者赢得该案件，那么这将是终审案件。但是如果法庭的判决反对他，且很明显其对手被错误地判罪，那么很自然维持一审判决的二审判决将是无可厚非的。如果在双方当事人之间并未做出惩处判决，那么他要支付对方法庭的费用，或者法官所决定的其他惩处。①

8. 传闻证据的证人的证据，如听说某人欠债或摆脱债务，这样的证据不能被接受，即使该证人是公证人。

9. 尽管债务人知道如何写自己的名字，也能够写自己的名字，但是没有亲手签订债务契约，即便是公证人的宣誓证据将不能被采用。

10. 整个的刑事诉讼过程中，证人都必须出庭②，听取审判。

---

① 同参照《查士丁尼法典》中的规定（J. F. H. Blume, *The Codex of Justinian: A New Annotated Translation with Parallel Latin and Greek Text*, p. 869）。

② 唯有因距离较远的情况，可以不必出现在庭堂之上，可参见本章第 5 条的规定。

11. 无论证人的数量有多少，出庭作证者被传唤至多四次，每次传唤也只能持续一天。第四次召集后，传唤人要停止再次召集，整理证人的证词，法官不能再次传唤证人，但是证人的证据要被保留。

12. 任何人在一份债务合同中否认是自己的签字，或任何人亲手起草了合同内容，但关于债务的数额有争论，导致债务人不得不诉诸法律时，一旦查出事情属实，则依据法律判处其赔偿相当于债务两倍的罚金。

第十五章　关于契约的签订或解除

1. 一份契约①要以书面形式，在3个证人签字的情况下方可签订。

2. 如果一个未成年人与他人签订了一份契约，由于其年幼而被欺骗，或在某种程度上受到伤害，但他达到25周岁时意识到受到损害，他可以将此事诉诸审判官，并陈述所受损害。如果其被证明确实受到伤害，那么法庭将保护他；但如果不能，则该契约依然有效。

3. 任何人已达到25周岁以上，受他人以言语或行为胁迫，因害怕而同意签订契约，如果这一事实能在仲裁官面前证实，那么该契约将无效，整个事件将会被重新调查②。

第十六章　关于士兵的私产、武器和薪水；关于神职人员和修士及其他公职人员

1. 军人私产是一位仍处于父亲或祖父权力之下的士兵，在服役期间所得财产。他可以据其意愿进行处置，即使其处于驻守营帐期间，同照此律③，但要明确的是，其订立的遗嘱要与之前所述一致。若其私产被以遗嘱的形式要求用尽私产，那么其继承者们就不能要求获得法定继承，因为该士兵可以以遗嘱的形式放弃或全权处理其私产。该士兵父母去世后，士兵的财产不能被归为祖辈遗产处理，而是要将其分离，承认其为士兵的私产。

---

① Dialusis 是一种由法庭认可的协商解决的契约。

② 同参照《查士丁尼法典》中的规定（J. F. H. Blume，*The Codex of Justinian: A New Annotated Translation with Parallel Latin and Greek Text*, pp. 433–435）。

③ 古罗马法中，家长拥有家族所有财产的权力，但法律中也包含了私产（πεκούλια或Peculium）思想，如家中的儿子也可拥有私产进行商贸活动，不过家长拥有私产的最终决定权。奥古斯都时期开始出现通过军事服役而独立于家长权之外的军人私产，这一特权在哈德良时期进一步扩大，《法律选编》继承了之前的立法原则，并对其进行了明确规定（A. G. Monferratus, *Ecloga Leonis et Constantini cum Appencice*, Typis Fratrum Perri, 1889, p. 38.）。

2.1 如果父母去世，留下数子，一子为兵，余子在家。若有契约，则依据契约分割家产。若无契约，则遵循以下原则：士兵服役 10 年，不管是来自服兵役的酬劳①，还是家中共同赢利，或是家中的某个兄弟或几个兄弟劳力所得，要对其进行平等分割。如果生活在一起有 13 年，后要分家，那么财产分配要如下进行：士兵可以获得其战马、马鞍、马勒、盔甲及胸甲。剩下的财产将会在兄弟间平等分配。如果生活在一起超过 13 年，该士兵应该获得其服役期间的所有东西，他将继续保存并为己所有。

2.2 据上天旨意，士兵从参军第一天起所得战利品和礼物，都应该属于其独有。

3. 对于修士或哈图拉里（Chartularii）及其他此类为国家服务且处于家长权力之下者，如果其父母去世时希望将私产给予他们，他们可以以遗嘱的形式进行。但是如果他们未留遗言就去世了，而共同继承者声明不同意服役者（担任职务）继承私产的数额，那么要对被包括进父亲的遗产中的服役私产进行评估，在服役者获得相应赔偿金后，剩下的在继承者之间分割；但是如果国家服役者给予其父母私产②的数目已经被扣除，且已偿付给他，如前所述，继承者不得对扣除和偿付的私产数额有异议。

4. 对于其他国家服役人员，如领取帝国薪水、口粮和日常花费者③，也就是说，他们拥有高贵的地位，经皇帝获得薪水，或从国库领取口粮后和奖赏，这些人（除了士兵可以自由处置其军人私产），如果他有 4 个子女，他要遗赠给他们合法的继承份额，即私产的 1/3；有五个孩子或更多孩子的，要遗赠其一半；如果无子女，但父母还健在，要遗赠给父母 1/3，剩下的部分，他可以自由处理。

5.1 那些处于父母权力之下普通私产的所有者，因其良好的品性由父母赠予或从父母那里获得这些私产。这些财产应被认为是父母的财产。父

---

① Ρογας 是一种给予行政官员和士兵的薪水，这可能是帝国 7 世纪财政危机的结果，因为当时帝国失去了最富庶的行省，普通军区士兵就不再按年获得薪资，而是以 "ρογα" 的形式每四年获得一次薪资（M. Hendy, *Studies in Byzantine Monetary Economy*, *c. 300 – 1450*, Cambridge University Press, 1985, pp. 645 – 654）。

② 拜占庭官员拥有这类私产的现象是非常普遍的，实际上一些官员还有权转让自己的职位 [A. H. M. Jones, *Later Roman Empire*, 284 – 602 (2 Vols.), Johns Hopkins University Press, 1986, pp. 394 – 395, 576 – 577, 909 – 910]。

③ 分别是 roga, annona 和 solemnion，roga 是支付给官员的 "现款薪酬"，不过 4 世纪之后，薪酬主要是以口粮（annona）的形式发放，在查士丁尼的立法中 solemnia 主要是指 "日常开销"。

母死后，这些财产要被计入父母剩余遗产中，然后作为遗产的一部分进行分割。如果这些财产和物品来自父亲，那么这些财产也被认为是父亲的财产，要被计入父亲的剩余财产中。

5.2 关于母亲的财产，如果这些财产是子女通过劳动所得或以遗产形式取得，这些财产就不能以遗嘱形式进行处理。父母只有使用权，并要为子女保存。

第十七章 违法与惩处

1. 任何人不得在教堂中将寻求庇护的人强行抓捕。对逃亡者的指控证据要呈交于牧师，牧师要进行担保：寻求庇护者遭受的指控将会被依法审理。任何人想要强行将一个寻求庇护者从教堂带走，不论其身处何阶层，均处 12 鞭刑；而后，逃亡者的罪责将以公正的方式进行审理[1]。

2. 任何人在司法询问过程中，无论是作为证人或是当事人，在《圣经》面前起誓，若之后被发现是伪证，要被处以割舌之刑[2]。

3. 任何人如果密谋反对皇帝，或与他人串谋反对皇帝或基督徒的国家，将被处以死刑，因为其目的是要毁灭整个国家。但是为了预防审判者对某人因有怨恨而将被告处以死刑，而后又以被告诋毁皇帝之名为自己辩解，权宜之计是将被控告羁押于安全之地。对其控诉内容，则要将其带到皇帝面前由皇帝亲自审问和量刑[3]。

4. 任何人如若在教堂或在礼拜队伍中击打牧师，要被处以鞭刑和放逐之刑。

5. 任何人若与他人有纠纷，并未向法官申诉，而是肆意妄为地施暴于与其争吵者，并将争夺物归为己有，即使经查实物品属于他，也要将其所占之物收回，给予另一方；如若他所占之物属于其他人，他要被大法官处以鞭刑，因为他已经成为一个罪犯和歹徒，之后其所侵占之物将物归原主[4]。

6. 那些落入敌手，并宣布放弃完美的基督教信仰的人，若其返回，也

---

[1] 同参照《摩西律法》(46) 中的规定 (M. Humphreys, *The Laws of the Isaurian Era: The Ecloga and Its Appendices*, pp. 160–161)。
[2] 同参照《罗得海商法》和《农业法》中的规定 (M. Humphreys, *The Laws of the Isaurian Era: The Ecloga and Its Appendices*, pp. 121, 133)。
[3] 同参照《法学阶梯》中的规定 (J. B. Moyle, *Institutes of Justinian*, p. 205)。
[4] 同参照《摘编附录》和《农业法》中的规定 (M. Humphreys, *The Laws of the Isaurian Era: The Ecloga and Its Appendices*, pp. 91, 130, 136, 138)。

要将其从国家和教会中流放。

7. 任何人租用马匹前往一个指定的目的地，但其牵马或还马之时将马牵到了超出指定的地方，若出现马匹受伤或死亡的情况，很自然他要向马主赔偿损伤费或死亡赔偿金。

8. 任何人扣押他人牲畜①，使其因饥饿或其他方式致死，那么他要向牲畜的主人赔偿双倍赔偿金②。

9. 公羊或公牛相斗，若最先发起进攻者被杀死，那么杀死公羊或公牛的主人将不会被传上公堂；但若公羊或公牛并未袭击而被杀死，那么杀死公羊或公牛的主人要被传上公堂，或者向被杀死的公羊或公牛的主人赔偿一只活的公羊或一头活的公牛；或者向被杀死的公羊或公牛的主人赔偿其所遭受损失同等价值的偿金③。

10. 任何人或在军帐或在行军途中偷盗武器，将被处以鞭刑；如若所盗之物是一匹马，则要处以砍手之刑④。

11. 任何人在帝国其他之地行窃，如若他是初犯，作为自由人且拥有财富，那么他不仅要偿还所偷之物，还要向被偷者提供等同于所偷之物两倍价值的偿金；如若他是一个贫穷者，他要被处以鞭刑并被流放。第二次犯罪者，则要处以砍手之刑⑤。

12. 一个奴隶进行盗窃，如若主人想保留奴隶，那么他要对被偷之人进行赔偿。若他不愿意保留该奴隶，要将该奴隶的完全所有权给予被偷者⑥。

13. 任何人从他人的牛群偷牛，初犯者，处于鞭刑；第二次者，处以流放；第三次者，处于砍手之刑；当然偷牛者要将所偷之牛返还给牛的合法拥有者⑦。

---

① Thremma，这里意为"动物或牲畜"，是该文本中用于表示"动物"的词汇之一，通常用来表示牛或羊，这种惩处在《农业法》中有了进一步扩展，也包含猪和狗（M. Humphreys, *The Laws of the Isaurian Era: The Ecloga and Its Appendices*, p. 135）。
② 同参照《法学阶梯》中的规定（J. B. Moyle, *Institutes of Justinian*, p. 169）。
③ 同参照《农业法》中的规定（M. Humphreys, *The Laws of the Isaurian Era: The Ecloga and Its Appendices*, p. 138）。
④ 同参照《士兵法》中的规定（M. Humphreys, *The Laws of the Isaurian Era: The Ecloga and Its Appendices*, p. 86）。
⑤ 同参照《士兵法》（10, 28）《罗得海商法》（3.1 – 4, 38）和《农业法》（33 – 35, 61 – 62 和 68 – 69）中的规定（M. Humphreys, *The Laws of the Isaurian Era: The Ecloga and Its Appendices*, pp. 82, 84 – 85, 118, 126）。
⑥ 同参照《法学阶梯》中的规定（J. B. Moyle, *Institutes of Justinian*, pp. 188 – 189）。
⑦ 这里的规定与《农业法》和《摩西律法》中的规定相得益彰（M. Humphreys, *The Laws of the Isaurian Era: The Ecloga and Its Appendices*, pp. 134, 150）。

14. 盗墓者要被处于砍手之刑。

15. 任何人无论白天还是晚上进入教堂的圣坛,盗窃本属牧师的任何物品,将处以致盲之刑。任何人从教堂中圣坛以外的地方偷盗物品,作为一个亵渎者,他将被处以鞭刑并削发后流放。

16. 任何人抓捕一个自由人并将其卖为奴隶,要被处以砍手之刑。

17. 任何人诱拐、偷盗或隐藏他人的奴隶,除了要送还奴隶外,他还要再向奴隶的主人赠送一个奴隶或赔偿与奴隶等价的偿金。

18. 伪造货币者将处以砍手之刑。

19. 一个已婚男性犯有通奸罪,不论贫富均要被处以 12 鞭刑①。

20. 一个未婚男子犯有私通罪,将被处以 6 鞭刑。

21. 一个已婚男子与奴隶发生关系,事情败露后该奴隶要被带至地方法官面前,为了帝国,她要被卖到外省,所得售金为帝国所用②。

22. 任何人与他人的女奴发生关系,如若他是讲诚信之人,要向女奴的主人偿付 36 诺米斯马塔的罚金;如果他是个小人,他要被处以鞭刑,且要尽其所能偿付 36 诺米斯马塔的罚金。

23. 任何人与一位修女通奸,因为他们的行为玷污了上帝的教堂,他犯了通奸之罪,使她疏离教会,故他们要被处以割鼻之刑;修女必须谨慎,以免遭受同样的惩罚。

24. 任何人在任何地方强行将一个修女或任何一个处女带走,若如将其玷污,要处以割鼻之刑,强奸的帮凶要处以放逐之刑③。

25. 任何人打算与其救赎洗礼的教父(或教母)结婚,或者虽未结婚,但与其发生了关系,犯罪者要被分开,还要以通奸罪同罪论处,也就是说男女双方都要处以割鼻之刑④。

26. 任何人被发现已与其教父或教母缔结了婚约,他们要被处以严厉

---

① Sophronismos,这里意为"过错",具有很明显的道德寓意,特别是涉及性的问题上,要求改正、节制与自律,这里应该是借用了《提摩太后书》中上帝对基督徒自律要求的规定(《圣经·新约》,第 238 页)。可以注意到,与第 11 条不同的是,这里的惩处是不分贫富的,也就是基督徒在道德上的纠错惩处都是一致的,这也符合基督教讲求"平等"的精神和道德理念。

② 在罗马法中,关于丈夫、妻子与奴隶通奸惩处是不同的,妻子与奴隶发生关系,妻子要被处以死刑,奴隶要被烧死,体现了极为不平等的性别关系。这里出现了一些变革。《法律选编》吸收了基督教的平等理念,尽管仍有很大局限,但趋向于使得惩处走向相对平衡。

③ J. B. Moyle, *Institutes of Justinian*, p. 207.

④ 这属于禁婚的范围,参见《法律选编》第 2 章第 2 条中的内容。

地鞭刑，并处以割鼻之刑。

27. 一个男人一名已婚女子犯了通奸之罪，他要被处以割鼻之刑，女子亦同罪论处；自此以后，她要与丈夫分离，失去子女，因为她漠视上帝教导我们的圣言：上帝将丈夫与妻子"二人合为一体"①。在割鼻之刑之后，淫妇只能带走其带入丈夫家中的东西。尽管奸夫被处以割鼻之刑，但他不会与妻子分离。关于通奸罪，法庭要进行仔细调查，裁决官要对通奸的指控者进行审问；如果指控者是父亲、丈夫、母亲、兄弟或诸如此类，就这一层面看，指控更为可信。如果指控者是陌生人，那么指控者必须满足关于其为合法公民身份的要求，且其证据要被审查；如果他们证明了通奸罪成立，那么奸夫淫妇将会被处以割鼻之刑；如果他们无法证明，但进行了恶意指控，那么他们将被以诽谤罪论处②。

28. 丈夫明知妻子通奸，但宽恕了妻子的通奸行为，那么他要被处以鞭刑和流放之刑，奸夫淫妇要被处以割鼻之刑。

29. 任何人引诱处女，虽获得她的同意，但未获得其父母的同意，之后被他们所知，如果引诱者愿意与该女孩成婚，并获得父母同意，那么该婚姻将生效。如果引诱者不愿意与该女孩成婚，且他是一个富有者，那么他要给予被引诱女孩一磅重的黄金。如果他是一个穷者，他要将财产的一半给予女孩。但如果他没有财产，且无法支付罚金，那么他要被处以鞭刑、削发及流放之刑③。

30. 任何人强行掳获并玷污一个女孩，他要被处以割鼻之刑。

31. 任何人玷污一个青春期前的女孩，也就是未满13周岁的女孩，那么他要被处以割鼻之刑，且其一半的财产要归被引诱女孩所有。

32. 任何人玷污一个有婚约的女孩，即使获得她的同意，他也要被处以割鼻之刑。

33. 对犯有乱伦之罪者：父母与子女、子女与父母、兄弟与姐妹，要处以剑刑；其他关系者，如父亲与儿媳，儿子与继母，继父与继女，兄弟与兄弟之妻，叔叔与侄女，侄子与姑母，要处以割鼻之刑；一个人与两姐妹发生关系，以同罪论处。

---

① 《圣经·旧约》，第2页。
② 在罗马法中，通奸是指一个已婚的妇女发生婚外性行为，男人的没有婚姻状况的限定，这一点在《法律选编》第17章19条的规定中已明确，已婚男子发生婚外性行为，并非按照通奸罪论处，而是按照非法性行为处罚。
③ 同参照《摩西律法》中的内容（M. Humphreys, *The Laws of the Isaurian Era: The Ecloga and Its Appendices*, p. 154）。

34. 一个男子在知情的情况下与一对母女发生关系，要被处以割鼻之刑；反之，一个女人知情的情况下与一对父子发生关系者，同罪论处。

35. 一个男人有两个妻子，他要被处以鞭刑，第二个入门的妻子连同其所生子女将被驱逐。

36. 一个女人与他人发生不正当关系导致怀孕，若她试图使自己流产，将被处以鞭刑和流放之刑。

37. 从现在起，若堂兄弟姐妹与他们的子女订立婚约，父子与母女订立婚约，两兄弟与两姐妹订立婚约，在将其分开后，还要处以鞭刑。

38. 不论是主动还是被动犯有违背自然的罪行①，将处以剑刑；如果他属于被动犯罪，发现时未满12周岁，基于其年幼无知而犯的罪过予以赦免。

39. 某些人犯有犯了"不理性"之罪，也就是"兽奸罪"②，其将被处以宫刑。

40. 任何人在他人林地纵火或砍伐树木，要赔偿双倍罚金。

41. 任何人恶意或为了劫掠而在城中纵火，将被处以火刑；若他们并未在城中，而是在乡间，或在田地，抑或在乡间农舍故意纵火，将被处以剑刑；如果任何人想要燃烧自己地里的麦茬或蓟草，将其点燃，但火势超过了自己的地界，并将他人的田地或藤本作物烧毁，那么要及时禀告法官；若是因无知或粗心而导致火势蔓延，那么纵火者要赔偿受损者相应损失；若他在大风天点燃的火苗，并未做防备来阻止火势的蔓延，那么纵火者将因粗心和疏忽而被依法定罪；如果已经做了各种预防，一场暴风突然刮起，结果火势蔓延殃及他人，那么纵火者将不会被定罪；若这样的事发生，即一个人的房子和财物被烧毁，且燃烧的大火殃及邻居的房屋，他也不会被定罪，因为该火灾的发生并不是蓄意而为。

42. 任何人，不论自由人还是奴隶，不论以任何理由，被发现给予他人一剂药，妻子给丈夫、丈夫给妻子、奴隶给主人，结果这样的行为导致服用者生病并死亡，那么犯罪者将被处以剑刑。

43. 江湖巫士和投毒者以恶魔之术伤害他人，将被处以剑刑。

44. 任何人以帮助他人的骗术手段为他人制作咒符，由于他通过卑鄙贪婪的手段获得财富，那么其财产要被没收，并处于放逐之刑。

45. 任何人如果犯有故意杀人罪，不论年龄，均处以剑刑。

---

① 这里指同性性行为。
② 在拜占庭人的思想之中，人与其他生物最大的区别就是人具有理性思考的能力。因此非理性就会变得像禽兽一般，故在此将非理性与"人兽相交"联系在了一起（M. Humphreys, *The Laws of the Isaurian Era: The Ecloga and Its Appendices*, p. 75, n. 170）。

46. 任何人如果以剑袭击他人并造成死亡，袭击者要被处以剑刑；如果受袭者未死，袭击者要被处以砍手之刑，因为他竟敢用剑伤人①。

47. 在一场争斗中有人死亡，仲裁官要进行调查，并确定死者死于何种凶器；若他们判定死者死于一根棍子，或一块大石头，或被踹而死，那么犯罪者要被处以砍手之刑；但是如果他们死者死于一个较轻的投掷物，那么犯罪者要被处以鞭刑和流放之刑②。

48. 在争斗中，若一个人用拳头使人致死，要处以鞭刑和流放之刑，因为他并非故意杀人。

49. 一个主人用皮鞭或棍棒打他的奴隶并致死，他不会被判谋杀罪；但是如果他任意拷打，或毒害或焚烧而致其死亡，那么要以谋杀罪论处。

50. 一个强盗或任何人埋伏某地并犯有谋杀罪，那么其要被就地处以绞刑。

51. 不论何种场合，诽谤者都要遭受同样的惩罚③。

52. 摩尼教徒和孟他努派教徒要处以剑刑。

53. 叛徒，也就是说那些投奔敌人者要被处以剑刑。

第十八章　关于战利品的分配

1. 他们参加战斗反对敌人，远离恶言与恶行，一直铭记上帝，只向我主祈祷，并以智策安排战事④。胜利并非靠数量，而是借上帝之力。因此，在上帝赐予胜利后，战利品的1/6要入国库，所有生还者将平均分配剩余部分。军官的薪资对其来说是充裕的。但是如果他们当中有人特别卓越，那么可以从属于国家的1/6的战利品中拿出一部分作为酬劳奖励给他们。根据规定，在军队中的后勤兵，也可以像参加战斗的士兵一样分得战利品。

二　《决议》

关于带着薪资与劳力入赘为婿的士兵

我们虔诚与公正的皇帝们颁布了如下虔诚之法：无论何时，如士兵以

---

① 同参照《士兵法》中的规定（M. Humphreys, *The Laws of the Isaurian Era*: *The Ecloga and Its Appendices*, pp. 134 – 135）。

② 同参照《罗得海商法》（3.6 – 7）中的规定（M. Humphreys, *The Laws of the Isaurian Era*: *The Ecloga and Its Appendices*, p. 119）。

③ 即诽谤罪，要遭受割舌之刑，可见《法律选编》第17章第27条的规定。

④ 《圣经·旧约》，第634页。

女婿的身份带着物品与财物入赘到岳父家,那么这些东西,不管是皇家的赠予,或是他自己的剑,或是获得的薪金,必定要搬移到岳父家,而岳父必须将用于女婿的所有支出,也就是如军备武器和衣服花费进行详细记录。总之,要对为女婿购买的东西和支出进行登记。

三 《士兵法》①

1. 胆敢策划阴谋、密谋或反叛其将领者,无论是何缘由,均处以死刑,特别是阴谋或叛乱的头目。

2. 若士兵不服从五夫长的命令,要受到训斥,五夫长不听从十夫长、十夫长不听从百夫长的命令,亦受到同样的惩处。若有人在精英兵团②中不遵从将官的命令,也就是说军团将军或指挥官,他要被处死刑。

3. 若士兵听到十夫长的命令,但未执行,士兵要接受惩罚。但若是因十夫长忘记下达命令而导致任务未能被执行,十夫长将因此而遭受惩处③。

4. 若士兵受到了他人不公对待,可向上级兵团长官控诉。若他受到该兵团长官的不公对待,那么他可向最高长官控告这位长官④。

5. 若士兵竟敢超期不归,应先将其开除军籍,而后以平民身份交由民事法官处理⑤。

6. 若在战时,有人准许士兵离开,理由是休假,准许士兵离开者要接受 30 诺米斯玛的罚金惩处。士兵可以在过冬时节拥有 2—3 个月的休假,

---

① 《士兵法》是拜占庭帝国中期的一部重要专门法典,伊苏里亚王朝时期获得官方认可后成为《法律选编》的重要补充,主要涉及军事管理和军事组织。该法典版本众多,从 1865 年德国学者林根绍尔整理出了第一个希腊文本,之后还出现了希腊学者孟非拉图斯文本、英国学者阿布什内尔文本和罗马尼亚学者考泽斯基文本。翻译文本主要有五种:美国学者布兰德的英—拉对照本,意大利学者韦里的意大利语文本,意大利学者法米格里耶迪的希—意对照本,美国学者汉弗莱斯的英译本以及李强的中文本(版本信息参见李强、徐家玲:《拜占庭〈士兵法〉译注》,《古代文明》2013 年第 2 期;M. Humphreys, *The Laws of the Isaurian Era: The Ecloga and Its Appendices*, Liverpool University Press, 2017, pp. 80 - 88)。

② 原文为 tagma,是《士兵法》中的一种军事单位,但这里不同于后来的兵团,而是君士坦丁五世建立的一种"精英兵团"。

③ 参见阿布什内尔本第 44 条。详细条款可见 W. Ashburner, The Byzantine Mutiny Act, *The Journal of Hellenic Studies*, 46 (1926), 1926, p. 105. 下文简作 BMA。

④ 参见阿布什内尔本第 45 条(BMA, p. 105)。

⑤ 参见阿布什内尔本第 46 条(BMA, p. 106)。

休战时期，则要根据行省边界距离给予士兵适当的假期①。

7. 若某人被他人控告有投敌意愿，其要被处以死刑，知情不报者亦同罪论处②。

8. 若某人使一个士兵或纳税者受伤，那么他给予受伤者双倍的赔偿。若一个长官或普通士兵在冬季的营地里，行军途中或营帐之中对其他士兵或者纳税者造成伤害，但并未进行赔偿，他应付出双倍的赔偿代价③。

9. 若士兵被委派守卫一座要塞或城镇，本有能力守卫，但却违反长官的意愿逃跑了，该士兵要被处以死刑，其生命处于危机中不得已而为之者除外④。

10. 若某人发现一个牲畜或其他东西，无论价值大小，没有及时向其长官报告，也未将其交给长官，要对其以盗窃罪进行处罚，知情不报者同罪论处⑤。

11. 若士兵在其军团行军或战斗中脱离队伍或擅离军旗，或者弄乱队形，抢夺被杀者的衣物，或鲁莽地追赶敌人。我们裁定这样的士兵将处以死刑，其财产将被充公，用作军团的日常开销，因为他违反了军团的纪律，将其同伴置于极其危险的境地⑥。

12. 若在统一军事行动或者战争中，军队发生了无明显理由或原因的溃逃，根据裁决，军营中最先逃跑和在战场上前列溃退的士兵，因其毁坏了原本的战斗队列，进而引发了全军的溃退，故将通过十一抽杀律的方式，由其他阵营的士兵将其射杀。但若当中有人因战斗而负伤，受伤之人可免除上述惩处⑦。

13. 若在无合理和明显缘由情形之下，军旗被敌夺走。根据裁决，看守军旗之的士兵将要接受处罚，其职位将降至所在军团或禁卫军团中最低级别。若其在战斗负伤，可免除上述惩处⑧。

14. 若行军中的兵团被击溃，或整个军队的阵型被打乱，他们并未撤退至就近的营地求援，而是慌乱地潜逃至其他地方，根据裁决，对没有负起该职责的人处以死刑，因为他们使自己的同伴陷入危险境地，并引起巨

---

① 参见阿布什内尔本第47条（BMA, p. 106）。
② 参见阿布什内尔本第48条（BMA, p. 107）。
③ 参见阿布什内尔本第49条（BMA, p. 107）。
④ 参见阿布什内尔本第13条（BMA, p. 94）。
⑤ 参见阿布什内尔本第50条（BMA, p. 107）。
⑥ 参见阿布什内尔本第8条（BMA, p. 91）。
⑦ 参见阿布什内尔本第9条（BMA, p. 92）。
⑧ 参见阿布什内尔本第10条（BMA, p. 92）。

大恐慌①。

15. 若战斗中士兵丢弃了武器，根据裁决，他要被处以死刑，因为他不但让自己丢了武器，还让敌人武装自己②。

军事惩处

16. 若行军途中，长官或带领军队的人在乡村征了钱财，要被处以双倍的罚款③。

17. 引发混乱和煽动百姓的头目，要据具体情节处之以斩首或流放之刑④。

18. 若某人在军队中因抱怨而引发骚乱，或者很多人共谋而引发骚乱，那么他们要被处以鞭刑并逐出军队；但若是有人在士兵中间引发了极为严重的骚乱，那么他们要被处以极刑⑤。

19. 若士兵在受到长官的故意打击时进行了反击，若他只是拦住了长官手里的棍棒，该士兵只需接受调离职位的惩处，但若蓄意弄断长官手里的棍棒或进攻自己的长官，则要被处以极刑⑥。

20. 若士兵们在撤退之时，本可以保护将领，但选择了抛弃，或没有对其保护就逃跑了，最终导致其将领阵亡，那么这些士兵将被处以极刑⑦。

21. 若被派往皇宫的守卫擅离职守，要被处以极刑，若值得以"仁爱"考量，要对其处以鞭刑和流放之刑⑧。

22. 若有人叛逃至外邦，或将武器卖给他们，或伪装前往面见使节将铁或生铁卖与他们，这样的人将会被判处死刑⑨。

23. 若有人故意煽动战争或将罗马人出卖给敌人，这样的人要接受同样的惩罚⑩。

---

① 参见阿布什内尔本第12条（BMA, p. 93）。
② 参见阿布什内尔本第11条（BMA, p. 93）。
③ 参见阿布什内尔本第35条（BMA, p. 102）。
④ 同参照《法学汇纂》中的规定（Alan Watson, *The Digest of Justinian*, Vol. 4, p. 367）。
⑤ 同参照《法学汇纂》中的规定（Alan Watson, *The Digest of Justinian*, Vol. 4, p. 407）。
⑥ 同参照《法学汇纂》中的规定（Alan Watson, *The Digest of Justinian*, Vol. 4, p. 410）。
⑦ 同参照《法学汇纂》中的规定（Alan Watson, *The Digest of Justinian*, Vol. 4, p. 407）。
⑧ 同参照《法学汇纂》中的规定（Alan Watson, *The Digest of Justinian*, Vol. 4, p. 410）。
⑨ 同参照《查士丁尼法典》中的规定（J. F. H. Blume, *The Codex of Justinian: A New Annotated Translation with Parallel Latin and Greek Text*, p. 993）。
⑩ 同参照《法学汇纂》中的规定（Alan Watson, *The Digest of Justinian*, Vol. 4, pp. 316 – 317）。

24. 若有人叛逃至外邦人那里而且被抓,要被处以极刑①;而从罗马境域中叛逃到敌人那里的人,要像杀死敌人那样杀死他们②。

25. 若罗马军队的侦察者将罗马人的决策秘密泄露给敌人③,要被处以极刑;对于破坏和平的士兵,也将被处以极刑④。

26. 若有人在战时违背长官的禁令或未完成长官的命令,尽管其行为是成功的,也要被处以极刑⑤。

27. 若有人故意用石块砸伤战友或自己,在逃离了对自己或他人身体上造成的疼痛、疾病和死亡之后,要接受鞭刑和逐出军队的惩罚⑥。

28. 士兵无论在何地盗窃何物,都要被处以双倍的赔偿和被降级的处分⑦;曾被判决处以斩首、逐出或者因其他公共控告而遭受处罚,设法逃脱惩处者,绝对不允许参军入伍⑧。

29. 因自身的错误引发的名誉受损且被从军队逐出之人,将不能拥有或获得任何荣誉⑨。

关于士兵的身份地位

30. 严禁士兵担任管理者、承包者或他人财物的担保者⑩。

31. 禁止士兵受雇于从事农业、商业或政务,否则要被从军队遣散,失去军人的特权⑪。

源自《法学汇纂》(49.16)中关于进一步对士兵身份地位的规定

32. 若有士兵在面对敌人时逃跑,或者逃离营帐⑫,或者战斗中当着战

---

① 参见阿布什内尔本第6条(BMA, p.91)。
② 同参照《法学汇纂》中的规定(Alan Watson, The Digest of Justinian, Vol.4, p.334)。
③ 同参照《法学汇纂》中的规定(Alan Watson, The Digest of Justinian, Vol.4, p.409)。
④ 同参照《法学汇纂》中的规定(Alan Watson, The Digest of Justinian, Vol.4, p.411)。
⑤ 同参照《法学汇纂》中的规定(Alan Watson, The Digest of Justinian, Vol.4, p.407)。
⑥ 同参照《法学汇纂》中的规定(Alan Watson, The Digest of Justinian, Vol.4, p.409)。
⑦ 参见阿布什内尔本第54条(BMA, p.97)。
⑧ 参见阿布什内尔本第53条(BMA, p.108)。
⑨ 同参照《查士丁尼法典》中的规定(J. F. H. Blume, The Codex of Justinian: A New Annotated Translation with Parallel Latin and Greek Text, p.2929)。
⑩ 同参照《查士丁尼法典》中的规定(J. F. H. Blume, The Codex of Justinian: A New Annotated Translation with Parallel Latin and Greek Text, pp.1075-1077)。
⑪ 同参照《查士丁尼法典》中的规定(J. F. H. Blume, The Codex of Justinian: A New Annotated Translation with Parallel Latin and Greek Text, p.2935)。
⑫ 同参照《法学汇纂》中的规定(Alan Watson, The Digest of Justinian, Vol.4, p.407)。

友的面最先逃跑①，或者丢掉自己的武器，或者卖了自己的武器，要被处以极刑。不过若是值得以"仁爱"考量，其将遭受鞭刑，并在军队内部转变其职位②。

33. 若有人因惧怕敌人而佯装身体不适，要被处以极刑③。

34. 若有人擅自离开守卫的营寨，要被处以死刑；若有人越过了战壕，则要被从军队驱逐④。

35. 若有人意图谋反皇帝，要被处以死刑，财产充公，死后还要遭到诅咒⑤。

36. 若有人打算逃亡外邦，但被抓了，要被处以极刑⑥；一个擅离职守的士兵，要被处以鞭刑或降级的处罚⑦。

37. 若有人叛逃到敌人那里，又返回了，要对其进行拷打，或将其扔给野兽，或者将其处以绞刑⑧。

38. 若一个士兵盗窃他人武器，要被处以降级的惩罚⑨。

39. 若有人激怒或煽动士兵导致严重的暴乱，鼓动者要被处以极刑；若士兵的混乱仅限于大声呼喊，情绪激动进行抱怨，或者无纪律的行为，鼓动者则要接受降级处罚；若一群士兵密谋叛乱或者整个军团都打算进行造反，按照习惯要将其遣散⑩。

40. 若有人被流放，但逃脱了，之后竭力想要入伍，隐瞒自己被流放的情况，或自愿应召入伍，他将被处以极刑；若有人被处以暂时流放，但自愿应召入伍，要被处以流放到岛上的惩罚；但若有人进行隐瞒，自愿被征召，要受到永久流放的惩罚。如果有人被判处暂时流放，且入伍之时已经结束了处罚，那么我们会对其遭受审判和被放逐的原因进行询问，若他们有永久的恶名，那么上述的惩罚依旧适用⑪。

---

① 同参照《法学汇纂》中的规定（Alan Watson, *The Digest of Justinian*, Vol. 4, p. 409）。
② 同参照《法学汇纂》中的规定（Alan Watson, *The Digest of Justinian*, Vol. 4, p. 407）。
③ 同参照《法学汇纂》中的规定（Alan Watson, *The Digest of Justinian*, Vol. 4, p. 408）。
④ 同参照《法学汇纂》中的规定（Alan Watson, *The Digest of Justinian*, Vol. 4, p. 407）。
⑤ 同参照《查士丁尼法典》中的规定（J. F. H. Blume, *The Codex of Justinian: A New Annotated Translation with Parallel Latin and Greek Text*, p. 2293）。
⑥ 同参照《法学汇纂》中的规定（Alan Watson, *The Digest of Justinian*, Vol. 4, p. 407）。
⑦ 同参照《法学汇纂》中的规定（Alan Watson, *The Digest of Justinian*, Vol. 4, p. 407）。
⑧ 同参照《法学汇纂》中的规定（Alan Watson, *The Digest of Justinian*, Vol. 4, p. 407）。
⑨ 同参照《法学汇纂》中的规定（Alan Watson, *The Digest of Justinian*, Vol. 4, p. 407）。
⑩ 同参照《法学汇纂》中的规定（Alan Watson, *The Digest of Justinian*, Vol. 4, p. 407）。
⑪ 同参照《法学汇纂》中的规定（Alan Watson, *The Digest of Justinian*, Vol. 4, p. 408）。

41. 对于犯有通奸罪或其他公共安全罪者不能应征入伍①。

42. 任何逃离军事服役的人都要受到军事法的处罚。因为受征召而逃避征召的行为非常可耻,逃脱兵役者同叛徒一样,将受到失去自由的处罚②。

43. 若有人在战时将儿子偷偷带走,他要被处以流放之刑,部分财产充公。若有人故意让其子表现出无能,以便于被认为是不适合服兵役,他要被处以流放之刑③。

44. 若士兵用手打伤了自己的长官,其要被处以极刑④。

45. 若士兵用石头砸伤了战友,要被驱逐出军队,若他用剑击伤了战友,则要被处以极刑⑤。

46. 士兵伤害自己或者以某些方式自杀,若是因为身体的疼痛或厌世,精神错乱或内疚羞愧等,那么他可以免受死刑,但要接受不光彩地被开除军籍的处罚;但若没有以上的理由而选择自杀,其要被处以死刑⑥。

47. 若有人当着众士兵的面,第一个从队列中逃跑,其要被处以极刑;如果罗马的侦察者向敌人泄露了罗马人的决策秘密,也要被处以极刑;士兵用剑击伤了战友,也要被处以砍头之刑。

48. 越狱逃跑的士兵要被处以极刑⑦。

49. 若用酒,或烈酒,或其他嬉戏的方式导致士兵滑倒或伤了自己,士兵们可以免受死刑,但是要接受调离服役岗位的处罚⑧。

50. 若士兵在战斗中扰乱了阵型,要被处以棍棒鞭打之刑或调离原来的职位的处罚⑨。

51. 若守卫因疏忽让犯人跑了,要根据其过失的程度,给予鞭刑或降职的处罚;如果是因为怜悯而放了犯人,要被调离到其他职位;但如果是因为自己的恶行而导致犯人跑了,要受到处以极刑或降到最低级别的处罚⑩。

---

① 同参照《法学汇纂》中的规定(Alan Watson, *The Digest of Justinian*, Vol. 4, p. 408)。
② 同参照《法学汇纂》中的规定(Alan Watson, *The Digest of Justinian*, Vol. 4, p. 408)。
③ 同参照《法学汇纂》中的规定(Alan Watson, *The Digest of Justinian*, Vol. 4, p. 408)。
④ 同参照《法学汇纂》中的规定(Alan Watson, *The Digest of Justinian*, Vol. 4, p. 409)。
⑤ 同参照《法学汇纂》中的规定(Alan Watson, *The Digest of Justinian*, Vol. 4, p. 409)。
⑥ 同参照《法学汇纂》中的规定(Alan Watson, *The Digest of Justinian*, Vol. 4, p. 409)。
⑦ 同参照《法学汇纂》中的规定(Alan Watson, *The Digest of Justinian*, Vol. 4, p. 410)。
⑧ 同参照《法学汇纂》中的规定(Alan Watson, *The Digest of Justinian*, Vol. 4, p. 409)。
⑨ 同参照《法学汇纂》中的规定(Alan Watson, *The Digest of Justinian*, Vol. 4, p. 407)。
⑩ 同参照《法学汇纂》中的规定(Alan Watson, *The Digest of Justinian*, Vol. 4, p. 316)。

52. 若士兵与妻子的奸夫妥协，那么该士兵要被逐出军队①。

53. 若有人做了长官禁止做的事情或者战时没有履行长官的命令，尽管其行为是正当的，也要被处以极刑；如果有士兵在面对敌人的时候退缩了，或逃离了营帐，或者在队伍中当着战友们的面第一个逃跑，或者扔掉武器，或者卖了武器，都要遭受极刑，不过若是值得考虑"仁爱"，则要处以鞭刑和调离原职的处罚②。

四 《摘编附录》③

第一章 关于担保与责任

1. 如果有人为另一个人做担保，那么他将受到担保责任限制（偿还债务），但被担保人的债务不能就此豁免④。

2. 所有亲属和家属都可以胜任为担保人，即使他们是贫穷的；如果一个人接受了一个贫穷者作为担保人，那么他将不能要求其他人做担保人，除非该担保人去世或不幸丧失财产。

3. 如果担保人说："我将对债务的清偿债负责"，那么他将有义务偿还；如果他说"我和某某人及某某人将对债务的偿还负责人"，他有一定的法律责任，不过也不能免除其他人的责任；如果他说"我"或"某某人"将对债务的偿还负责任，那么他将负有完全法律责任；如果他说"你（们）将对债务的偿还负责任"，那么这将是无效的⑤。

4. 一个担保人要在规定的时间内履行其义务，明确期限内所应支付的数目，超过规定的期限，则不能被要求偿付；如果期限为 6 个月或以上，那么担保人可以往后延伸 6 个月，当第二个期限已经结束，约定的持有者

---

① 同参照《法学汇纂》中的规定（Alan Watson, The Digest of Justinian, Vol. 4, p. 320）。

② 同参照《法学汇纂》中的规定（Alan Watson, The Digest of Justinian, Vol. 4, pp. 407 - 409）。

③ 《摘编附录》的文本较少，校勘本有德国学者博格曼和特罗亚诺斯的文本，英文本有英国学者弗莱士菲尔德的文本和美国学者汉弗莱斯的文本，本译文参考诸本而成（M. Humphreys, The Laws of the Isaurian Era: The Ecloga and Its Appendices, pp. 80 - 88）。

④ 同参照《法学汇纂》中的规定（Alan Watson, The Digest of Justinian, Vol. 1, p. 400）。

⑤ 同参照《新律》中的规定（D. J. D. Miller and P. Sarris, The Novels of Justinian: A Complete Annotated English Translation, pp. 764 - 765）。

不能再往后延伸,但是担保人必须完成责任①。

5. 无论如何,债权人首先要向债务人索取债务,如果债务人无力偿还,或在旅途中,或消失不见,那么他可以向担保人索要;如果债务依旧无法偿还,那么债权人可以首先向管理债务人财产的人索要,在依然无法偿还的情况下,可以向担保人财产的管理者或其债务人索要②。

第二章　土地边界划定

1. 任何人强行将旧有的土地界标移动或将界碑放在他人的土地上,将被处以死刑③。

2. 如果一个男奴或女奴在主人不知情的情况下,以欺骗的方式移动了他人的界碑,他或她要被处以极刑④。

3. 有人破坏土地上的界碑,若是高等级者为了自己的利益而这样做,要被处以鞭刑和永久流放的处罚⑤。

4. 如果有人移动了土地上的界碑,要听凭法官的判决⑥。

5. 任何人都不能毁坏古代的界标,否则要被处以财产充公和流放的处罚。

关于在他人土地或地基上建造房屋或播种

6. 任何人用自己的材料在他人的土地上修建房屋,那么土地的所有者将也是该房子的所有者,根据规定"置于土壤上之物隶属土壤"。故自始至终土地的所有者都对房屋拥有所有权,侵入者不得要求其所有权⑦。

7. 若有人进入他人的土地进行修建、耕种、出租或使用,都将失去所有权,其投入费用也不得收回⑧。

8. 任何人强行进入他人土地,无论哪一方的人被杀,擅自闯入者要被

---

① 同参照《查士丁尼法典》中的规定(J. F. H. Blume, *The Codex of Justinian*: *A New Annotated Translation with Parallel Latin and Greek Text*, pp. 2159 – 2161)。
② 同参照《新律》中的规定(D. J. D. Miller and P. Sarris, *The Novels of Justinian*: *A Complete Annotated English Translation*, pp. 103 – 105)。
③ 同参照《法学汇纂》中的规定(Alan Watson, *The Digest of Justinian*, Vol. 4, p. 299)。
④ 同参照《法学汇纂》中的规定(Alan Watson, *The Digest of Justinian*, Vol. 4, p. 306)。
⑤ 同参照《法学汇纂》中的规定(Alan Watson, *The Digest of Justinian*, Vol. 4, p. 306)。
⑥ 同参照《查士丁尼法典》中的规定(J. F. H. Blume, *The Codex of Justinian*: *A New Annotated Translation with Parallel Latin and Greek Text*, p. 2295)。
⑦ 同参照《法学阶梯》中的规定(J. B. Moyle, *Institutes of Justinian*, pp. 42 – 42)。
⑧ 同参照《查士丁尼法典》中的规定(J. F. H. Blume, *The Codex of Justinian*: *A New Annotated Translation with Parallel Latin and Greek Text*, p. 723)。

作为杀人犯处以斩首之刑①。

9. 如果有人认为邻居占有的土地或其他财物应该属于自己,他应该诉诸大法官。如果在控诉他强行占有财产后却无法给出证据,那么他要遭受同样的处罚(强行占有他人财产罪);如果他蔑视法庭,对财物的所有者采用暴力手段,他首先要失去财产所有权,而后因暴力而被驱逐,甚至失去他所拥有的财产②。

10. 所有的民事和军事官员都可以对其行省治域内的暴力犯罪、盗窃及其他违法乱纪行为进行审判,可以据法对犯罪者给予惩处③。

第三章　对异端、摩尼教徒和其他的异端的惩处,反对巫师和投毒者

1. 异端者不能教授和宣讲其非法信仰,也不能被授予圣职。异端者是这样一种人,他们相信法律反对的异端邪说,背离正统信仰。

2. 正教会会对异端的会议进行惩处,即使是秘密举行。无论白天还是黑夜,他们都不能举办活动。如果这样的事情发生,无论是公开的还是秘密的,默许的市政官要被处以100磅的罚金,该地法官们也要被处以50磅的罚金。

3. 摩尼教派或多纳图派对上帝无礼,犯下了公共罪。这样的人并未遵守公共习俗或法律,他们的财产将被充公,他们的所有礼物要被剥夺,没有继承权,不能以买卖进行贸易,对其隐匿者要受到处罚。

4. 异端将不能通过宗教的方式被授予特权,但要承担国家的义务。

5. 犹太教徒不能享有尊贵,不能担任官职,不能获得国家阶位,将受低级位税务官的支配,承担相应职责。若有人胆敢获得前述地位,他要失去所得并支付30磅黄金的罚金。如果犹太父母希望其子女成为基督徒,父母任何一方的意愿都有效;父亲必须抚养子女,为其提供所需花费,还要向女儿提供必要的嫁妆④。

6. 异端不能集会、举行宗教会议或大公会,不能进行洗礼或获得神

---

① 同参照《查士丁尼法典》中的规定(J. F. H. Blume, *The Codex of Justinian*: *A New Annotated Translation with Parallel Latin and Greek Text*, p. 2319)。
② 同参照《查士丁尼法典》中的规定(J. F. H. Blume, *The Codex of Justinian*: *A New Annotated Translation with Parallel Latin and Greek Text*, pp. 2319 – 2321)。
③ 同参照《新律》中的规定(D. J. D. Miller and P. Sarris, *The Novels of Justinian*: *A Complete Annotated English Translation*, p. 875)。
④ 同参照《查士丁尼法典》中的规定(J. F. H. Blume, *The Codex of Justinian*: *A New Annotated Translation with Parallel Latin and Greek Text*, pp. 203 – 205)。

职，不能拥立领袖，不能被委任或觊觎城市之父（或守卫者）的官职①，不能通过自己或他人管理财产或做出法律禁止之事，无论谁犯有此罪将处以死刑②。

7. 如果一个已经改宗正教的摩尼教徒被发现依旧沉迷于异教活动，与他们生活在一起，或还与摩尼教徒有联系，未根据律法与他们断绝关系，那么他要被处以死刑。各阶层百姓和国家官员要仔细搜寻，上报国家。如果一个摩尼教徒被逮捕，并言道有一些人熟知他，尽管这些人不是摩尼教徒，也要因其错误而受到相应惩罚。因为他们明知道罪人，但没有举报，他们也是有罪之人。任何人如果持有摩尼教的书籍，并未将其烧毁，那么他将受到处罚③。

8. 庙堂将被关闭，任何人禁止祭祀，有人胆敢违反，要被处以砍头之刑，财产充公；若大法官没有对其进行依法处理的话，也要接受同样的处罚④。

9. 撒玛利亚人的会堂将被摧毁，如果他们再建其他的会堂，将受到处罚⑤。

10. 如果异教徒聚集在一起，或举行会议，或进行洗礼，都以法律破坏者之名治罪⑥。

11. 阿利乌派、反对圣灵的马其顿派、阿波里拿留派、诺洼天派、萨巴天派、尤诺米派、特忒拉底泰派、特撒雷斯凯德卡提泰派、瓦伦提尼安派、帕皮阿尼斯泰派、孟他努派、普里西安派、弗里吉亚派、佩普兹泰派、马西安派、柏柏里安派、梅塞林派、尤提克派、狂热派、多纳图派、安迪派、西德罗帕拉斯塔泰派、塔司科德鲁吉派、巴斯拉基泰派、赫尔墨

---

① "城市之父（patercivitatis）"是晚期古代负责城市财物的一种官职；"城市的守卫者"（defensorcivitatis）是监管市政的司法部门，它们都是古代晚期最重要的民事官员（Jones, *Later Roman Empire 284 - 602* Vol. 1, The Johns Hopkins University Press, 1986, pp. 726 - 727）。

② 同参照《查士丁尼法典》中的规定（J. F. H. Blume, *The Codex of Justinian*：*A New Annotated Translation with Parallel Latin and Greek Text*, p. 207）。

③ 同参照《查士丁尼法典》中的规定（J. F. H. Blume, *The Codex of Justinian*：*A New Annotated Translation with Parallel Latin and Greek Text*, pp. 209 - 211）。

④ 同参照《查士丁尼法典》中的规定（J. F. H. Blume, *The Codex of Justinian*：*A New Annotated Translation with Parallel Latin and Greek Text*, p. 239）。

⑤ 同参照《查士丁尼法典》中的规定（J. F. H. Blume, *The Codex of Justinian*：*A New Annotated Translation with Parallel Latin and Greek Text*, p. 211）。

⑥ 同参照《查士丁尼法典》中的规定（J. F. H. Blume, *The Codex of Justinian*：*A New Annotated Translation with Parallel Latin and Greek Text*, pp. 217 - 221）。

泰派、保罗派、马库里安派、欧菲特派、恩科拉提特派、阿波塔克提特派、撒库弗里派以及摩尼教派都禁止进行集会和祈祷，特别是摩尼教徒应该被从城中驱逐并处死，所有反对异教的律法都具有法律效力。

12. 基督徒若改宗犹太教，其财产将被充公①。

13. 如果正教主教或修士以尤提克派或阿波里拿留派的方式举行基督教仪式，要对其以适用于异端的法律惩罚进行处罚，与对摩尼教徒的处罚方式一致，他将被从罗马的土地上驱逐。

14. 任何人若为正教人士进行再洗礼，要被处以死刑，若受洗者达到成年，也要接受惩罚。

15. 若一个主教为同一人进行了二次洗礼，该主教将被罢免。

16. 任何人都可对进行祭祀或修建教堂的背教者进行举报，如果他已成为基督徒，接受了洗礼，现在成为异教徒，他将遭受死刑处罚。

17. 受洗之后仍执迷不悟坚持异教者将被处以死刑，未接受洗礼者，本人、子女、妻子及所有他家中之人都要被带到教堂，他们的年轻子女要立即接受洗礼，达到法定年龄者要教其学习圣经和教会法则。如果因获得军阶、服役或财富的原因，佯装受洗，但让其子女、妻子、依附者及其他家眷依旧坚守错误的异教，那么他们的财产要被充公，接受应有的处罚，剥夺公民权。那些向偶像祭祀或崇拜偶像者，要如摩尼教徒一样被处以死刑。

18. 若撒玛利亚人或犹太人劝诱他人放弃基督教信仰，其财产要充公，并处以死刑②。

19. 信仰上帝者要依据律法反对异教，基督教会将获得集会之地，有别于基督教信仰的都是与其敌对的③。

20. 摩尼教要接受洗礼、弗里吉亚派要接受洗礼、尤诺米派要接受涂抹圣油、阿利乌派要接受涂抹圣油、保罗派要接受洗礼、佛提乌派要接受洗礼、诺洼天派要接受涂抹圣油、阿波里拿留派也要遵从《尼西亚信经》的权威规定。

---

① 同参照《查士丁尼法典》中的规定（J. F. H. Blume, *The Codex of Justinian: A New Annotated Translation with Parallel Latin and Greek Text*, pp. 223 – 225）。
② 同参照《查士丁尼法典》中的规定（J. F. H. Blume, *The Codex of Justinian: A New Annotated Translation with Parallel Latin and Greek Text*, p. 237）。
③ 同参照《查士丁尼法典》中的规定（J. F. H. Blume, *The Codex of Justinian: A New Annotated Translation with Parallel Latin and Greek Text*, p. 233）。

第四章

1. 元老不能与如下这些低层级妇女通婚：奴隶或奴隶的女儿，被释奴或其女儿，艺妓或店主或其女儿，老鸨或马戏团演员的女儿。

2. 没有人可以与其兄弟的妻子结婚，即使她还是处女；婚姻是建立在双方同意基础上，而非结果的基础上；他们子女不能缔结这样的婚姻，除了埃及人（正如他们已经做的）。

3. 没有人可以以帝国的仁慈缔结如下非法婚姻，与妹妹（姐姐）的女儿或兄弟的妻子，以这种方式结合的婚姻将是无效的①。

4. 如果一个妇女因欲望与她的奴隶发生关系，她要被处以砍头之刑，奴隶要被处以火刑。该奴隶将被作为被释奴而被记载，但是他们所生的孩子则不能享有任何阶位或荣誉，因为让他们获得自由已经足够了。他们不能从母亲那里继承任何东西。但是如果她有合法所生子女，那么他们可以成为继承人，拥有遗赠给他的情夫或情夫子女遗产的权利。

第五章

1. 所谓的谋杀者或术士包括这些人：制造毒药害人、拥有或买卖毒药蓄意害人、公开销售或占有毒药蓄意害人的人。不过也有良药，因为"药"这一术语为中性词，包括用于治疗和毁灭的药物，还包括春药。根据法律规定，这些药物为催情药物，属蓄意害人的药物。根据元老院的法令，一个女人并未有意作恶。但是因用药物而造成伤害，要被处以流放之刑②。

2. 奸夫、皮条客和教唆者要被处以死刑。

3. 如果一个妇女以任何方式谋害丈夫性命，或者明知有人谋害丈夫却未告知，或者在丈夫不知情的情况下，与陌生男人发生关系，或者违反丈夫的意愿在除了父母住所以外的其他地方睡觉，那么她要离开丈夫③。

4. 如果有人祈求恶魔来伤人，他将被扔给野兽。

5. 如果有人与一个妇女通奸，而该妇女因为钱财已经与很多人有通奸

---

① 同参照《法律选编》中的规定（Ludwig Burgmann, *Ecloga das Gesetzbuch Leons Ⅲ und Konstantinos V*, pp. 170–172）。

② 同参照《法律选编》中的规定（Ludwig Burgmann, *Ecloga das Gesetzbuch Leons Ⅲ und Konstantinos V*, p. 240）。

③ 同参照《法律选编》中的规定（Ludwig Burgmann, *Ecloga das Gesetzbuch Leons Ⅲ und Konstantinos V*, p. 234）。

行为，那么他不会因通奸罪而受到惩罚，因为他与在妓院工作的人发生关系并不构成通奸罪。

6. 如果一个孕妇从代继承人那里拿取钱财进行流产，而被流掉的孩子是她的确定继承人，通过一些药物导致的流产，她要被处以死刑。

7. 提供堕胎药或春药者，无论是否蓄意，但造成了严重的后果，如果他是穷人，将被送往矿井；如果是富人，则要被放逐到岛屿上，部分财产将会充公；如果结果导致妇女突然死亡，无论男女，要处以死刑①。

第六章

1. 如果任何人给了他的奴隶毒药而非药剂，他要承担结果，因为他造成了奴隶的死亡；鲁莽给他药物的人要被处罚，就像一个人给一个疯子一把剑是一样的道理。

2. 如果一个助产婆给了女奴隶一剂药，其服用后死亡，那么她要承担后果。如果一个助产婆亲手制备了药剂，根据阿奎利安法②，将视为其亲自以强制或默许情况下为奴隶灌入药物或注入药物。

3. 关于巫术的药剂和书籍及诸如此类的东西，如果被包含于继承物中，这些书籍将不能在继承者中分配，而是要据法庭的命令将其销毁。

4. 有毒的药物将禁止销售，除非这种药物与其他东西混合后能起到解毒的作用。

5. 如果制造、出售并拥有用于蓄意杀人的药物，将会被逮捕，而后处斩首之刑。有一些药物可以促进健康恢复，有些药物则被称作催情剂。任何人在无恶意的情况下，将一剂药方交给一个妇女助其怀孕，但造成其死亡，那么这个人要被处以流放之刑；而如果他鲁莽地将毒芹、蜥蜴、乌头、松球、圣甲虫、曼德拉草或斑蝥交与一位孕妇，并致其流产死亡，那么其要接受处罚③。

6. 制作或持有禁止献祭之物，要被处以斩首之刑。

7. 若有人对上帝的崇拜进行愚蠢地曲解，将受流放之刑。

8. 若有人给予他人一剂催情药或流产药，尽管是无恶意，若是穷人，

---

① 同参照《法律选编》中的规定（Ludwig Burgmann, *Ecloga das Gesetzbuch Leons III und Konstantinos V*, p. 240）。

② 阿奎利安法（Lex Aquilia）是公元前3世纪通过的律法，主要是对毁坏他人财产行为的规范，包括对他人奴隶伤害行为的规定。

③ 同参照《法学汇纂》中的规定（Alan Watson, *The Digest of Justinian*, Vol. 4, pp. 332 – 334）。

要被派往矿井，如果有头有脸的人物，则要受到流放及部分财产充公的处罚。如果服药者死亡，其则要被处以死刑。

9. 若有人给予他人药物致其变疯，将因其恶行，以伤害罪进行处罚。

10. 若一个占星者被请教，用一些受到禁止的占卜术宣称一个无辜的人是窃贼，无辜者可以不接受这种污名，但是要据法律对占星者进行控诉。

第七章

1. 任何异教祭司进入他人家中进行献祭占卜，将被处以火刑；邀请的人要被流放，财产充公①。

2. 巫术师即使没有使用一些诡诈手段，也要因其所知被处罚。

3. 巫术师要被扔给野兽。

4. 在君士坦丁堡实施占卜者，无论何阶层，都要处以绞刑或火刑。

5. 一位御夫或此类人若向一个术士请教，其要被处以死刑。

第八章　关于非异教，如犹太教徒或异端拥有基督徒奴隶者

1. 一个犹太教徒不能以任何借口拥有一个基督教奴隶或任何其他异端或种族的奴隶；如果他这样做了，并为其进行了割礼，那么国家将把该奴隶释放，所有者将被处以死刑。

2. 异端、犹太教徒或撒玛利亚人以及其他任何非正教者，不能拥有基督徒奴隶，若有，奴隶将被释放，拥有者要向皇家私产局缴纳30磅黄金作为罚款。

3. 犹太教徒、异端或异教徒不可以拥有基督徒奴隶，一经发现，该奴隶要被立即释放。

4. 有人强迫或劝说一个奴隶放弃基督教，改信异端邪说，那么他的财富要被没收，并处以斩首之刑。

5. 一个犹太教徒被证明对一个基督徒进行了割礼，或命令他人这样做，那么他的财产将被充公，判处永久流放。

6. 一个奴隶服务于一个异教徒、犹太教徒、撒玛利亚人或异端教徒，如果他还不是一个基督徒，但是希望成为基督徒，还希望接受洗礼，那么他将被释放，他的主人不能再将他作为奴隶，即便之后主人也成了基

---

① 同参照《查士丁尼法典》中的规定（J. F. H. Blume, *The Codex of Justinian*: *A New Annotated Translation with Parallel Latin and Greek Text*, pp. 2335–2337）。

督徒。

第九章 关于血亲等①

血亲是一个属名。分为三类：第一类为父母为核心的尊亲属；第二类为以子女为核心的卑亲属；第三类是以兄弟姐妹及其所出的旁系亲属。

1. 父母为尊亲属和子女为卑亲属的属一等亲。

2. 祖父母为尊亲属和孙子女为卑亲属及旁系为兄弟姐妹的属二等亲。

3. 曾祖父母为尊亲属，曾孙子女为卑亲属，旁系为兄弟姐妹的子女以及无论父方或母方包括叔伯姨舅，属三等亲。

4. 高祖为尊亲属，玄孙子女为卑亲属，旁系为兄弟姐妹之孙子女以及无论父方的叔伯祖父或姑祖母，亦即祖父的兄弟或姐妹，还是母方的舅祖父或姨祖母，亦即祖母的兄弟姐妹堂表兄弟姐妹，也就是其兄弟或姐妹的子女，属四等亲。

5. 五世高祖为尊亲属，五世玄孙子女为卑亲属，旁系为兄弟姐妹之曾孙，曾祖父母之兄弟姐妹及堂表兄弟姐妹之子女属五等亲。

6. 六世高祖为尊亲属，六世玄孙子女为卑亲属，旁系为兄弟姐妹之玄孙子女，高祖父母之兄弟姐妹，远房堂表兄弟姐妹为六等亲。

7. 为了能使亲等关系之真理让人们牢记，通过视觉的展示比听觉更为可靠，故而朕认为在上述叙述亲等关系之后，有必要以图表的方式予以展示，这样便于广大青年学者在通过用视觉和听觉对亲等关系进行的双重认知后，可以获得完整的亲等关系知识②。

8. 根据现在法令规定的图表，父母为尊亲属，子女为卑亲属，兄弟姐妹、叔伯姨舅及其所出为旁系血亲。

第十章 关于私生子女、合法与非法子女

1. 对于不同婚姻的子女，即便某段婚姻中没有嫁妆的子女，该子女依旧有同等的继承其父亲财产的权利；父母离婚后，子女将成为父母的继承人，如果父亲在离婚后没有为子女提供住所，那么子女将跟父亲待在一起，由父亲进行抚养；但如果父亲为其提供了庭院，子女将与母亲一起生

---

① 同参照《法律阶梯》中的规定（J. B. Moyle, *Institutes of Justinian*, pp. 116 – 119），翻译过程中参考了中译本（查士丁尼：《法学总论》，张企泰译，商务印书馆1989年版，第140—144页）。

② 此表原本已散佚，在一些稿本中仅有残片，后据条文和残片进行了复原（〔古罗马〕查士丁尼：《法学总论》，张企泰译，商务印书馆1989年版，第143页）。

活,前提是母亲不再婚,父亲则予以维持其生计所需。但是如果父亲是个贫穷者,他们则要跟母亲一起生活,由母亲抚养。

2. 任何人与自由女性缔结嫁妆契约,所生子女为合法子女,婚约缔结之前出生的也是合法子女。任何人与一位女奴生有子女,之后使该奴隶及所生子女获得了自由,并缔结了嫁妆契约,那么他们的婚姻将是合法的,所生子女也是合法子女。

3. 一个人与情妇有非婚生子女,如果他去世了,亦有婚生子女,但无妻子,那么其情妇和非婚生子女最多可以继承其财产的1/12;如果仅有情妇,他可以给予情妇其财产的1/24;如果他要给予情妇更多,婚生子女可以提出异议;如果他没有婚生子女或亲属,可以将其全部财产给予他们;如果他靠亲属生存,那么他们将可以获得合法的财产份额,剩余部分按其意愿进行分配。如果一个人去世时并未订立遗嘱,有非婚生子女、妻子和婚生子女,那么非婚生子女将不能继承任何东西,但是要得到继承者们的帮扶。如果一个人去世之时并未有合法继承人,非婚生子女可以与其母亲一同或他们单独(母亲去世)获得财产的1/6,剩余部分则由下一辈亲属继承,若没有则上缴国库。已有妻子者不能拥有情妇,情妇所生子女并不能成为其父亲的继承者。因为他们并非合法婚姻的婚生子女,并非父亲的合法继承人,也不能由其抚养。

4. 通奸所生或不知其父是谁所生的子女被称为私生子,允许他们跟着母亲生活,而婚生子女允许跟着父亲生活。

第十一章

1. 我们颁布的每一部法律都会涉及人、物和行为。法律的制定是为了引导人,所以,我们首先从人说起。人分为自由人和奴隶。除了受到强力或法律阻碍外,自由人是可以任意作为的自然能力人;据万民法,奴隶屈从于主人,奴役并无差别。一些人生来自由,一些人则是被释放获得自由。生来自由的人是自由人父母所生的,无论是被怀、出生或期间其父母为自由人,也无论是其被怀时父母是合法夫妻,还是偷情所致,他出生后都为自由人。被释自由人是指那些从奴役中被释放出来的人。

2. 关于正义与法律。正义是以坚定且持久的意愿给予每个人其本应所得的部分。法学是关乎神人事物之知识,也是关于正义和非正义的科学。法律之基本准则便是,为人要真诚,不损伤别人利益①。

---

① 同参照《法学阶梯》中的规定(J. B. Moyle, *Institutes of Justinian*, p. 3)。

3. 关于神与人的法律①：万物或依神法或依人法。神法范围内之物不属于任何个人，人法范围之内之物属于某些人。有形物是能被触觉到的物体，不能被触觉到的东西是无形物，如遗产、使用权、义务和劳役。根据自然法，一些物属于众所共有、一些物属于集体、一些物不属任何人、一些物属于个人。当然空气属于众所共有，还有流动的水，海洋及海滩。河流与港口属于公共财产。属于共有的还有剧院、竞赛场及类似的物。被圣化的墙，也就是神圣的墙，任何人不得摧毁它。无论在城中还是乡村，任何共用建筑都是神圣的。

4. 河流与港口并非属于所有人的共有财产，据法律属于国家。很自然河流及河岸属于每个人，因此任何人可以驾船航行于河流之上，系缆索于河岸的树上，可以晾晒渔网，可以卸载货物。但是河岸也属于近岸土地的所有者，在岸边生长的树木也属于这些人，在海滩晒渔网的人可以在海滩上搭建小房屋。

5. 关于自然法、万民法和市民法：法律分为公法和私法。公法涉及帝国的制度、宗教崇拜人士对圣事的管理及官员对国事的处理。私法则被划分为自然法、万民法和市民法。自然法是所有动物的共同法则，如婚姻、生育和抚养子女等诸如此类。万民法则是适用于所有民族的共同法，如自然理性、敬畏上帝、遵从父母、尊爱祖国、奴役，所有的往来和权利要避免暴力与不公，因为法律允许每个人保护自己的身体。该法还涉及释奴，通过引入奴役将人分为三类：自由人、奴隶和被释奴。此法主要是因战争导致民族冲突、主权争夺，土地所有权争论、边界划分、买卖销售、权利义务等问题的处理，这些并不能诉诸市民法。市民法是针对每一个共同体的专门法律，可分为成文法和不成文法。如既有平民会议颁布的法律和法令，也有皇帝颁布的法令，它们或者由投票产生或由皇帝意愿产生。法律可以废止或以新律的方式修订。所有的人都要尊法，无论是万民法还是市民法，法律是人、物及行为的直接规范，所有的法律都涉及人、物和行为。人可以划分为自由人和奴隶，人可因万民法或市民法沦为奴隶。根据万民法，因战俘而成为奴隶，根据市民法，因被卖而沦为奴隶。因此，奴隶只有一种来源，而自由人有两种，出生便是自由人和被释放为自由人。

---

① 同参照《法学汇纂》中的规定（Alan Watson, *The Digest of Justinian*, Vol. 1, p. 24）。

第十二章

1. 证人在给出证词之前必须进行宣誓，受尊敬者的证词要更易于被接受，但是若只有一个证人的证词是不信的，即便该证人是一位元老。

第十三章

1. 妻子是可以作为其丈夫的继承者的，因为在遗嘱中，她不被称作妻子，而是亲属或未婚妻（fiancée）。

2. 尽管丈夫与妻子结婚的时间仅有两个月或不足两个月，但是他也可以成为遗嘱继承人，获得遗产或礼物。

3. 如果有人说，让某某人或某某人成为我的继承人，让这个人或那个人继承一份遗产，让某某人或某某人成为自由人或监护人，那么将这些人作为继承人、遗产受赠人、自由人和监护人。但是如果一个人只是被提及且具有两种属性：这或那，古代的规则也可以原封不动地使用在此处，当然这也适用于契约的签订①。

4. 对于之前大法官的审理并根据法律做出了裁决的案件，法官将不能给予新的裁决。案件审判中也不能一会是关于占有权的审理，一会是关于所有权的审理，也不能以临时的立法决定破坏司法进程。

5. 在借债者通过收益支付了债权人的债务之后，债权人要将抵押品偿还给借债者，债权人不能将其占为己有。

6. 如果有人并非靠暴力，而是趁某人不在的时候，占用了他的空屋（地），一般只有这个空地已经过了 30 年的争辩期，他才能占有。

7. 无论是亲戚、朋友、佃户或奴隶，也无论任何缘由获得了一个不在场（可能是消失或去世）的人的财产，大法官要维持这种占有不变，受托者要将这些财产保管好，或者受托者希望上诉审理，即使大法官还未获得审理授权，或者涉及归还的案件裁决时间已经失效，大法官也不能拒绝听审，更不能将其驱逐。如果被委托的财产占有者被从财产中驱逐，复原财产的举动也是漫不经心，但是归还偿金的时间不能对所有者不利，不仅要

---

① 同参照《查士丁尼法典》中的规定（J. F. H. Blume, *The Codex of Justinian: A New Annotated Translation with Parallel Latin and Greek Text*, pp. 1623 – 1625）。

归还占有之物，还要维持所有者的所有权。

8. 如果有人去世时，以遗嘱或非遗嘱的方式，进行自由遗赠，但是由于其财产很少，没有人愿意成为继承人，那么允许那些被释奴或外来的自由人接受其遗产，只要他们确保可以偿还债权人债务，给予那些继承的奴隶以自由之身。若发生要继承的财产被卖给了几个商人，亦出现了前述的情况，即被释放的奴隶或外来的自由人在债务和释放方面给予保证，可以在一年内（死后）继承被赎回的财产。如果他承诺给予债权人一部分债款且双方同意，承诺有效；如果被授予自由的人又反悔了，那么只有那些渴望自由的人可以被释放；如果财产的数额不足以授予所有人自由，可以接受其授予部分人自由的承诺。如果很多人同时宣称继承，并确保偿还所有债务，这些人可以接受这些财产；但是如果他们宣称的时间有先后，第一个宣称者将是最佳人选，然其不能给予确保偿还债务时，下一个将可以接受继承。这要在一年内完成。如果他们中有人承诺释放部分奴隶，而第二个人承诺释放所有奴隶并偿还所有债务，那么后者将是最佳人选。对于一个拥有继承权的奴隶而言，尽管其还没有被授予自由，但也可以这样做。在具体案件中，如果第一个人获得了财产，授予部分人自由，但是第二个人承诺可以做更多，那么后者可以从前者那里将财产转移过来，但并非随心所欲，而是要在第一个人宣称后的一年以内。牢记除了目前的案例外，没有人可以拒绝罗马公民权①。

9. 尽管任何人都可以自由地书写自己是奴隶，但这并不能使其身份无效，即便是在被强制之下这样做，也是无效的②。

第十四章

1. 如果帝国的奴隶，也就是隶农（coloni）及其后代已经逃跑，以欺骗的方式进入国家进行服务或者获得尊贵的地位，他们要被罢黜职位，遣送回原地。

---

① 同参照《查士丁尼法典》中的规定（J. F. H. Blume, *The Codex of Justinian: A New Annotated Translation with Parallel Latin and Greek Text*, pp. 1775–1779）。

② 同参照《查士丁尼法典》中的规定（J. F. H. Blume, *The Codex of Justinian: A New Annotated Translation with Parallel Latin and Greek Text*, p. 1827）。

五 《罗得海商法》①

第二部分②

1. 一位船长的薪资为一个水手薪水的2倍。
2. 一位舵手的薪资为一个水手薪水的1.5倍。
3. 船上一位大副的薪资为一个水手薪资的1.5倍。
4. 船上一位木工的薪资为一个水手薪资的1.5倍。
5. 船上一个水手长的薪资为水手的1.5倍。
6. 船上一个水手的薪资是自己薪资的1倍。
7. 船上厨师的薪资是水手的0.5倍。
8. 一位商人可携带2名男孩乘船,但要为其支付船票。
9. 一位乘客可以占用3腕尺③长,1腕尺宽的空间。
10. 乘客不得在船板上进行炸鱼,船长必须坚决制止这样的行为。
11. 乘客不得在船板上进行砍木头,船长必须坚决予以制止。
12. 船上的乘客要按需量取水。
13. 女性在船板上可以占据1腕尺的空间,小孩子可以占有半腕尺的空间。
14. 若有乘客上船时携带有金币④,他要将金币交给船长进行保管。若他没有将金币进行寄存,之后却声称自己的金币或银币丢失了,那么他的

---

① 《罗得海商法》(Νόμος Ροδίων Ναυτικός) 是拜占庭史上一部涉及海事贷款、船舶碰撞、共同海损、海难救助等海事法律制度的法典,是研究拜占庭史和世界海商法史的极为珍贵的第一手资料。该法典也经常作为《法律选编》的附录出现,是对《法律选编》的重要补充,目前比较权威的版本为阿布什内尔的希—英校勘与翻译本,汉弗莱斯的英译本,中文本为王小波本,本书参照各本而成,可参见 W. Ashburner, The Rhodian Sea-Law, Clarendon Press, 1909; M. Humphreys, The Laws of the Isaurian Era: The Ecloga and Its Appendices, pp. 113 – 128;王小波:《〈罗得海商法〉译注》,《古代文明》2010年第3期。
② 由于第一部分的内容或者关于传说,或者是后世的伪造,缺乏学术研究意义,故很多版本并未将其收录。
③ 腕尺(cubit)为古代埃及长度单位,1腕尺 = 0.523米。参见 A. H. Gardiner, Egyptian Grammar, Oxford University Press, 1957, p. 199.
④ 1拜占庭金币(即,诺米斯玛νόμισμα)含4.48克金,代表价值约为15个金法郎的金属,72银币相当于一磅黄金(约1096个金法郎)。参见〔英〕M. M. 波斯坦主编:《剑桥欧洲经济史(第一卷):中世纪的农业生活》,第194页。

声称是无效的，因为他并未将金币交给船长进行保管。

15. 船长、船上的乘客及船员要一起面对《福音书》宣誓。

16. 若一艘船只设备齐全，每 1000 莫迪①的运费为 50 个金币，遭遇共同海损理算赔偿时也按这一数额进行。但若是旧船，则每 1000 莫迪的运费为 30 个金币。若运费减至 1/3 的金额，遭遇共同海损理算赔偿时的数额也应该相应减少。

17. 据律法规定：一个人不能签订用无风险的陆上财产偿还海上借贷的协议，若签订，根据罗得法的规定，该协议无效，但是若涉及有关田地或山地的内容，根据罗得法也可以签订契约，用无风险的借贷进行偿还。

18. 一个人进行按息借款，并偿还了 8 年的法定利息，而 8 年后因发生火灾或外族入侵惨遭破坏，那么根据罗得法规定，可以停止支付利息。但如果这个人没有偿付法定的利息，要根据之前的契约继续履行签订的协议责任，因为这关系到他的名誉问题，故按照文件执行。

19. 船长拥有船只并拥有对船只价值不少于 3/4 的股份，其无论该船只被派往何地，可以以季节或航程为期限在船上签订借贷契约，若双方同意，便可继续履行协议，出借方还可指定他人接收借款人的还款。

第三部分

1. 若一艘船只在停靠在港口或海岸时，发生了船锚被盗，盗贼伏诛认罪的情况，按照律法规定，盗贼要被严刑拷打，毁坏的损失还要进行双倍以上的赔偿。

2. 若一艘船上的船员受船长的指使盗窃了另外一只停靠在港口或海岸的船只上的船锚，结果该船因为船锚被盗而造成船只丢失，此事一旦查证为实，指使偷盗的船长要对造成船只本身及船上物品的所有损失进行赔偿。如果有人偷窃了船上的装备或者正在被使用的任何东西，比如草绳、麻绳、船帆、皮具、小艇等，窃贼要承担两倍的赔偿处罚。

3. 若一个船员受船长指使对一个商人或乘客进行了盗窃，且被抓了现行，船长要以双倍赔偿被盗者，船员则要接受 100 下的鞭刑；如果是船员自己进行了盗窃，最终被抓或者被目击者指证确实有罪，他要接受严厉的拷打之刑，特别是当其所盗之物为黄金时，他要将盗窃之物归还被盗者。

4. 船长把船开进了一个窃贼与海盗出没的地方，尽管乘客已向船长指

---

① 莫迪是一种容量单位，1 莫迪谷物约 6.5 千克。〔英〕M. M. 波斯坦主编：《剑桥欧洲经济史（第二卷）：中世纪的贸易和工业》，第 122 页。

明这个地方不可去。结果发生了抢劫事件。船长应弥补受害者的损失。反之，如果乘客不顾船长的反对将船带进了窃贼与海盗出没的地方，发生了意外，乘客应当承担该损失。

5. 若船员之间发生争斗，先让其进行口头争辩，不要让其动手打架，但是如果一方动手打另一方的头，使其头受伤，或者以其他方式使其受伤，那么打人者要向被打者支付看病费、医药费以及整个误工期间的薪酬。

6. 若船员间发生打斗，一个船员用石头或木头打击另一个船员，后者为了反抗被迫回击前者，即便前者死了，只要证明是前者以石头、木头或铁块先动手打后者的，那么后者予以回击致死的行为也是无罪的，因为被杀死的人是咎由自取。

7. 若船长或者商人或者船员用拳头打击他人，致其失明，或者用脚踢他人，致其脱肠，打人者要为其支付医药费，眼伤要支付 12 金币，脱肠要支付 10 金币。如果把人打死了，行凶者要被以杀人罪接受审判。

8. 若被委任为船长后，按照水手的意愿携带金币起航逃至另一个国家，其所拥有的所有财产，无论是可动的，或不动的，或可自动的，均要被没收。这些被没收的财产被销售后，与船只的价值及误工的损失相等，其将被用于补偿损失，之后水手和船长才能被释放。

9. 若船长打算抛弃货物，必须询问船上携带货物乘客的意见，而后通过表决的方式决定是否抛物。不仅要对被抛的货物进行共同海损分摊，还要对铺盖、衣物和炊具进行估价。如果真的发生了抛物，船长和乘客的物品估价不能超过 1 磅，舵手和大副不能超过 0.5 磅，水手不能超过 3 格拉玛①。小孩和其他船上不是被用于售卖的物品也要被进行估价。如果某个人是被用于售卖的，估价为 2 个米纳斯②。如果货物已被敌人或强盗偷走，或者国家服役人员运走，这些货物加上水手的物品，也要被进行估价，分配原则如前一致。如果有一个共同的利益分配协议，在船上的事情处理完毕，且船只本身也参与了分摊损失，那么每个人还要根据之前的利益分配

---

① 里特拉（λίτρας）和格拉玛（γράμμα），依上下文语境来看应是拜占庭钱币单位；1 里特拉（磅）=72 索里达，1 索里达=4 格拉玛。本法条关于所持物品估价上限的规定，说明在补偿的时候，有时并非根据实际价值全额补偿，而是有数额上限。估价上限的不同，也体现出了海上航行中船上人员的不同地位。其差异是很大的。见 Elizabeth Jeffereys and others （ed.），*The Oxford Handbook of Byzantine Studies*，OxfordUniversity Press，2008，pp. 38 – 39。

② 米纳斯（Μήνας）是古希腊的货币单位和重量单位，1 米那斯在价值和重量上都等于 100 德拉克玛。参见 Henry George Liddell & Robert Scott，*A Greek-English Lexicon*，Clarendon Press，1996，p. 1138。

协议承担其海上损失的份额。

  10. 若损失或海难发生是因船长与船员的粗心大意，船长和船员有责任补偿商人的损失。但是如果是因为商人的粗心大意，那么商人有责任对损失进行赔偿。如果既非船长和船员疏忽，也非商人粗心，但是发生了海上事故，那么船只与货物的损失要由大家分摊。

  11. 无论是商人还是乘客均不能将沉重的或名贵的物品装载于旧船之上。若有人违反规定，船只在航行过程中发生了毁坏或沉没，向旧船上装货物的人要对此负责。商人雇用了一艘船，在对船只进行装载和出航之前，必须仔细询问其他商人，这艘船是否完全准备好了，船帆和船板是否结实，船帆、遮布、船锚和粗麻绳是否质量好，小艇是否内设齐全，船舵柄是否合适，水手是否精力充沛和保持警惕，船只的边缘是否有破损。总之，商人要仔细询问每一件事，然后再登船。

  12. 若有人在船上或房间内交付订金，他要和自己熟悉信任的人在3个证人面前进行这次活动。若涉及订金数额巨大，在交付订金时，要签订书面契约。若接手和掌管订金之人声明订金丢失，他要证明墙壁在哪里被凿破，或告知盗窃是如何发生的，并发誓自己没有撒谎。如果他无法证明，则要悉数偿还所接受的订金数额。

  13. 若一位乘客将金币或别的东西携带上船，他必须将其交于船长进行保管。但若他并未将其寄存，宣称自己的金币或银币丢了，那么他的宣称是无效的。但是船长、船员以及所有其他在船上的人员都要进行宣誓。

  14. 一个人在拿到订金之后，又否认接受了订金，对于此事要进行证据提取，在以起誓或书面形式否认自己的责任后，又被发现收到订金的证据，他不仅返还双倍的订金赔偿，还要因作伪证接受罚款的惩罚。

  15. 若船长在收到订金后对乘客、商人和奴隶进行运送，当船只到达某个城市的港口或海岸，在一些人还未下船的情况下发生了劫匪的追赶或海盗的袭击，在接到航行的命令后，船长起航逃脱了，船只以及船上的商人与乘客的物品没有损失，那么每个人都可以拿回自己的物品，那些已经下船的人也可以取回自己的物品。如果有人以此来反对船长，认为船长把他留在了海滩上遭受劫匪的侵扰，他的话是没有效力的，因为船长和船员是被迫逃走的。但是如果商人或乘客所丢下的是作为抵押的奴隶，那么他要向奴隶的主人赔偿相应的损失。

  16. 船长和商人在船上的借贷行为不能与在陆上的借贷相同，在船只和钱财安全保管的情况下，使其避免落入海中或海盗手中，也不能用运费或物品进行抵押，而是要据海上的利率以土地债务进行偿还。

17. 若某人为了合伙关系，也为了远航事宜偿付了金币或银币，他还将此事以书面形式进行了记录，在合伙关系存续期间，超过了规定日期，金币或银币的持有者并未将其交还给其所有者，而恰好此时因大火、海盗或海难的原因发生了不幸。那么钱币的主人将是无责的，还可以追回其应该拥有的；但是在协议日期还未到就发生了海上危险，那么他们要根据协议中的利益比例来分摊海难造成的损失份额。

18. 若有人在借钱后便去了外邦，那么根据法律，在借款期满后，债权方可以从其土地财产中收回款项。如果债务不能被追回，那么可以考虑土地的借贷原则，但是其在国外期间的利息要按照海上的利率来计算。

19. 若有人租了一艘船，付了订金，但是之后又说"我不需要了"，那么他将不能要回订金了；但若是因船长做了一些协议以外的事情，那么船长要偿还给商人双倍的订金。

20. 无论谁租船，都必须签订书面的协议并盖章才能生效。协议中还可以根据双方的意愿列举相应的惩处。如果没有列举惩处，船长或租借者食言了：如果租借者提供了物品，即货物后违约了，那么他要支付一半的运费给船长；如果船长违约了，他要支付一半的运费给商人。但是如果商人想要取回所有的货物，他要支付给船长所有的运费。这些惩罚将适用于一方对另一方的控诉。

21. 如果两个人建立了非书面形式的合伙关系，双方都承认"我们建立了非书面形式的合伙关系，不管在任何场合，我们都互相信任，为同一笔资金纳税"。当船只出事，无论是载有压舱物或货物，获救的 1/4 要补偿给受损者，因为他们并未签订书面协议而只是一种口头上的伙伴关系。书面并有签章的协议是安全而牢固的，获救的财物可以在受损者之中进行分摊。

22. 船长除了可以带饮用水、供给和绳索这样的船上所需的必需品外，禁止携带任何其他物品。根据书面协议，商人则可以将货物装满船只。如果船长想要装载其他东西，在有空间的情况下，可以允许。但是若没有空间，商人必须当着三个证人的面提出反对，一旦发生投弃，船长将负责，但是如果商人没有反对，责任则共同承担。

23. 若船长与商人订立了书面协议，这将是有效的。但是如果商人并未用货物将船只装满，商人也要按照书面协议支付剩余的运费。

24. 若船长拿到了一半的运费并起航了，但是商人打算违背其签订的书面协议了，那么商人将会因为自己的过错而无法要回已支付的一半运费；但是如果船长做了一些协议中未有的事情，则要返还商人双倍的运费。

25. 若按照协议约定的天数已经过去，商人要为船上的船员准备十天的供给；若第二次约定的期限也过去了，商人则要支付所有的运费，然后离开；若商人愿意增加足额的运费，那么在其增加运费后，可以据其意愿继续航行。

26. 无论白天或晚上，若因船员或船长睡着而导致船只迷路，所有的损失将由睡着的船员和船长进行承担，船上的其他人无须担责。疏忽者要向船主赔偿因其大意而造成的损失。

27. 若船只在前往商人或合伙者处进行装货的路上，因船员或船长的疏忽而发生了损毁或损失，要宣告仓库的货物是安全的；如果有证据表明船只是在风暴中造成了损毁，挽救的船只及货物将共同进行海事分摊，船长只能获得一半的运费。若有人否认合伙关系的存在，且被三名证人指证了，那么他要分摊合伙的份额，还要遭受因其否定而进行的罚金惩罚。

28. 若一只船只因在装载货物过程中受到商人或合伙者的阻碍而导致规定的装载时间过期，正好在此时因海盗、大火或海难致使船只受损，那么阻碍者要承担损失。

29. 若商人并未在协议规定的时间内将货物装载在指定的地方，正好此时发生了海盗、大火或海难导致船只受损，那么商人要为船只的损失担责；但若约定的时间还未到期，其间发生了上述的任意一种情况，那么他们要共同分摊责任。

30. 若商人携带金币装载货物，正好此时船只遭受了某种海上风险、货物丢失或船只被毁。船只与货物的抢救之物将由作为共同分摊，但是商人的金币将归自己所有。但是若他（商人）的获救并非因为迅速地抓住了船上的扶杆，那么他也要支付金币的 1/10，根据协议还要支付一半的运费；但是如果其获救是因为抓住了船上的扶杆，那么他要支付 1/5 的金币。

31. 若商人已将货物装载在船上，此时船只发生了海上事故，那么海上获救的财物要进行共同的海事分摊；但若有银币获得抢救，商人要拿出银币的 1/5 进行偿付，船长和船员也要进行援助。

32. 不管是商人或合伙者租用了船只，在船只前往装货的路上发生了上述任意一个海上风险，商人不得要回已支付的一半运费，剩余的船只残骸将成为共同的海事损失分摊；如果商人或合伙者提前已经进行了预付，那么他们之间达成的（书面）协议是有效的。

33. 若船长按照协议规定将货物装载到了指定的地方，船只遭受了破损，船长将从商人那里获得全部的运费；卸载入仓的货物不能与船上的货物的风险进行等同，但是在船上的货物要一起承担海上共损。

34. 若船只运送的货物为精美的麻布或丝绸，船长必须为货物提供质地良好的遮盖物以免在风暴中涌起的海浪打湿货物。如果船上有水灌入，船长要立即通知货物的所有者，以便于这些货物可以被举起；但如果是乘客发现并通知的船长，那么船长和船员要承担货物的损失；但是如果船长和船员预先通知船只进水了，必须将货物举起来，但是货物的所有者没有这样做，那么船长和船员将不用担责。

35. 若一艘船丢失了桅杆，无论是自己折断或被他人砍断，所有的船员、商人、货物和船只，无论什么获救，都要共同承担海损。

36. 若一艘正在行驶的船撞到了另外一艘停泊或缓慢行驶的船，发生的时间是白天，那么所有的毁坏和损失将由船长和船上的所有人承担，货物也将分摊海上共损；但是若发生的时间是晚上，缓慢行驶的船只必须点亮一盏灯，若没有灯，则必须以呼喊声发出信号。但是如果因他麻痹大意而造成了损失，在有效证据的情况下，他要为此损失担责；若他麻痹大意且巡守员还睡着了，造成船只搁置在了浅滩，那么被它撞的船只要被免责。

37. 若一艘船遭受了海上灾难，商人或乘客的财产获救了，但船只毁坏了，他们要从获救的财物中拿出其价值的1/15进行分摊，但不需让他们向船长偿付船只。

38. 若一艘装载谷物的船只在海上遇到风暴，船长要提供毛皮，船员则要舀出船里的积水。若他们因粗心大意导致船底积水浸湿了谷物，船员要赔偿损失。但若谷物是因为暴风雨被毁，船长、船员及商人共同分担损失。挽回财物的6%要给予船长、船和船员。如果需要弃物入海，商人应该带头丢弃，船员则紧随其后，船员不能趁此偷窃，如果有人这样做了，不仅要双倍偿还，还将丧失所有来自挽回财物中的收益。

39. 若一艘正在全力运行的船只装载着谷物、葡萄酒或橄榄油，但是船长和船员违反商人的意愿，而随意愿减缓航行速度，在某个地方或海滩停了下来，恰在此时，船只损坏，但货物获救，商人可以不必为船只的损失担责，因为他并不想进入这个地方。但若船只在航行的过程中，商人对船长说"我想去这个地方"，而且这个地方并未包含在书面协议里，最终船只损坏了而货物得救了，船长可向商人要求赔偿船只；但是若是双方的意愿造成的船只损坏，他们要共同分摊海损。

40. 若船只遇到海难，只有部分货物和船只本身获救。若乘客带有金币、银币、丝绸或珍珠,若金币获救,要拿出 1/10 参与海事损失分摊,若银币获救,要拿出 1/5 分摊,若获救的丝绸是整块干燥的,要拿出 1/10(等同于金币)分摊,若是湿的,首先应先对其磨损和潮湿的程度进行评估折算后,再进行分摊;若是珍珠获救,要根据其自身的价值,按照如同金币的分摊比例进行分摊。

41. 若载有乘客的船只被毁或受损,但是乘客的物品是完好的,那么乘客要将物品进行海损分摊。如果有 2—3 位乘客丢失了其金币或物品,要根据船上其他人的能力及共同的海损情况给予他们损失补偿。

42. 正在运行的载有货物的船只漏水,在货物被取出后,之后的安排取决于船长的决定,如果他希望将这些货物运送到协议中指定的地方,就必须把船修好,但是如果船只没有被修,船长而是将货物用另外一艘船将货物运送到了指定的地方,那么船长要支付整个的运费。

43. 若运行中的船只遭遇到了风暴,需要进行抛物,还要折断帆桁和桅杆,扔掉舵柄,弄坏船锚和船舵,最终获救的船只和货物要进行共同分摊海损。

44. 若一艘运载货物的船只遭遇风暴,桅杆被折断,或者舵柄被摧毁,或者船舵丢失而且货物也被打湿,那么这些都要被列入共同的海损分摊;但是若货物是因为船底的污水而被毁坏的,船长可以获得运费,但是要交给商人同接手时的一样数量和干燥的货物。

45. 若船只是在远海海域倾覆或被毁,任何人将船上的任何物品安全带到陆地上,那么他都可以获得所挽救财物的 1/5 作为奖赏。

46. 若小艇因锁链断裂而脱离了大船,与船上的人员一起消失,小艇上的人或丢失,或死去,那么船长要支付给这些人的继承者一整年的薪资。如果有人将船只及上面的船舵安全送回,那么他可以获得所挽救财物价值的 1/5 的奖赏。

47. 若有人从 8 英寻①深的海里捞出金币、银币或其他东西,捞救者可获得其价值的 1/3 的奖赏;若是从 15 英寻深的海里捞出,由于深度的危险性,捞救者可获得一半的奖赏;如果这些物品是被从海上投掷到了陆地上的,救助者发现或者被发现于 1 腕尺的地方,那么救助者可获得 1/10 的报偿。

---

① 英寻是水深量度单位,合 6 英尺或 1.8 米。参见〔英〕霍恩比主编《牛津高阶英汉双解词典》(第 4 版),李北达译,商务印书馆 2002 年版,第 529 页。

六 《农业法》[①]

摘选自查士丁尼大帝的律法

1. 在自家土地上耕作的农民必须正义守法，不能逾越邻家的犁沟。如果有人越过犁沟侵占了邻人的土地，若是翻耕土地的季节，他要失去自己新翻耕的土地，若是发生在播种的季节，那么逾越者将失去其种子、耕地及收成。

2. 若在土地主人不知的情况下，有农民私自进入他人田地进行翻耕或播种，那么他将不能获得其劳作的薪酬，也不能获得其播撒种子带来的收成，甚至连其播撒的种子也不能收回。

3. 若在2个或3个证人在场的情况下，两位农民同意交换土地，而且是设定为永久交换，那么他们的协议将具有有效性、稳固性和不可改变性。

4. 若在播种的季节两个农民同意交换土地，但其中一方反悔了，若种子已经播撒，反悔是无效的；若还没进行播种，则可以反悔。但是如果反悔的一方还未完成土地的翻耕，而另一方已经完成了，只有反悔的一方完成了翻耕，才能撤销协议。

5. 两个农民无论签订的是季节性换地，或是永久性地交换土地，发现一方的土地要比另一方要小，协议中也未有明确规定，那么拥有土地较多的一方要给予较少一方差额数量的补偿。但如果协议中有明确规定，则不需要给予补偿。

6. 若一个农民对一块土地提出诉求，但在未经许可的情况下，不顾播种者的意愿私自进入田地收割庄稼，即便其要求是合理的，他也不能从这块土地上得到任何东西；如果他对这块土地的诉求是没有依据的，那么他

[①] 《农业法》是拜占庭历史上一部规范农庄中居民的生产生活行为，内容涉及村庄组织、土地占有与使用、农民权益、对违法行为的惩罚措施等方面的重要法典，常为《法律选编》附录流传。自该法典被发现以来，产生了其中阿什布尔纳的希腊文校勘本与英文译本，汉弗莱斯的英译本，王翘的中译本，本书据各本译出。参见 W. Ashburner, "The Farmer's Law", *Journal of Hellenic Studies*, 30 (1910), pp. 85 – 108. W. Ashburner, "The Farmer's Law Ⅱ", *Journal of Hellenic Studies*, 32 (1912), pp. 68 – 95. M. Humphreys, *TThe Laws of the Isaurian Era: The Ecloga and Its Appendices*, pp. 129 – 139. 王翘、李强:《拜占庭〈农业法〉译注》,《古代文明》2011 年第 4 期。

要偿还其所收割的庄稼的两倍给予播种者。

7. 若两个村庄因地界问题或土地归属发生争端，仲裁官要进行调查和审理，应该将其判给占有土地时间更长的村庄，但若有古代的界碑，那么要维持古代界碑为地界不变。

8. 若土地的划分中对某位农民的份地或地理位置的分割明显是不公的，可以允许撤销这种不公的土地划分。

9. 若一个农民按照（什一）分益租约①租赁了土地，但是未经出租者的同意便进入田地收割庄稼，而且占有了出租者应得的那一份，那么其要被当作窃贼，损失所有的收成。

10. 若一个农民按照（什一）分益租约租赁了土地，承租者可以获得九成的收益，而出租者可以获得一成的收益，超过这一分配比例的情况的将会要受到上帝的制裁。

11. 若一个农民与贫农出租者达成租赁协议，但规定不进行播种，只进行翻耕与收成分配，这个协议是有效的；如果他们还达成播种的协议，这个协议也是有效的。

12. 若有农民以五五分益租赁的方式租赁了土地，但是到了合宜的季节却没有翻耕土地，而只是将种子随意地撒在土表，那么他将因为自己的不诚实和欺骗土地的主人而无法获得土地的任何收益。

13. 若有农民以五五分益租赁的形式租赁了贫农的葡萄园，但他没有进行合理的修剪、松土，也没有为葡萄藤搭建支架和翻土，那么他也不能获得任何收益。

14. 若有农民以五五分益的租赁方式租赁了贫农的土地，而后前往外邦，且改变了想法，不想在租赁的土地上耕作了，那么他要给予贫农双倍数量的收益。

15. 若有农民以五五分益的租赁方式租赁了土地，但是在耕种季节前反悔了，告知土地的主人自己没有能力进行耕作，而土地的主人也不对此进行计较，那么租借者将无责。

16. 若一个农民与一个葡萄园或一块土地的主人达成了耕种协议，而且还收到了土地主人给予的土地耕种订金，但是后来反悔并停止耕作了，那么他要给予土地损失以金钱的补偿，土地的主人也将收回土地的耕

---

① 分益租约，由原文 "μορτίτης" 转译而来，该词是 "μορτή" 的变体。"μορτή" 本意为 "份额，部分"，尤指分益耕农在大地产土地总收成中获得的那部分份额。参见 Henry George Liddell & Robert Scott, *A Greek-English Lexicon*, Clarendon Press, 1996, p. 1147。

种权。

17. 若一个农民在他人的林地耕作，那么他可以获得该林地三年的全部收益，之后要将土地归还主人。

18. 若一个无力耕种自己土地的贫农逃居外邦，那么承担国家税收的人将对其土地进行耕种，即便之后这个贫农返回，也不能从土地上获得收益。

19. 若一个农民逃离了自己的土地，但每年都会向国家缴纳额外的税款，那些收割其庄稼和占据其土地的人要对其进行双倍的补偿。

20. 若在未征得主人同意的情况下有农民进入他人林地进行耕种，他将从该土地上获得不到任何收成。

21. 若有农民在他人的葡萄园或田地上建造房舍或进行种植，之后该地的主人回来了，主人不能将房屋推倒或拔除葡萄藤，而是可以获得等值的一块土地。但是若其拒绝向土地的主人提供等值的土地，则主人可以将葡萄藤拔除或将房屋推倒。

22. 若在土地的翻土时节，有农民盗窃了他人的铁锹或耙子，之后被发现，那么他要向被偷者支付每天 12 弗里斯①的租金；同样，若在树枝修剪时节，有农民盗取了他人的修枝剪，或者在收割的季节盗取了他人的镰刀，或者砍树的时节盗取了他人的斧头等，也按此惩罚盗窃者。

23. 若一个牧人在早晨从农民那里接收了一头牛，将此牛混入牛群进行放牧，但是发生了牛被狼咬死的事情，那么他要将被咬死的牛的尸体交给主人，自己是无罪的。

24. 若牧人在接收牛后，发现牛丢了，他也没有在当天将情况告知主人，说"直到这个时候或那个时候我还看到了牛，但是之后就不知道牛去哪了"，他将是有罪的；但是如果他告知了主人，其将是无罪的。

25. 若牧人在早晨从农民那里接收了一头牛，在带着牛离开后，这头牛脱离牛群走散了，而后进入他人的田地或葡萄园，造成了一些损毁，牧人的酬劳不会被剥夺，但是他要为造成的损毁进行赔偿。

26. 若牧人从农民那里接收了一头牛，而后牛不见了，他必须以神的名义起誓，未有参与苛待该牛，与牛的失踪没有关系，而后他将免受责任。

---

① 弗里斯（φόλλεις 单数为 φόλλις）是晚期罗马帝国及拜占庭帝国发行的低面值铜币，重约 10 克，含有 4% 的银。从 6 世纪到 11 世纪，1 弗里斯的价值基本保持为金币索里达的 1/288。参见 Philip Grierson, *Byzantine Coinage*, University of California Press, 1982, pp. 15 - 16。

27. 若牧人在早晨从农民那里接收了一头健康的牛，而非生病的牛，之后发生了该牛受伤或致盲的事情，牧人要宣誓没有做过伤害牛的事情，可以免受责罚。

28. 若在牛丢失、受伤或致盲后，牧人进行了起誓，但是后被2个或3个证人证明其起誓是假的，那么牧人要被处以割舌①的惩罚，并向牛主人赔偿相应的损失。

29. 若牧人是用携带的木棒亲手将牛杀死、致伤或致盲，那么他是有罪的，并缴纳造成损失的罚金；但若是用石头造成牛的伤害，那么他是无罪的。

30. 若有人将牛或羊的颈铃割下且被发现，那么他要被以小偷罪论处，接受鞭刑；若牲畜丢了，那么盗铃铛者还要向主人赔偿损失。

31. 若份地上种植的一棵树遮挡住了邻居花园份地的光，那么花园的主人有权对该树进行修剪，但若邻近的份地并非花园，则份地的主人不能对树枝进行修剪。

32. 若有人在一块还未进行划分的土地上种了棵树，在土地划分后，这棵树划在了别人的份地中，那么除了种树人外，没有人可以拥有这棵树的所有权。但是若份地的主人埋怨道："我被树伤到了"，他要为此树的种植者再种一棵树用以代替此树，而后他可以拥有这棵树。

33. 若果树的看护者被发现从其看护的地方偷窃，那么他不仅将失去其薪酬，还要被处以鞭刑。

34. 若在主人不知的情况下，受雇的牧羊人被发现私下挤奶出售，那么他要被处以鞭刑，丧失酬金。

35. 若有人偷盗他人的麦秸秆被抓现行，他要被处以赔偿双倍麦秸秆的惩罚。

36. 若有人在主人不知的情况下，擅自带走牛、驴或诸如此类的牲畜进行劳作，那么他要付给主人两倍的租金；但是若在牵走的途中牲畜死了，不管是怎么死的，他都要赔偿主人两头同类的牲畜。

37. 若有人租牛用于劳作，但是牛死了，仲裁官要对此进行调查。如果牛死于规定性的工作，那么他将免责；如果死于其他工作，他要赔给主人一整头牛。

38. 若有人发现一头牛正在葡萄园、田地或其他地方进行践踏，而其并未打算将该牛送还主人，以便向主人要求庄稼损失的赔偿，而是将牛杀

---

① 作伪证要处以割舌之刑，与《法律选编》第17章第2条的规定一致。

死或刺伤，他要接受一牛赔一牛，一驴赔一驴，一羊赔一羊的惩处。

39. 若有人在树林里砍树时，致使倒下的树无意间砸死了一头牛、一只羊或其他的牲畜，那么他要被处以一赔一的惩罚。

40. 若有人在砍树时，因扔下的斧头无意间杀死了他人的牲畜，他要接受以一赔一的惩罚。

41. 若有人偷了一头牛或一只羊，被指证确有此事，那么在接受鞭刑后，还要支付所偷牲畜价值的两倍赔偿。

42. 若有人打算从牛群中偷一头牛，结果导致牛群惊散后被野兽所食，那么他要被处以致盲之刑。

43. 若有人从他人那里赶回自己的牛或驴时，将自己的牲畜与他人的牲畜混在了一起，但是他并未将他人的牲畜一同赶回，而是致其失踪或被狼群吃了，那么他要赔偿给主人同等价值的牛或羊；但若他完全没有隐瞒，并指明了地点，自己进行了极力防范，但是并未阻止事情的发生，那么他可以免责。

44. 若有人在树林里发现了一头牛，杀死该牛并占有其肉，他要遭受砍手之刑。

45. 若奴隶①在树林中杀死了一头牛，一头驴或一头猪，他的主人要对此进行赔偿。

46. 若奴隶在夜间进行行窃，将牲畜从圈中赶出，致使牲畜丢失或被野兽吃掉，那么其要被如同凶手一样判处绞刑。

47. 若奴隶经常在夜间进行行窃，或者常常驱散牲畜群，那么其主人在知道后要为其奴隶罪行承担责任，赔偿损失，而奴隶则要被处以绞刑。

48. 若有人发现一头牛正在田地上践踏庄稼，但并未将其送还牛主人，而是割下牛耳，或挖了牛眼，或割断牛尾，牛的主人则可以不接受这头受伤之牛，而是获得一头完整的牛。

49. 若有人发现一头猪、一只羊或一只狗正在田地上在践踏作物庄稼，若是首次，他要将其送还主人；若是第二次，要将其送还主人并告诫主人；若是第三次，则可以割掉其耳朵或将其射杀，无须担责。

50. 若一头牛强行闯入他人葡萄园或花园，不慎掉入葡萄园或花园的沟渠死了，那么葡萄园或花园的主人无责。

---

① 在拜占庭帝国时期，奴隶的身份具有双层含义，一方面奴隶是属于奴隶主的财产，另一方面奴隶作为劳动力而存在。在法律上，他无完全行为能力，不承担法律责任，因此奴隶的行为造成的损害，一律由奴隶主人承担，这在本条法规与后文的第 47 条法规中都有所体现（王翘、李强：拜占庭《农业法》译注，第 32 页）。

51. 若一头牛或一头驴强行进入他人葡萄园或花园，在篱笆桩刺伤了自己，那么葡萄园或花园的主人无责。

52. 若有人在收割的季节设置了陷阱，一只狗或一头猪掉入陷阱死了，陷阱的设置者无责。

53. 若一个人，在（接受）第一次和第二次（牲畜进入土地）的损失赔偿后，（在第三次时）出于弥补牲畜造成的损失的目的，杀死了牲畜而不是将它交还给它的主人，则他应当交出被杀死的牲畜。

54. 若有人囚禁了他人的猪或狗，致其死亡，那么他要被处以双倍的赔偿①。

55. 若有人杀死了一只牧羊犬，但拒不承认，而后野兽对羊群进行了袭击，且杀死牧羊犬的人被证实，那么他不仅要赔偿羊群造成的损失，还要对被杀死的牧羊犬的价值进行赔偿。

56. 若有人在自家的田地里进行点火，但是因火势蔓延烧毁了房屋和富饶的田地，只要他不是在烈风之日点火，便可不被判处有罪。

57. 若有人在他人的山坡点火或砍伐他人的树木，要被判处双倍赔偿损失的处罚。

58. 若有人焚烧了他人的篱笆，要被处以鞭刑，手上烙上烙印，并进行双倍的损失赔偿。

59. 若有人砍掉或拔掉了他人已结果的葡萄藤，要被处以砍手之刑，并处赔偿金的惩罚。

60. 若有人在收割的季节，擅入他人的犁沟偷盗谷物捆或麦穗或豆类，那么他要被处以脱掉衣服进行鞭刑的惩处。

61. 若有人进入他人的葡萄园或无花果园只是为了吃果实，可以不受惩罚；但是若他们进入果园的目的是偷盗，则要被脱掉衣服后，施以鞭刑。

62. 若有人偷盗了一个犁、犁头、牛轭或其他的耕具，那么罚金要从偷盗的那天算起，每天12弗里斯。

63. 若有人放火烧毁或盗窃了他人的马车，要处以双倍赔偿的处罚。

64. 若有人为了报复，在打谷场或者谷物堆处纵火，那么他要被处以火刑。

65. 若有人在干草或谷壳储藏地纵火，要受到砍手之刑。

---

① 与《法律选编》第17章第8条中关于保管他人之牛，其间饿死或其他原因致死的处罚条款一致。

66. 若有人未经他人允许推倒他人的房屋或弄坏他人的篱笆,并在地基上建立了自己的房子,那么他要被处以砍手的惩罚。

67. 若有人以支付利息为借口占有他人土地,但若这块土地已被证明债权人对该土地的收益享有已达七年以上,法官则应对该土地七年及以上的所有收益进行核算,并将收益的一半判定给土地的主人。

68. 若有人被发现偷盗他人谷仓的谷物,初犯要被处以100下鞭刑,赔偿被偷者损失;第二次犯罪,在接受鞭刑后,赔偿被盗者双倍的损失;若是第三次犯罪则要被处以致盲之刑。

69. 若有人在夜间从他人的罐子或大缸中偷酒,其要受到如同上一条规定的惩罚。

70. 若有人并未遵守祖先的度量惯例,而是使用了一种缺斤短两的谷物或葡萄酒的称重容器,因贪婪而使用一些与祖制规定相悖的度量工具,那么他们将会因不虔诚而遭受鞭刑的处罚。

71. 若在主人并不知情的情形下,有人将牲畜交由一个奴隶去放牧,但是奴隶却将牲畜进行售卖或以其他方式伤害了牲畜,奴隶和他的主人将不受惩罚。

72. 若奴隶在其主人知情的情况下接收了牲畜,或者烹食了它们,或者使其受伤,那么奴隶的主人要对牲畜的主人做出相应的赔偿。

73. 若有人行走在路上,发现了一个受伤的或被杀害的牲畜,因出于同情告知了牲畜的主人,但牲畜的主人怀疑是告知者所为,告知者则要就此事进行起誓,不过关于此案无人将被审查。

74. 任何人,无论出于什么样的动机而损毁了他人的牲畜,在接受审判后,都要对牲畜的主人进行相应的赔偿。

75. 若有人用药毒死了他人的牧羊犬,将要接受100下的鞭刑,并向狗主人进行双倍的赔偿;若羊群也丢失了,那么杀狗者要因其杀死牧羊犬而对所有的损失进行赔偿;关于狗也要听取他人的证词,若这只狗确实是与野兽争斗的牧羊犬,则根据以上条款进行;但若只是一条普通犬,杀犬者则只需遭受鞭刑,并向犬主人进行赔偿。

76. 若两只犬相斗,一只犬的主人用剑、棍或石头击打另一只犬,致使另一只犬失明、被杀或其他的伤害,伤犬者要对另一只犬的主人进行相应赔偿。

77. 若有人豢养了一只狂傲的猛犬,他激怒该猛犬使其进攻一些弱小的犬,导致弱小的犬被咬伤或死亡,那么他要向被咬伤或死亡的犬的主人进行赔偿,并遭受12鞭刑。

78. 若有人在邻居收割庄稼之前就收割了自家田地上的庄稼，而后在自家田地上放牧的过程中，损害到了邻人田地上的庄稼，那么其要受到30鞭刑，并为邻人遭受的损失进行赔偿。

79. 若有人在其他多数人的葡萄园还未采摘的时候就先采摘了自家的葡萄，而后将牲畜赶入自家葡萄园，但损害到了他人葡萄园的果实，那么其要遭受30鞭刑，并向他人葡萄园造成的损失进行赔偿。

80. 若有人在与他人有官司期间，在未经允许的情况下砍了他人的葡萄藤或树，那么他要被处以砍手之刑。

81. 若生活在村庄的任何人认为某块公共地适合建造磨坊，占用了这块地，在磨坊建好后，村里的人埋怨道，磨坊的主人占用了公共用地，若他们向磨坊的主人补偿因建造磨坊的所有花费，那么他们都可以成为磨坊的共同所有者。

82. 若村庄的土地进行划分完毕之后，有人认为自家的某块份地适合建造磨坊，且也建造了磨坊，那么其他份地的村民不能对磨坊有任何说辞。

83. 若水流入磨坊，而造成他人田地或葡萄园干旱，那么磨坊主则要对造成的损失进行赔偿；如果磨坊主拒绝，则该磨坊要被停止使用。

84. 若耕地的主人不想让水流经自家的田地，可以进行阻断。

85. 若一个农民发现他人之牛正在践踏其他人家的葡萄园，且并未通知其主人，而是在打算追赶它的时候，将其杀死或使其在篱笆上刺伤，那么他要向牛主人造成的损失进行赔偿。

附录二　王朝谱系及皇帝中英文译名对照表（324—1453）

君士坦丁王朝（324—363 年）

皇帝（译名）	英文	在位时间（年）
君士坦丁一世（大帝）	Constantine Ⅰ（the Great）	324—337
君士坦丁二世	Constantine Ⅱ	337—340
康斯坦斯一世	Constans Ⅰ	337—350
康斯坦提乌斯二世	Constantius Ⅱ	337—361
朱利安（背教者）	Julian（the Apostate）	361—363

无王朝（363—378 年）

皇帝（译名）	英文	在位时间（年）
乔维安	Jovian	363—364
瓦伦斯	Valens	364—378

狄奥多西王朝（379—457 年）

皇帝（译名）	英文	在位时间（年）
狄奥多西一世（大帝）	Theodosius Ⅰ（the Great）	379—395
阿卡第	Arcadius	395—408
狄奥多西二世（幼者）	Theodosius Ⅱ（the Younger）	408—450
马西安	Marcian	450—457

利奥王朝（457—518 年）

皇帝（译名）	英文	在位时间（年）
利奥一世（大帝）	Leo I（the Great）	457—474
利奥二世	Leo II	474
芝诺	Zeno	474—491
阿纳斯塔修斯一世	Anastasius I	491—518

查士丁尼王朝（518—602 年）

皇帝（译名）	英文	在位时间（年）
查士丁一世	Justin I	518—527
查士丁尼一世（大帝）	Justinian I（the Great）	527—565
查士丁二世	Justin II	565—578
提比略二世	Tiberius II	578—582
莫里斯	Maurice	582—602

无王朝（602—610 年）

皇帝（译名）	英文	在位时间（年）
福卡斯	Phocas	602—610

希拉克略王朝（610—711 年）

皇帝（译名）	英文	在位时间（年）
希拉克略一世	Heraclius I	610—641
君士坦丁三世	Constantine III	641
希拉克略纳斯	Heraclonas	641
康斯坦斯二世	Constans II	641—668
君士坦丁四世	Constantine IV	668—685
查士丁尼二世（劓鼻者）	Justinian II（Rhinotmetus）	685—695
利奥提乌斯	Leontius	695—698
提比略三世（阿斯帕尔）	Tiberius III（Aspar）	698—705
查士丁尼二世（劓鼻者）	Justinian II（Rhinotmetus）	705—711

附录二　王朝谱系及皇帝中英文译名对照表（324—1453）

无王朝（711—717 年）

皇帝（译名）	英文	在位时间（年）
菲利皮库斯·巴尔达内斯	Philippicus Bardances	711—713
阿纳斯塔修斯二世	Anastasius II	713—715
狄奥多西三世	Theodosius III	715—717

伊苏里亚王朝（717—802 年）

皇帝（译名）	英文	在位时间（年）
利奥三世	Leo III	717—741
君士坦丁五世	Constantine V	741—775
利奥四世（卡扎尔人）	Leo IV（the Khazar）	775—780
君士坦丁六世	Constantine VI	780—797
伊琳娜（女皇帝）	Irene	797—802

无王朝（802—811）

皇帝（译名）	英文	在位时间
尼基弗鲁斯一世	Nicephorus I	802—811
斯陶拉西乌斯	Stauracius	811
迈克尔一世	Michael I	811—813
利奥五世	Leo V	813—820

阿莫里亚王朝（820—867 年）

皇帝（译名）	英文	在位时间（年）
迈克尔二世	Michael II	820—829
赛奥菲鲁斯	Theophilus	829—842
迈克尔三世	Michael III	842—867

马其顿王朝（867—1056 年）

皇帝（译名）	英文	在位时间（年）
瓦西里一世	Basil I	867—886
利奥六世（哲人）	Leo VI（the Philosophy）	886—912

续表

皇帝（译名）	英文	在位时间（年）
亚历山大	Alexander	912—913
君士坦丁七世	Constantine Ⅶ	913—920
罗曼努斯一世	Romanus Ⅰ	920—944
斯蒂芬和君士坦丁	Stephen and Constantine	944—945
君士坦丁七世	Constantine Ⅶ	945—959
罗曼努斯二世	Romanus Ⅱ	959—963
尼基弗鲁斯二世	Nicephorus Ⅱ	963—969
约翰一世	John Ⅰ	969—976
瓦西里二世（保加利亚人的屠夫）	Basil Ⅱ（Bulgaroctonus）	976—1025
君士坦丁八世	Constantine Ⅷ	1025—1028
罗曼努斯三世	Romanus Ⅲ	1028—1034
迈克尔四世	Michael Ⅳ	1034—1041
迈克尔五世	Michael Ⅴ	1041—1042
佐伊女皇	Zoe	1042—1050
君士坦丁九世	Constantine Ⅸ	1042—1055
狄奥多拉女皇	Theodora	1042—1056

无王朝（1056—1059 年）

皇帝（译名）	英文	在位时间（年）
迈克尔六世	Michael Ⅵ	1056—1057
伊萨克一世	Isaac Ⅰ	1057—1059

杜卡斯王朝（1059—1081）

皇帝（译名）	英文	在位时间
君士坦丁十世	Constantine Ⅹ	1059—1067
罗曼努斯四世	Romanus Ⅵ	1067—1071
迈克尔七世	Michael Ⅶ	1071—1078
尼基弗鲁斯三世	Nicephorus Ⅲ	1078—1081

附录二 王朝谱系及皇帝中英文译名对照表（324—1453）

科穆宁王朝（1081—1185）

皇帝（译名）	英文	在位时间
阿列克修斯一世	Alexius I（Comnenus）	1081—1118
约翰二世	John II	1118—1143
曼纽尔一世	Manuel I	1143—1180
阿列克修斯二世	Alexius II	1180—1183
安德洛尼卡一世	Andronicus I	1183—1185

安吉列王朝（1185—1204）

皇帝（译名）	英文	在位时间
伊萨克二世	Issac II	1185—1195
阿列克修斯三世	Alexius III	1195—1203
阿列克修斯四世	Alexius IV	1203—1204
阿列克修斯五世	Alexius V	1204

拉斯卡利斯王朝（1204—1261）

皇帝（译名）	英文	在位时间
狄奥多勒一世	Theodore I	1204—1222
约翰三世	John III	1222—1254
狄奥多勒二世	Theodore II	1254—1258
约翰四世	John IV	1258—1261

巴列奥洛格王朝（1261—1453）

皇帝（译名）	英文	在位时间
迈克尔八世	Michael VIII	1261—1282
安德洛尼卡二世	Andronicus II	1282—1328
迈克尔九世	Michael IX	1295—1320
安德洛尼卡三世	Andronicus III	1328—1341
约翰五世	John V	1341—1391
约翰六世	John VI	1341—1354
安德罗尼卡四世	Andronicus IV	1376—1379

续表

皇帝（译名）	英文	在位时间
约翰七世	John VII	1390
曼纽尔二世	Manuel II	1391—1425
约翰八世	John VIII	1425—1448
君士坦丁十一世	Constantine XI	1449—1453

参考文献

一 原始文献

(一) 外文类

Antonius G. Monferratus, *Ecloga Leonis et Constantini cum Appendice*, Typis Fratrum Perri, 1889. C. A. Spulber, *L'Eclogue des Isauriens: EclogaLeouis et Constantini*, Librairie Mühldorf, 1929.

C. E. Zachariae a Lingenshal (edi.), *Collectio Librorum Juris Greaco-Romani: Ecloga Leonis et Constantini, EpanagogeBasilii Leonis et Alexandri*, Sumtibus J. A. Barthii, 1852.

Cura J. Zepi et P. Zepi (eds.), *Jus Graecoromanum* (Vol. 2), Scientia Aalen, 1962.

Cyril Mango, *Short History of Nikephoros*, Dumbarton Oaks Research Library and Collection, 1990.

Cyril Mango and Roger Scott, *Chronicle Theophanes: Byzantine and Near Eastern History AD 284 – 813*, The Clarendon Press, 1997.

Edwin HansonFreshfield, *A Manual of Roman Law the Ecloga Published by the Emperors Leo III and Constantine V of Isauria at Constantinople A. D. 726*, Cambridge University Press, 1926.

Edwin HansonFreshfield, *A Manual of Later Roman Law the Ecloga Ad ProcheironMutata: Founded upon the Ecloga of Leo III and Constantine V, of Isauria, and on the ProcheiosNomos of Basil I, of Macedonia*, Cambridge University Press, 1927.

Edwin HansonFreshfield, *Manual of Eastern Roman law: the ProcheirosNomos pub. by the Emperor Basil I at Constantinople between 867 and 879 A. D.*, Cambridge University Press, 1928.

J. Leunclavius, *Ius Greek-Roman*, Frankfort, 1596.

J. B. Moyle，*The Institutes of Justinian*，The Clarendon Press，1913.

K. E. Zachariä von Lingenthal，*Geschichte des griechisch-römischen Rechts*，WeidmannscheBuchhandlung，1852.

Ludwig Burgmann，*Ecloga das Gesetzbuch Leons Ⅲ und Konstantinos Ⅴ*，Löwenklau-Gesellschaft，1983.

M. T. G. Humphreys，*The Laws of the Isaurian Era：The Ecloga and Its Appendices*，Liverpool University Press，2017.

Raymond Davis，*The Lives of the Eighth-Century Popes（Liber Pontificalis）：The Ancient Biographies of Nine Popes from A. D. 715 to A. D. 817*，Liverpool University Press，1992.

Walter Ashburner，*The Rhodian Sea-Law*，The Clarendon Press，1909.

Walter Ashburner，The Farmer's Law Ⅰ，*The Journal of Hellnic Studies*，30（1910）.

Walter Ashburner，The Farmer's Law Ⅱ，*The Journal of Hellnic Studies*，32（1912）.

Walter Ashburner，The Byzantine Mutiny Law，*The Journal of Hellnic Studies*，46（1926）.

（二）中文译著类

〔俄〕拉夫连季编：《往年纪事》，朱寰、胡敦伟译，商务印书馆 2011 年版。

〔古罗马〕优士丁尼：《法学总论》，张企泰译，商务印书馆 1997 年版。

〔古罗马〕优士丁尼：《学说汇纂（第二十二卷）：利息、证据对法的不知》，胡东海译，中国政法大学出版社 2015 年版。

〔古罗马〕优士丁尼：《学说汇纂（第二十三卷）：婚姻与嫁资》，罗冠男译，中国政法大学出版社 2013 年版。

〔古罗马〕盖尤斯：《盖尤斯法学阶梯》，黄风译，中国政法大学出版社 2008 年版。

〔古罗马〕优士丁尼：《法学阶梯》，徐国栋译，中国政法大学出版社 2005 年版。

〔意〕桑德罗·斯奇巴尼选编：《民法大全选译：正义和法》，黄风译，中国政法大学出版社 1992 年版。

〔意〕桑德罗·斯奇巴尼选编：《民法大全选译：遗产继承》，费安玲译，中国政法大学出版社 1995 年版。

〔意〕桑德罗·斯奇巴尼选编：《民法大全选译：人法》，黄风译，中国政法大学出版社 1995 年版。

〔意〕桑德罗·斯奇巴尼选编:《民法大全选译:债、私法之债(Ⅱ)和犯罪》,徐国栋译,中国政法大学出版社 1998 年版。

〔意〕桑德罗·斯奇巴尼选编:《民法大全选译:法律行为》,徐国栋译,中国政法大学出版社 1998 年版。

〔意〕桑德罗·斯奇巴尼选编:《民法大全选译:契约之债与准契约之债》,丁玫译,中国政法大学出版社 1998 年版。

〔意〕桑德罗·斯奇巴尼选编:《民法大全选译:公法》,张礼洪译,中国政法大学出版社 2000 年版。

王钺:《罗斯法典译注》,兰州大学出版社 1987 年版。

王钺:《往年纪事译注》,甘肃民族出版社 1994 年版。

二 现代著述类

(一)外文类

A. A. Vasiliev, *History of the Byzantine Empire 324 – 1453*, The University of Wisconsin Press, 1952.

Angeliki E. Laiou, *The Economic History of Byzantium*: *from the Seventh through the Fifteenth Century*, Dumbarton Oaks, 2002.

Clarence Gallagher, *Church Law and Church Order in Rome and Byzantium*, Ashgate Publishing Limited, 2002.

C. Mango, *Byzantium*: *The Empire of the New Rome*, Scribner, 1980.

C. N. Uspensky, *Outlines of the History of Byzantium*, Moscow, 1917.

C. W. Previte-Orton, *The Shorter Cambridge Medieval History*, Cambridge University Press, 1952.

Derek Baker, *Relations between East and West in the Middle Ages*, Edinburgh University Press, 1973.

Dimitri Obolensky, *the Byzantine Commonwealth*: *Eastern Europe*, 500 – 1453, Praeger Publishers, 1971.

D. Ginnis, Das promulgationsjahr der IsaurischenEcloge, *Byzantinishe Zeitschrift*, XXIV (1924), pp. 356 – 57.

Edwin HansonFreshfield, *Roman law in the later Roman Empire*: *The Isaurian period*, *Eighth century*, *the Ecloga*, Cambridge University Press, 1932.

J. A. S. Evens, *The Age of Justinian*: *The Circumstances of Imperial Power*, Routledge, 1996.

John Bury, *A History of the Later Roman Empire from Arcadius to Irene*, 395 A. D. to 800 A. D., Macmillan and Co., 1889.

J. F. Haldon, *Byzantium in the seventh century*, Cambridge University Press, 1990.

J. F. Haldon, *State, Army and Society in Byzantium, Approaches to Military, Social and Administrative History*, $6^{th} - 12^{th}$ Centuries, Ashgate Pub Co., 1995.

John Meyendorff, *Byzantine and the Rise of Russia*, Cambridge University Press, 1981.

J. M. Hussey, *the Cambridge Medieval History*, Vol. 4, Cambridge University Press, 1967.

J. M. Hussey, *The Orthodox Church in the Byzantine Empire*, Oxford University Press, 1986.

Jonathan Shepard, *The Cambridge History of Byzantine Empire*, the Cambridge University Press, 2008.

G. Ostrogorsky, *History of the Byzantine State*, trans. by J. Hussey, Rutgers University Press, 1957.

George Mousourakis, *The Historical and Institutional Context of Roman Law*, Ashgate Publishing Company, 2003.

H. F. Jolowicz, *Historical Introduction to the Study of Roman Law*, Cambridge University Press, 1965.

H. W. Haussiq, *A History of Byzantine Civilization*, Praeger Publishers, 1971.

M. C. Paparrigopoulo, *Histoire de la civilization hellenique*, Librairie Hachette et Cie, 1878.

M. T. G. Humphreys, *Law, Power, and Imperial Ideology in the Iconoclast Era c. 680 – 850*, Oxford University Press, 2015.

M. Whitow, *The Making of Orthodox Byzantium, 600 – 1025*, Macmillan, 1996.

Norman H. Baynes and H. St. L. B. Moss, *Byzantium: An Introduction to East Roman Civilization*, The Clarendon Press, 1948.

Olga Tellegen-Couperus, *A Short History of Roman Law*, Routledge, 1993.

Steven Runciman, *Byzantine Civilization*, Edward Arnold and co., 1933.

Tamara Talbot Rice, *Everyday Life in Byzantium*, Dorset Press, 1967.

V. G. Vasilievsky, Legislation of the Iconoclasts, *Journal of the Ministry of Public Instruction*, CXCIX (1878), pp. 279 – 80.

Wael B. Hallaq, *The Origins and Evolution of Islamic Law*, Cambridge University Press, 2005.

WarrenTreadgold, *A History of the Byzantine State and Society*, Stanford University Press, 1997.

（二）中文类

1. 译著

〔德〕拉德布鲁赫：《法学导论》，米健、朱林译，中国大百科全书出版社1997年版。

〔德〕马克斯·韦伯：《论经济与社会中的法律》，张乃根译，中国大百科全书出版社1998年版。

〔俄〕列夫臣柯：《拜占廷》，葆煦译，生活·读书·新知三联书店1959年版。

〔法〕P. 布瓦松纳：《中世纪欧洲生活和劳动（五至十五世纪）》，潘源来译，商务印书馆1985年版。

〔法〕卡普兰：《拜占廷：东罗马帝国的辉煌岁月》，郑克鲁译，上海书店出版社2004年版。

〔美〕A. A. 瓦西列夫：《拜占庭帝国史》，徐家玲译，商务印书馆2019年版。

〔美〕爱德华·勒特韦克：《罗马帝国的大战略：从公元一世纪到三世纪》，时殷弘、惠黎文译，商务印书馆2008年版。

〔美〕布莱恩·蒂尔尼等：《西欧中世纪史》，袁传伟译，北京大学出版社2011年版。

〔美〕汤普逊：《中世纪经济社会史》，耿淡如译，商务印书馆1961年版。

〔美〕维克多·李·伯克：《文明的冲突：战争与欧洲国家体制的形成》，王晋新译，生活·读书·新知三联书店2006年版。

〔美〕沃伦·特里高德：《拜占庭简史》，崔艳红译，上海人民出版社2008年版。

〔美〕希提：《阿拉伯通史》，马坚译，商务印书馆1979年版。

〔南〕乔治·奥斯特洛格尔斯基：《拜占庭帝国》，陈志强译，青海人民出版社2006年版。

〔意〕朱塞佩·格罗索：《罗马法史》，黄风译，中国政法大学出版社2009年版。

〔英〕爱德华·吉本：《罗马帝国衰亡史》，席代岳译，吉林出版集团2008年版。

〔英〕N. H. 拜尼斯主编：《拜占庭：东罗马文明概论》，陈志强等译，大象出版社 2012 年版。

〔英〕J. H. 伯恩斯主编：《剑桥中世纪政治思想史（350 年至 1450 年）》，程志敏等译，生活·读书·新知三联书店 2009 年版。

〔英〕M. M. 波斯坦主编：《剑桥欧洲经济史（第一卷）：中世纪的农业生活》，郎丽华主译，经济科学出版社 2002 年版。

〔英〕M. M. 波斯坦主编：《剑桥欧洲经济史（第二卷）：中世纪的贸易和工业》，王春法等译，经济科学出版社 2004 年版。

〔英〕M. M. 波斯坦等主编：《剑桥欧洲经济史（第三卷）：中世纪的经济组织和经济政策》，周荣国等译，经济科学出版社 2002 年版。

〔英〕巴里·尼古拉斯：《罗马法概论》，黄风译，法律出版社 2004 年版。

〔英〕塞缪尔·E. 芬纳：《统治史：中世纪的帝国统治和代议制的兴起——从拜占庭到威尼斯（卷二）》，王震译，华东师范大学出版社 2014 年版。

〔英〕斯蒂文·朗西曼：《1453——君士坦丁堡的陷落》，马千译，北京时代华文书局 2014 年版。

〔英〕沃尔特·厄尔曼：《中世纪政治思想史》，夏洞奇译，译林出版社 2011 年版。

2. 专著

陈朝璧：《罗马法原理》，法律出版社 2006 年版。

陈志强：《拜占廷学研究》，人民出版社 2001 年版。

陈志强：《拜占庭帝国史》，商务印书馆 2017 年版。

丁玫：《罗马法契约责任》，中国政法大学出版社 1998 年版。

葛定华：《拜占庭帝国》，商务印书馆 1982 年版。

龚方震：《拜占庭的智慧：抵挡忧患的经世之略》，浙江人民出版社 1994 年版。

何勤华：《法的移植和法的本土化》，法律出版社 2001 年版。

何勤华：《外国法与比较法研究》第二卷，商务印书馆 2007 年版。

何勤华、魏琼：《西方民法史》，北京大学出版社 2006 年版。

黄风：《罗马法词典》，法律出版社 2002 年版。

黄风：《罗马私法导论》，中国政法大学出版社 2003 年版。

厉以宁：《罗马—拜占庭帝国经济史》，商务印书馆 2006 年版。

林榕年：《外国法制史》，中国人民大学出版社 2003 年版。

罗三洋：《欧洲民族大迁徙史话》，文化艺术出版社 2007 年版。

钮先钟:《西方战略思想史》,广西师范大学出版社 2003 年版。
彭树智:《文明交往论》,陕西人民出版社 2002 年版。
彭小瑜:《教会法研究》,商务印书馆 2011 年版。
世界古代及中世纪史教研室编:《世界中世纪史史料选辑》,吉林省长春新生企业公司 1957 年版。
徐国栋:《罗马法与现代民法》第一卷,中国法制出版社 2000 年版。
徐家玲:《拜占庭文明》,人民出版社 2017 年版。
徐家玲:《早期拜占庭和查士丁尼时代研究》,东北师范大学出版社 1998 年版。
周枏:《罗马法原论》,商务印书馆 2014 年版。
朱寰:《亚欧封建经济形态比较研究》,东北师范大学出版社 2002 年版。

3. 论文

陈筠:《十二铜表法》,《东北师范大学科学集刊》1957 年第 6 期。
陈志强:《拜占廷〈农业法〉研究》,《历史研究》1999 年第 6 期。
陈志强:《"查士丁尼瘟疫"影响初探》,《世界历史》2008 年第 2 期。
李丽:《圣像破坏运动时期拜占廷帝国的军事与外交》,《社会科学战线》2001 年第 5 期。
李强、徐家玲:《拜占庭〈士兵法〉译注》,《古代文明》2013 年第 2 期。
毛欣欣、李强:《拜占庭〈市政官法〉译注》,《古代文明》2012 年第 3 期。
庞国庆:《时代之光:拜占廷〈法律选编〉中的公正理念》,《南开学报》(哲学社会科学版) 2019 年第 2 期。
沈坚:《希腊化与拜占廷帝国》,《史林》1995 年第 1 期。
王明锁:《查士丁尼与〈民法大全〉的编纂》,《河南大学学报》(社会科学版) 1998 年第 1 期。
王翘:《6 世纪末到 8 世纪拜占廷帝国法律发展状况浅析》,硕士学位论文,东北师范大学,2004 年。
王翘、李强:《拜占庭〈农业法〉译注》,《古代文明》2011 年第 4 期。
王小波:《中期拜占庭重要法典及其历史影响》,《前沿》2008 年第 8 期。
王小波:《拜占庭影响古罗斯法律形成的途径探析》,《前沿》2008 年第 9 期。
王小波:《〈罗得海商法〉译注》,《古代文明》2010 年第 3 期。
王小波:《罗得海商法研究》,博士学位论文,东北师范大学,2010 年。
武鹏:《拜占庭史料中公元 6 世纪安条克的地震灾害论述》,《世界历史》

2009 年第 6 期。

徐家玲:《拜占庭与西方世界的文化联系》,《河南大学学报》(社会科学版) 2001 年第 2 期。

张广翔、刘玉宝:《拜占庭文明的特征及对世界文化的影响》,《史学理论研究》2007 年第 3 期。

张媛:《拜占庭法初探》,硕士学位论文,东北师范大学,2007 年。

后　　记

　　拙著《仁爱与严苛的统一：拜占庭〈法律选编〉研究》，从选题到出版，经历了10个春秋，其间的欢、喜、忧、愁、虑五味杂陈滋味想必每个"作者"均深有体会，在看完最后的清样那一刻，颇有如释重负之感，10年的重负终于可以放下了，拙著的出版是对我读博以来的一次总结，也是踏上新征程模式的正式开启。

　　2009年9月，我进入东北师范大学古典所追随西方古典学学者张强教授攻读硕士，正式开启了我的学术萌芽与成长模式，3年的研究生学习中，希腊语、拉丁语、希腊史、罗马史和拜占庭史成为我生活中的重要组成部分。2012年9月，我机缘巧合地进入拜占庭史领域的研习，跟随拜占庭学者徐家玲教授攻读博士研究生学位。记得刚步入博士一年级，张老师和徐老师两位业师就极力"催促"我，尽快选题，准备出国。因此，我一方面进行系统学习拜占庭史，积极思考选题，另一方面，备战雅思考试，准备出国材料。在经历了一年的"磨砺"后，2013年年初，我与徐老师商量后正式选定《拜占庭〈法律选编〉研究》为博士论文的题目。2013年5月，国家留学基金委"放榜"，我有幸成为当年国家留学基金委公派留学的联合培养博士生之一。2013年10月，我到达希腊约阿尼纳大学开启了为期2年的学习之路，其间获得著名拜占庭学者科尔多西教授（Μιχαήλ Σ.Κορδώσης）和扎米西斯（Τζαμτζής Ιωάννης）教授的悉心指导，并搜集了大量与博士论文选题相关的文献。在与国内外导师沟通的基础上，2013年年底，我确立了论文的基本框架结构，进入到博士论文的写作之中，期间还受到德国科隆大学的克劳迪亚（Claudia）教授和挪威科技大学的斯泰凡（Staffan）教授邀请前往科隆大学和美因茨大学参加拜占庭学术沙龙，这次游学收获颇丰，《法律选编》希—德校勘本和注释本的收集便得益于此。2015年10月回国之时我已完成了论文的主体部分，经几个月的修改完善后，2016年6月，我以论文《拜占庭〈法律选编〉研究》通过博士论文答辩。2017年2月，我进入贵州师范大学历史与政治学院任教，其间又不断修改博士毕业论文，2018年，以此为基础申请到国家社科基金项目后期资助项目"仁爱与严苛的统一：拜占庭《法律选编》研究"（18FSS012）。经过4年的框架结构与内容章节的大幅修改，2022年，经全国哲学社会科学工作办公室批准结项。本书即是该项国家社科基金项目的结项成果。从博士论文到国家社科基金项目成果，再到出版的著作，在约10年的时间里，我一直致力于对该研究进行修订完善，与之前的博士论文相比，本书无论在内容观点上，还是结构布局上，都有了很大的删减、扩充与深化。

本书的研究内容属于拜占庭史研究范畴，该领域国内外学者研究成果颇为丰富，但涉及本课题的研究却相对薄弱，加之该研究涉及的语言、方法、体系等又相当复杂多元，这给学识有限的我带来很大压力，只能立足于粗通拜占庭史和浅知罗马—拜占庭法史的学习经历，在前辈学者的研究基础上，以《法律选编》为对象，探讨这部法典中"仁爱"与"严苛"统一理念的形成缘起、内容彰显和后世影响等，希望能对中国拜占庭学的法律史研究有所裨益。从2016年至今，本书的部分章节以单篇论文的形式先后在《古代文明》《中南大学学报》《理论月刊》《历史教学问题》《经济社会史评论》《西北大学学报》《新史学》《中国社会科学报》等学术期刊和报纸上公开发表过，借这次机会进行了大量修改。

但正如前述，由于个人能力有限，学识与知识储备不足，对法律史和法律术语了解欠缺，对法律条文的解读和阐释还有缺陷，甚至会陷入"一叶障目"的境况。因此，权当拙著是对拜占庭法制史学进行个案研究的一次学术尝试，敬请各领域的专家对拙著中的错误进行批评，亦希望能对拙著中的疑问进行讨论。

在本书出版之际，要感谢我的博士导师徐家玲先生，是她将我引入拜占庭史这一有趣的研究领域，让我踏入了一个别样文明研究"显地"，先生在这一领域辛勤耕耘近40载，她严谨的治学态度和豁达开朗的性格，成为我坚守这一研究领域的标杆和动力，能成为徐老师的学生，此生深感荣幸。要感谢我的硕士导师张强先生，作为我学术研究的启蒙者，无论在硕士期间，还是博士期间，他都给予了我诸多帮助。要感谢陈志强先生，虽与先生很少谋面，但先生温和的性格，关心后辈的胸怀和深厚的治学功底，令后辈十分敬佩，而先生的著作亦成为我求学过程中不可缺少的案头书籍。要感谢希腊约阿尼纳大学的科尔多西教授和扎米西斯教授、科隆大学的克劳迪亚教授和挪威科技大学的斯泰凡教授，在外游学期间，深得几位拜占庭学者的鼎力帮助，几年的相处已让我们形成了亦师亦友的关系，有此师友，何其有幸！要感谢尹忠海、王小波、李强、王翘、毛欣欣、王向鹏、马锋等同门，这十余年的学习和生活中，你们的陪伴帮助，让我的深感同门间和谐相处的温暖。要感谢我的姐姐和姐夫，虽然农民出身的他们没有啥文化，不知道世界史是啥，更不知道世界史有啥用，但20多年来他们用最淳朴的亲情，对我不离不弃的抚养和照顾，供我读完本硕博，让一个农村娃成长为一名高校老师，这一大爱之恩情恐今生难以报完，唯以此书表达对姐姐和姐夫的感恩之情。或许还要感谢一下坚强的自己，在面对突如其来的一系列变故时，幸亏意志并未因生活的艰难消沉，而是迎难而上，想尽办法克服艰难险阻，在一点点的坚持中不断进步，成为本书得以完成的意志力量。

  最后，引用霍达在《穆斯林的葬礼》中的一句话："人生从头没有蓝图，它有黑暗，有花火；有灾难，也有希望"。人生不可能完美，拙著也存在诸多不足，但是我们能做的便是直面苦难与不足，唯有如此才能吸取经验教训，再次开启扬帆远航之路。对我而言，真正的学术生涯才刚刚开始，力争在此荆棘的道路上，不求成为最好的别人，只需做最好的自己。

李继荣于贵阳思雅郡

2023年8月6日